电子商务研究与实践进展

《图书情报工作》杂志社 编

海洋出版社
2013年·北京

图书在版编目（CIP）数据

电子商务研究与实践进展/图书情报工作杂志社编著.
—北京：海洋出版社，2013.10
（名家视点．第4辑）
ISBN 978-7-5027-8654-0

Ⅰ.①电⋯　Ⅱ.①图⋯　Ⅲ.①电子商务-文集　Ⅳ.①F713.36-53

中国版本图书馆CIP数据核字（2013）第215591号

责任编辑：杨海萍
责任印制：赵麟苏

海洋出版社　出版发行

http://www.oceanpress.com.cn
北京市海淀区大慧寺路8号　邮编：100081
北京旺都印务有限公司印刷　新华书店北京发行所经销
2013年10月第1版　2013年10月第1次印刷
开本：787 mm×1092 mm　1/16　印张：23.75
字数：560千字　定价：45.00元
发行部：62132549　邮购部：68038093　总编室：62114335

海洋版图书印、装错误可随时退换

《名家视点丛书》编委会

主　任：初景利

委　员：易　飞　　杜杏叶　　徐　健　　王传清

　　　　王善军　　刘远颖　　魏　蕊　　胡　芳

　　　　袁贺菊　　王　瑜　　邹中才　　贾　茹

　　　　刘　超

序

由《图书情报工作》杂志社编辑、海洋出版社出版的《名家视点：图书馆学情报学档案学理论与实践系列丛书》第4辑即将付梓问世。作为我担任《图书情报工作》杂志社社长、主编后经手策划的第一套丛书，我很高兴看到，经过相当长时间的讨论、选题、编辑、加工、出版等一系列环节，第4辑共5本书，就要正式出版。我有种释然的感觉，又觉得有必要多说几句话。

近些年，我们所处的信息环境和文献情报领域发生了非常重大的变化。大英图书馆2008—2011年的战略规划指出：我们所处的环境在过去的二十年里发生的变化超过了过去两百年的变化（初景利、吴冬曼．国际图书馆发展趋势调研报告（一）：环境分析与主要战略．国家图书馆学刊，2010年第1期）；美国一位学者Scott Nicholson也曾提出：图书馆界在过去五年的变化超过了前面一百年的变化，而未来五年的变化将使过去五年的变化微不足道（张晓林．颠覆数字图书馆的大趋势．中国图书馆学报，2011第5期）。

我们需要敏感地认识到这种变化，并积极地应对变化，直面变化所带来的挑战。变化是永恒的（change is constant），但变化也是机会。没有一个学科、一个领域不受快速发展的信息技术所影响，不受快速变化的信息环境所影响。文献情报工作在这种大变革的环境下很可能受到的冲击最大，但也可能是孕育的机会最多的领域。关键是，我们能不能抓住变化的机会，寻求新的业务生长点和自我创新发展的路径。

图书馆学、情报学、档案学的研究者、从业人员、教师、学生和管理者，必须从自身业务上的例行事务中跳出来，睁大眼睛看世界，跟踪和了解国际国内学界业界正在思考的问题、正在发生的变化、正在设计的未来路线。近年来文献情报及相关领域发生的变化可以从《图书情报工作》每年发表的众多文章中感受到这种律动，也可从我们精选的部分文章编辑出版的这套丛书可见一斑。无论是作为图书馆服务的热点的学科服务、知识服务，还是与文献情报有密切关系信息环境和信息化的微博、电子政务、电子商务，都在经历着变革与创新，而正是这种变革与创新不断地推动着文献情报工作及相关领域工作的不断深化和不断向前发展。

我们编辑的这套丛书共5本，分别为《知识服务的现在与未来》、《学科服务进展与创新》、《微博与信息传播》、《电子政务研究与实践进展》、《电子商务研究与实践进展》，基本都是从《图书情报工作》2009年到2013年初所正式发表的文章精选出来的。5个主题所研究的问题各有侧重，但都注重理论与实践的结合，体现了作者对相关问题的理论思考和实践探索，反映了当前业界学界对这些问题的研究水平和业务进展。相信会对广大读者有一定的帮助，或具有一定的启示作用。他山之石，可以攻玉。我们也都需要通过学习、交流和借鉴，相互沟通，取长补短，共同成长，共同提高。《图书情报工作》是严谨的学术期刊。作为半月刊，每年发文在700篇左右（来稿有7000篇左右），同时我们还创办了纯网络的电子期刊《知识管理论坛》（原名《图书情报工作网刊》）。这么多的文章全部阅读完，还是有些困难的。为此，我们选择了5个专题，从大量的发表的文章中筛选出一些质量好、有特色的文章，编辑了一个专辑5本书。读者可以选择其中感兴趣的主题阅读相关的文章，并追踪阅读和利用该领域更多的研究成果与实践进展。

这是自2009年《图书情报工作》杂志社与海洋出版社首次合作出版第1辑（4本）、2011年出版第2辑（5本）、2012年出版第3辑（4本）之后的再度合作。我们希望通过对《图书情报工作》所发表的文章的精华部分以书的形式出版，形成对这些研究成果的再利用，更充分地发挥这些研究成果的价值和影响力，为读者提供增值的服务，使这些论文的学术思想、理论创新、实践经验、专业成就得到最大限度地利用。

感谢本丛书的多位作者为丛书所提供的重要的科研成果与实践创新案例，这些成果尽管只是《图书情报工作》发表的，但也一定程度上代表了国内这些领域最新的研究成果和取得的学术成就，为读者了解、学习、借鉴和应用这些成果提供了有价值的参考源，并在此基础上进行深入的研究与探索，不断深化所研究的问题，不断创造出更多更好的成果。

丛书的出版，是《图书情报工作》杂志社、海洋出版社和广大作者共同努力的结果，是我们三方共同奉献给业内广大读者的一份礼物。感谢本专辑的作者，感谢海洋出版社。但愿本专辑的出版，能对图书馆学情报学档案学的相关理论研究与实践创新有所裨益、有所推动，体现出其应有的社会价值，为人们的学习、研究、实践提供必要的支持，为发展壮大我们的学科，为图书情报服务的持续创新，做出应有的贡献。

初景利

《图书情报工作》杂志社社长、主编

2013年7月3日于中关村

目 次

基 础 篇

我国移动商务研究的可视化分析 …………… 宗乾进　沈洪洲　袁勤俭(3)
中国式网络团购的现状、问题、趋势 …………………… 黄　炜　殷　聪(12)
基于用户体验的团购网站信息构建模型研究 …………… 廖小丽　胡　媛(30)
C2C电子商务服务质量评价实证研究——基于中国C2C市场的问卷调查
　　……………………………………… 邓之宏　郑伟亮　秦军昌(41)
移动服务持续使用过程中促进因素和抑制因素的平衡研究 ……………
　　………………………………………………… 张　冕　鲁耀斌(55)
重塑网络消费者初始信任——网誉认证理论探讨 …………… 郭承龙(66)
三维视角的电子商务信任特性及应对策略研究 ……………………………
　　………………………………………… 陈传红　赵学锋　张金隆(78)
基于BP神经网络的C2C电子商务信任度评价模型 …… 胡伟雄　姜政军(90)
Web搜索引擎满意度模型与评价指标体系构建 ……… 叶凤云　汪传雷(105)

实 务 篇

基于Vague值的电子商务推荐系统及其相似度研究 ………………………
　　……………………………… 崔春生　齐延信　田　哲　史　昱(117)
基于网络消费者偏好预测的推荐算法研究 … 刘枚莲　刘同存　吴伟平(127)

在线商品评论有用性影响因素研究:基于文本语义视角 ……………………
………………………………………… 陈江涛　张金隆　张亚军(138)
网络社区在线评论有用性影响模型研究——基于信息采纳与社会网络视角
………………………………………… 殷国鹏　刘雯雯　祝　珊(148)
移动互联网环境下发表评论意愿的影响因素研究——一个整合模型的视角
………………………………………… 尹敬刚　李　晶　魏登柏(163)
在线评论对不同热门程度体验型商品销售收入影响的实证研究 …………
………………………………………… 盘英芝　崔金红　王　欢(176)
在线沟通对顾客网上购买决策影响的实证研究 ……………………………
………………………………………… 卢云帆　鲁耀斌　林家宝(188)
在线黏度前置因素及其对再购意愿的影响研究 ……… 刘子龙　徐　健(206)
基于客户评论和语料库的在线酒店信誉维度挖掘 …………………………
………………………………… 赵学锋　汤　庆　张　睿　李　岳(218)
考虑退货费用的 B2C 电子商务企业利润最大化模型研究 …………………
……………………………………………………… 倪　明　王　武(229)
国内手机阅读服务盈利模式的调查与分析 ………… 何菊香　茆意宏(239)

用　户　篇

基于荟萃分析方法的移动商务用户采纳研究 ………………………………
………………………………………… 邓朝华　张　亮　张金隆(253)
物联网环境下的交易类移动商务用户接受模型 ……………………………
………………………………………… 毕新华　苏　婉　齐晓云(269)
近距离移动支付用户接受行为研究:基于消费者视角 ……………………
………………………………… 杨永清　张金隆　李　楠　杨　光(278)
IT 强制使用环境下员工象征接受模型研究 ……………………… 齐晓云(292)

移动出版系统受众持续使用理论模型:技术承诺视角 ……………………
………………………………………………………… 刘鲁川　孙　凯（302）
基于互联网社区的消费者需求信息采集策略 ………… 徐　颖　李　倩（311）
B2C 电子商务中用户认知信息检索模型的分析——以当当网和卓越网为例
………………………………………………………… 李志义　容金凤（320）
网购用户从众行为影响因素实证研究 …………………………………………
………………………………… 刘　江　朱庆华　吴克文　赵宇翔（328）
基于人因角度的商务网站用户体验研究 ………………………………………
………………………………… 左文明　黄静云　黄秋萍　樊　偿（342）
基于消费者购买行为的电子商务网站特性研究综述 … 章　璇　景奉杰（354）

基 础 篇

我国移动商务研究的可视化分析[*]

宗乾进　沈洪洲　袁勤俭

（南京大学信息管理学院　南京　210093）

摘　要　将 CNKI 作为数据源，以"移动商务"、"移动电子商务"为主题，检索并获取 2000 年 – 2011 年以来移动商务研究的文献信息，采用社会网络分析方法，勾画移动商务研究主题演化图谱，以期对我国移动商务研究有一个系统、全面的认识。研究结果表明：①我国移动商务研究可以划分为 4 个时间区域：2000 年 – 2003 年（关注基础技术与早期应用）、2004 年 – 2005 年（关注移动增值业务与安全）、2006 年 – 2008 年（关注企业和各类应用）、2009 年 – 2011 年（关注 3G、移动支付、价值链等主题）；②在移动商务的前沿研究方面，智能手机是值得关注的领域；③网络与协议、买方、卖方、应用，是 12 年来移动电子商务研究一直关注的重点领域。

关键词　移动电子商务　社会网络分析　信息可视化　研究热点前沿　述评

分类号　G203

1　引　言

自 1987 年 11 月国内第一个移动电话局在广州开通以来，截至 2011 年 1 季度，国内移动电话用户已达 8.89 亿[1]。另据《第 28 次中国互联网络发展状况调查统计报告》显示[2]，截至 2011 年 6 月 30 日，手机网民规模达 3.18 亿，手机网民在总体网民中的比例达 65.5%，成为中国网民的重要组成部分。与此同时，2010 年中国移动电子商务实物交易规模达到了 26 亿元[3]，同比增长 370%。美国 ABI 市场研究报告预测[4]，2015 年全球移动在线销售额将达到 1 630 亿美元，占全球电子商务营业额的 12%。

---

* 本文系江苏省普通高校研究生科研创新计划资助项目"知识图谱视角下的我国管理学科前沿热点及发展水平研究"（项目编号：CXZZ11_ 0059）研究成果之一。

移动通讯技术的不断进步，加之消费者需求驱动，移动商务近些年来得到了飞速发展，上述一些统计数据便是例证。电子商务（移动商务）一直以来都与"应用"、"实践"等词语相关联，但其相关理论研究并没有被给予应有的关注。本研究基于"移动商务"文献，对国内移动商务理论研究进行梳理，勾画其演化路径，以期对其研究有较为全面的把握。

2 数据来源与理论方法

2.1 数据来源

本文基于 CNKI 中的"中国学术期刊网络出版总库"、"中国博士学位论文全文数据库"、"中国优秀硕士学位论文全文数据库"，以"移动商务"、"移动电子商务"（逻辑或）作为检索词，时间区间为 2001 年 – 2010 年（其中，"中国学术期刊网络出版总库"中同时检索 2011 年文献），剔除其中诸如"通知"等无关文献后，共获相关文献 2 815 篇。

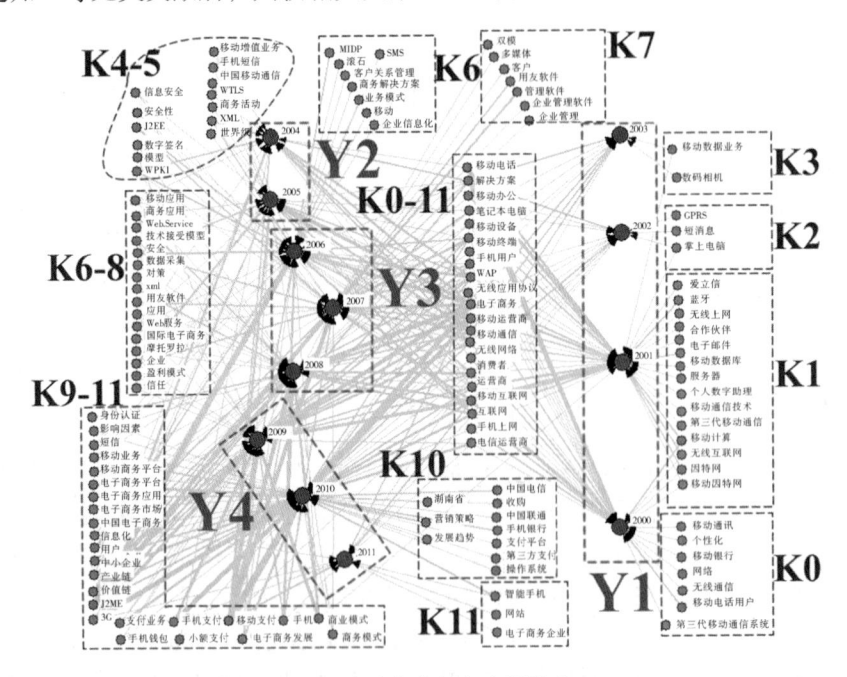

图 1 移动商务研究主题演化

2.2 社会网络分析

社会网络研究的兴起，与 20 世纪 30 年代以后英国人类学家拉德克利夫

·布朗及其后继者的理论思考存在直接关联[5]。80多年来，经过人类学、社会学、统计学等领域几代学者的努力，社会网络分析已经成为一种比较成熟的社会科学研究范式[6]。社会网络分析中，行动者用节点来表示，节点与节点之间的连线则代表行动者之间的关系，可以表示为：

$$G = (N, E, W) \tag{1}$$

其中，$N = \{n_1, n_2, \cdots, n_n\}$，为节点的有限非空集合；$E = \{(i,j) \mid i \in N, j \in N\}$，是边（有向边或无向边）的集合；$W$为边集合权重。

时至今日，社会网络分析方法已经突破社会学领域，而被广泛应用于其他领域。相关的社会网络分析工具应运而生，Ucinet[7]除了本身的强大功能外，还集成了NetDraw、Pajek[8]等绘图工具。本研究拟采用该软件集成的Net-Draw来对移动商务文献进行研究。

3　移动商务研究的主题演化以及热点前沿

本研究侧重于考察移动商务研究的主题演化，并在此基础上探寻其发展趋势，因此选择构建"年份－主题"网络。对所得文献信息进行处理后，导入NetDraw，生成如图1所示的网络图。

图1中，圆点表示"关键词"（形状较小）和"年份"（形状较大）；连线表示节点与节点间曾经共现过，在本研究中则表示某年份中出现了某关键词；连线的粗细与共现频次成正比，连线越粗表示某年份中某研究主题频次越高；连线的密集度表示该年份研究主题分布的疏密程度，连线越密集，则表示该年的研究主题越多。

为方便分析，对节点进行标引：关键词命名为K，K后的数字与年份相对应，如"K7"表示2007年的研究领域；年份命名为Y，根据研究主题分布及特征，将其分为4个时间域，即Y1、Y2、Y3、Y4。

3.1　总体概述与研究思路

由图1可见，图谱左侧"关键词"节点分布密集，表明移动商务研究在近年来得到了广泛关注；同时，图谱左侧"关键词"节点间交叉非常明显（即同一关键词对应不同年份），表明近年来移动商务研究在广度与深度上得到了进一步加强，某些研究主题持续多年，一直是研究热点领域。

图1中，K0－K11是2000年－2011年中每年都关注的主题，为"重点研究领域"；K9－K11是2009年－2011年中关注的主题，为"热点研究领域"；K11是2011年关注的主题，为"前沿研究领域"。本研究将按以下思路进行分析：以时间为主线，对主题进行研究，即首先分析Y1、Y2、Y3、Y4中的

研究领域（热点、前沿）；然后对"重点研究领域"进行分析总结。

3.2 Y1时间域（2000年–2003年，萌芽阶段）

Y1时间域的起止时间为：2000年–2003年，是移动商务的起步阶段，或曰萌芽阶段。由图1可见，这一时期的主题侧重于移动商务的早期应用和基础技术。

3.2.1 此阶段的应用概述

2000年中，语音业务始终是移动通信最主要的业务，甚至是绝大多数用户使用的唯一业务[9]，移动电话用户、无线通信、移动通讯得到了较多关注。2001年开始，从K1域中的"无线互联网"、"移动因特网"、"无线上网"等关键词可以看出，移动互联网开始崭露头角。GSM（global system for moblile communication）、WAP（wireless application protocol）技术的不断发展，开始出现了移动商务的早期应用，"移动银行"、"移动数据库"、"电子邮件"、"移动数据业务"等已经得到较多关注。值得指出的是，从2002年开始，手机短信业务急剧增长，使得门户网站在经历了2000年互联网泡沫后寻找到了新的赢利点。此后的几年中，基于手机短消息的各类应用更是遍地开花。早期的这些应用为日后的移动商务模式发展与创新奠定了基础。

3.2.2 此阶段的研究主题

移动商务离不开移动通信技术的支撑，2000年–2003年间，移动商务的研究重点亦放在了这一领域，主要涉及到GPRS、WAP、蓝牙等技术领域。GPRS（general packet radio service）是基于GSM制式下的无线广域网技术，介于第二代（2G）和第三代（3G）移动通讯技术之间，因此经常被描述为"2.5G"，它能提供115kbit/s的数据速率；WAP是一个使移动用户利用无线设备随时使用互联网的开放标准；蓝牙技术是一种低成本、低功率的无线局域网技术，它可以使移动电话、个人电脑等设备在10米以内实现无线连接[10]。

3.3 Y2时间域（2004年–2005年，成长阶段）

Y2时间域的起止时间为：2004年–2005年。由图1可见，这两年间的研究主题虽然较少，但分布很集中。这一时期的移动商务正处于成长阶段，主题集中在移动增值业务和安全等领域。

3.3.1 此阶段的应用概述

上文所述的手机短信业务，自2002年开始爆发以来，在此基础上产生了诸如图片、铃声等各种移动增值业务。移动增值业务的繁荣，催生了各类ISP

(Internet service provider)、ICP（Internet content provider）等形形色色的移动增值服务提供商，这一时期的SP赚得满盆满钵，被形容为"抢钱"。然而由于进入门槛低，市场鱼龙混杂，导致资费不透明、难以退订等问题日益恶化，违规和欺诈几乎成了当时SP的代名词。2004年开始，信息产业部（现工业与信息化部）、中国移动相继出台政策，铁腕治理SP乱象，一大批违规SP在严打中倒闭。移动增值业务的大起大落，亦得到了学界的关注，从这一时期到2006年，一直都是关注的焦点。

3.3.2 此阶段的研究主题

移动商务的安全问题在这一时间段内得到了广泛关注，出现了"信息安全"、"安全性"等主题，与此相关的研究领域是：WTLS（wireless transport layer security，无线安全传输层）、WPKI（wireless public key infrastructure，无线公开密钥体系）、数字签名。WTLS为移动电子商务提供了一个安全的传输协议，用来保证信息传输的安全[11]；WPKI是基于WAP协议栈制定的安全基础设施，有效解决具有有限计算资源的移动设备的身份认证问题[12]；数字签名具有不可抵赖、数据源认证、身份识别等特性，是常用的信息安全技术。

3.4 Y3时间域（2006年-2008年，高速发展阶段）

Y3时间域的起止时间为：2006年-2008年，其研究领域是K6、K7、K8。该时期的移动商务处于高速发展阶段，涉及的主题较多，主要可以划分为两大类型：企业应用（偏向于应用层面）、用户（偏向于理论研究层面）。

3.4.1 此阶段的应用概述

由图1可见，2006年、2007年的研究是围绕企业来展开的。始于2004年的SP整顿，一直持续到了2006年，移动商务亦开始将目光转向企业级应用。这一时期的移动商务企业应用主要集中在：①提高企业运作效率与管理效能的"企业信息化"、"企业管理"、"（企业）管理软件"等方面；②有助提升客户满意度的"客户关系管理"等方面；③为企业提供的各类"商务解决方案"。

3.4.2 此阶段的研究主题

2006年-2008年移动商务同样关注各类"应用"研究。由图1中的K6-K8可见，"应用"、"商务应用"、"移动应用"、"Web服务"等主题开始变得热门。特别是"Web服务"，与之相关的"XML"、"安全"、"Web service"等亦是研究的热点。

此外，学者也开始将研究视角转向对用户的研究，邓朝华等人[13]利用技术接受模型和网络外部性理论，以移动环境下的短信服务为研究对象，研究了影响消费者移动服务使用行为的因素，提出了基于TAM（technology acceptance model，技术接受模型）和网络外部性的移动服务用户使用行为模型和相关建议。

3.5 Y4时间域（2009年–2011年，承前启后阶段）

Y4时间域起止时间为：2009年–2011年。如前文所述，近年来的研究主题是受到众多学者关注的领域，是研究热点。而最近一年的研究文献，则是学科领域的最新研究成果，代表着未来的研究方向与趋势，是研究前沿。

由图1可见，2009年、2010年节点的连线非常密集（2011年连线较少，其原因在于该年文献尚未全部收录），表明这两年研究领域广泛，得到了越来越多的重视。此外，研究主题与年份的连线较粗，表明这些研究主题是近年来普遍关注的热点。由此可见，我国移动商务经过多年的发展，已经到了繁荣期，各类商务应用可谓应有尽有。与此同时，近两年来3G、智能手机等的出现，又为移动商务及其研究带来了新的生长点。因此，这一时期可以被看作是我国移动商务的承前启后阶段，其研究热点、前沿有3G、移动支付等。

3.5.1 3G

2008年，3G在国内部分城市开始试点应用；2009年，我国3G牌照正式发放。工信部的数据显示[14]，截至2011年5月底，国内3G用户总数达到7 376万户。3G网络的商用化，为我国移动商务的快速发展提供了广阔的平台。同时，学界也在关注3G的发展动向，有关3G的研究逐渐增多，其关注点集中在3G技术在移动商务中的应用[15]、移动商务安全[16-17]、市场研究[18-19]、3G移动商务平台建设[20]等方面。

3.5.2 移动支付

移动支付又被称作为手机支付，是用户使用移动终端对所购买的商品或服务进行支付的一种方式。移动支付是移动商务的重要组成，能够为产业链上的运营商、内容提供商、终端用户等各方带来经济效益和社会效益。移动支付中涉及的技术方法[21-22]、安全[23-25]、风险及防范[26]、面临问题与对策[27]等是当前的热点研究领域，小额支付、手机钱包等亦是关注的焦点。

3.5.3 价值链与产业链

移动商务是连接移动终端用户和信息服务业经济价值的媒介，信息服务商直接或间接地通过移动平台进行价值创造、传递及实现，用户利用基于移动通信网络的移动终端设备来获取信息、产品和服务[28]。移动商务价值链[29]

和产业链[30]研究以及基于二者基础之上的商务模式、商业模式（盈利模式）[31-32]研究，在近年来呈现出快速上升趋势。此外，中小企业、用户、移动商务平台、J2ME（java 2 micro edition）、身份认证等主题在近年也较为热门，是值得研究人员关注的领域。

3.5.4 研究前沿

由于2011年文献收录不完全，2011年研究主题相对较少。由图1可见，其研究主题集中在：智能手机、网站、电子商务企业。

特别值得关注的是"智能手机"这一研究主题，或将成为今后几年移动商务研究的前沿领域之一。智能手机拥有开放性的操作系统，能够无线接入互联网，具有人性化、功能强大、扩展性能强等诸多优点。iOS、Android等手机操作系统近年来快速成长，在这些平台上出现了各类应用，大大促进了移动商务的发展。智能手机是一个新型的移动终端，也是一个新兴的研究对象，基于智能手机基础上的各类应用与服务、操作系统等，均是非常有价值的研究领域。

3.6 移动商务重点研究领域（2000年-2011年）

如上文所述，2000年-2011年一直关注的主题是重点研究领域，集中在K0-K11中，大体上可以将其划分为"设备"、"网络"、"人"、"应用"。

设备是架构移动商务的基础，"移动电话"、"移动终端"、"移动设备"、"笔记本电脑"等移动设备一直是关注的重点；网络与协议是实现各类硬件设备互联互通的关键，"互联网"、"无线网络"、"WAP（无线应用协议）"、"移动互联网"是近12年来重点研究的对象，其中相关的技术等问题仍然需要进一步解决与完善；"人"是移动商务的参与主体，按其交易性质，又可分为买方（手机用户、消费者）、卖方（移动运营商、电信运营商、运营商、中国移动），对买卖双方进行研究具有巨大的经济价值与社会意义；"应用"可以看作是移动商务的具体实现形式，"移动通信"、"手机上网"、"电子商务"、"移动办公"等各类"解决方案"一直是移动商务应用研究关注的焦点。

4 结 语

本文通过绘制移动商务研究的主题演化图谱，展示我国移动商务研究的整体概况。通过上述分析与研究，得出以下结论：①近12年来，国内移动商务研究可以分为4个时间段：2000年-2003年的萌芽期，关注重点是移动商务的早期应用和基础技术；2004年-2005年的成长阶段，移动增值业务和安全是重点研究领域；2006年-2008年的高速发展阶段，更加关注企业和各类"应用"；2009年-2011年的承前启后阶段，3G、移动支付、价值链、产业链是重点领域，也是近年来移动商务的研究热点。②智能手机、网站、电子商务等相关研究在2011年已经得到较多关注，特别是智能手机，值得研究者们关注。③我国近12年来，对设备、网络、买方、卖方、移动商务应用等一直保持较高的关注度，这些领域是国内移动商务研究的重点。移动商务作为一种新的电子商务形态，在移动互联网不断发展壮大的环境下，成为一个新的经济增长点，移动商务研究也将得到持续关注。

参考文献：

[1] 工业和信息化部.工业和信息化部关于电信服务质量的通告(2011年第2号)[EB/OL].[2011-07-20].http://www.miit.gov.cn/n11293472/n11293832/n12845605/13723723.html.

[2] 中国互联网信息中心.第28次中国互联网络发展状况调查统计报告[EB/OL][EB/OL].[2011-07-21].http://www.cnnic.net.cn/dtygg/dtgg/201107/W020110719521725234632.pdf.

[3] 新华网.2010年国内移动电子商务交易规模同比增长370%[EB/OL].[2011-07-09].http://www.zj.xinhuanet.com/newscenter/2011-01/19/content_21906344.htm.

[4] ABIresearch. Mobile commerce sales explode in United States: Will top $3.4 billion in 2010[EB/OL].[2011-07-18].http://www.abiresearch.com/press/3578-Mobile+Commerce+Sales+Explode+in+United+States%3A+Will+Top+$3.4+Billion+in+2010.

[5] 李林艳.社会空间的另一种想象——社会网络分析的结构视野[J].社会学研究,2004(3):64-75.

[6] 刘军.社会网络分析导论[M].北京:社会科学文献出版社,2004.

[7] Borgatti S P, Everett M G, Freeman L G. Ucinet for windows: Software for social network analysis [M]. Harvard: Analytic Technologies, 2002: 392-396.

[8] Batagelj V, Mrvar A. Pajek - program for large network analysis[J]. Connections, 1998, 21(2):47-57.

[9] 曹淑敏.移动通信在我国的发展[J].电信建设,2001(3):24-29.

[10] 唐众志,李溯,张杰.移动电子商务的发展与支持技术研究[J].微处理机,2001(3):1-3.

[11] 向生建,刘勇,杨四铭,等.WTLS关键协议的仿真研究[J].计算机科学,2004,31(8):41-45.

[12] 姜楠,王健.无线(WAP/Wireless)PKI[J].计算机安全,2004(9):8-10.

[13] 邓朝华,鲁耀斌,张金隆.基于TAM和网络外部性的移动服务使用行为研究[J].管

理学报,2007,4(2):216-221.
[14] 广东省信息中心. 我国3G用户超过7000万TD占43%居首[EB/OL]. [2011-07-20]. http://www.gdic.gov.cn/gdic/detail/tabid/56/mouid/389/Id/3897/CategoryId/13/Default.aspx.
[15] 吴朝文,蹇洁.3G关键技术在移动电子商务中的应用[J].中国管理信息化,2008(14):108-111.
[16] 李琳.3G时代的移动电子商务的安全思考[J].现代电信科技,2010(4):23-27.
[17] 田迎华,杨敬松,周敏.3G时代移动电子商务安全问题研究[J].情报科学,2010(10):1487-1490.
[18] 张君,包玲玲.3G时代电信运营商发展移动商务的市场定位[J].当代经济,2009(7):48-49.
[19] 王润孝,黄伟.中国3G市场需求研究[J].科学与科学技术管理,2008,29(1):174-177.
[20] 盛彧湛,方方.构建3G移动电子商务平台[J].通信世界,2009(39):24.
[21] 陈香梓.基于J2ME技术的移动支付方案研究[J].电子商务,2010(2):44-46.
[22] 李曦,胡汉平.一种安全的移动支付方法[J].计算机应用研究,2008,25(5):1546-1549.
[23] 肖荣,张云华,章依凌.基于WAP的移动电子商务支付系统安全性改进[J].计算机系统应用,2010(3):25-29.
[24] 曾勇.移动支付安全技术探讨[J].信息安全与通信保密,2009(5):40-41.
[25] 范伟.移动商务安全性研究[D].北京:北京邮电大学,2010.
[26] 冯守尊.移动支付业务的风险防范[J].金融电子化,2009(8):36-38.
[27] 曹红苹,李红艳.我国移动电子商务现状、问题及对策研究[J].商场现代化,2008(27):135.
[28] 彭强.3G环境下基于价值链的移动商务商业模式研究[D].长春:吉林大学,2009.
[29] 严祖英.移动商务价值链及商务模式探讨[J].消费导刊,2008(15):66.
[30] 李海峰.我国移动电子商务产业链分析[J].硅谷,2009(23):111.
[31] 殷情.浅谈基于价值链的移动电子商务商业模式研究[J].中国科技信息,2010(3):180-181.
[32] 官士燕.移动电子商务价值链及盈利模式分析[D].北京:北京邮电大学,2008.

作者简介

宗乾进,男,1982年生,博士研究生,发表论文22篇。
沈洪洲,男,1980年生,博士研究生,发表论文10篇。
袁勤俭,男,1969年生,教授,博士生导师,发表论文100余篇。

中国式网络团购的现状、问题、趋势

黄 炜[1,2] 殷 聪[3]

(1. 湖北工业大学管理学院 武汉 430068;2. 武汉理工大学管理学院 武汉 430072;
3. 武汉大学信息管理学院 武汉 430072)

摘 要 网络团购这一新型的电子商务模式以惊人的速度在我国发展,形成"千团大战"的局面。通过对我国网络团购的特征、商业模式和产业链的现状分析,从横向和纵向两个不同方面深入剖析目前中国式网络团购存在的问题,并从行业成熟度、动态议价空间和诚信联盟体系等方面对其发展趋势进行展望。

关键词 网络团购 消费意愿挖掘 诚信联盟 动态议价

分类号 G202

1 概 述

1.1 网络团购

团购即为一个团队向商家采购,国际通称 B2T(business to team),是继 B2B、B2C、C2C 后的又一电子商务模式。网络团购是指一定数量的消费者通过互联网渠道组织成团,以超值折扣购买同一种商品[1]。一般来说,网络团购是指通过网络平台,将有相同需要和购买意愿的消费者组织起来,形成较大数量的购买订单,集体购买,享受超值折扣价,同时共同维护消费者权益的一种全新的消费形式。2008 年 11 月,美国网络团购网站 Groupon 正式上线,7 个月之后实现盈利,成立仅仅 17 个月后,该公司获得了俄罗斯天空数码(DST)等公司的 1.35 亿美元投资,而按照投资协议,Groupon 的估值高达 13.5 亿美元[2]。在中国团购用户数从 2010 年底的 1 875 万增长至 2011 年年中的 4 220 万,半年增长率达到 125.0%[3]。目前,团购网站在我国已经上千家,形成了"千团大战"的

---

* 本文系湖北省教育厅人文社会科学项目"Web 数据危机下商务信息资源的语义化管理研究"(项目编号:2009b228)和教育部人文社会科学研究青年基金项目"网络群体性事件的源信息获取与演化机制研究"(项目编号:10YJC870012)研究成果之一。

局面。仅仅一年时间里,网络团购这种简单而又清晰的商业模式以惊人的爆发力创造了巨大的经济效益,并迅速深入人心,成为一种新型的电子商务模式。

目前,在美国和欧洲网络团购经历了一系列的模式创新和淘汰之后,出现了一批相对成功的固化了的网络团购模式和提供个性化服务的网络团购企业。但在我国,网络团购总体上还处于起步阶段。在"千团大战"的繁荣背后,依然存在很多问题,很有必要对我国网络团购进行规范和理论指导。特别是减少同质化恶性竞争,提高团购网站核心竞争力的客户消费意愿挖掘举措,灵活动态的更具吸引力的议价手段,强有力的消费质量评价与诚信机制等方面的学术研究还有待深入。

1.2 国内外网络团购研究现状

1.2.1 国外网络团购研究现状

在网络团购出现之前,我们看到的更多的是传统团购,即线下团购,传统团购主要是实体交易中的批量订购,相对于传统团购而言,网络团购在模式和产品以及规模方面有了不同的创新。尽管后者的形式更加丰富多样,但是二者的基础理论和原理还是彼此相同的,因此我们可以从研究传统团购基础上来研究网络团购。国外学者对团购的研究主要是基于以下几个方面。

Tsvetovat 研究了团购活动中买方和卖方的收益,分析了联盟形成机制,并为买方中介提供了一个形成联盟以及和卖方进行议价的框架模型。但是他的研究也存在不足,并没有为买方提供一个表达和匹配偏好的方法,也没有为团购剩余提供一个稳定的分配方式[4]。

II. Moulin 从博弈论的角度分析团购中联盟的形成,并分析其稳定性问题。只要存在目标相互冲突的两个或更多的决策者,博弈论就无处不在。其中,商家、消费者和团购网站之间都存在广泛的博弈[5-6]。

另外,还有学者从消费者行为的角度来研究团购。消费者行为是指消费者为获取、使用、处置消费物品或服务所采取的各种行动,包括先于且决定这些行动的决策过程[7]。对于网络团购来说,购买何物和为何要购买不是那么重要,而谁在购买,他是否加入团购,则是决定团购是否成立的最重要的因素之一。按购买目标的确定程度划分,团购中的消费者属于全确定型,对购买目标的名称、商标、型号、规格、样式、颜色以及价格等都有明确的要求。同时按照购买态度与要求划分,他们又属于慎重型和价格型,即他们十分理智地进行反复衡量后才做出购买决定,并且他们对于商品的价格非常敏感[8]。

20 世纪 90 年代,网络团购这一新型的电子商务模式开始兴起,很多学者从实证的角度研究了网络团购的影响因素、议价模型优化、稳定的网络团购模式等,力图寻求网络团购的发展之路。Robert J. Kauffman 是一开始就比较关注网络团购的学者之一,他提出了影响网络团购成立的三要素论:价格、周期和需求外部效应,其观点一直被众多后来学者所引用。Krlshan S. Anand 和 RaviAron 从动态的价格机制出发分析网络团购存在的基础,并设立了相关的模型对此来进行研究[9]。

美国康涅狄格大学商学院李翠红、卡耐基梅隆大学机器人学院的 Katia Sycara、泰珀商学院的 Alan Scheller – Wolf 针对团购活动中买家的异质偏好不同而出现的替代产品的现象提出了组合式联盟(combinatorial coalition formation,CCF)的概念,允许在同一团购联盟中分担不同价格。同时针对组合式联盟的最优配置难以确定,他们又提出了一种启发式算法[10]。

在传统的拍卖过程中,禁止投标者之间相互合作,因为这对于卖家和投标者来说都是不利的。然而,对于网络团购拍卖而言,投标者之间的合作则刚好相反,投标者的合作会导致市场的扩大,最终买家和卖家以及中介机构都会受益。Robert J. Kauffman 等人通过分析模型进行分析,并提供卖家有效设置逢低买入价格曲线的见解,以便利用投标人合作的优势,提高拍卖性能[11]。

1.2.2 国内网络团购研究现状

近年来,随着网络团购风靡全国,这一新型的电子商务模式在国内受到众多专家学者的青睐。国内对网络团购的研究日益丰富,而不仅仅是像过去一样局限于对网络团购这一现象的描述以及具体的网络团购模式的讨论。很多专家学者已经慢慢开始从博弈论和信息收集的角度来研究网络团购的价格形成机制和团购信息的传播机制。此外,也有很多专家学者从其他角度来研究网络团购这一现象。

清华大学经济管理学院的陈建、陈熙龙和香港中文大学的宋希平分析了基于团购拍卖(group buying auction,GBA)的卖方定价策略。目的在于集合购买者的力量获取总量折扣。根据投标人的随机加入过程和独立的私人价值模型的最佳的策略。还分析了在统一单位成本的情况下,在一些供应链的协调合同卖方的 GBA 最优的价格曲线。最终发现:最佳的 GBA 相当于最佳的固定定价机制(fixed pricing mechanism,FPM)[12]。

在团购活动中,由于消费者之间的忍耐力不同,团购规模对等待成本的影响显著。台湾国立交通大学的李永明、铭传大学传播学院的黄禹锡和台南科技大学的陈平文提出了两阶段的定价博弈策略来评估等待成本、竞争、技术更新的盈利率和以社区为基础的团购效率。结果显示:当处于垄断地位的零售商操纵综合销售渠道时,他们会在团购渠道中以一个高的团购价格迫使消费者采用传统购买方式购买产品。当两个相互竞争的零售商采用不同的单一渠道时,进行技术更新会削弱采用以社区为基础的团购的零售商的利润[13]。

台湾中山大学学者 Hsiangchu Lai 和 Chao‑Tsung Ho 以及美国亚利桑那大学学者 Robert J. Kauffman 在网络团购逢低买入这一理论的基础之上引入了基于系列、基于时间和基于数量三个不同的激励机制,并通过一系列的实验来检验这三种机制在团购活动中起到的作用,最终发现:基于序列的激励机制为消费者提供了较少的程序公正意识,团购活动中的公平意识与对产品价格的满意度和购买意愿呈正相关[14]。

目前尽管国内对网络团购的研究比较多,但是很少有学者直接从团购的本质出发,系统地探讨当前网络团购的现状、存在的问题以及发展趋势。特别是网络团购的发展趋势,大多仅限于对网络团购发展趋势的零散预测,没有进行系统的分析和预测。因此本文旨在针对我国网络团购发展过程中横向和纵向两个方面存在的问题,进行深入分析与合理猜测,寻求未来我国网络团购的发展之路。

2 我国网络团购的现状

自 2010 年 3 月国内成功复制 Groupon 的团购网站美团上线以来,国内团购网站井喷式发展。截至 2010 年年末,国内团购网站已达到 1 700 余家,仅从 6 月到 12 月累计销售额就达 17.85 亿元[15]。

2.1 网络团购的特征

2.1.1 稀缺式营销

采取一天一团或几团的服务模式,产品限定,服务限定,时间限定,区域限定,成交数量相对限制。同一产品服务的团购不是每天都有,而是以某天特定的时间为限,超过限定时间段团购就结束了。

2.1.2 高黏度,高效率

一天仅提供几单团购服务,吸引用户每天关注,从而提高用户黏度。同时,简化注册、选择、购买、支付等环节,网站界面相对于传统的购物网站而言,提供快捷的用户体验,减少用户购物耗时,提高了购买效率,促进商品销售[16]。

2.1.3 价格折扣低

价格是网络团购最牟利的武器,超低折扣多为消费类非实物产品,所带来的价格效果无可匹敌。而消费者团购的目的就是通过集体购买,获得较低的价格折扣,一般折扣为四五折,更低的甚至为一折。

2.1.4 小额支付、边际成本低、商品毛利高

目前国内的团购交易涉及到的金额多是小额支付。团购活动本身属于促销行为,目的在于吸引消费者的重复消费,因为团购商品生产的边际成本相对较低,或毛利水平高,才能支持低折扣销售。

2.1.5 购物的聚集效应

大众消费者普遍存在一种从众心理,对某一购买量较大的团购商品,容易形成更大规模的关注,完成大额购买行为,这也符合某些商家薄利多销的策略。

2.2 网络团购的商业模式

目前,在中国团购"千团大战"的形势之下,大多数国内团购网都借鉴美国Groupon的商业模式,彼此之间相互竞争的不仅仅是产品或者服务,更重要的是商业模式[17],如图1所示:

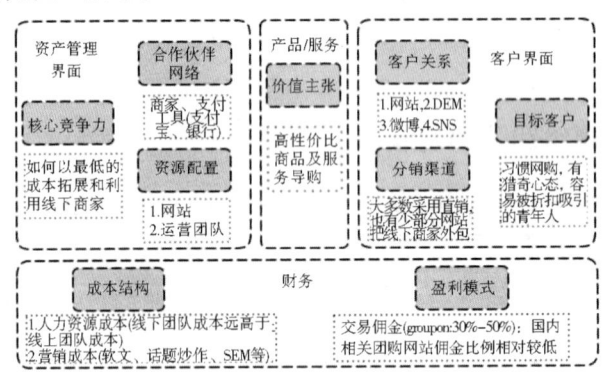

图1 网络团购商业模式

如图1所示,我国目前团购网站的商业模式主要包括以下几个方面:

2.2.1 价值主张

团购网凭借互联网将消费者和商家聚合起来,将有相同购买意向的会员组织在一起,用大订单的方式减少购销环节,厂商将节约的销售成本直接让利,免去了产品经过各地方代理所带来的产品最终市场零售价的上升,消费者可以享受到让利后的最优惠价格,与此同时,商家薄利多销,量大从优,也可以获得利益。团购的另一大优势在于服务类的团购,由于服务类的团购一般有时间限制,可以在其客流较少的时候安排团购信息,充分利用这段时间,发挥商家的人力资源优势,避免在客流低的时候浪费资源,也给商家带来了额外利润。

同时,团购网站每天都会推出不同的团购信息,加上其超低的价格,吸引了

大量消费者的每天关注,这同时使得商家获得了较高的曝光率,起到了很好的广告作用,这也是团购网站的价值所在。有些商家甚至不惜赔本为团购网站提供产品或者服务,就是看中了团购的广告作用,希望提高消费者的回头率。

2.2.2 消费者目标群体

团购网的用户一般是具有经常网购习惯的消费者,其中大部分是年轻人,他们追求时尚和潮流,有猎奇心态并且很容易被折扣所吸引。团购网的主流用户为学生和文职人员,年龄在20-30岁的用户占多数,用户的月收入大部分在1 000-2 000元。

2.2.3 分销渠道

目前我国团购网站的推广除了传统的分销渠道以外,新兴的渠道主要有以下几种:①微博推广。微博以简短、迅速、广泛的传播特性与团购具有天然的契合度,用新鲜和精彩的团购内容进行微博推广,会带来相当可观的关注度,并且微博的体验度和转化率相对而言也是较高的[18]。②团购导航网站和链接资源合作推广。目前,团购网站导航以及团购网站大全分类也随之流行,让用户很方便地查询所需要的个性化团购产品服务。链接资源和多媒介合作形式的推广作用也很重要,如与大众点评、55打折、51返利这样的交叉性网站交换广告或合作。③口碑传播和病毒营销推广。网络团购的相关信息条理清晰、简约,不会耗费大量的阅读时间,配合用户邮件和手机短信的方式,不让客户感到厌烦。通过返利、优惠券形式加强宣传促销,通过实时通信工具方便网友传播团购信息,获取良好的口碑。④软文推广。软文不仅仅可以带给站点高权重的外链,还可以有效地提高站点的知名度,并且转载率也较高。当然这需要提高软文的质量,围绕团购商品的用户体验进行软文包装,吸引消费者。美团、爱帮和拉手就是通过大量的软文传播来争夺用户的。⑤SNS网站和BBS推广。无论是SNS网站还是BBS,都有巨大的群体号召力,特别是像开心网、人人网、腾讯、天涯等一些影响力大的网站,采用社会化群体性聚类推广,在特定人群中可以达到特定商品精准高效推广的效果。

2.2.4 客户关系

网络团购交易,不仅仅局限于当前的交易,更重要的在于交易之后,能够保留顾客,产生二次消费,所以要协调好网站与消费者的关系。其次,消费者与消费者之间的黏性对团购网站也很重要,消费者在团购网站上享受优质的服务之后,可以通过微博等实时通信工具交流,分享经验[6]。因此,团购网站必须要为消费者提供有保障的服务,使消费者的购物行为得到尊重并对其增加信心。买家彼此之间分享团购经验,无形中对优质团购网站和商家起到了宣传的作用,从而进一步增进了团购网站和客户之间的关系。

团购网站从事客户关系管理不仅仅涉及到消费者,同时还涉及到商家,特别是那些优质的商家,因为这些商家信誉度高,产品质量好,服务周到,受到广大消费者青睐,选择优质的商家有利于吸引更多的消费者,提高网站的知名度,达到消费者、商家和网站三者的共赢。

2.2.5 资源配置

网络团购的团队可以分为线上和线下两个部分,其中线上团队主要负责网站的日常维护、更新以及产品的销售和售后服务等工作。线下团队主要负责联系商家并和商家协商产品或者服务的价格。网络团购网站的线上维护工作比较简单,而线下团队具有地域性,需要更多的工作人员,因此网络团购网站对线下团队的依赖性大于线上团队,往往核心人员都在线下业务方面予以配置。我国网络团购网站的员工职能分布如图2所示:

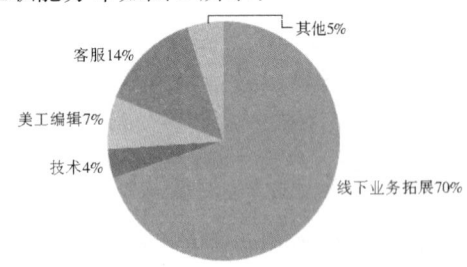

图2 中国网络团购企业员工职能分布

2.2.6 核心能力

团购网站的核心能力表现为城市的扩张和优质团购产品的发掘。分布在各大城市的产品,需要大量的线下业务员寻找优质商家,从而吸引大量的消费者来购买,只有找到优质的团购商品,团购网才能发展起来。所以团购网站的融资能力直接关系到团购网站的规模[19]。在跨城市运作过程中,需要很多的资源投入,融资成为目前团购网站经营的重要策略。像美团,拉手这样的团购网站都成功获得了几千万美金的融资,使得其在激烈的竞争中取得资源优势。

2.2.7 合作伙伴网络

网络团购是一个产业链,其正常运转需要外部环境的支撑,包括网络渠道推广、移动运营商的网络支持、网络支付服务商快捷方便的支付服务和必要的物流配送企业的服务支撑。这些合作伙伴在目前我国传统电子商务环境中都已经相当成熟。

2.2.8 成本结构

团购网站的成本主要由网站运营成本、人力成本与营销成本组成。由于团购网站高度的模式化和简单化以及网络技术的普及,网站建立和运营成本所占比例越来越小。而人力成本正不断上升,主要是大量的线下业务人员的薪酬费用。在营销成本中,主要是一些公关推广费用(如发软文、联系商家)和广告费等。

2.2.9 盈利模式

目前我国团购网站基本上都是微利甚至是负利经营,利润相对比较小。盈利模式也比较单一,主要是从商家那里收取普遍小于5%的佣金。增加收入、改善盈利模式是今后一段时间我国团购网站必须面对的问题[17]。

2.3 网络团购的产业链

在网络团购这个产业中,主要涉及到的是产品提供商、团购网站、消费者三方。同时得到SNS社区网站、支付服务商、团购导航网站和物流供应商等提供的相应服务。在网络团购交易过程中,团购网站处于支配地位,网络团购产业链见图3。

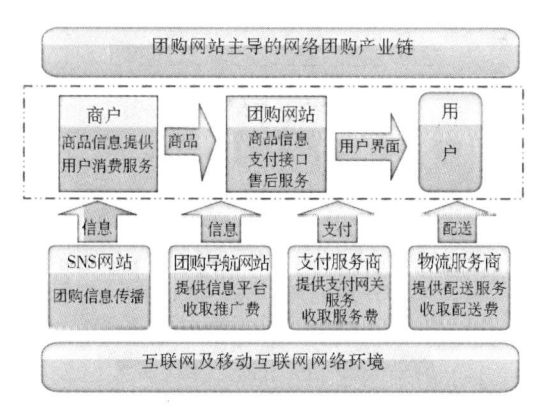

图3 网络团购的产业链

在网络团购的产业链中,团购网站作为连接商家和消费者之间的纽带,在团购活动中起着中介的作用。从纵向来看,团购网站联系优质商家,通过谈判协商团购活动中商品或者服务的价格,确定每一商品或者服务的折扣价,然后将商品或者服务的信息公布在团购网站上,让消费者了解并购买。

从横向来看,团购网站、商家和用户之间的团购活动要正常进行,必须要有相应的互联网网络环境支持。SNS网站主要是传播团购信息。团购导航网站针对团购网站进行推广并获取推广费用,以扩大团购网站的知名度。支付商则主要是为团购交易提供支付平台来获取支付费用。当团购实物交易成功,物流服务商提供物流配送服务,保证团购交易能最终完成,物流服务商收取配送费用。总体上,网络团购的产业链较传统电子商务更加清晰,使传统商家的非电子商务产品、服务与用户之间更加可能建立紧密的电子商务链。

3 我国网络团购的问题

我国网络团购"繁荣"的背后,从横向的内部机制到纵向的外部环境,都存在很多需要迫切求解的问题。

3.1 横向内部机制

3.1.1 低水平重复建设,网站同质化现象严重

目前我国团购网站达到5 700多家,几乎遍布全国各大中小城市。但是这些团购网站中的大多数只是小规模,一台服务器,五六个员工,加上一个没有多少技术含量的团购网站,这使得团购网站鱼龙混杂,很多是滥竽充数,并没有长期的发展战略和盈利策略。而且这些网站之间的差异不是特别的明显,同质化严重。据统计,中国团购网站中服务类商品占53%,实物类商品占34%,产品多以餐饮、影视、美容、酒店旅游、服饰等为主,由于在商家中的认知度比较低,各团购网站页面设置一致,普遍存在同一商家被反复消费等现象[20]。因此,始终坚持同一家团购网站合作的商家并不多,而令消费者满意并真正愿意前往再度消费的网站更是少之又少。

3.1.2 用户黏度较低,保留顾客难度大

对于团购用户而言,他们的目标在于以更低的价格获取更好的产品或服务,换言之,在相同质量的产品或者服务条件下,他们追求的是更高的消费折扣,于是他们会在不同的团购网站之间进行选择,由于可选择的团购网站多,优惠信息广,注册用户的增加并不意味着用户忠诚度或团购企业品牌知名度的增加。数据显示:近4成的用户注册了3-5个团购网站,注册了5个以内的团购账户的用户占了近8成[16],可见,用户一般都不会局限于某一个网站,而是在几个网站之间做最佳选择。因此,目前团购网站的用户黏度低,保留顾客的难度相当大。

3.1.3 缺乏必要的信用评价机制,信用约束匮乏

与传统的电子商务网站相比,团购网站缺少一种行之有效的信誉评价系统,而网站在"千团大战"的形势下争相抢夺优质商家,于是在选择商家时也并

非宁缺毋滥。在交易结束之后,又缺少买卖双方之间的相互评价与约束机制。据调查,在现有的团购用户中,51.5%的用户认为团购中自身利益无法保证[21],由此可见,半数人认为团购网站缺少诚信是个大问题。由于评价系统的缺失,很多商家大胆地怠慢顾客,对消费品质也大打折扣,降低了自律性,不利于团购网站的健康发展。我国目前团购网站的信用状况见图4。另一方面,团购网站推出团购商品基本上都是实行先付款后消费制度,即使消费者以文字形式在其他论坛上提出批评意见也无济于事,这种低强度的评价还具有严重的滞后性,当消费者评价时团购已经结束,对已经购买的用户而言一切都悔之晚矣。

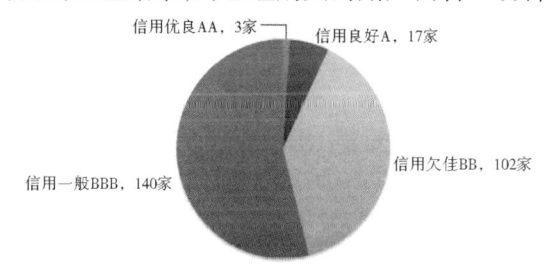

图4 团购网站信用状况分布

3.1.4 区域性强,自身发展动力不足,融资困难

在我国由于团购网站的商业盈利模式还不明确,团购消费的区域性强,市场空间有限,导致行业内存在恶性、低水平竞争,使网络团购整体发展动力不足,获得足够的融资支撑其发展壮大。目前,团购行业的整体毛利率在10%以下,还处于烧钱的阶段,同时受海外资本市场影响,一些团购网出现融资困难的状况,国内千家团购网站已有近4成宣布倒闭[22]。在今后的发展过程中,必然会有大批不具备生存能力的团购网站慢慢遭到淘汰。

3.2 纵向外部环境

3.2.1 无序竞争,盈利前景恶化

为了争夺优质商户资源,各大团购网站的主流趋势是不惜烧钱招揽商家、大规模广告轰炸、巨资聘请代言人及疯狂圈地,恶性竞争形势不断加剧,团购网站的成本急剧上升,亏损、裁员、倒闭频现。据团800在2011年发表的《5月份中国团购统计报告》数据显示:从2010年9月份开始,全国团购网站数量增长基本停滞,在5 000余家团购网站中已有700多家消失或转型,团购9月份销售额比8月份下降8%。2011年5月份主要团购网站销售额为5.97亿元,较4月份的6.5亿元下降了9%,团购人次也从2 187万人次下滑到1 755万人次[23]。

加之团购网站挖掘商家潜力的能力不足,不注重自身造血而通过挖墙脚实现利益的增长,导致团购市场竞争无序化,形成恶性循环,最终盈利状况恶化甚至倒闭。

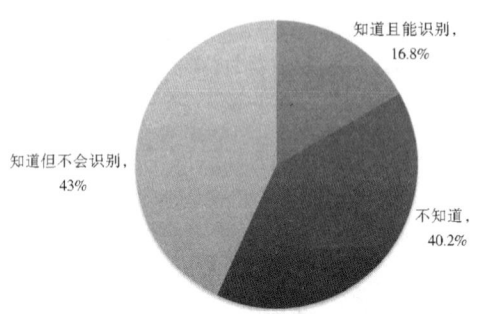

图5 消费者对钓鱼网站的了解程度
数据来源:iTrust 中国互联网信用中心

3.2.2 团购网站易被克隆,用户遭遇网络钓鱼陷阱

网络钓鱼(phishing)是攻击者利用欺骗性的电子邮件和伪造的 Web 站点来进行网络诈骗活动,受骗者往往会泄露自己的私人资料,如信用卡号、银行卡账户、身份证号等内容[24]。最新数据显示,截至2011年6月底,中国互联网信用联盟累计认定并处理了钓鱼网站28 368个。其中6月份认定并处理钓鱼网站2 763个,与去年同比暴增85%。数据还显示,当前网络钓鱼呈现出较强的"热点扎堆"效应,电子商务领域依旧是钓鱼网站的重灾区,由于团购站点设计简单,所面临的钓鱼风险正不断加大[25]。同时,用户对钓鱼网站的了解和识别能力亟待提高,如图5所示,83.2%的消费者对钓鱼网站不知道或不会识别。

3.2.3 在线支付缺乏担保机制,用户、商户资金安全问题严峻

团购网站通常和第三方支付合作进行交易,一般采用直接到账和中介交易担保两种方式。其中中介交易担保能更好地保障买卖双方的利益,但操作比较复杂,也影响卖家资金周转速度,因此多采用直接到账的付款方式[26]。

直接到账虽然便捷高效,但隐患重重。对于服务类团购而言,用户在团购服务后仅是消费的开始,一旦用户体验过程中出现问题,退款时如果遇到不规范网站就会给用户的资金安全埋下隐患。对于实物类团购网站用户也可能遭到"三无网站"的欺骗,网站收取货款后便人间蒸发。据团800投诉监督区的跟踪统计,2010年12月至2011年5月,平均每月发生团购投诉641.5起,月增长率高达34.53%[27]。

3.2.4 行业整体缺乏监管，出现团购消费"管理真空"

网络团购是一个新兴的电子商务模式，行业本身就存在不规范、不成熟的问题，加之我国对电子商务行业普遍缺乏监管，对网络团购就更加显现出"管理真空"。我国对团购进行监管的部门主要有网站管理、工商、税务等，但是这些部门都是出于各自领域的监管，对于团购行业的具体经营和发展并没有一个综合的管理规定或者行为准则。消费者也普遍存在因小额团购消费维权成本比较高而放弃团购消费申诉的心态，即使想维权他们也不知道该通过哪个部门进行维权。

4 我国网络团购的发展趋势

目前中国式的网络团购运动已经处在白热化阶段，这种新兴的电子商务在发展过程中虽然出现了很多问题，但是市场的自然生存法则和修正过程会克服这些阻碍其发展的困难，其发展态势不亚于 Web 2.0 与 SNS 进入中国的盛世壮景。

4.1 网络团购行业逐步走向成熟

4.1.1 优胜劣汰中走向成熟，网络团购面临洗牌

随着网络团购的市场竞争日益激烈，团购网站最终会在市场机制的作用下优胜劣汰，此时一些无资金、无资源优势的团购网站将被收购或淘汰，呈现出少数几家团购龙头门户企业与传统电子商务优势企业拥有资源背景的以"标配"存在的团购频道共同发展的局面。

4.1.2 地方区域性愈发显现，专业性强的垂直类团购网站异军突起

在发展相对成熟的团购市场，各个区域的发展程度也不尽相同，用户的消费成块状经济，每日一团的活动无法满足整个城市用户的需求。在一些特定的区域市场，进一步尝试进行区域划分，针对不同的区域特色，寻求不同的团购活动策略。团购在服务于细分市场时所产生的价值也是无限量的，如搜狐爱家团主要深耕于家装建材家居类产品市场，作为门户网站搜狐推出的团购业务，不管是在品牌认知度上，还是在资金、技术、客户、用户等方面都有先天优势，发展迅猛。可见，把握细分市场，形成自己产品特色的这类专业性强的垂直类团购网站将会引发新一轮的网络购物潮流。

4.1.3 用户消费挖掘是团购的核心价值

团购网站逐步对客户群的需求进行详细周密的调研，根据用户的特征提供能够挖掘其消费意愿的团购产品。按照市场需求开展用户需求度高的团购活

动,增加网站团购产品和服务种类,以提高用户的黏性,培养用户的忠诚度。只有选择用户感兴趣的产品或服务项目,才能吸引更多消费用户,从而增加网络团购活动交易的成功率,更好地保留客户。开拓一个新的消费领域,而非简单地以低价抢夺传统市场,才能真正体现网络团购的核心价值。

4.1.4 个性化、社会化用户网络使网购更"团结"

突出个性化,对客户进行细分,用技术手段帮助用户进行信息的筛选,抛弃发展初期的粗放式用户争夺方式,根据用户的性别、购买历史以及兴趣发送不同的团购信息,从而使用户得到自己需要的商品或者服务。整合社会化网络营销传播方式,特别是结合无线3G为基础的SNS平台交互式应用,充分利用其庞大的天然客户网络资源,营造省时、快速、精准、便捷的团购环境。以SNS社区团购模式介入聚合用户,利用社会化网络使网购更加具有"团结的力量"。

4.1.5 网络团购的软、硬件环境更加完善

随着我国电子商务的社会化,与网络团购配套的物流、支付、网络安全、监管法律法规等基础建设必将得到不断的发展,网络团购的软、硬件环境会更加完善,大众消费者进行网络团购比超市消费还要便捷和实惠。

4.2 动态议价更加凸显B2C魔力

目前,团购网站的产品基本上都是静态价格机制,也即自团购活动上线开始,无论参团人数多少,产品价格都一成不变,这在一定程度上难以吸引消费者的关注和参与。采用动态价格机制,价格会随参团人数的增加而成阶梯状下降,会带动更多的用户参与消费,商家可以获得更好的规模效益,用户也能形成更大的"团",得到更多的优惠。由目前的静态价格机制转变为动态价格机制是网络团购价格策略的发展趋势,能够更加发挥B2C的魔力。

现实中网络团购的价格曲线经常可以分为几段,每一段的价格随着参团人数的变化而变化,命名为"阶梯式团购价格"。特别是针对那些边际成本较低的团购产品来说,就更加具有示范效应,如图6所示:

图6 阶梯式团购价格

可以用向量形式来表述阶梯式团购价格中的价格曲线,令
$$H = (h_1, h_2, \cdots, h_n; l_1, l_2, \cdots, l_n)$$
其中:$h_1 > h_2 > \cdots > h_n$;$0 < l_1 < l_2 < \cdots < l_n$

前 m 个变量表示的是价格水平,后 m 个变量表示相应价格水平持续的物品数量,若价格曲线表示为 $H = (h_1, h_2, h_3; l_1, l_2, l_3) = (25, 22, 20; 14, 29, 200)$ 表示如果团购价格不小于($\geq$)h_3($=20$)的参团人数在 $l_2 + l$($=30$)和 l_3($=200$)之间,交易价格将是 h_3($=20$);否则,如果团购价格不小于 h_2($=22$)的参团人数在 $l_1 + l$($=15$)和 l_2($=29$)之间,交易价格将是 h_2($=22$);如果团购价格 h_1($=25$)的参团人数在 1 和 l_1($=14$)之间,交易价格将是 h_1($=25$);如果以上条件均不满足,则交易价格为无穷大,即交易失败,参团者的数量必须等于或大于曲线中的某个值,即网络团购只接受离散价格。

令向量 $X = (x_1, x_2, \cdots, x_n)$ 表示参团等于相应价格水平的参团数量,即 x_i 表示参团等于 $h_i, i \in [1, m]$ 的参团数量。令 $I_0 = 0, I_0 = +()$,设最终的交易价格为 h_r,则团购最终交易量 r 的确定方法为公式 1[28]。

$$r = \begin{cases} j. & \exists j \in [l, m]. I_{j-1} < \sum_{i=1}^{j} x_i \leq l_j \\ & \text{且 } \forall k \in (j, m) \sum_{i=1}^{k} x_i < l_k \\ 0. & \text{else} \end{cases} \quad (1)$$

所有参团价格不低于 h_r 的参团价格为最优价格,设总的参团人数为 k。

$$I = \begin{cases} 0. & r = 0 \\ \sum_{i=1}^{r} & \text{else} \end{cases} \quad (2)$$

即每一位参团的消费者获得团购产品或者服务,并支付 h_r。

4.3 诚信联盟的建立至关重要

网络团购的信用体系目前还显得十分脆弱,同时网络团购用户满意度大大低于传统电子商务,这对网络团购的长足发展是极其不利的,只有持续的购买意愿才能支撑行业健康发展。

目前各团购网站的用户评价模块基本处于不透明状态,用户根本无法在是否参团前对这一团购产品的信用进行较客观的评估,从而加大团购风险。各团购网站出于自身业绩和企业信用保护的考虑,对完全提供团购产品用户评价持保守和谨慎的态度。但对于团购整体发展趋势而言,建立公开、客观、透明的诚信体系是至关重要的。

为了避免各团购网站自身的信息制约,需要建立第三方的团购诚信评价联

盟,对各大团购网站的每笔团购产品进行用户评价,为进入诚信联盟的团购商家颁发认证标志,形成网络团购的"淘宝商城",提高网络团购的信用等级,其体系结构如图 7 所示:

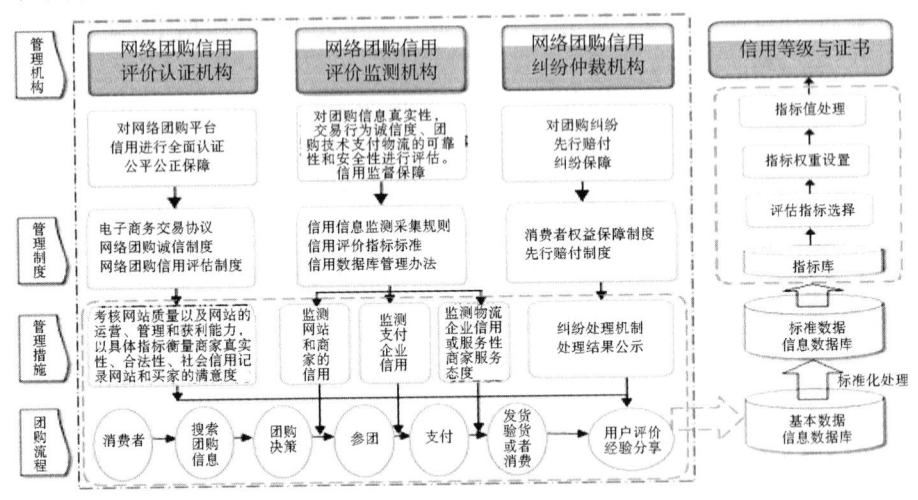

图 7　网络团购诚信联盟体系结构

网络团购诚信联盟旨在建立网络团购诚信的长效机制,推进互联网诚信体系建设,引导和敦促网络团购企业和商家诚信经营,营造并维护良好的网络诚信环境。网络团购诚信联盟主要包括网络团购信用评价认证机构、网络团购信用评价监测机构、网络团购信用纠纷仲裁机构三个部分。它们贯穿整个团购活动的始终,每个机构都有相应的工作制度和角色。

网络团购信用评价认证机构负责对团购平台信用进行全面认证,按照电子商务交易协议和网络团购相关诚信制度考核网站质量以及网站的运营、管理和获利能力,衡量商家真实性、合法性、社会信用记录和买家的满意度。最后以具体的诚信评价指标予以量化,得到团购网站的诚信基本数据。

网络团购信用评价监测机构负责对团购信息真实性、交易行为诚信度、团购支付物流的可靠性和安全性进行评估。按照信用信息监测采集规则适时监测团购网站和商家的信用以及与之配套的支付企业和物流企业的信誉度,对于服务性团购还要监测商家实际的服务态度和诚信度,并以信用评价指标将其量化,形成信用数据库。

网络团购信用纠纷仲裁机构负责解决团购纠纷,按照先行赔付制度和消费者权益保护制度及时处理网络团购活动中存在的纠纷,最终使得纠纷圆满解决,买卖双方实现共赢。纠纷解决完毕予以公布,并以实际指标来衡量纠纷过程中遇到的诚信问题,得出相关数据。

除了以上三个机构之外,诚信联盟机制还应有团购消费者的参与——在团购活动中,消费者在顺利完成团购之后可以对团购活动进行评价,对团购商品或者服务的质量、商品的物流速度、团购中的服务态度进行评价,这些评价也会基于评论挖掘的方法予以指标量化。

在网络团购诚信数据和指标库中,根据不同类型的团购赋予不同的权值,最终综合评级,得出团购网站的级别。信用等级分为 AAA(最高)、AA、A、BBB、BB、B、CCC、CC、C(最低)三等九级。信用等级越高,表明信用越好,并且采用实时动态等级公布制度。

5 总 结

网络团购作为一种新型的电子商务模式,催生了大批网络团购网站,同时也吸引众多风险投资公司的参与。这种欣欣向荣的场景一方面显示了团购网站的巨大价值以及网民消费者对这种新型消费方式的认同。另一方面,也使团购市场的发展面临着巨大的挑战。网络团购企业应当在做好客户服务的同时不断探索和改进运作模式,以适应市场的要求,未来电子商务领域仍将是多种业态共存的局面。

本文在网络团购基础理论的指导下,结合当前我国网络团购的发展现状,深入剖析其中存在的问题,从行业发展、动态价格机制和诚信联盟等方面分析未来我国网络团购的发展趋势,以期为其健康快速发展提供借鉴。走一条符合我国网络团购国情的道路,实现网络团购的"中国式"特色经营,才是未来网络团购的发展方向。

参考文献:

[1] 百度百科. 网络团购[EB/OL]. [2011 – 07 – 18]. http://baike.baidu.com/view/651774.htm.

[2] 王培. Groupon 模式与团购新趋势[J]. 销售与市场(管理版),2010(8):81 – 83.

[3] 中国互联网信息中心. 第 28 次中国互联网络发展状况统计报告[EB/OL]. [2011 – 07 – 20]. http://www.cnnic.net.cn/dtygg/dtgg/201107/t20110719_22132.html.

[4] Tsvetovat M, Sycara K, Chen Y, et al. Customer coalitions in the electronic marketplace [C]//Proceedings of the 3rd Workshop on Agent Mediated Electronic Commerce (AME – 2000). Spinger,2001:121 – 138.

[5] Moulin H. Axioms of cooperative decision making[M]. Cambridge:Cambridge University

Press,1988.

[6] Moulin H. Cooperative microeconomics: A Game-Theoretic introduction[M]. Princeton: Princeton University Press,1995.

[7] Engel J, Kollat D, Blackwell R. Consumer behavior[M]. New York: Holt, Rinehart, and Winston,1974.

[8] 宋祎旋. 基于B2C的网络团购模式研究[D]. 武汉:华中师范大学,2007:2-3.

[9] Kauffman R J, Wang Bin. New buyers' arrival under dynamic pricing market microstructure: The case of group-buying discounts on the Internet[J]. Journal of Management Information System, 2001,18(2):158-188.

[10] Li C, Sycara K, Sheller-Wolf A. Combinatorial coalition formation for multi-item group-buying with heterogeneous customers[J]. Decision Support Systems, 2010,49:1-13.

[11] Chen Jian, Chen Xilong, Kauffman R J, et al. Should we collude? Analyzing the benefits of bidder cooperation in online group-buying auctions[J]. Electronic Commerce Research and Applications, 2009,8(4):191-202.

[12] Chen Jian, Chen Xilong, Song Xiping. Comparison of the group-buying auction and the fixed pricing mechanism[J]. Decision Support Systems, 2007(43):445-459.

[13] Li Y M, Jhang-Li J H, Hwang T K,et al. Analysis of pricing strategies for community-based group buying: The impact of competition and waiting cost[M]. New York:Springer Science Business Media, LLC, 2010.

[14] Kauffman R J,Lai H, Ho C T. Incentive mechanisms, fairness and participation in online group-buying auctions[J]. Electronic Commerce Research and Applications, 2010,9(3):249-262.

[15] 陈冰冰. 后团购时代国内团购网站发展模式实证分析[J]. 河南商业高等专科学校学报,2011,24(1):5-9.

[16] 艾瑞研究.2010年中国网络团购市场研究报告简版[EB/OL].[2011-07-23].http://report.iresearch.cn/Reports/Free/1447.html.

[17] 齐雯. 网络团购商业模式研究:基于Groupon[J]. 人力资源管理,2010(10):93.

[18] 以色列. 微博力:how businesses can thrive in the new global neighborhoods[M]. 任文科,译. 北京:中国人民大学出版社,2010:83-88.

[19] 周小勇,吴玉萍. 网络团购的电子商务模式研究[J]. 科技信息,2010(20):215.

[20] 中金研报:团购六大阵营各领风骚 同质化严重[EB/OL].[2011-11-06]. http://www.sharptogether.com/bbs/showtopic-60472.aspx.

[21] 王斌. 什么样的团购网能够经得住大浪淘沙[EB/OL].[2011-11-06]. http://www.eguan.cn/cache/1319/112841.html.

[22] 中新网.国内团购网站今年倒闭近四成进入快速淘汰期[EB/OL].[2011-11-06]. http://www.chinanews.com/it/2011/09-08/3313966.shtml.

[23] 网络导报. 中国团购正经历大涅槃 谁将成剩下的三五个[EB/OL].[2011-11-

06]. http://www.wldbs.com/tuangoudianping/2011/1028/19992.html.
[24] 百度百科.网络钓鱼[EB/OL].[2011－07－25].http://baike.baidu.com/view/77554.htm.
[25] 新华网.反钓鱼联盟认定并处理钓鱼网站28368个[EB/OL].[2011－07－25].http://news.xinhuanet.com/internet/2010－11/22/c12803454.htm.
[26] 梁丽雯.网络团购有风险 第三方支付是危还是机?[J].金融科技时代,2011(3):15－18.
[27] 中新网.团购行业陷诚信坏账 网购类投诉近40%来自团购[EB/OL].[2011－11－06].http://www.chinanews.com/it/2011/09－15/3328250.shtml.
[28] 陈剑,陈熙龙,宋西平.逢低买入与固定价格机制比较研究[J].管理学学报,2003,6(5):34－39.

作者简介

黄　炜,男,1979年生,讲师,博士后,硕士生导师,发表论文8篇;

殷　聪,男,1986年生,硕士研究生,发表论文2篇。

基于用户体验的团购网站信息构建模型研究

廖小丽 胡 媛

(武汉大学信息资源研究中心 武汉 430072)

摘 要 分析团购网站信息构建的发展现状及存在问题,抽象出目前团购网站信息构建的现有模型,并针对其存在的问题构建基于用户体验的团购网站信息构建的理想模型,最后以拉手网为例对理想模型进行解释,希望籍此而促进团购网站的发展,并使用户得到更好的体验。

关键词 团购网站 信息构建 用户体验

分类号 G203

团购并非新生事物,但与互联网联合起来组成网络团购,却是近几年才发展起来的。2008年11月,世界首家团购网站"Groupon.com"在美国诞生后,团购网站迅猛发展。2010年美国就有200多家模仿者,海外更是达到上千家[1]。2010年1月,中国出现首家模仿Groupon模式的团购网站——满座团,同年上半年出现百团大战,下半年千团大战。截至2011年6月,国内团购网站数量达到5 126家[2]。

随着网络团购的飞速发展,团购网站数量、规模日益扩大,信息量多而繁杂。而用户的信息需求各不相同,用户对网站的要求也越来越高,所以要对团购网站进行信息构建。如何从用户的角度出发,组织和设计团购网站信息,为用户提供更好的团购体验,是团购类网站在信息构建中值得重视的问题。

1 研究背景

自2008年首家团购网站在美国诞生后,对于团购网的研究就层出不穷。国外多侧重于实证和模型等定量化研究,注重对实践问题的探讨。国内则主要分析团购网的发展现状、今后发展方向及团购网如何运营等方面。而研究其本身信息构建的却不多,从用户体验角度进行研究的则更少之又少。

信息构建(information architecture,IA)最早由美国建筑师沃尔曼提出,他将IA定义为:"组织、标识、导航和检索系统的设计,目的是帮助用户查找和管

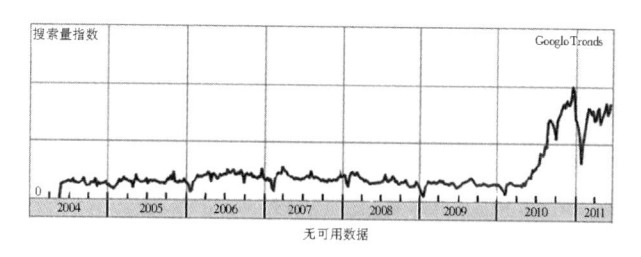

图 1　google trends：团购网站搜索趋势

信息[3]"。2004年，Peter Morville结合IA的三个生态环境，设计著名的蜂窝模型——一个六边形用户体验模型，描述了有用性、可用性、满意度、可找到性、可达到性、可靠性、价值性等内容，充分体现了用户体验丰富性的要求[4]。Jeese James Garrett用图表分析了"以用户为中心的设计方法（UCD）"[5]。George Olsen提出的"用户体验设计方法"对基于用户体验的信息构建理论研究起到了重要的推动作用[6]。国外将信息构建与用户体验和联系的研究比较早，但至今还没有学者能澄清两者之间的关系，探讨两者之间关系成为"基于用户体验的信息构建"研究的关注点。

国内学者也将用户体验与信息构建联系起来作了相关研究。王晓艳、胡昌平从信息构建的组件整合与用户体验的核心内容入手，分析了信息构建和用户体验之间的关系，进而创建了基于用户体验的信息构建模型，并对其实现方法进行了探讨[7]。胡昌平、邓胜利从用户信息需求与利用入手，分析信息构建与用户体验之间的关系、用户体验要素，在构建用户体验层次模型基础上，结合网站服务业务的开展，讨论了基于用户体验的网站建设和面向用户的服务组织[8]。邓胜利、张敏认为人际互动可深化原创内容的挖掘，开拓互联网的信息来源，并密切用户之间的联系，由此形成基于用户体验的交互式信息服务模式[9]。此外，还有很多学者从不同的应用角度来讨论基于用户体验的信息构建，如郑元清从图书馆网站出发[10]、魏巍从内容网站出发[11]、邝春辉等人从ISEI网站出发[12]……这些研究都促进了用户体验与信息构建的研究。

虽然国内外已有较多关于用户体验和信息构建的研究，但还没有出现将团购网站、信息构建、用户体验这三者结合起来进行研究的文章。本文将基于用户体验的信息构建运用于团购网站，不仅可以使团购网站的信息更清晰化、更易理解，增强信息的可用性、有用性，而且能让用户拥有更好的体验。

2　团购网站信息构建的问题分析

目前，我国团购网站发展迅速，数量与日俱增，规模不断扩大，网站信息丰富多样。但网站信息构建没有总体规划,导致信息繁杂,用户无法快速获取所需信息,不能获得良好的用户体验,用户体验与信息构建之间无法达到和谐的状态。

2.1 团购行为中降低用户体验度的因素

用户体验(user experience,UE)是指用户在操作或使用一件产品或一项服务时的所做、所想、所感,涉及到通过产品和服务提供给用户的理性价值和感性体验[13]。在网络团购中,用户体验主要是用户通过团购网站,寻找并选择所需商品或服务,进行网上交易,从而获得产品或服务。目前,团购交易中的用户体验总体良好,体现在购买的商品或服务物美价廉(如用户用较低的价格能买到名牌产品或名店服务)。但是,也存在一些因素降低了用户体验,具体如下:

2.1.1 诚信机制不健全

许多团购网站未经谨慎考核,随意联系商家,有些商家的商品或服务不合格,甚至出现商家卷款而逃的现象,严重损害消费者的利益。有些团购网站还存在对商品或服务的描述与现实不符、虚假折扣、刷量造势等不诚信现象,降低了用户体验度。

2.1.2 在线支付无保障

网络团购目前多采用网上交易形式,通过支付宝、财付通、网上银行等平台提前付款,而不是收到商品或消费服务后才付款。消费者在收到商品或享受服务过程中,一旦出现问题,需要退款时,一些不规范的网站借口网站遭攻击、支付宝出现问题拖延退款,给用户付款埋下安全隐患。

2.1.3 反馈意见未得到充分表达

用户的反馈意见是指用户使用商品或服务后,对其所进行的评价。有些用户评论比较中肯,能帮助其他用户进行快速而有效地选择,为其团购决策提供重要依据,这也是用户获得良好体验的前提之一。但团购网站几乎都没有设计用户评论的专门区域,不利于用户反馈信息的收集与处理。

2.2 团购网站信息构建的发展瓶颈

团购网站的信息构建是为了使用户在团购网站中快速便捷地找到所需信息,组织和管理团购网站的信息,设计其组织系统、导航系统、标识系统、搜索系统是团购网站信息构建的一门艺术和科学。目前,团购网站信息构建总体不错,信息种类丰富多样,页面布局紧凑,颜色亮丽,但仍存在以下问题:

2.2.1 信息组织无序,分类不合理

很多团购网站不明确自己的定位,盲目接受商家的申请,导致网站信息繁

杂、混乱。团购网站商品或服务大体分生活、商品、酒店、化妆品等类,但化妆品也属于商品,而酒店、化妆品等都属于生活的一部分,笔者认为这种分类不科学。

2.2.2 导航混乱,不清晰

团购网站上的导航大多设有今日团购、往期团购、玩转团购、登录、退出等,导航比较简单,不够完善,可用性比较差,站点之间的连接也不通畅,用户在网站上容易迷失方向,无法快速找到所需商品或服务。

2.2.3 无搜索功能

当前团购网站信息纷繁复杂,并不是每天推出一个团购,而是多个团购,并且今日团购和往期未过期的团购混在一起,页面上显示的团购信息多达二三十条,而且网站上没有搜索系统,用户无法在杂乱的信息中快速找到自己所需要的团购信息。

2.3 团购网站中用户体验与信息构建之间存在的问题

对信息构建和用户体验关系的认识,已成为信息构建研究中一个争议颇多的问题。有的学者认为,用户体验从属于信息构建;有的学者认为,用户体验等同甚至包含信息构建[14]。

笔者认为,用户体验与团购网站信息构建是相反相成的关系。"相反"是指两者存在一定的区别,团购网站信息构建主要面向团购信息,是对信息的理解和设计,注重对信息的承载,而用户体验是面向团购用户,了解用户需求和行为特征,注重用户感受;"相成"是指两者相互作用。团购网站的信息构建以用户体验为前提和目标,去调查和研究用户的团购心理与行为,以此来构建一个适宜用户的团购网站,可以使用户获得良好的体验,而用户体验则为团购网站的信息构建提供建议及反馈信息,促进团购网站更好地发展。

根据以上信息及笔者对拉手、美团、糯米等团购网站的观察,可以抽象出目前团购网站的信息构建模型,如图2所示:

根据图2显示,团购网站首先对用户进行分析,主要从用户的信息需求及其行为特征来了解用户;然后进行信息构建,主要从组织系统、标识系统和导航系统这三方面对网站进行总体规划;接下来进行网站实施,把之前的规划制作成网页,面向用户;最后,用户可以通过团购网站进行团购体验。

目前团购网站的用户体验、信息构建及两者关系处理中仍然存在很多问题,现有的信息构建模型只是简单地从形式上将用户体验与信息构建进行连接,并没有从实质上把两者结合起来,不能为用户提供良好的体验,也无法推动团购网站向更好的方向发展。

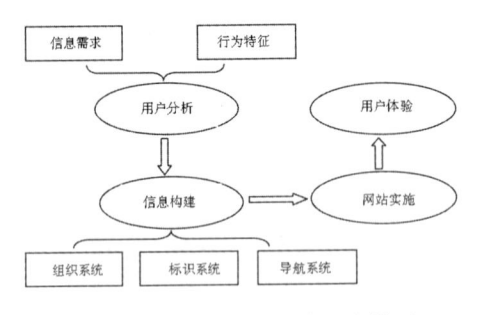

图2 团购网站信息构建现有模型

3 团购网站信息构建的理想模型构建及分析

由于团购网站信息构建的现有模型比较简单,没有搜索系统和用户反馈系统,不利于提高用户体验度,也不利于团购网站和团购事业的发展,因此,有必要针对现有模型存在的问题,提出团购网站信息构建的理想模型,并对其进行分析。如图3所示:

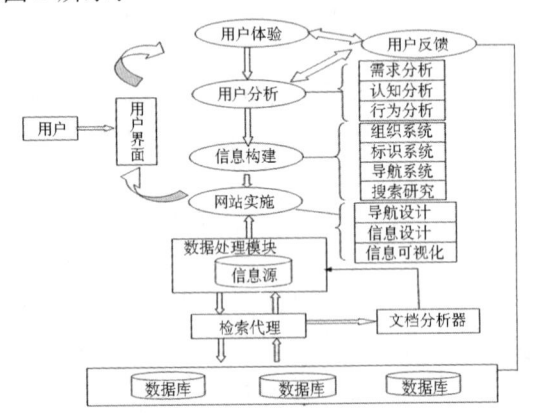

图3 基于用户体验的团购网站信息构建理想模型

3.1 用户体验模块

用户作为团购的一个重要主体,对其进行分析研究具有十分重要的意义。团购网站的信息构建基本是以用户为核心,基于用户需求来进行构架的。因此,用户分析、用户体验及用户反馈对团购网进行信息构建起着重要作用。

3.1.1 用户分析是前提

用户分析是信息构建研究及开发的基础,是网站价值实现的保障和前提。用户分析能让团购网站清楚地认识目标受众,从而实现网站精准的市场定位。团购网站用户分析主要包括对用户进行信息需求分析、认知分析和信息行为分析三个方面。

• 需求分析。对团购用户进行信息需求分析,首先是分析用户本身的特征,如用户的性别、年龄、职业、收入等。团购网站的用户大多数是 25 – 29 岁的企业白领,有一半以上的用户月收入在 3 000 元以上,女性用户明显活跃于男性用户[15];其次要分析用户需要什么样的团购信息、习惯以什么样的方式获取信息。团购网站通过设计团购小调查进行动态跟踪,调查用户的团购需求,有针对性地提供团购信息;再次要研究影响团购用户信息需求的因素,一般分客观和主观两方面,客观上受社会经济、政治、文化、科教等方面的影响,主观上受自身的知识修养、个人兴趣、信息能力等方面的影响。

• 认知分析。包括对信息内容的理性认知和对信息形式的感性认知。对信息内容的理性认知研究的是"信息如何转化为知识"的问题,对信息形式的感性认知研究的是"如何促进信息转化为知识"的问题[8]。团购网站通过各种形式的调查充分了解用户的知识结构、认知水平——团购网站的用户大多是企业白领,知识水平较高[15],团购网站应提供品味较高的商品或服务,如美容美发、休闲娱乐、精品购物等。另外,要重视信息的呈现方式,充分利用人类视、听、感觉方面的规律对信息界面进行人性化设计,包括颜色搭配、背景音乐处理、图形语言应用及登陆问候语的设置等。

• 行为分析。用户的信息行为是指用户寻求其所需信息时所表现出来的需求表达、信息获取、信息利用等行为。团购网站中,主要表现为对团购信息的浏览、搜索和进行团购交易的行为。刚开始,用户出于好奇心,会在网站浏览团购信息,团购网站提供的信息价值的大小,是否符合用户信息需求,都会影响用户是否在浏览的基础上去寻找想要的商品或服务,而团购信息的可获得性和易用性,又对用户是否进行团购交易存在重要影响。

3.1.2 用户体验是主体

用户是团购网站的最终使用者,其体验度的高低,决定团购网站能否在行业的激烈竞争中取得生存与发展。因此,团购网站信息构建的重要目标是通过采取各种措施,使用户从功能、技术、美学三方面获得良好的体验。

• 功能体验。主要指网站的有用性和可用性。团购网站作为商家和用户的中介、桥梁,应尽量联系信誉良好的商家,向用户提供丰富多样的有用信息。为了提高信息的可用性,团购网站要解决影响其生存与发展的诚信和安全问题。除了进行三包承诺、争取获得商务信用平台(Business Credit Platform,BCP)、网上交易保障中心等信用认证和IS质量认证之外,还应加强与支付宝或财付通等较安全的网上支付平台的合作,让用户放心支付、安心团购,从而获得良好的用户体验。

• 技术体验。主要指网站要符合省力原则,要省时、省力和省钱。首先是省时:除了网站打开速度要快外,团购网站还应与豆瓣网、人人网、百度空间、开心网、微博等SNS社交网络进行合作,多途径宣传展示团购信息,让用户在使用这些SNS网站过程中就能了解团购信息,节约用户时间;其次是省力:是指操作简洁方便,应在网站明显的地方设计用户帮助、团购流程演示、客服等专区,让用户更方便地使用团购网站,还可以完善手机客户端,让用户可以随时随地利用手机进行团购;再次是省钱:用户使用团购网站除了必备的上网设备外,不用再支付其他费用,而且购买团购商品或服务,折扣较低,可以节约很多资金。

• 美学体验。美学体验是指网站要好看、好听和好感,为用户提供视觉享受、听觉享受,满足其心理需求,主要强调网站外观的对比性、协调性、乐趣性等。团购网站若结构合理,简单明了,颜色鲜明亮丽,各种商品或服务的介绍图片很漂亮,图文搭配合理,再加上轻松愉快的背景音乐,便能愉悦用户身心,使用户获得良好的美学体验。

3.1.3 用户反馈是保障

用户反馈是用户在购买和使用团购商品或服务后,将使用意见回馈给网站。用户反馈不仅可以使团购网站根据用户评价及反馈对网站进行修改及完善,也能让用户根据网站上显示的用户建议和评价来决定自己是否进行团购交易。

团购网站应该根据用户需求设计个性化较强的用户反馈系统,符合用户习惯,给用户一种亲近感。网站可以通过数据库技术将反馈系统和用户账号联系起来,用户填写反馈信息的时候,系统要求用户填写账号,询问用户是否可将问题公开,然后将针对反馈的回答与用户账号联系起来。在用户登录网站后,可以在用户反馈区中看到针对自己不想公开反馈问题的解答。如此,既保护了用户的隐私又增强了网站的亲和力。同时,将可公开的反馈信息公布出来并做相应的响应,能为后来的团购用户提供意见和建议,充分体现网站的活力。

3.2 信息构建模块

信息构建对于团购网站的生存发展至关重要。团购网站的信息组织有序,用户便能快速找到所需信息,提高用户体验度,团购网站也能获得快速发展。反之,团购网站杂乱无序,内容前后不一,则会影响其自身的发展。因此,团购网站有必要从组织系统、标识系统、导航系统、搜索系统四方面对信息进行合理构建。

3.2.1 组织系统的构建

组织系统负责信息的分类,确定信息的组织方案和组织结构,同时对信息进行逻辑分组,并确定各组之间的关系。它是决定网站信息构建成功与否的关键因素,也是建立导航系统和标识系统的基础。团购网站应该根据自己的定位,明确目标,将商家提供的团购信息进行合理分组、逻辑归类,构建一个逻辑分明、分类合理的信息体系结构,将团购信息组成一个完美、和谐、统一、有机的整体。

3.2.2 标识系统的构建

标识系统负责信息内容的表述(包括内容名称、标签或描述),要求信息的表达前后一致、易于理解,符合用户的使用习惯。团购信息的表达应图文搭配,图片形象生动,并用简单文字将原价、现价、折扣、团购结束时间、购买人数、地址等重要信息显示出来,突出商品或服务的亮点,让消费者一看就能了解其重点。点击其中一条团购信息,进入该团购页面,页面除了针对主页上显示的简单信息进行解说外,还应有交通指南、使用说明、温馨提示等详细信息。这些详细信息与首页上的信息应该是一致并且吻合,让用户对团购信息有更好的了解。

3.2.3 导航系统的构建

导航系统负责信息的浏览和在信息之间移动,通过各种标志和路径的显示,让用户能够知道自己所在的信息位置和可以进一步获得的信息内容。它的主要功能就是帮助用户确定自己的位置、明确前行的方向和路线、准确到达目的地。团购网站的导航系统应该跟建筑物或道路的标志牌一样起指引作用,解决"在哪里"、"去过哪里"、"能去哪里"的问题。一般来说,团购网站导航必须具有详尽的网站地图,指引用户浏览网站,在各页面固定位置设计风格统一的导航栏,各层级及同级间的网页导航便捷,导航文字准确、直观、易识别,导航方式简洁、便于使用。

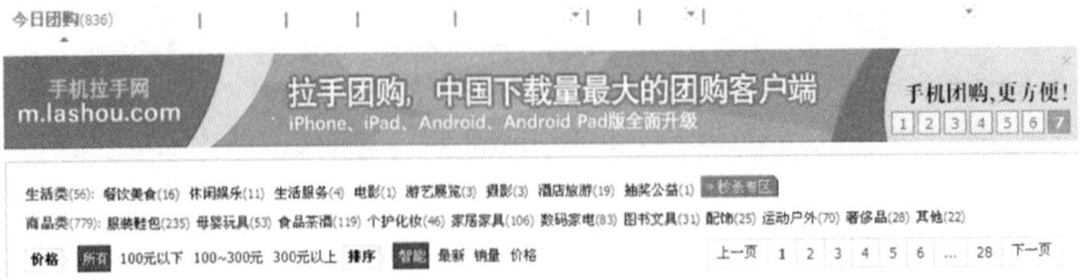

图4 拉手网分类导航

3.2.4 搜索系统的构建

搜索系统负责帮助用户搜索信息,通过搜索引擎,根据用户的检索词,按照一定的检索规则对网站内容进行搜索,并将搜索的结果提交给用户。一个好的检索系统可以允许用户快速并准确地找到其所感兴趣的特定主题的团购信息。有些团购用户在进行搜索时有特定的目标,构建网站时我们应充分考虑到这一特性,设计简单易用的检索系统,为用户提供简单搜索、标准搜索、高级搜索等多种检索方式,让用户根据自身需要选择合适的检索方式,并且搜索结果应该清晰明了,符合搜索条件,让用户在最短时间内找到所需信息,节约用户时间。

3.3 网站实施——以拉手网为例

网站实施是信息构建的结果和必然产物。通过信息构建,构架出网站设计所需要的大体框架,从而为网站的具体实施建设提供指导。同时网站实施的产物——用户界面,又是用户体验的平台。因而,网站实施是用户体验和信息构建的中介和桥梁,也是整个团购网站建设的重要环节。

网站实施大致可以包括三个方面:导航设计、信息设计及信息可视化。其中导航设计和界面设计是最基础的部分,也是与用户沟通的直接渠道。通过界面设计和导航设计,合理安排界面要素,以易于理解的方式表达信息,使用户能够与系统服务进行交互。

而信息作为最本体的因素,更是网站的核心部分。不论形式如何新颖,"内容为王"的地位始终不会动摇。因此,网站所提供的信息必须是用户所感兴趣和需要的。要充分考虑用户不同的偏好、不同的工作环境和物理能力,充分理解用户的感觉系统,考虑信息交换和传递手段。互联网技术为多方位、多层次、从平面到立体、从无声到有声、从虚拟到现实和从静态到动态地表现网站内容提供了可能。

拉手网作为国内团购网的典范之一,其在网站实施上具有一定的特色。

结合拉手网的特色进行分析,能更好地解释本文所提出的模型。其分类导航,如图 4 所示:

在商品分类导航中,拉手网共有 5 个大类,19 个小类,其中小类在页面上按倒序依次排列。同时,拉手网从价格的角度对商品或服务进行分类,分别是 100 元以下、100－300 元和 300 元以上,方便用户进行精确选择。在商品推荐排序上,它采取了智能排序、最新、最具人气三种方式。

在信息内容设计上,拉手网根据用户喜欢的网购产品进行选择,符合绝大多数网购者的生活需求。以相对优惠的价格提供用户感兴趣和所需要的产品,投其所好,获其青睐,为自身赢得更大的发展。

而在信息可视化方面,整个网页的设计给人整齐清爽的感觉。商品分类较为齐全,重点突出。同时商品信息排布整齐有序,便于用户浏览选择。

但是,拉手网也存在不足之处。首先是没有搜索系统。拉手网每个页面 30 条团购信息,总共有 28 页,用户不会也不愿意花费那么多时间去看完所有的团购信息。但是如果有搜索系统,用户就可以迅速获取自己需要的团购信息。其次是用户反馈系统针对性不强。拉手网只有在网站页面左下角的用户帮助中有意见反馈,点击进去,可以留下姓名、联系方式和意见内容。但这是针对整个拉手网的,并没有专门针对每条团购信息的用户反馈系统,每条团购信息最后只有几条用户评论,用户购买商品或享受服务后,若有意见或建议无法充分表达,也无法为后来购买的用户提供可供借鉴的依据。

团购网只有在网站页面上简洁明快,功能设置突出,坚持用户至上原则,将以人为本、以客为尊的经营原则渗透在每个环节,才能保证其网站的有效运行,为其赢得更多的顾客。

4 结　语

目前,我国网络团购的发展正处于上升阶段,势头依旧很猛。第三方团购网站作为商家和用户的中介、桥梁,负责联系信誉良好的商家,向用户提供丰富多样的团购信息。然而目前大多数团购网站的信息构建依旧存在一些问题,比如忽视用户的中心性、导航系统较为混乱、搜索系统不够智能。本文基于用户体验,从组织、标识、导航、搜索 4 个方面构建出较为理想化的团购网站信息构建模型,并对其进行分析解释,让用户能够从功能、技术、美学三方面进行良好的体验,也让商家可以销售更多产品,实现商家、团购网站、用户三方共赢的目标。当然,由于笔者学识有限,模型构造可能不够完善,对于模型中用户体验的认识还不够深刻,对后台的运行操作也没有深入研究,这些都是今后研究中需要进一步加强的地方。

参考文献：

[1] 方盈芝主编.2010年中国网络团购调查报告[R].杭州:中国电子商务研究中心,2010:8.

[2] 新浪科技.团购网站数量达到5126家[EB/OL].[2011-06-24].http://tech.sina.com.cn/i/2011-06-14/02395643704.shtml.

[3] Wurman R S. Information anxiety[M]. New York: Doubleday,1989.

[4] Morville P. User experience design [EB/OL].[2011-04-20]. http://semanticstudios.com/publications/semantics/000029.php,2009-03-09.

[5] Garrentt J. 用户体验的要素——以用户为中心的Web设计[M]. 范晓燕,译. 北京:机械工业出版社,2007.

[6] Olsen G. Expanding the Approaches to User Experience[DB/OL].[2011-03-12].http://www.boxesandarrowsws.com/archives/eXpanding-the-approaches-to-user-experience.

[7] 王晓艳,胡昌平.基于用户体验的信息构建[J].情报科学,2006(8):1235-1238.

[8] 胡昌平,邓胜利.基于用户体验的网站信息构建要素与模型分析[J].情报科学,2006(3):321-325.

[9] 邓胜利,张敏.基于用户体验的交互式信息服务模型构建[J].中国图书馆学报,2009(1):65-70.

[10] 郑元清.基于用户体验的图书馆网站信息构建研究[D].哈尔滨:黑龙江大学,2008.

[11] 魏巍.微内容网站构建及用户体验研究[D].南京:南京航空航天大学,2009.

[12] 邝春辉,张文德,张元榕.基于用户需求的ISEI网站信息构建研究[J].情报探索,2010(7):77-80.

[13] Daniel L. Understanding user experience[J]. Web Techniques,2000,5(8):42-43.

[14] 李箐,赖茂生.信息空间构建相关问题探讨——用户体验和系统可用性[J].情报理论与实践,2003(1):8-10.

[15] 缔元信网络数据.2010年网络团购用户研究报告[R].北京:北京网络媒体协会,2010.

作者简介

廖小丽,女,1987年生,硕士研究生。

胡　媛,女,1989年生,硕士研究生。

C2C 电子商务服务质量评价实证研究[*]

——基于中国 C2C 市场的问卷调查

邓之宏　郑伟亮　秦军昌

(深圳信息职业技术学院　深圳　518172)

摘　要　借鉴 B2C 网上零售市场相关研究成果,设计 C2C 交易市场电子服务质量评价调查问卷,通过对中国 C2C 交易市场网上购物用户问卷调查,采用探索性因子分析法得到消费者评价 C2C 网站和卖家电子服务质量的关键因子维度。其中,C2C 网站服务质量评价维度包括安全与隐私、网站设计质量、信息内容质量、网站补偿性、系统可靠性和愉悦性 6 个因子;C2C 卖家服务质量评价维度包括卖家补偿性、客户服务、配送准确性和配送准时性 4 个因子。研究结果对 C2C 交易网站和网上卖家提高服务质量具有一定的决策借鉴意义。

关键词　电子商务　C2C 交易市场　电子服务质量　评价　实证研究

分类号　F713.36

1　引　言

相关统计显示[1],中国网上零售市场增长趋势明显,截至 2011 年 12 月底,网上购物用户规模达到 1.94 亿,2011 年网上零售交易额达到了 8 060 亿元。网上购物逐渐成为网民常态的消费方式,中国网上零售市场发展潜力巨大。网上零售市场目前主要分为两种类型:一种是 B2C 模式,另一种是 C2C 模式。与国外成熟的网上购物市场不同,我国 C2C 购物网站无论是在用户规模还是交易金额上都领先于 B2C 购物网站,但是用户对 C2C 购物网站的满意度明显低于 B2C 购物网站[2]。中国 C2C 交易市场客户流失率较高,顾客对 C2C 交易网站

---

[*] 本文系广东省自然科学基金项目"C2C 交易市场电子服务质量、信任对顾客忠诚的影响"(项目编号:S2011010006112)和深圳信息职业技术学院科研项目"C2C 交易市场电子服务质量对顾客忠诚的影响"(项目编号:WK201003)研究成果之一。

和网上卖家的忠诚度亟待提高。

在电子商务发展的早期阶段,网上零售商的成功主要依靠低价策略或精美的网站设计,但是目前在买方市场环境下,服务质量越来越被认为是网上零售商成功的决定因素[3-4]。在电子商务环境下,服务质量被称为电子服务质量,以区别于传统服务质量。电子服务质量可以定义为网站为消费者进行有效率的和有效果的选购、购买以及传递商品与服务提供便利的程度[5]。电子服务质量对网上零售市场中的顾客满意度和忠诚度等产生了重要影响[3,6]。因此,电子服务质量是营销领域重要的研究方向[3,7]。无论对于学术界还是实业界,研究顾客如何评价电子服务质量都是十分必要和极具价值的[3]。然而,目前学者们对电子服务质量的研究仍然处于初期阶段[3,6],这一领域的研究成果仍然是有限的[7]。

本文充分借鉴 B2C 网上零售市场电子服务质量评价研究成果,设计了现有研究较为忽视的、专门用于衡量 C2C 交易市场电子服务质量的调查问卷,该问卷根据 C2C 电子商务自身特点,按照服务的提供方分为 C2C 交易网站和 C2C 网上卖家两个部分,针对中国 C2C 交易市场网上购物用户进行了问卷调查,采用探索性因子分析法分别获得了顾客评价 C2C 网站和卖家的电子服务质量的关键因子维度。本文首次论证了服务补救行为——网站和卖家补偿性以及享乐主义的服务质量构面——愉悦性对 C2C 交易市场服务质量评价的重要性,这也是本文的重要贡献之一。同时,本文实证得出的部分质量评价维度与文献研究归纳得出的常见维度比较,存在有机融合的对应关系,这体现了中国 C2C 交易市场和国外网上零售市场相比,在消费者的质量评价方面既存在相似之处又存在特定差异。本文研究结论可以为中国 C2C 交易网站和网上卖家提高服务质量、提升顾客满意度和忠诚度等方面提供决策借鉴,对于促进我国 C2C 电子商务的健康发展具有重要的理论价值和实践意义。

2 文献回顾

Parasuraman 指出,服务质量是顾客对服务的整体评价,并提出了获得广泛认可的经典的传统服务质量评价量表 SERVQUAL,指出服务质量评价具有 5 个维度:有形性、响应性、可靠性、保证性和移情性[8]。SERVQUAL 量表确实已被成功运用于大量的传统服务环境中,然而 SERVQUAL 量表也面临着一些挑战[9],尤其是 SERVQUAL 量表的 5 大维度对某些服务产业的适用性问题。研究发现服务质量的维度和属性常常依赖于服务所处的产业环境[9]。同时,SERVQUAL 量表在电子服务环境中的适用性问题也存在广泛争议。SERVQUAL 量表主要针对的是顾客和服务提供者之间的人际互动服务环境,并不包括评价电子服务质量的全部指标,不可以将其维度直接进行转换用于电子服务环境[3,10],对于电子服务质量的评价,可以开发新的量表而不仅仅是对传统量表进行修改[7]。因此,学者针对传统的 SERVQUAL 量表的不足和电子商务环境设计出了很多电子服务质量评价量表,其中较为典型的有:

2.1 SiteQual 量表

SiteQual 量表是由 Yoo 在 2001 年提出的[11],主要以评价网站质量为主,共包括 4 个维度:易用性、美观设计、处理速度和安全性。从上述 4 个维度可以发现,SiteQual 量表仅能从信息系统的角度来衡量网站质量,缺乏用户对购物过程和服务质量的感受。

2.2 WebQual 量表

Loiacono 基于技术接受模型和理性行为理论,在 2002 年开发出了 WebQual 量表[12],该量表也是从信息系统的角度评价网站质量,共分 12 个维度:信息适合度、顺畅的沟通、信任、响应时间、易于理解、便于操作、视觉吸引力、创新性、情感吸引力、一致的形象、线上完成度和相对优势。这 12 个测量维度可进一步浓缩为 4 个潜在变量:有用性、易用性、娱乐性和补充关系。该量表重视理论基础,研究过程规范严谨,但主要是为网站设计者提供参考,而不是用于评价顾客感知的服务质量。

2.3 eTailQ 量表

Wolfinbarger 在 2003 年提出了 eTailQ 量表[4],包括 4 个维度,分别是履行性/可靠性、网站设计、顾客服务、安全/隐私。该量表较为重视衡量顾客对服务质量的感受,略显不足的是缺乏内部一致性[7]。

2.4 E-S-QUAL 量表

Parasuraman 在 2005 年开发出网站服务质量量表(E-core service quality scale,简称为 E-S-QAUL)和网站服务补救量表(E-recovery service quality scale,简称为 E – recS – QUAL)[7]。其中,E-S-QUAL 用于测量网站服务质量,而 E – recS – QUAL 则是测量服务补救行为的服务质量。E – S – QUAL 包括 4 个维度,分别是效率、商品配送、系统可用性和隐私保护,该量表可用于测量顾客对网上零售商提供的电子服务质量的感知,获得顾客对常规电子服务的评价。E – recS – QUAL 包括 3 个维度,分别是响应性、补偿性和联系性,用于评估顾客遭遇服务失败时网站提供的服务质量。在实证检验的基础上,两个量表互相结合,全面度量了顾客感知的网上零售商提供的电子服务质量。

2.5 eTransQual 量表

Bauer 在 2006 年提出了基于顾客在线购物流程的电子服务质量评价 eTransQual 量表[13],该量表将顾客的在线购物流程分为信息搜寻阶段、合同签订阶段、商品配送阶段和售后服务阶段,并对每个阶段顾客关注的在线服务质量要素进行了分析,将电子服务质量分为功能/设计、愉悦性、流程、可靠性和响应性 5 个维度。

通过上述文献研究发现,在网上零售市场电子服务质量评价和量表开发方面尚有以下不足:

- 首先,虽然学者们作了大量研究,但始终没有形成一个获得广泛认可的网上零售市场电子服务质量评价量表,在服务质量评价维度和测量指标方面尚未达成共识[9]。尽管如此,通过文献对比研究可以发现一些反复出现的常见维度,如可靠性/履行性、响应性/联系性、易用性/可用性、网站设计、信息质量、隐私/安全等,这些常见维度可以为网上零售市场电子服务质量评价和量表开发提供参考。

- 其次,有些量表本身存在一定的不足。如有些量表仅仅从信息系统的角度来衡量零售网站的质量,而不是用于评价顾客感知的服务质量,比如 SiteQual 量表[11]和 WebQual 量表[12]。而且大部分量表较为关注网站设计、客户服务等实用主义(utilitarian)质量维度,典型的量表有 eTailQ 量表[4]和 E-S-QUAL 量表[7],而较少像 eTransQual 量表[13]那样关注网站视觉吸引力、愉悦性等享乐主义(hedonic)的质量维度,事实上,寻找乐趣、娱乐的情感反应是在线消费者评价服务质量的关键因素[14]。同时大部分量表仅能衡量常规电子服务质量,忽视诸如产品退货以及纠纷处理等服务补救行为的服务质量[7],而经验表明,如果服务补救措施不当,势必造成客户不满和抱怨从而导致客户流失。

- 最后,也是最重要的不足,即上述电子服务质量评价量表主要适用于 B2C 电子商务环境,鲜有专门评价 C2C 交易市场服务质量的量表。与 B2C 零售市场百花齐放的研究局面相比,学者们对 C2C 交易市场服务质量的研究甚为欠缺。虽然 C2C 电子商务和 B2C 电子商务在消费群体及其需求方面具有一定的相似性,然而两者之间也具有较大的差异,比如两者在交互对象方面存在不同,C2C 交易中买家不仅需要与 C2C 交易网站进行交互,而且还需要与网上卖家进行交互,还有两者在物流配送方式、交易流程、支付手段、交易评价机制等方面也存在一定的差异[15],因此上述 B2C 电子商务服务质量评价量表如果要推广到 C2C 交易环境,应当做一些修改[7]。

国内学者对于电子服务质量的理论和实证研究总体处于萌芽时期,主要集中在对电子服务质量的基本概念的定性描述和理论分析方面,近年来才有部分学者借鉴国外成熟的量表进行了相关实证研究。黄敏学对电子服务质量的影响因素进行了归纳[16]。周耀烈基于 SERVQUAL 量表构建了 C2C 电子商店服务质量模型,但是该研究只是对 C2C 交易市场中电子商店(网上卖家)进行研究,未将 C2C 交易网站列入研究对象[17];邓之宏等通过实证研究获得了影响中国网上购物成功的主要因素,包括购物便利性、客户关系、产品价值和网络环境,这些因素是消费者感知网上购物的价值所在,藉此帮助网上商店经营者改善服务质量,增进顾客的总体满意度[18]。苏秦等的研究则更进一步,构建了 C2C 电子商务服务质量的评价模型,通过因子分析得出了 C2C 网站和网上卖家服务质量评价维度,其中 C2C 网站服务质量包括网站质量、信息质量、易用性以及可靠性 4 个维度,C2C 卖家的服务质量包括客户服务质量、物流配送质量以及可信性 3 个维度[15]。该研究在 C2C 电子商务服务质量量表开发方面做了开创性的尝试,然而从量表维度来看,该研究没有考虑 C2C 网站和卖家的服务补救行为的服务质量以及消费者对网上购物愉悦性的需求,在电子服务质量评价的全面性方面稍显不足。

3 研究设计

3.1 问卷设计

本文对国内外经典文献中开发的 B2C 电子商务服务质量评价量表进行了详细的梳理和翻译,整理出 93 条 B2C 电子商务服务质量的测量项目,删除了不适合 C2C 交易市场的测量项目,并将测量项目进行了归类,将其归为 C2C 网站和 C2C 卖家。通过对半年内至少有 3 次 C2C 网上购物经验的 10 名教师和学生进行深度访谈,增加 6 条 C2C 特有的测量项目,最终得到了 109 条测量项目,其中 55 条归为 C2C 网站,54 条归为 C2C 卖家。这 109 条测量项目构成了初始调查问卷,并对测量项目进行了内部随机编号,在后续分析过程中测量项目的内部编号始终保持不变,其中 1 - 55 号测量项目构成 C2C 网站电子服务质量问卷部分,56 - 109 号测量项目构成 C2C 卖家电子服务质量问卷部分。问卷设计采用李克特(Likert)五分量表,1 表示"很不同意",5 表示"很同意"。

在正式调查之前进行了小规模的预测试阶段,采用的是电子商务专业的大学生便利样本,总共有 130 名大学生参与了问卷调查,有效问卷数为 104 份,并根据有效样本数据进行了项目分析,共剔除不良问卷题项 14 题。利用剩余的 95 个测量项目制作正式问卷,其中 C2C 网站电子服务质量部分 45 项、C2C 卖家电子服务质量部分 50 项。

3.2 数据收集

根据第一阶段项目分析所得出的 95 个测量项目制作正式问卷展开问卷调查，被试者主要为深圳在校大学生、企业服务类岗位工作人员和教师，都具有 C2C 网上购物经历。问卷调查主要采用传统纸质形式，调查历时一个半月，为吸引被试者认真答题，凡是提供有效问卷者都可以获得精美礼品，礼品累计金额 3 000 元。共回收问卷 355 份，剔除无效问卷 52 份，有效问卷为 303 份，其中男性占 40.3%，女性占 59.7%，平均年龄为 21.3 岁，最经常在淘宝网购物的占 84.2%，最经常在拍拍网购物的占 5%。探索性因子分析易受样本量的影响，Rummel 建议样本量与测量项目比例应在 4∶1 以上[19]。本文的 C2C 网站电子服务质量有效问卷样本数与测量项目比为 6.73，C2C 卖家电子服务质量则为 6.06，都满足要求。

3.3 探索性因子分析

本文运用 SPSS 19.0 进行探索性因子分析。首先分别对 C2C 网站和卖家电子服务质量问卷中的测量项目的相关关系进行检查，可以考察项目与总分的相关系数，如果该系数小于 0.4，该项目可以被删除。进行上述的数据处理后，就可以分别对 C2C 网站和卖家电子服务质量问卷的剩余项目进行探索性因子分析。关于测量项目的归属，通常认为测量项目在因子上的载荷绝对值最少应达到 0.4，或者测量项目在某个因子上的载荷是在其它因子上载荷的两倍以上。为保证测量项目的单维化，本文对因子载荷绝对值小于 0.4 或在多个因子上均有较高载荷的项目予以删除，各个测量项目的共同度一般不小于 0.5，否则也可以考虑予以剔除，并以因子载荷大于 0.5 的测量项目作为因子命名的依据。在因子分析过程中，可以反复交叉使用上述标准不断删除不合适的测量项目，直至得到了清晰的因子结构矩阵，同时测量项目的方差被解释的比例也较高为止。

4 数据处理

4.1 C2C 网站电子服务质量探索性因子分析

在因子分析前，删除项目与总分的相关系数小于 0.4 的测量项目共 1 题，因此对其他 44 个项目进行探索性因子分析。首先要观察 KMO 值和 Bartlett 球形检验，检验数据资料是否适合做因子分析。本样本的 KMO 值为 0.944、Bartlett 球形检验值为 6 459.121（$P<0.001$），达到显著水平，适合进行因子分析。在探索性因子分析过程中，交替使用各种剔除标准对各个因子的测量项目进行精简，经过反复迭代，探索性因子分析的最终结果提取了 6 个因子 27 个测量项

目,累计方差贡献率为 60.299%,如表 1 所示:

表 1 C2C 网站电子服务质量因子分析结果

题项	因子	因子载荷	原始特征值	Cronbach α	旋转后解释方差
	安全与隐私	–	9.960	0.842	12.076%
Q54	这个网站会保护我的个人信息免受未经授权的访问	0.736	–	–	–
Q4	在这个网站上我觉得隐私受到了保护	0.662	–	–	–
Q20	在这个网站提供敏感信息(例如银行卡号码)时我感到安全	0.608	–	–	–
Q10	这个网站会保护我的银行账号和登录账号信息	0.603	–	–	–
Q2	这个网站会保护我的网上购物行为的相关信息	0.598	–	–	–
Q40	这个网站不会将我的个人信息分享给其它网站	0.597	–	–	–
	网站设计质量	–	1.556	0.799	11.530%
Q51	这个网站的布局结构合理	0.720	–	–	–
Q50	这个网站的界面很友好	0.675	–	–	–
Q47	这个网站的设计很专业	0.615	–	–	–
Q29	这个网站富有视觉吸引力	0.595	–	–	–
Q36	这个网站设计富有创新性	0.584	–	–	–
	信息内容质量	–	1.414	0.837	11.075%
Q19	这个网站的商品目录设置合理且容易使用	0.691	–	–	–
Q5	有关付款、质量保证、退货等条款易于阅读和理解	0.659	–	–	–
Q28	这个网站上的内容很容易阅读和理解	0.619	–	–	–
Q35	这个网站上的信息清楚而有条理	0.578	–	–	–
Q26	这个网站上的信息相关度很高	0.551	–	–	–
Q44	这个网站上的导航很容易使用	0.545	–	–	–
	网站补偿性	–	1.228	0.765	9.335%

续表

题项	因子	因子载荷	原始特征值	Cronbach α	旋转后解释方差
Q15	这个网站能迅速处理我的投诉	0.770	-	-	-
Q27	这个网站使我得到了想要的投诉处理结果	0.704	-	-	-
Q52	如果有问题我可以通过电话联系到网站工作人员	0.614	-	-	-
Q45	这个网站会积极主动地解决交易纠纷	0.505	-	-	-
	系统可靠性	-	1.109	0.640	8.417%
Q37	在我输入订单信息后,网页不会停止响应	0.744	-	-	-
Q16	这个网站不会因故障而无法使用	0.706	-	-	-
Q17	在这个网站上不会迷失方向	0.519	-	-	-
	愉悦性	-	1.014	0.707	7.866%
Q6	在这个网站上购物是令人兴奋的	0.823	-	-	-
Q8	在这个网站上购物使我专注于购物的过程	0.585	-	-	-
Q55	在这个网站上购物我感觉很好	0.575	-	-	-
	合　计			0.933	60.299%

因子 1 命名为安全与隐私,因子 2 为网站设计质量,因子 3 为网站信息内容质量,因子 4 为网站补偿性,因子 5 为系统可靠性,因子 6 为愉悦性。各个因子的 Cronbach α 系数除因子 5 为 0.640 外皆大于 0.7,问卷的 Cronbach α 系数为 0.933,信度较为理想。

从因子分析结果来看,取得了两点突破:一是论证了网站服务补救行为——网站补偿性对 C2C 网站服务质量评价的重要性,表明消费者也较为关注 C2C 交易网站对投诉和纠纷的处理问题;二是验证了消费者除了重视实用主义的电子服务质量因素外,还追求享乐主义的质量因素,即购物过程的乐趣——愉悦性,交易网站的娱乐性会吸引消费者网上购物,增加浏览网站的时间以及刺激他们的购物欲望[14]。

4.2 C2C 卖家电子服务质量探索性因子分析

在因子分析前,删除与总分的相关系数小于 0.4 的测量项目共 3 题,因此以其他 47 个项目进行探索性因子分析。样本的 KMO 值为 0.960、Bartlett 球形检验值为 7 926.186($P < 0.001$),达到显著水平,适合进行因子分析。在探索性

因子分析过程中,交替使用各种剔除标准对各个因子的测量项目进行精简,经过反复迭代,探索性因子分析的最终结果提取了 4 个因子 21 个测量项目,除了因子 4 原始特征为 0.925 稍小于 1 外,其余因子特征值均大于 1,累计方差贡献率为 58.331%,见表 2。需要说明的是,文献研究发现,典型量表探索性因子分析累计方差贡献率最低的是文献[6],值为 53.532%,一般在 60% 左右居多,如文献[4]的 62%、文献[7]的 75%。因此,本文的累计方差贡献率在合理数值范围内。因子 1 命名为卖家补偿性,因子 2 为客户服务,因子 3 为配送准确性,因子 4 为配送准时性。各个因子的 Cronbach α 系数皆大于 0.7,问卷的 Cronbach α 系数为 0.932,信度非常理想。

从因子分析结果来看,消费者非常重视 C2C 卖家提供的客户服务质量,也较为重视当出现产品退货等问题时卖家服务补救行为——卖家补偿性。物流配送质量分解为配送准确性和配送准时性两个方面,也体现了在中国物流基础设施相对落后的情况下,消费者对配送是否正确无误、能否按时到货的特别关注。

4.3 中国 C2C 交易市场电子服务质量综合分析

总体上来看,C2C 网站服务质量得分均值为 3.44,而 C2C 卖家服务质量得分均值为 3.31,因此,消费者感知的 C2C 网站服务质量要高于 C2C 卖家的服务质量,这说明我国的 C2C 交易市场服务质量的薄弱环节主要体现在 C2C 卖家方面。综合 C2C 网站服务质量的 6 个维度和 C2C 卖家服务质量的 4 个维度进行分析,表 3 显示了这 10 个维度的样本得分均值由高到低的排序情况。可以看出,C2C 网站服务质量中的信息内容质量、愉悦性、网站设计质量、系统可靠性以及安全与隐私这 5 个维度得分较高,排在前 5 名,C2C 卖家服务质量中的配送准时性、配送准确性得分紧随其后,排名靠后的是 C2C 网站服务质量中的网站补偿性以及 C2C 卖家服务质量中的客户服务和卖家补偿性维度,这 3 个维度也是提高 C2C 交易市场总体服务水平的关键所在。

表 2　C2C 卖家电子服务质量因子分析结果

题项	因子	因子载荷	原始特征值	Cronbach α	旋转后解释方差
	卖家补偿性	—	9.442	0.861	16.543%
Q77	退货时网上卖家从我家里或办公场所将货物运回	0.750	—	—	—
Q66	网上卖家能迅速处理我的抱怨	0.660	—	—	—
Q67	网上卖家对由其产生的问题给予我补偿	0.651	—	—	—

续表

题项	因子	因子载荷	原始特征值	Cronbach α	旋转后解释方差
Q93	网上卖家有效处理了我的抱怨	0.608	-	-	-
Q85	网上卖家妥善处理产品退货	0.607	-	-	-
Q102	网上卖家为我退货提供了便利措施	0.535	-	-	-
	客户服务	-	1.382	0.814	15.348%
Q103	网上卖家很乐于帮助我	0.728	-	-	-
Q69	当我需要时,很容易通过电话联系到网上卖家	0.674	-	-	-
Q62	网上卖家拥有诚意帮我解决问题	0.662	-	-	-
Q84	解决问题时网上卖家的态度很客气	0.589	-	-	-
Q105	解决问题时网上卖家非常积极	0.539	-	-	-
	配送准确性	-	1.013	0.813	14.963%
Q59	网上卖家对产品配送能做出明确的承诺	0.669	-	-	-
Q99	网上卖家提供的付款金额是准确的	0.665	-	-	-
Q80	网上卖家会按照订单准确出货	0.640	-	-	-
Q72	网上卖家的运费是合理的	0.622	-	-	-
Q60	我收到的商品是正确的	0.600	-	-	-
Q88	商品的配送是准确无误的	0.545	-	-	-
	配送准时性	-	.925	0.762	11.154%
Q83	网上卖家只要声称有货的商品,就会有现货供应	0.767	-	-	-
Q90	网上卖家备有存货以便准时交货	0.740	-	-	-
Q106	网上卖家在承诺的时间内送达货物	0.505	-	-	-
Q89	网上卖家会很快的送交我购买的商品	-	-	-	-
	合　计			0.443	58.331%

表3　C2C交易市场电子服务质量评价维度得分均值

序号	因子维度	均值
1	信息内容质量	3.56
2	愉悦性	3.54

续表

序号	因子维度	均值
3	网站设计质量	3.49
4	系统可靠性	3.44
5	安全与隐私	3.43
6	配送准时性	3.40
7	配送准确性	3.39
8	客户服务	3.34
9	网站补偿性	3.18
10	卖家补偿性	3.15

5 研究结论

5.1 研究结论

C2C 交易市场电子服务质量评价是目前研究的薄弱环节,现有服务质量评价大都侧重于 B2C 网上零售市场而忽视 C2C 交易市场。本文充分借鉴 B2C 网上零售市场相关研究成果,设计了 C2C 交易市场电子服务质量评价调查问卷,针对中国 C2C 交易市场网上购物用户进行了问卷调查,采用探索性因子分析获得了消费者评价 C2C 网站和卖家电子服务质量的关键因子维度。其中,C2C 网站服务质量评价维度包括安全与隐私、网站设计质量、信息内容质量、网站补偿性、系统可靠性和愉悦性 6 个因子;C2C 卖家服务质量评价维度包括卖家补偿性、客户服务、配送准确性和配送准时性 4 个因子。相对于国内外现有研究,本文的研究结论具有以下特点:

• 本文首次论证了服务补救行为——网站和卖家的补偿性和亨乐主义的服务质量构面——愉悦性对 C2C 交易市场服务质量评价的重要性,克服了 eTailQ[4] 量表以及苏秦的 C2C 电子商务服务质量模型[15]等单纯考虑实用主义而忽视享乐主义质量构面、仅仅强调常规服务质量而忽略服务补救质量等缺陷。

• 与文献研究归纳得出的常见质量维度比较,本文得出的部分质量评价维度存在相互融合的对应关系,如 C2C 网站服务质量评价维度中的系统可靠性因子体现了常见维度中的可用性,而网站设计质量因子包含了常见维度中的易用性,常见维度中的可靠性/履行性分解为了 C2C 卖家服务质量中的配送准确性和配送准时性两个因子,而响应性/联系性维度融入进了 C2C 卖家服务质量中的客户服务因子。这些有机融合的对应关系,既体现了中国C2C交易市场与国外网上零售市场的共同点,又呈现了中国市场环境所具有的差异。

5.2 管理意义

本文的研究结果无论对于C2C交易网站还是网上卖家来说,都具有一定的决策参考意义。以下分别对C2C交易网站及网上卖家提出相关对策建议:

5.2.1 C2C交易网站方面

本文研究结果显示,影响消费者评价C2C网站服务质量的主要因素为安全与隐私、网站设计质量、信息内容质量、网站补偿性、系统可靠性和愉悦性,因此,C2C交易平台提供商和网站运营管理者应围绕以下6个方面做好相应的工作:①采取措施切实保障消费者的交易安全,防止消费者重要交易信息和个人隐私外泄,做好银行账号和登录账号的保护工作,增强消费者对购物网站的信任;②提高交易网站的设计质量,搭建结构合理、用户友好、功能实用、专业新颖的购物平台,增强C2C交易平台的易用性和可用性;③网站运营管理人员应在网站信息内容上下功夫,提高网站的信息内容质量,尽量做到内容清楚有条理,易于阅读和理解,增强网站和页面粘性;④网站补偿性是改善C2C网站服务质量的关键,当消费者在购物过程中和购买后出现售后问题时,应迅速处理用户的投诉,积极主动地解决交易纠纷,积极、快速地解答用户的问题,如因网站本身问题,还应做好用户的补偿工作,切实保障消费者的利益,消除用户的不满情绪;⑤C2C网站运营管理人员可以从提高服务器的质量和带宽、做好数据中心的运营和管理等入手,防止服务器和交易系统瘫痪等故障发生,保障C2C交易网站的正常、稳定运行,提高页面的浏览和访问速度;⑥鉴于消费者在购物过程中一般都会追求乐趣和新奇、享受网上购物的过程,因此,C2C网站设计人员应充分利用互联网信息技术的优势,合理使用多媒体、Flash、动态图片等技术,提高网站的互动性和视觉吸引力。

5.2.2 C2C网上卖家方面

研究结果显示,消费者感知的C2C网站服务质量要高于C2C卖家的服务质量,这说明我国的C2C交易市场服务质量的薄弱环节主要体现在C2C卖家方面。根据本文实证结果,影响消费者评价C2C卖家服务质量的主要因素为卖家补偿性、客户服务、配送准确性和配送准时性,因此,C2C卖家应围绕以下4个方面做好相应的工作:①当产品出现质量问题时,要迅速、有效地处理用户的投诉和抱怨,妥善处理产品退货问题,对由卖家产生的问题给予买家补偿,消除客户不满情绪;②努力做好客户服务工作,真诚地帮助每一个遇到问题的消费者,尤其要注意服务态度要客气、积极;③提高产品配送的准确性,履行配送承诺,保证付款金额准确和运费合理,确保按照订单准确出货、产品配送准确无误;④提高产品配送的准时性,保证产品的可用库存以便准时交货,在承诺的时间内及时送达货物。

5.3 研究局限

本文研究局限和未来研究方向主要有以下几点:①由于研究条件所限,本文利用深圳在校大学生为主体的便利样本进行调查,结果可能带有一定的区域特征,未来的研究可以面向全国选择具有 C2C 网上购物经历的随机样本进行广泛的调查,得出的结论可能更为准确;②作为探索性因子分析的结果本文没有进行验证,未来的研究可以对因子分析所提取的测量项目再次进行问卷调查,采用验证性因子分析分别对 C2C 网站和卖家服务质量评价维度及其测量指标加以检验。

参考文献:

[1] 中国互联网络信息中心(CNNIC).第 29 次中国互联网络发展状况统计报告[EB/OL].http://www.cnnic.cn/research/bgxz/tjbg/201201/P020120118512855484817.pdf.

[2] 中国互联网络信息中心(CNNIC).2010 年中国网络购物调查研究报告[EB/OL].http://www.cnnic.net.cn/research/bgxz/dzswbg/201106/P020110707497293027753.pdf.

[3] Fassnacht M,Koese I. Quality of electronic services:Conceptualizing and testing a hierarchical model[J]. Journal of Service Research,2006,9(1):19 – 37.

[4] Wolfinbarger M,Gilly M C. ETailQ:Dimensionalizing, measuring and predicting retail quality[J]. Journal of Retailing, 2003,79(3):183 – 198.

[5] Zeithaml V A,Parasuraman A,Malhotra A. Service quality delivery through websites:A critical review of extant knowledge[J]. Journal of the Academy of Marketing Science, 2002,30(4):362 – 375.

[6] Cristobal E,Flavián C, Guinalíu M. Perceived e – service quality(PeSQ):Measurement validation and effects on consumer satisfaction and website loyalty[J]. Managing Service Quality, 2007,17(3):317 – 340.

[7] Parasuraman A,Zeithaml V A,Malhotra A. E – S – Qual:A multiple – item scale for assessing e – service quality[J]. Journal of Service Research, 2005,7(3):213 – 233.

[8] Parasuraman A,Zeithaml V A,Berry L L. SERVQUAL:A multiple – item scale for measuring consumer perceptions of service quality[J]. Journal of Retailing, 1988,64(1):12 – 40.

[9] Ladhari R. A review of twenty years of SERVQUAL research[J]. International Journal of Quality and Services Sciences, 2009,1(2):172 – 198.

[10] Hsu S H. Developing an index for online customer satisfaction:Adaptation of American

customer satisfaction index[J]. Expert Systems with Applications, 2008, 34(4):3033 -3042.

[11] Yoo B, Donthu N. Developing a scale to measure the perceived quality of Internet shopping sites(SITEQUAL) [J]. Quarterly Journal of Electronic Commerce, 2001, 2(1):31-47.

[12] Loiacono E T, Watson R, Goodhue D L. WebQual:A Measure of Website Quality[C]. // Proceedings of the Winter Educator's Corference, Chicago:American Marketing Association, 2002:432-438."

[13] Bauer H H, Falk T, Hammerschmidt M. ETransQual:A transaction process – based approach for capturing service quality in online shopping[J]. Journal of Business Research, 2006, 59(7):866-875.

[14] Richmond, A. Enticing online shoppers to buy:A human behavior study[J]. Computer Network and ISDN Systems, 1996, 28(11):1469-1480.

[15] 苏秦,刘野逸,曹鹏. C2C 电子商务服务质量实证研究[J]. 商业研究,2010(3):213 -216.

[16] 黄敏学,李小玲. 电子服务质量研究[J]. 情报杂志,2005(8):20-22.

[17] 周耀烈,胡莉. C2C 电子商务中服务质量与顾客忠诚之间的关系研究[J]. 未来与发展,2009(6):43-46.

[18] 邓之宏,邵兵家. 中国网上购物成功因素实证研究——基于深圳市大学生的问卷调查[J]. 情报杂志,2009,28(6):58-62.

[19] Rummel R J. Applied factor analysis[M]. Chicago:Northwestern University Press, 1970.

作者简介

邓之宏,男,1977 年生,副教授,硕士,发表论文 20 余篇,出版著作 10 余部。

郑伟亮,男,1980 年生,讲师,硕士,发表论文 7 篇。

秦军昌,男,1975 年生,讲师,博士,发表论文 10 余篇。

移动服务持续使用过程中促进因素和抑制因素的平衡研究[*]

张冕[1,2] 鲁耀斌[1]

(1. 华中科技大学管理学院 武汉 430074;2. 湖北经济学院工商管理学院 武汉 430205)

摘 要 以 IS 成功模式为理论基础,提出一个从促进因素和抑制因素两方面分析移动服务用户持续使用意愿的模型,采用规范的实证研究方法寻找移动服务持续使用的促进因素和抑制因素;探讨将移动服务的信息质量、系统质量和服务质量作为促进因素,将信息强制性和隐私安全作为抑制因素,其对于移动服务用户的满意水平和用户持续使用意愿的平衡影响作用。

关键词 移动服务 促进因素 抑制因素 IS 成功模式

分类号 C931.6

1 引 言

随着互联网和 IT 技术的飞速发展,电子商务在全球的发展已经涉及到企业经营和民众生活的方方面面,相比而言,使用手机等移动装置完成的移动商务(mobile commerce)起步较电子商务晚,但却由于其更强的随时随地可以被用户使用的特性得到广泛的重视和快速的发展[1]。

在手机使用的早期,拨打和接听电话是最主要的功能,但是随着通讯技术的发展,智能手机为用户提供了一个使用移动服务的方便、稳定的系统平台(如 Symbian、Windows Mobile、Android、IOS 等)。3G 网络由于其高传播速度(200 - 700Kbps,接近早期的 DSL 网络传输速度),让手机间的信息传输不仅仅可以是文本信息,也可以是图像、视频等非文本信息;随着各式各样的个人手机软件平台的出现,众多个体参与到手机软件的开发中,越来越多的实用和有趣的移动服务软件被开发出来,因此,消费者在手机的使用过程中,对于简单通话功能的

---

[*] 本文系国家自然科学基金项目"消费者信任转移机理研究:从电子商务到移动商务"(项目编号:70971049)研究成果之一。

使用比例不断降低,而对于各类移动服务的使用比例却不断增加[2]。很多用户认为各类个性化的移动服务可以增加其手机的使用价值,移动服务运营商们也把各类移动服务的推出当作未来利润增长的重要来源;但也有很大一部分用户在使用移动服务一段时间之后由于各种原因停止使用,这也导致了移动服务使用量的实际增长明显小于移动服务运营商的预期[3]。

当前,大多数信息管理和电子商务方面的研究认为,尽可能的将各类促进因素(例如移动服务的信息质量、系统质量、服务质量)提升,可以提升用户对信息系统的满意度和对其持续使用的意图[4-5]。但在移动服务的情境中,笔者却认为在促进因素提升的同时,会带来信息强制性、隐私安全等抑制因素的上升,而这些抑制因素毫无疑问对于用户对移动服务的满意度和对其持续使用的意图会有负面影响。因此,本文所研究问题是,促进因素和抑制因素如何形成一种平衡,从而影响用户对于移动服务的持续使用意图。

2 文献回顾和理论模型

2.1 信息系统成功模式

DeLone 和 McLean 提出的信息系统成功模式在信息系统领域广泛使用并得到检验,其是描述信息系统如何获取成功的理论模型[4]。DeLone 和 McLean 广泛回顾了现存的对于信息系统成功的界定及其测度,并在 1992 年提出了一个对于信息系统成功因素的多维测度模型,于 2002 年做了适当的修改[6]。修正后的信息系统成功模式包含了多个信息系统成功的相关因素:信息质量、系统质量、服务质量、使用意图以及用户满意度,其认为一个信息系统可以通过信息质量、系统质量、服务质量三个方面进行评价,而这些因素会影响到使用意图和用户满意度。

Thompson 等人认为尽管更多的文献使用信息质量、系统质量和服务质量来影响信息系统的初始采纳,但是使用意图和用户满意度之间的联系需要更多地在持续使用阶段去理解[7]。因此,本文使用了"持续使用的意图"这一变量替换了 DeLone 和 McLean 提出的信息系统成功模式中"使用意图"的变量。按照调整后的信息系统成功模式,笔者可以做出如下假设:

H_{1a}:移动服务的信息质量会正向影响用户个人持续使用移动服务的意愿。

H_{1b}:移动服务的系统质量会正向影响用户个人持续使用移动服务的意愿。

H_{1c}:移动服务的服务质量会正向影响用户个人持续使用移动服务的

意愿。

H_{2a}:移动服务的信息质量会正向影响用户对移动服务的满意度。

H_{2b}:移动服务的系统质量会正向影响用户对移动服务的满意度。

H_{2c}:移动服务的服务质量会正向影响用户对移动服务的满意度。

H_3:用户对移动服务的满意度会正向影响用户个人持续使用移动服务的意愿。

在绝大多数使用 DeLone 和 McLean 的信息系统成功模式作为理论框架进行的研究中,都认为需要尽一切努力使信息质量、系统质量、服务质量达到最好,这样就可以获得用户更高的使用意愿和更高的满意水平。本文继续使用这些因素作为用户持续使用移动服务的促进因素。其中,信息质量包括移动服务运营商提供信息数量的充足程度、提供信息质量的正确程度以及有效程度等方面;系统质量包括移动服务运营商提供的服务在技术上可以稳定使用的程度、界面友好从而易于被用户掌握的程度等方面;服务质量则包括该移动服务可以在任意时间、任意地点为用户提供服务的程度、为不同用户提供个性化的交互服务的程度等方面。

与此同时,本文认为在移动服务的情境中,这些作为移动服务使用的促进因素也会导致对于移动服务使用的抑制因素的产生,如信息强制性、隐私安全等(这些因素将在本文接下来的部分进行讨论)。因此,更高的信息质量、系统质量和服务质量并不能总导致用户更高的使用意愿和更高的满意水平,必须寻找到对于移动服务的促进因素和抑制因素之间的平衡,以便对提高用户的使用意愿和满意水平产生借鉴作用。

2.2 信息质量和信息强制性

将 DeLone 和 McLean 对信息质量的定义应用到移动服务情境中,信息质量是指移动服务运营商最终提供给用户的各类移动服务中信息的充足、准确以及有效的程度。随着无线通讯速度的不断提升,移动服务可以提供信息的充足程度不断提高,不仅仅是文本信息,诸如图像和视频这类非文本信息也可以被正常传递。并且,随着地理位置信息获取技术(如 GPS)的发展和移动服务提供商对于用户个人信息的分类和挖掘,移动服务中的信息传递可以达到更准确、直接和及时的标准。

但从另一方面来看,伴随着移动服务用户获取的信息更加充足、准确、有效、直接和及时,用户也会感觉到更强的信息强制性,即其在不需要特定信息的时间和地点被强迫接受该信息。这种大量强制性信息的问题在 E – mail 和即时通信工具的环境中也出现过,绝大多数 E – mail 和即时通信工具使用者对这类

57

强制性信息感到烦恼甚至厌恶[8-9]。随着移动服务所提供的信息质量不断提高,移动服务的用户也开始面临这样的问题,本文将移动服务的信息强制性作为一种抑制因素,包括用户完全不需要或感到厌烦的服务或广告信息、用户在不希望接受服务信息的时间或地方接收到信息的程度等方面,一旦用户感觉到了比较高的信息强制性,感觉烦恼甚至厌恶,必然就会降低移动服务使用的满意水平,也必然不愿意持续使用该移动服务。这样,笔者可以做出假设:

H_4:移动服务的信息质量会正向影响移动服务的信息强制性。

H_{8a}:移动服务的信息强制性负向影响移动服务用户持续使用该服务的意愿。

H_{9a}:移动服务的信息强制性负向影响移动服务用户的满意度。

2.3 服务质量和隐私安全

在 DeLone 和 McLean 的信息系统成功模式中,服务质量指的是系统和用户的交互程度[10]。在当前的移动服务情境中,基于用户个性特征和地理位置的识别,用户可以在任何时间和地点获取和当时时间、地点以及自己身份相适合的信息,即用户可以在使用移动服务的过程中方便地获取个性化的服务。在移动服务的情境中,个性化可以通过使用之前收集和获取的信息来实现,也可以通过使用实时收集和获取的信息来实现[11]。在当前的移动服务使用环境中,海量的信息可以被收集和获取,给移动服务提供商带来了为用户提供个性化服务、提高服务质量的机会。

但从另一方面来看,个性化移动服务的实现必须依赖于两个重要的因素:移动服务提供商获取和处理用户信息的能力;用户分享其个人信息以获取个性化移动服务的意愿[11]。在用户将其个人信息分享给移动服务提供商之后,就面临着其个人信息被不正确地获取和使用以及未经用户个人授权分享给其他组织的隐私安全风险。这样,移动服务用户只有在将自己的一部分隐私信息提供给移动服务商之后,才有可能享受个性化、高质量的移动服务,从而提升了用户对于隐私安全的考虑,造成了在个性化服务与隐私安全之间的矛盾[12]。本文将移动服务用户对于隐私安全的考虑作为一种抑制因素,包括用户对移动服务运营商拥有过多个人信息的担心、对其追踪自身地理位置的担心、对其未经允许对个人信息的滥用甚至出售的担心等,而这种隐私安全风险的提升必然造成用户对于该移动服务的满意度下降,进一步造成用户拒绝对该移动服务的持续使用。这样,笔者可以做出假设:

H_5:移动服务的服务质量会正向影响移动服务的隐私安全。

H_{8b}:移动服务的隐私安全负向影响移动服务用户持续使用该服务的意愿。

H_{9b}:移动服务的隐私安全负向影响移动服务用户的满意度。

2.4 系统质量和抑制因素

系统质量指的是用户对于信息发送与信息接受过程的技术表现的感知[10]。当一个移动服务的用户认为他所选择的移动服务在技术上是可以相信、容易使用、界面友好的,他就会认为该移动服务拥有较高的系统质量。

但从另一方面,如果一个用户认为该移动服务是使用方便和技术上值得信任的,他就更有可能提供一些个人信息去获取各种类型的移动服务。这样,在使用移动服务一段时间之后,服务提供商就收集了关于用户的更多信息,并有可能对所收集到的用户信息进行不同方式的使用,包括更频繁地向用户发送用户当时并不需要的信息,更有可能对用户的隐私信息进行未授权的二次使用等,造成用户感知到更高的信息强制性和隐私安全问题,并开始后悔提供了过多的个人信息。这样,笔者可以做出假设:

H_6:移动服务的系统质量会正向影响移动服务的信息强制性。

H_7:移动服务的系统质量会正向影响移动服务的隐私安全。

综合上述的理论假设,本文提出的研究模型如图 1 所示:

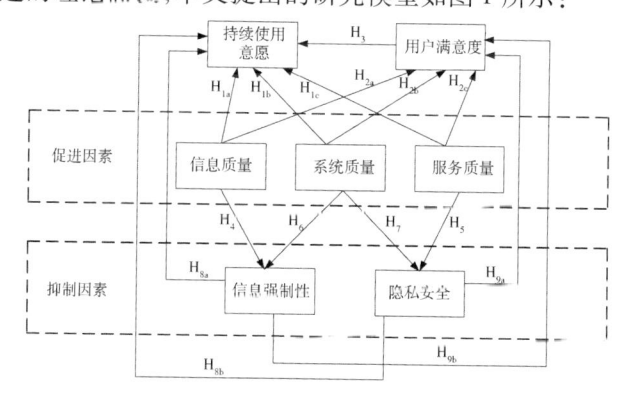

图 1 研究模型

3 研究方法

本研究使用问卷调查的实证研究方式,下面将分别描述问卷设计、变量测度、被试选择、研究过程和研究工具。

3.1 问卷设计和变量测度

本研究的问卷可分为两部分:第一部分是关于被试的描述性个人信息问题,第二部分包括测度本研究 7 个变量的 27 个问题,每个问题均采用 7 点李克特量表,"1"表示强烈不同意,"7"表示强烈同意。本研究所有变量的测度项均来源于已有文献的整合,并将测度问题的描述对象更改为本文的研究对象。由于研究测度项均来源于西方文献,研究使用了回译(back translation)以确保问卷中测度问题描述的准确性,其中信息质量、系统质量、服务质量、用户满意4个构念的测度问题借鉴文献[10],持续使用意愿的测度问题借鉴文献[13],信息强制性的测度问题借鉴文献[8],隐私安全的测度问题借鉴文献[14]。

3.2 被试选择和调查过程

在大规模调查之前,研究人员首先选择了30名有过长期使用移动服务经历的人员进行小规模测试,测试发现问卷可以在15分钟内被完成,没有人对问卷问题产生歧义,也没有人对问卷产生反感。

之后,本研究使用网上问卷发放法进行大规模调查。出于被试应对移动服务较为熟悉的要求考虑,问卷在一个大型的移动服务论坛中向注册会员发放,并对于问卷填写者给予抽奖,在回收的392份问卷中,有效问卷为350份,有效回收率为89.3%。

3.3 研究工具

本文使用基于偏最小二乘法(PLS)的结构方程模型(partial least square-structural equation model,PLS-SEM)的统计分析工具 Graph 3.0 来进行问卷数据分析。与传统的基于极大似然估计的结构方程模型工具(如 Lisrel、Amos 等)不同,PLS 方法对问卷数据的限制更少,不仅可以在模型中同时分析构成型变量和反映型变量,对样本规模、残差分布、变量独立性也没有很强的限制,因此可以获得可信度更高的结论。

4 研究结果

表1中给出了本次研究样本的因子负荷(factor loading)、Cronbach's α 以及平均方差提取(average variance extracted,AVE)数值。从表1中可以看出所有观测变量的因子负荷均超过0.7这一推荐标准,所有构念的平均方差提取数值也均超过0.5的推荐标准,由此可以验证本研究的聚合效度。而所有构念的 Cronbach's α 数值均超过0.8,已经非常好地验证了本研究的信度。

表2中给出的是本研究样本中构念与构念之间的协方差及其与相对应的构念 AVE(Average Variance Extracted)的比较,从表中的数值可以看出,每一个构念的 AVE 均大大超过该构念与其他任何一个构念的协方差,由此验证了本

研究的区分效度。

表1 聚合效度与信度检验数值

构念	观测项	因子负荷	Cronbach's α	平均方差提取（AVE）
信息质量(IQ)	IQ1	0.87	0.948	0.829
	IQ2	0.83		
	IQ3	0.821		
	IQ4	0.856		
	IQ5	0.816		
系统质量(SYQ)	SYQ1	0.744	0.808	0.714
	SYQ2	0.738		
	SYQ3	0.823		
服务质量(SEQ)	SEQ1	0.716	0.844	0.614
	SEQ2	0.729		
	SEQ3	0.702		
	SEQ4	0.724		
	SEQ5	0.76		
用户满意(US)	US1	0.798	0.905	0.779
	US2	0.812		
	US3	0.809		
	US4	0.748		
持续使用意愿(IN)	IN1	0.793	0.847	0.765
	IN2	0.767		
	IN3	0.765		
信息强制性(IC)	IC1	0.747	0.824	0.726
	IC2	0.755		
	IC3	0.747		
隐私安全(PC)	PC1	0.716	0.816	0.643
	PC2	0.76		
	PC3	0.738		
	PC4	0.709		

表2 区分效度检验数值

构念	IQ	SYQ	SEQ	US	IN	IC	PC
信息质量(IQ)	**0.829**						
系统质量(SYQ)	0.433	**0.714**					
服务质量(SEQ)	0.214	0.154	**0.614**				
用户满意(US)	0.303	0.205	0.365	**0.779**			
持续使用意愿(IN)	0.349	0.198	0.369	0.475	**0.765**		
信息强制性(IC)	0.219	0.182	0.133	0.159	0.378	**0.726**	
隐私安全(PC)	0.133	0.242	0.175	0.489	0.339	0.29	**0.643**

注:表中黑体数字为各个构念的AVE数值。

在测量了信度和效度之后,本文对研究模型进行了数据验证,结果见图2(*表示 $p<0.1$;**表示 $p<0.05$;***表示 $p<0.01$)。

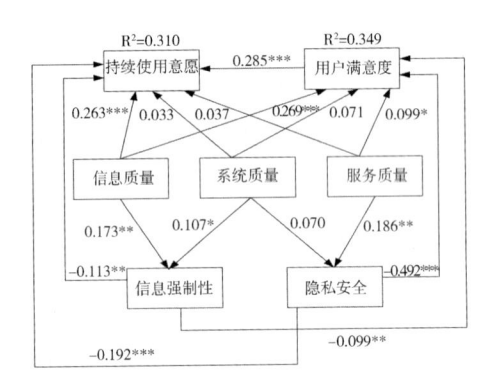

图2 研究结果

进一步,本研究使用了Harman的单指标检验的方法,检验是否存在显著的共同方法偏差(common method bias)[13]。首先从所有的观测项中析出综合代表各个观测项的指标,将排在第一位的指标视作包含了最大程度的共同方法偏差[13],之后将这一指标作为自变量加入本研究模型重新进行计算,发现已有的各路径系数几乎没有变化,最终因变量——持续使用意愿的 R^2 数值也仅仅增加了1%,由此显示本研究结果并未受显著的共同方法偏差的不利影响。

5 讨论和结论

• 本研究将DeLone和McLean的IS成功模式中提出的信息质量、系统质量、服务质量作为促进用户持续使用移动服务的因素,但实证研究发现并不是所有因素都有显著促进作用。其中信息质量会显著正向影响移动服务的用户满意度和持续使用意愿，说明用户非常看重移动服务中所提供信息是否充足、准确、有效、直接和及时；但系统质量对移动服务的用户满意度和持续使用意愿没有显著的影响，一个可能的解释是，移动服务普遍容易掌握使用方法，并且移动服务终端(如手机、PDA 等)屏幕也远远小于电脑屏幕，导致简便易用、界面友好等反应系统质量的要素在移动服务中显得并不是很重要。服务质量会显著正向影响移动服务用户的满意度，但与用户的持续使用意愿并无显著关系，这一结果在一定程度上说明用户对于许多移动服务的喜爱与满意是由于该移动服务很有趣导致的，并不一定觉得其很实用，一段时间后，随着兴趣减退，也就不再持续使用该移动服务了。

• 本研究提出了信息强制性和隐私安全作为用户持续使用移动服务的抑制因素，实证研究结果也证实了这些假设——信息强制性和隐私安全的确会对移动服务用户的满意度和持续使用意愿产生显著的负向影响。如果用户在使用移动服务的过程中感到存在信息的强制性接收，或者隐私泄露的风险，该用户就很可能会产生不满意的感觉，进一步做出停止使用的决策。

• 进一步，本研究发现移动服务的促进因素与抑制因素之间大多有着显著的正向相关关系，移动服务信息质量和系统质量的提高会增加用户对于信息强制性的感觉，移动服务的服务质量也会正向影响用户对于隐私安全的考虑，这一很有意思的发现成为本研究的亮点。之前，业界和学界一般都认为，由于促进因素对于移动服务用户持续使用意愿的正向影响，需要尽全力使移动服务的促进因素达到最高水平。但本研究却发现，促进因素水平的提高一方面会产生如之前所认为的正向影响，另一方面却会通过抑制因素水平的同时上升，产生负向作用，因此必须在促进因素和抑制因素中进行通盘均衡考虑，才能让用户对移动服务更加满意，也更加愿意持续使用本移动服务。

本研究以移动服务为研究对象，通过规范的实证研究得出了上述三方面的结论，研究人员认为在传统的电子商务环境中，应该也会出现类似的现象，但是由于移动服务本身的特征，导致这些结论在移动商务中更加显著和典型。一方面，在信息质量对于信息强制性的影响上，移动服务信息发送便宜快捷，在当前的移动服务网络和移动服务终端下已经可以发送文本、音频、视频等各种信息，加之移动服务用户接受信息的随时随地性，使得用户更有可能在各种时间、地点都收到自己在当时当地不希望收到的信息。而传统电子商务过程中，用户在日常生活中存在大量不使用计算机和网络的时间，更不可能在任何地点都能够使用计算机和网络，这些情况下用户都不会被强制性信息所困扰。另一方面，在服务质量对于用户隐私安全的影响上，用户除了在传统电子商务中感受到的个人信息可能在未经许可的情况下被使用甚至出售的风险以外,在移动服务中还会感受到用户的个人地理位置信息随时被追踪的风险,这方面的隐私安全占据了用户对移动服务隐私安全的考虑中相当重要的一部分,而基于地理位置信息的服务在移动服务中的应用要远远超过其在传统电子商务中的运用。因此,本研究使用移动服务为研究对象,应该可以获得比在传统电子商务中更为显著和典型的结论。

在得到以上结论的同时,本研究也存在一定的局限性。首先,本实证研究和所有实证研究一样,可能存在样本偏差,本研究的研究结果是否具备很强的一般性需要被大量的研究进一步证实。其次,本研究因变量的 R^2 数值为31%和34.9%,这反映了对于移动服务用户的满意水平和持续使用意愿除了本研究提出的促进因素与抑制因素以外,还存在其他影响因素,需要在后续研究中挖掘。本研究是对于所有的移动服务进行的通用研究,而促进因素和抑制因素对于不同类型的移动服务(如娱乐类、社交类、财务类等),是否会产生不同的影响作用,这一问题笔者也希望在后续研究中进一步完成。传统电子商务中是否也存在着促进因素与抑制因素的均衡影响?两方面的影响作用分别有多大?与移动服务中两方面因素的影响作用是否存在显著差异?这些问题也将成为后续研究中的内容。

参考文献:

[1] 黄浩,刘鲁,王建军. 基于 TAM 的移动内容服务采纳分析[J]. 南开管理评论, 2008(6): 42 – 47.

[2] 周涛,鲁耀斌,张金隆. 整合 TTF 与 UTAUT 视角的移动银行用户采纳行为研究[J]. 管理科学, 2009(3): 75 – 82.

[3] 中国互联网络研究中心网站[EB/OL]. [2012 – 01 – 02]. http://www.cnnic.cn/research/zx/ydhlw/.

[4] DeLone W H, McLean E R. The DeLone and McLean model of information systems success: A ten-year update[J]. Journal of Management Information Systems, 2003,20(3):9 – 30.

[5] Turel O, Serenko A, Detlo b, et al. Investigating the detenninants of satisfaction and usage of mobile IT services in four countries[J]. Journal of Global Information Technology Management, 2006,9 (4):6 – 29.

[6] DeLone W H, McLean E R. Information systems success revisited[EB/OL]. [2012 – 01 – 02]. http://citeseerx.ist.psu.edu/viewdoc/summary? doi =10.1.1.88.3031.

[7] Thompson S H T, Shivastava S C, Li Jiang. Trust and electronic government success: An empirical study[J]. Journal of Management Information Systems, 2008,25(12):99 – 131.

[8] Strader T, Houle P, Ramaswami S. Spam, spim, and user perception of e-mail and instant

messaging usefulness[J]. International Journal of E-business Research, 2005,16(4):51 – 57.

[9] Swartz J. Spam's irritating cousin, spim, on the loose[J]. International Journal of E-business Research, 2004,12(4):183 – 202.

[10] Seddon P B. A respecification and extension of the DeLone and McLean model of IS success [J]. Information Systems Research, 1997,17(3):240 – 253.

[11] Zhang Dongsong. Delivery of personalized and adaptive content to mobile devices: A framework and enabling technology[J]. Communications of the Association for Information Systems, 2003,12(2):183 – 202.

[12] Chellappa R K, Sin R G. Personalization versus privacy: An empirical examination of the online consumer's dilemma[J]. Information Technology and Management, 2005,18(6): 181 – 202.

[13] Gefen D, Karahanna E, Straub D W. Trust and TAM in online shopping: An integrated model[J]. MIS Quarterly, 2003,27(1):51 – 90.

[14] Sheng Hong, Fiona Fui-Hoon Nah, Siau K. An experimental study on ubiquitous commerce adoption: Impact of personalization and privacy concerns[J]. Journal of the Association for Information Systems, 2008,19(9):344 – 376.

作者简介

张　冕,男,1980 年生,讲师,博士研究生,发表论文 10 余篇。

鲁耀斌,男,1966 年生,教授,博士生导师,发表论文 40 余篇。

重塑网络消费者初始信任——网誉认证理论探讨

郭承龙

(南京林业大学经济管理学院　南京　210037
南京航空航天大学经济管理学院　南京　210037)

摘　要　针对在线交易的信任缺乏已成为电子商务进一步发展的主要障碍这一问题,认为由于第三方机构授权网上商家使用的"认证标识"有助于增加网络消费者的初始信任,同时会计师,特别是注册会计师在国内具有较高公信力,可基于注册会计师和第三方认证机构合作开展新型业务——网誉认证,并重点从理论上阐述新型网誉认证的作用机制,指出网誉认证可以有效发挥导流渠作用,在电子商务领域重塑网络消费者初始信任。

关键词　初始信任　网誉认证　认证机构　电子认证标识

分类号　C94

1　引　言

信任不但是人际互动的基础,更是商业的重要桥梁。消费者对网络商店与整体网络环境的信任乃是电子商务发展的关键性因素[1-2]。在双方的交易关系中,消费者对网站的信任程度是循序渐进的,信任主要依据买方对卖方的观察随着时间而演变[3]。信任关系是买卖双方互动的一种利益,此互动已被很多网站的经营过程所证实,特别是在顾客与卖方的互动机制上[4]。若缺乏信任,许多消费者首次购买决策时会犹豫不决,即消费者对信任的缺乏会妨碍电子商务的发展[5]。因此,若要吸引消费者上门,首先需取得消费者对网站的信任,这是网站成功的第一步,否则消费者很可能转移到其他网站[6]。认证标识是一种信任信号,消费者会将第三方信任机构所提供的某种类型的认证标识(例如美国 BBBOnline、TRUSTe 和 VeriSign,日本 JEPDEC 与 JEF 等。其中,BBBOnline 和 TRUSTe 的主要目的是保护消费者在网络上的隐私不受侵害,也就是向消费者释放出保护其隐私的信号;而 VeriSign 的主要目的是保护在线交易机制,也就是向消费者释放出网站所提供的付款服务是安全的信号)所传递的信息看作是真实可靠的,则消费者在认证标识引导下会和不认识的卖方做买卖。

电子商务已成为企业经营的主流趋势,一向在实体经济领域扮演财务认证角色的注册会计师也希望在这一趋势中扮演新的重要角色。美国注册会计师协会(AICPA)于1994年成立了确定性服务特别委员会(SCAS),勾勒出会计师事务所在变化的环境中可能扩展的业务范围,其中包括电子商务确定性服务。AICPA和加拿大注册会计师协会(CICA)也于1998年推出了由会计师担任认证角色的网站确定性服务。注册会计师的独立性、机密性、客观性与良好声誉以及在提供认证服务时所接受到的专业培训及经验,使之较其他网站认证业者具有优势[7]。

由于国内网站存在诸多欺诈、"钓鱼"等不诚信的恶劣行径,也缺乏相应的独立的第三方查核机构,新建网站和网站新业务的推广遭遇消费者的质疑和认可犹豫。在注册会计师和第三方认证机构合作框架下,注册会议师对新网站或新业务的规范性审核结果为合格时,注册会计师将出具确定性服务报告。依据该报告,第三方认证机构授权卖方在其网站张贴认证标识。这种合作机制有助于买卖双方迅速建立初始信任,同时也可以拓展会计师事务所的业务范围。此外,国内电子商务中现有的信任评价机制存在炒作现象,根源在于没有独立的第三方监督机制。因此,本文拟研究基于注册会计师(会计师事务所)与第三方认证机构合作推出的网誉认证,探讨如何重塑网络消费者初始信任,激发消费者购物意愿。

2 文献综述

2.1 初始信任研究

国外初始信任研究主要是从信任属性[8-9]、构面[10]、因果关系[11]、信任转移[12-13]、技术接受模型[14]、确保差异模型[15]等方面进行关于初始信任影响因素的实证研究。

国内的初始信任研究在借鉴国外理论和方法基础上,主要是对网络信任机理进行实证研究[16],利用ELM模型(详尽似然模型)[17]、TAM模型[18]等进行实证研究和在B2C、C2C等模式下构建模型,探讨初始信任的影响因素[19-22]以及信任的动态发展研究[23]。

2.2 认证标识与信任关系的研究

消费者对网络购物安全性以及网络商店可靠性的担忧,导致网购意愿不足。网络商店可以采用第三方认证标识,来增强消费者知觉到的信号,以影响消费者的购买意图。第三方认证标识的呈现,会使得消费者因为相信第三方认证机构而相信网络商店是值得信任的,进而把对第三方认证机构的信任转移到网络商店。Kaplan 和 Nieschwietz 的研究也发现第三方认证标识的呈现,会直接影响消费者对网站的信任,当消费者注意到网站上所呈现的第三方认证标识时,会感觉到在此网站上购物是有保障的,进而增加对此网站的信任,降低整个网络的不确定性[24]。Kyongseok Kim 和 Jooyoung Kim 的实验表明可信赖的著名的第三方认证标识能够将消费者引导到不熟悉的网站,提高初始信任,同时标识效应也影响购买决策[25]。Nikitkov 对网络拍卖进行了研究,也发现认证标识的存在会增加商品销售的可能性,提高最后成交价格,可以增加竞标人数和取得较高的底价[26]。但是不同的认证标识所负载的信息质量有高有低,消费者对高质量的认证标识有强烈的偏好,无法接受低质量的认证标识所带来的风险,第三方机构提供的认证标识无法完全得到消费者信赖[27]。当消费者没有注意网络商店披露事项以及对于产品熟悉程度较低时,不同标识的确保性服务对消费者来说并没有任何差异,也不会增加消费者的信任程度[28]。Tammy Bahmanziari、Marcus D. Odom 和 Joseph C. Ugrin 的研究结果显示:内源标识和外源标识都不能显著影响消费者信任和购买意愿[29]。Kimery 和 McCord 利用信号理论研究第三方认证标识对于顾客的影响,结果发现,第三方认证标识对于顾客行为的影响有限[30]。这种结果可能来源于第三方机构提供的保证服务与使用者(消费者)认知之间存在差异,需要探讨新的模式缩小这种差异。

国内学者在第三机构提供的认证标识与初始信任之间的机理研究上滞后于西方。胡润波[31]基于移动商盟所提供的信息建立了移动商家信任度评价指标体系,构建了二维移动商家信任度评价模型,解决了难以识别新注册商家信任度的问题。这里的移动商盟的角色实际上就是第三方评价机构,用于解决初始信任问题。国内的"深度认证"是由阿里巴巴携手国际知名第三方认证公司,为自身的顾客提供认证服务(具体见阿里巴巴公司的"深度认证");部分网商们也主动寻求国外第三方认证公司的认证服务。但是,国内缺少如 BBBOnline、TRUSTe 等公司的认证服务的实践和应用。

2.3 网站认证研究

Webtrust[32]系由美国和加拿大会计师协会于 1998 年推出的由会计师担任认证角色的"网站确定性服务",意图在于提供给使用者一个经过认证的网站,且该网站能够遵守其所公示的网站经营政策与声明,确保交易完整性及信息保护政策。若网站经营政策符合 Webtrust 相关准则,即被准许在网页上显示 Webtrust 认证标识。Notberg、Cristiaanse 和 Wallage[33]及 Greenstein 和 Hunton[34]

的研究显示,会计师在提供网站相关服务上占有一定程度的优势。但是,消费者对于网站认证标识的认知与会计师提供的认证服务间存在"期望落差"现象[35],根源可能在于没有将认证标识效用和会计师公信力形成合力,促进初始信任的形成。国内的网誉认证研究也是仅仅基于注册会计师主导的网站认证[36-38],尚未有第三方认证与注册会计师合作的商业运作。因此,基于认证标识和注册会计师的公信力的网誉认证对于重塑、提高初始信任问题,改善社会不信任的氛围具有现实意义和理论价值。

3 网誉认证机制

3.1 网誉认证基础

随着电子商务应用常态化、线上交易日常化,网络购物主体日益强大。但是,据中国互联网络信息中心2010年发布的统计报告,89.2%的电子商务网站访问者担心访问到假冒网站;当网络消费者遭遇不信任网站时,92.6%会退出该网站,86.9%会取消交易。信任是买方与卖方关系中最重要的一个关键成功因素[39],尤其是初始阶段的关系。初始信任是指消费者与网站初次交互过程中形成的信任,即消费者初次接触该网站,也未与该网站有过交易,具体形成时间范围为消费者第一次浏览该网站到做出第一次购买的时间点之内。消费者对人性的信任、第一次见面时的感觉(认知面信任)的评估遭遇信息严重不足或者评估成本过高,不得不借助于社会的力量减少信任评估的成本支出。而第三方机构认证服务可以降低交易各方信任评估的成本。

3.1.1 电子认证标识与初始信任

由于认证标识在传达上的实用性、便利性与深入性,代表一定含义的认证标识经由视觉传达,被大脑接收、解读,进而加以记忆,呈现给人们的意象可以进一步影响到好恶感、信任程度、记忆强度等。故而可信赖的认证标识是一种塑造消费者初始信任的有效途径。凡是以标识形式张贴于网站之上或网络活动中,以宣示符合某种可信赖规范(如信息透明度、系统安全、履约保证、自律公约等)和法律规制的认证标识都可称之为网上认证标识。对于未被大众所熟知的网站而言,认证标识存在与否的确会影响网站信任之评估[27]。当网店张贴第三方机构的认证标识时,消费者可能会基于对认证标识的感觉和认识,来判断一个未知的网店的可信任程度。认证标识可以帮助消费者克服对网络的恐惧,增强网店的善意,将消费者的初始信任传递到某些网店。Lee、Stephens等已通过实证分析验证了TRUSTe等第三方认证标识与信任的形成正相关[40-41]。因此,电子零售商、网上商城等电子商务应用者应积极争取第三方机构的认证[42]。电子商务应用者要遵守第三方机构所订的规范,使用第三方机构公认的技术,愿意接受第三方机构的约束与监督,通过第三方机构审核的电子商务应用者可以获得授权在自身网站或网页上放置一个第三方机构特有的识别图像(identifying icon)或保证标识(assurance seal)。这个保证标识让顾客觉得拥有保证标识的网站或网页是可信赖的。顾客点选此标识之后会链接到第三方机构的网站,在此网站上消费者可以看到该保证标识代表的具体含义以及电子商务应用者必须严格遵守的标准。这种认证标识服务由第三方独立运作,在严格的行业规则、管理监控和动态的持续性评价下,能够最大限度地防止任何带有商业利益色彩的外界力量影响认证流程,有力保证认证结果的公证性、客观性和真实性,证明认证标识使用者活动的规范性。例如隐私认证,消费者在有隐私认证标识的网店可以放心填写个人资料或进行购物,不必过多担心个人信息泄露或受到垃圾信息骚扰,但是这种认证标识还没有得到消费者的广泛认可[24],并且赋予多种功能的认证标识并不见得比功能单一的认证标识效果更好[43]。因此,可将第三方认证标识看成是网店或网页向消费者传递其产品信息、商业信用和经营活动的合法性、合规性和负责性等的信号。特别是当消费者拥有很少甚至没有网络交易经验时,消费者公认的载体或者合作角色——第三方机构所具有的"公信力"可以将自身的信任传递给目标消费者,重塑初始信任。

3.1.2 注册会计师公信力的延伸

AICPA 与 CICA 联合推出的旨在帮助网站浏览者增强对网站的信任,保障用户隐私,认证网站安全和降低网络商业诈骗风险的新型鉴证服务——Web Trust(网站认证、网络鉴证或者网誉认证),开启了注册会计师的新的业务领域。注册会计师经过长期发展形成的良好公信力和声誉,在公众心目中具有了独立、客观、公正的形象,促使其在提供网络鉴证服务上具有相应的优势,能让商家及公众双方易于接受鉴证的结果,并不因为自身缺乏新领域的专业化知识而导致公信力下降甚至审计失败。2000 年 7 月,美国独立准则委员会(ISB)委托恩斯克里夫(Earnscliffe)专门对非审计服务问题进行了问卷调查。其结果表明:非审计服务未给审计人员面临的风险带来任何影响。2000 年 8 月,美国公共监督委员会(POB)下属的审计效率小组的报告声称:未发现双重执业会显著增加审计人员独立性风险的证据,并明确指出"注册会计师提供非审计服务已有一百多年历史,而非一时现象,并未发现审计失败与此有关。"张继勋、陶能虹在 2003 年对我国的 Web Trust 需求及注册会计师的胜任能力开展的问卷调查表明:Web Trust 在我国有一定的现实市场,大多数被调查企业(占67.31%)认为可以接受注册会计师提供的 Web Trust 服务。毕马威会计师事务所董事彭亦斯亦指出,注册会计师可以为电子商务网站担任出色的顾问。Vishal Lala 等人的实证研究表明[27],公众对 CPA 提供的信息质量较为满意,会计师事务所开拓这一市场还是很有竞争力的。Runyan 等[44]认为会计师拥有专业以及公信力,其提供的网站确保服务能够获得较多消费者认同,进而使消费者更信任电子商务中这些服务的价值。网络消费者评价网络空间中的交易对象,通过对可信赖的认证标识(BBBOnline、Webtrader、Trustedshops、TRUSTe、SOSA 和 AS)等思想捷径[45]或信念跨越[46]的心理模式来寻求降低电子商务互动和关系中的不确定性与复杂性。消费者努力搜寻降低感知风险的信任证据时,如果获得来自消费者信任的第三方提供的参考依据,可以有效、真切地帮助消费者降低信息搜寻和处理成本,减少决策不确定性,进而做出信任与否的决策。AICPA 与 CICA 推出的 Web Trust 从鉴定性服务到电子认证标识发放、管理均由注册会计师完成。注册会计师行业承担了双重角色——裁判角色和参与角色,由于国外严格的监管体制、较完善的道德规范以及较高的会计师的素养,其公信力尚未受到影响。国内注册会计师行业恢复才短短的 30 年左右,各种法规、国家监管体制、行业自律等外部环境不完善,国际大型会计师事务所进军国内抢夺市场,同业"恶性"竞争时时出现,甚至出现财务欺诈案件以及与之相关联的审计失败和虚假评估案件,这一切,使得注册会计师行业的公信力受到严峻挑战。因此,不能简单地直接将 Web Trust 引入国内电子商务。而国内现有的第三方机构认证服务主要集中于传统市场,尚没有针对电子商务的认证服务和类似于 BBBOnline、TRUSTe 的认证机构。由于电子商务具有跨时空、无国界等特征,国内大型的电子商务企业以及部分中小网商主动地向国外认证机构申请认证。消费者购物时受到有效信息不足以及专业化知识欠缺的制约,对网购仍存在疑虑。鉴于第三方的认证标识与消费者初始信任具有正相关性,能够在一定程度上缓解信任危机以及 CPA 公信力在公众中具有较高声誉,本文研究的重心是将第三方认证标识服务和注册会计师公信力相结合,提出重塑国内网络消费者初始信任的机制——网誉认证(online reputation identification)。这里的网誉认证不同于 Web Trust,它是由第三方机构和注册会计师共同合作,将二者的优势集成在一起,强化信任程度,特别是初始信任。其模型如图 1 所示:

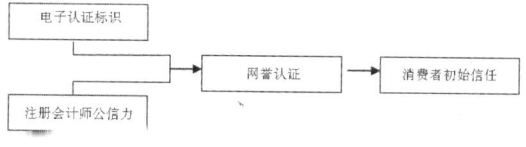

图 1 基于网誉认证的网络消费者的初始信任模型

3.2 电子认证标识与注册会计师公信力合作机制

网誉认证是指电子商务应用者(包括 B2C、B2B、ISP、ASP、CA 以及网商等)自愿向第三方认证机构申请认证标识,第三方认证机构根据申请者的申请认证的模块功能,由具有执业资格的注册会计师独立对其进行审查,以验证其在交易安全性、在线隐私保护、系统可使用性、流程完整性、信息保密性等方面中的任何一个或几个方面是否符合 AICPA 和 CICA① 联合开发的网誉认证准则与规范或者第三方认证机构开发的公开的认证标准,并给出专业性鉴定意见。如果鉴定报告给出无保留意见,则第三认证机构授予申请方电子认证标识,并允许在其网页上展示标识。标识的作用在于表明申请方遵守且符合网誉认证准则要求的事实已由独立的、训练有素的专业人员证实,并将继续遵守上述准则、规范。

新型的网誉认证不仅要求网络认证服务商具备扎实深厚的审计业务知识和能力,还要具备较高的计算机和网络技术知识以及电子商务的有关知识,包括信息技术、数字交换与加密技术、数字签名、信息存储知识、与从事鉴证业务相关的审计和其他专业知识技能等。因此,网誉认证分别由第三方认证机构承担电子认证标识管理,由注册会计师事务所(或注册会计师)承担鉴定性服务,实行专业化分工、各司其职。

3.2.1 电子认证标识管理

第三方认证机构根据自身提供的认证服务内容设计代表一定内涵的图章或图案。申请方通过审核后,将获得第三方认证机构授权使用的特定图章或图案的数字证书,即"电子认证标识"。申请方将电子认证标识置于网站或网页显著位置。电子认证标识通过统一资源定位符链接到颁发标识的第三方机构网站。电子认证标识的创建、证书发放、日常技术维护以及失效等均由第三方认证机构负责管理,以防止网站经营者意图伪造使用,但是第三方认证机构对电子认证标识的管理必须依据注册会计师鉴定报告的意见。

消费者在筛选网上卖家时,电子认证标识可以作为评价依据。消费者可点击该标识,链接到由第三方认证机构设立的网站阅读注册会计师报告以及"网誉认证准则与规范",以确保消费者所关心的风险已降低至合理水准;并且可以看到第三方认证机构的执行标准以及商业内容,使消费者因为相信第三方机构而信任具有电子认证标识的网络商店。网络商店使用电子认证标

---

① 美国和加拿大积累了较为完善的规范体系以及监督机制,中国国家认证和认可监督委员会尚无此类认证监督业务,国内尚无类似商业运作,也没有具体规范,这里可考虑借鉴 AICPA 和 CICA 所开发的"准则与规范"

识的目的就是为了增加网络消费者的信任程度。一般来说,消费者在具备认证标识之网站购物的可能性比未提供任何网站认证标识的网站要高。具有较多信息含量的标识减轻了感知风险,结果很少有人通过链接获取更多内容,这支持了 Elliott 的观点[47],即具有执业资格的注册会计师提供网站相关服务较银行、电子企业顾问、律师事务所、安全顾问等,占有一定程度的优势,尤其是在顾客了解了服务内容后,会计师优势更大,其根源来自会计师的声誉或会计师事务所的品牌形象。但是,注册会计师所扮演的角色仅仅是对网站管理、业务活动等是否符合规范与标准提供鉴定性意见,并非提供网站技术辅助,不对每一笔具体业务提供保证,也不对消费者在交易中的可能损失承担责任。电子认证标识对网络商店而言是一个建立信任的重要策略,且第三方机构的认证标识与顾客的确保服务感知为正向关系[24]。经第三方认证机构评价合格的网站将被授权在自身网站上张贴认证标识,这一行径实际是向消费者传递该网站值得信任的信息。第三方认证标识的存在与缺失会影响消费者对于网站经营实务的认知,消费者倾向于相信有认证标识的网站,会按照声明的内容作有效管理[48]。所以,拥有会计师保证的认证标识正向影响顾客的期望以及信任意念和信任意图[49]。而 CPA 是电子商务认证服务的理想提供者[47]。

3.2.2 鉴定性服务

为了防止第三方机构和申请方的串通、滥用,这里引入具有较高公信力的注册会计师承担网誉认证的鉴定功能。一般来讲,在网誉认证体系内,注册会计师不仅要审核网络交易内容、业务活动等的合规性、真实性和完整性,而且还要对保证交易正常进行的充分性事项进行审查,例如顾客信息加密、防止信息遭受破坏的防火墙、遵守隐私权法律及规范的情况等。如果申请方连续 60 天以上达到 AICPA 和 CICA 颁布的标准或要求,申请方便可获得第三方认证机构授权使用的电子认证标识。消费者浏览网页时可以通过点击电子认证标识阅读注册会计师出具的报告。反之,如果申请方违反了网誉认证的任何要求或标准,电子认证标识将被取消。注册会计师初次报告期间至少涵盖 2 个月的报告期间。初次报告以后的报告期间必须是自上期报告期末起至某一确定日期,以保证报告的连续性。申请方一旦取得了电子认证标识,其在网站上发布的时间可不受限制。为此,注册会计师需要通过定期考核来更新电子商务应用者的资质。此外,如果考核间隔期间电子商务应用者在业务政策、业务经营、业务程序及有关控制方面进行了重大变更,需要及时向注册会计师报告,尤其是当这些变更可能会对符合网誉认证准则或遵守网誉认证准则等方面产生影响时。注册会计师收到重大变更的报告后,可能会提前对申请方进行考核,更新有关报告,及时将报告传递给第三方认证机构,便于其采取适当的管理措施。因此,注册会计师全程监督第三方机构的电子认证标识发放、维护和收回等活动是否符合网誉认证准则与规范,且定期(一般2个月,不能超过3个月)复核电子认证标识使用者是否持续贯彻网誉认证准则与规范,若无法通过复核,注册会计师要求该使用者停止使用电子认证标识,并向第三方认证机构出具取消电子认证标识使用的意见。只有继续获得注册会计师签发的无保留意见鉴证报告的电子商务应用者,才能继续持有第三方认证机构的电子认证标识。

网誉认证是试图将注册会计师的公信力和第三方认证标识的公正性相组合,进一步强化确保性服务的感知程度。消费者认同注册会计师的确定性服务和第三方机构的认证服务的价值,则等于认可网誉认证能力。网誉认证将消费者对第三方的信任转移到网络商店,重塑初始信任,进而产生行为意图。即对网上商店和商品的信任是消费者做出购买行为的必要条件[50]。网誉认证的主要功能和目的在于提高人们对电子商务网站的信任度,建立消费者对网上电子商务安全性、合法性的信心,促进电子商务的发展。

综上所述,网誉认证融合了第三方机构认证标识所赋予的信号引导功能和注册会计师的公信力,创造出一种信任证据,降低网络消费者的不安情绪和决策不确定性,进而提高其初始信任水平,激发其购买意愿。网誉认证可以应用于电子商务各个领域,具体包括:商家保护注册顾客的信息安全性、顾客的隐私信息保护、交易记录不泄密、业务流程合乎规范、产品/服务质量可靠性、合法竞争、网络知识产权保护、电子证据保护等。从电子商务模式来看,它可应用于B2C、C2C、网络团购、网络定制,等等。

4 结 语

本文试图集合第三方机构的认证服务和注册会计师公信力之优势,探讨网誉认证对网上商店的初始信任建立的作用机制。这对建立网上商店与网络消费者之间的初始信任提供了新的平台,对推进电子商务发展有着重要意义,而且对于我国其他形式的电子商务的应用具有借鉴意义。当然,基于网誉认证下的网络消费者初始信任模型需要进一步的实证分析,目前已经完成实证分析将的前测分析,后续实证分析将逐步展开。

参考文献:

[1] Hoffman D L, Novak T P, Marcos P. Building consumer trust online[J]. Communications of

the ACM, 1999,42(4):80 - 85.

[2] Jones S, Wilkens M, Morris P, et al. Trust requirements in E - business[J]. Communications of the ACM, 2000,43(12):81 - 87.

[3] Urban G L, Sultan F, Qualls W J. Placing trust at the center of your Internet strategy[J]. MIT Sloan Management Review, 2000, 42(1):39 - 48.

[4] Reichheld F F, Schefter P. E - loyalty: Your secret weapon on the web[J]. Harvard Business Review, 2000, 78(4):105 - 113.

[5] McKnight D H, Choudhury V, Kacmar C. Developing and validating trust measures for e - commerce: An integrative typology[J]. Information Systems Research, 2002, 13(3):334 - 359.

[6] Koufaris M, Hampton - Sosa W. The development of initial trust in an online company by new customers[J]. Information & Management, 2004,41(3):377 - 397.

[7] Gray G L, Debreceny R. New assurance services: The electronic frontier[J]. Journal of Accountancy, 1998,185(5):32 - 38.

[8] Jarvanpaa S L, Tractinsky N, Vitale M. Consumer trust in an Internet store[J]. Information Technology and Management, 2000,1(1): 45 - 71.

[9] Vijayasarathy L R. Predicting consumer intentions to use online shopping: The case for an augmented technology acceptance model[J]. Information & Management, 2004, 41(6):747 - 762.

[10] McKnight D H, Chervany N L. What trust means in e - commerce customer relationship: An interdisciplinary conceptual typology [J]. International Journal of Electronic Commerce, 2002,6(2):35 - 59.

[11] Ba S, Pavlou P A. Evidence of the effect of trust building technology in electronic markets: Price premiums and buyer behavior[J]. MIS Quarterly, 2002,26(3):243 - 268.

[12] Kuan H H, Bock G W. Trust transference in brick and click retailers: An investigation of the before - online - visit phase [J]. Information & Management, 2007,44(2):175 - 187.

[13] Delgado - Ballester E, Hernandez - Espallardo M. Effect of brand associations on consumer reactions to unknown online brands[J]. Internetional Journal of Electronic Commerce, 2008,12(3):81 - 113.

[14] Gefen D, Karahanna E, Straub D W. Trust and TAM in online shopping: An integrated model[J]. MIS Quarterly, 2003,27(1): 51 - 90.

[15] Burke K G, Kovar S E, Prenshaw P J. Unraveling the expectations gap: An assurance gaps model and illustrative application[J]. Advances in Accounting Behavioral Research, 2004, 7(7):169 - 193.

[16] 金凤. 电子商务中认证信任模型的选择和应用[J]. 计算机工程, 2003(15):8 - 10.

[17] 周涛,鲁耀斌. 基于ELME的网上用户初始信任影响因素研究[J]. 信息系统学报, 2009(3):48 - 56.

[18] 熊焰. 消费者初次网络购物信任和风险问题研究[D]. 上海:同济大学,2007.

[19] 王全胜,郑称德,周耿. B2C 网站设计因素与初始信任关系的实证研究[J]. 管理学报,2009(4):495-499.

[20] 王守中. 影响我国 B2C 消费者初始信任因素的实证分析[D]. 成都:西南交通大学,2007.

[21] 王海. C2C 电子商务中消费者初始信任影响因素研究[D]. 杭州:浙江工商大学,2008.

[22] 王核成,李红霞. 在线消费者对 C2C 交易平台初始信任问题的实证研究[J]. 经济论坛,2008(2):46-47.

[23] 陈明亮,汪贵浦,邓生宇,等. 初始网络信任和持续网络信任形成与作用机制比较[J]. 科研管理,2008(9):187-190.

[24] Kaplan S E, Nieschwietz R J. A Web assurance services model of trust for B2C e-commerce[J]. International Journal of Accounting Information Systems, 2003,4(2):95-114.

[25] Kyongseok K, Jooyoung K. Third-party privacy certification as an online advertising strategy: An investigation of the factors affecting the relationship between third-party certification and initial trust[J]. Journal of Interactive Marketing, 2010,25(3):145-158.

[26] Nikitkov A. Information assurance seals how they impact consumer purchasing behavior [J]. Journal of Information Systems, 2006,20(1):1-17.

[27] Lala V, Arnold V, Sutton S G, et al. The impact of relative information quality of e-commerce assurance seals on Internet purchasing behavior[J]. International Journal of Accounting Information Systems, 2002,3(4):237-253.

[28] Mauldin E, Arunachalam V. An experimental examination of alternative forms of Web assurance for business-to-consumer e-commerce[J]. Journal of Information Systems, 2002,16(supplement):33-54.

[29] Bahmanziari T, Odom M D, Ugrin J C. An experimental evaluation of the effects of internal and external e-Assurance on initial trust formation in B2C e-commerce[J]. International Journal of Accounting Information Systems, 2009,10(3):152-170.

[30] Kimery K M, Mccord M. Signals of trustworthiness in e-commerce: Consumer understanding of third-party assurance seals[J]. Journal of Electronic Commerce in Organizations, 2006,4(4):52-74.

[31] 胡润波. 基于第三方信息的移动商务信任评价方法研究[D]. 大连:大连理工大学,2009.

[32] [EB/OL]. [2011-09-10]. http://www.webtrust.org/.

[33] Notberg A, Cristiaanse E, Wallage P. The role of trust and assurance services in electronic channel: An exploratory study[C]//ICIS'99 Proceedings of the 20th Intemational Confeverce on Information Systems. Atlanta: Association for Intormation System,1999.

[34] Greenstein M G, Hunton J E. Extending the accounting brands to privacy services[J].

[35] Houston R W, Taylor G K. Consumer perceptions of CPA website assurance: Evidence of an expectation gap[J]. International Journal of Auditing, 1999, 3(2): 89 – 105.

[36] 尹利锋. "网站认证"研究[D]. 北京: 首都经济贸易大学, 2002.

[37] 王静. 网誉认证服务研究[D]. 成都: 西南财经大学, 2005.

[38] 熊静波. 网誉认证法律制度探析[D]. 长沙: 湖南大学, 2003.

[39] Ganesan S. Detenninants of long – term orientation in buyer – seller relationships[J]. Journal of Marketing, 1994, 58(2): 1 – 19.

[40] Lee M K O, Turban E. A trust model for consumer Internet shopping [J]. International Journal of Electronic Commerce, 2001, 6(1): 75 – 92.

[41] Stephens R T. A framework for the identification of electronic commerce design elements that enable trust within the small hotel industry[C].//Proceedings of the 42nd Annual ACM Southeast Regional Conference. New York: ACM, 2004: 309 – 314.

[42] Luo Xueming. Trust production and privacy concerns on the Internet: A framework based on relationship marketing and social exchange theory[J]. Industrial Marketing Management, 2002, 31(2): 111 – 118.

[43] Hu Xiaorui, Wu Guohua, Wu Yuhong, et al. The effects of Web assurance seals on consumers' initial trust in an online vendor: A functional perspective[J]. Decision Support Systems, 2010, 48(2): 407 – 418.

[44] Runyan B, Smith K T. Smith L M. Implications of Web assurance services on e – commerce [J]. Accounting Forum, 2008, 32(1): 46 – 61.

[45] Grabner – Krauter S. The role of consumers' trust in online shopping [J]. Journal of Business Ethics, 2002, 39 (1): 42 – 50.

[46] Jarvenpaa S L, Tractinsky J, Saarinen L. Consumer trust in an Internet store: A cross – cultural validation [J]. Journal of Computer Mediated Communication, 1999, 5(2): 1 – 35.

[47] Elliott R K. Assuance services and the audit heritage[J]. The CPA Journal, 1998, 68(6): 40 – 46.

[48] Miyazaki A D, Krishnamurthy S. Internet seals of approval effects on online privacy policies and consumer perceptions [J]. Journal of Consumer Affairs, 2002, 36(1): 28 – 49.

[49] Kovar S E, Burke K G, Kovar B R. Consumer response to CPA Web trust assurance [J]. Journal of Information Systems, 2000, 14(1): 17 – 35.

[50] 王学东, 商宪丽. 网上商店建立消费者初始信任的探析[J]. 图书情报工作, 2007, 51(2): 51 – 53.

作者简介

郭承龙, 男, 1976 年生, 讲师, 博士研究生, 发表论文 2 篇。

三维视角的电子商务信任特性及应对策略研究

陈传红　赵学锋　张金隆

(华中科技大学管理学院　武汉　430074)

摘　要　通过信任风险、信任相关方关系和信任形成三维视角的分析，发现电子商务信任的核心问题是交易信任，重点是赢得消费者信任；而网站在电子商务信任关系中处于核心位置，初始信任和网站制度控制在促进电子商务信任形成中的作用至关重要。针对这些特性，给出业界提升消费者信任的应对策略。

关键词　信任　电子商务信任　信任相关方

分类号　G203

1　引　言

信任缺乏是阻碍网络消费者在线交易的主要因素之一[1-3]。不同文化背景下的相关研究均发现，消费者信任是在线购物的重要前因变量[4-5]，消费者对网络卖家的信任程度会直接影响到其购买意愿[1]，只有消费者能够放心地在网络上交易时，电子商务被广泛认可的潜在发展前景才能实现[6-7]。一些学者对信任的作用、性质和类型，特别是对信任产生的人格、人际关系、文化因素以及制度因素等方面进行了较深层次的探讨，并且形成了较多共识。

近十几年，大多数研究者对电子商务信任的考察基本上都是借鉴人际关系信任、组织信任、战略联盟信任以及社会学、心理学的关于信任研究的成熟理论，并将其应用到电子商务信任研究中，这些研究主要分为三大类：①信任前因研究，即探索并验证影响信任的具体变量，这类研究多采用实证研究；②关于相关机制的理论研究，即从理论角度探讨信任的形成机制；③信任模型研究，主要

---

* 本文系教育部社会科学研究基金青年基金项目"基于制度管控的网络消费者信任度研究"（项目编号：12YJC630006）和国家自然科学基金面上项目"基于社会网络的移动优惠券兑现影响因素分析及同伴推荐系统研究"（项目编号：71171092）研究成果之一。

就信任的影响因素、信任的具体维度、信任的结果变量三者之间相互关系进行综合研究。目前电子商务信任研究主要围绕上述三类变量及其相互关系展开[8]。电子商务是随着 Internet 技术产生的新型商务形式,因此我们必须将电子商务信任置于网络虚拟环境下,结合电子商务的特殊性加以研究。电子商务信任内涵和传统信任有何区别?电子商务信任相关方在信任关系中的作用和传统领域有何不同?电子商务信任的形成有哪些特点?这些基本问题都亟待进行深入探讨。对电子商务信任内涵和特性进行研究,特别是对其区别于传统领域信任的一些独特规律进行探讨,可以使我们对电子商务信任的特殊性与电子商务信任的形成机制有更深刻的理解,对指导业界制定恰当的消费者信任提升策略具有重要意义。

2 信任的内涵

鉴于信任在人类社会活动和经济活动等方面的重要性,相关研究成为社会学、心理学、经济学、管理学等学科共同关注的主题,不同学者从各自角度对信任的概念和内涵进行了深入研究。由于各自视角和侧重点不同,迄今为止学术界对信任尚未形成一个统一定义。Mayer 等专门对这一问题进行了探讨,他认为导致信任概念难以统一的主要原因在于:定义它的困难性;信任混同于其前因和结果;没有清楚地理解信任和风险的关系;将各个层次的信任分析相混同;没有从施信者和受信者双方考虑[9]。尽管如此,信任的内涵在学者们的不断讨论中逐渐趋于清晰。

Mayer 等在总结前人关于信任研究的基础上,提出了一个关于组织间信任的集成模型。他们认为,信任是"预料对方会履行一个特定的、对于己方重要的行为而愿意将己方置于相对弱势状态,不论自己是否有能力去监督或控制另一方[9]。"持相似观点有 Rousseau 等人,他们认为"信任是个体基于对他人意图和行为的积极预期,愿意向他人暴露自己的弱点、接受可能伤害的一种心理状态[10]。"其他有代表性的观点,还包括 Morgan[11]、McAllister[12]、McKnight[13] 等人把信任定义为信任方对被信任方能力、诚实和善意等方面的信心,强调的是信任方对被信任方的能力、诚实和善意等特征的积极信念,这些特征既反映了认知的成份,也反映了感情的成份。以 Ganesan[14] 等人为代表的定义,把信任看成是信任方依赖于被信任方的意愿。虽然这些定义各不相同,但大多数研究者都将风险、积极的期望和愿意接受可能的伤害作为定义信任的关键要素。

综上所述,信任是指在有风险的环境下,一方依据另一方的可信性特征和己方可承受的风险而做出的心理决策结果,在心理上保持持续稳定地相信、依赖对方的意愿和态度,直到有与期望相左的结果发生,这种信任意愿才会重新修正。信任的内涵涵盖三个最基本的方面:风险及其程度、施信方与受信方、信任的形成机制。

- 信任是伴随着风险的,没有风险和不确定性就不需要信任。信任最基本的特征之一就是风险[15],国内学者郑也夫在《信任论》中也陈述了相似的观点。他指出所谓信任,通常是指社会信任。它包含三种性质:①时间差,即有诺言在先兑现诺言在后,之间需要有个时间差。而像一手交钱一手交货当场完成的交易等行为,就不存在信任问题。②不确定性,即诺言兑现或行为发生并不是百分之百的,其间存在一定的风险。确定要发生的行为过程中也不存在信任问题。③当事者没有客观的根据可以绝对相信[16]。可以看出,风险和不确定性是信任得以存在的前提条件。

- 信任关系涉及施信方(trustor)和受信方(trustee)双方。信任关系的确立离不开施信方和被信任方(受信方),不是单方面决定的。Mayer等的信任定义强调了施信方甘愿承担风险的意愿,这是从施信方的角度强调信任需要克服风险。Morgan等强调了对受信方的信任特征的积极信念,指出信任是理性的,施信方的积极预期是以受信方值得信任的特征为依据的。信任关系的建立是信任双方共同作用的结果,首先受信方要有值得信任的特征,其次是施信方的心理决策,以受信方值得信任的特征作为理性判断的依据,对受信方产生积极预期,同时结合自己可以承受的风险作出决策,采取信任受信方的态度和相应的行为。

- 信任的形成机制。目前关于信任形成机制研究的视角主要分为三类:基于过程、基于特征和基于制度。无论哪种产生机制,信任的产生都是施信方心理决策的结果,决策的最重要依据是受信方表现出的可信性特征,信任态度的强化和改变取决于预期结果是否和预计相符,如果结果和预期相符信任会得到强化,如果结果与预期相左信任会削弱甚至终结。

电子商务信任是信任由一般到特殊的延伸,电子商务中的信任问题和传统领域的信任问题本质上具有一致性,传统领域的信任研究成果为电子商务信任研究提供了理论基础,对电子商务信任研究有借鉴意义。同时,电子商务信任由于处于一种特定的虚拟网络环境,又具有其自身的特殊性。鉴于此,本文选择与信任内涵核心相关的风险、信任相关方关系和信任形成三维视角,对电子商务信任特性进行分析。

3 三维视角下的电子商务信任特性

3.1 网络交易风险视角

网络交易中主要存在两种风险,即系统依赖不确定性和交易相关不确定性。系统依赖不确定性指因网络潜在的技术性差错或交易双方的合同很难避免的技术依赖性风险,这类风险是由信息系统带来的技术风险;交易相关不确定性包括身份确认、信息识别、质量评价等内容[17],这类风险主要源于个体对于他人动机、意图和未来行为的不确定性[18]。电子商务因时间和空间上的分离以及信息的不对称等自身缺陷导致交易中的机会主义、逆向选择和道德风险问题比传统商务更为严重。风险因素的特殊性导致电子商务信任有以下几个显著特点:

3.1.1 电子商务信任的核心是交易信任,信任的产生基于理性算计

电子商务的核心是交易,电子商务信任的核心是交易信任。交易就伴随着风险,风险同时也是信任存在的前提,但并不是任何风险都会产生信任的。风险必须在消费者可以接受的范围内才可以产生信任,如图1所示:

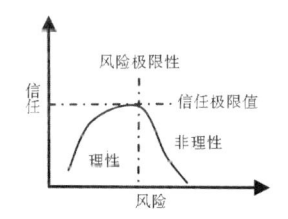

图1 交易风险与信任关系示意

从图1可以看出,这时的信任是理性的,随着风险的增加,发生交易所需的信任度也会增加;当风险到达可以承受的极限值时,所需的交易信任度也到达了极限值;但风险超过可以承受的极限值时,信任就很难产生,交易信任度会急剧下降甚至消失,这时的信任是非理性的,一般不会产生。风险极限值和信任极限值因人和交易类型不同而各异。

消费者只有在信任程度超过他的个人阈值并足以克服交易风险时才会从事交易,个人阈值取决于交易类型和交易中的其他有关各方[19]。Luhmann认为,一个人掌握的资源越少,其灾难阈限(disaster threshold)越低,相对易损性越高,他也就越不愿意冒险信任别人,反之,一个人掌握的资源越多,其灾难阈限越高,相对易损性越低,他越会愿意冒险信任别人[20]。

因此,每一个消费者在网络交易时,都会根据自己的情况理性购物。①考虑风险的承受能力、交易风险带来的后果、自己拥有的资源是否可以承担等;②交易双方对诚信带来的利益和欺骗带来的损失进行比较,如果前者大于后者,信任就存在[21]。

3.1.2 交易信任是基于认知的理性信任,理性依据是被信任方的可信性特征

McAllister 等认为,认知和情感是人际信任中的两个重要维度,也是心理的两个独立层面,其中认知性信任(基于对他人的可信程度的理性考察而产生的信任)和情感性信任(基于强烈的情感联系而产生的信任)是最重要的两种[12]。在网络环境下,大多数学者还是认同将消费者信任划分为认知信任和情感信任两种。但在网络虚拟环境下,交易大多发生在陌生人之间,人际间的情感联系很难形成。基于经验的信任形成方式很难发生作用,故他们在做出购买决策前通过搜集能够让自己在不确定情况下感受到信心的信息来降低风险和不确定性[22]。根据信号理论,在信息不对称情况下,掌握信息比较充分、处于优势地位的一方(卖家、网站),可以利用信号传递(指通过可观察的行为传递商品价值或质量的确切信息)主动显示自己的可信任特征,而信息贫乏、处于劣势地位的一方,利用信号甄别(指通过不同的合同甄别真实信息)判断这些特征的可信性。

因此,相对于传统领域而言,电子商务领域中认知信任对消费者信任的影响力比情感信任更为重要。消费者通过网络收集交易方的可信性特征,形成另一方可觉察信任度的信心,是对另一方的诚信、能力和善意的可觉察程度的把握[23]。

3.2 信任相关方的视角

在传统情况下,施信方(trustor)和受信方(trustee)可以是许多不同的实体。然而,在电子商务信任中,消费者是当然的施信方,他们是一个电子商务网站的访问者,而受信方是电子商务网站(更具体地说,是该网站代表商)和网络卖家。有时,技术(主要是互联网)本身就是一种信任的对象[24]。消费者、网络卖家和作为网络中介的电子商务网站三者之间,形成两对信任(消费者对电子商务网站的信任和消费者对网络卖家的信任)一次网上交易才可能发生,如图 2 所示:

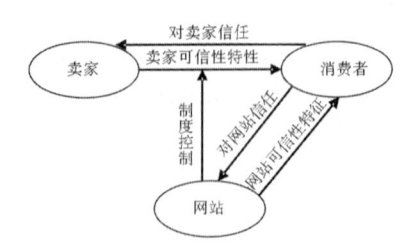

图 2 电子商务信任相关方

对技术的信任实质上是影响消费者对网站信任的前因。下面从信任相关方的视角对电子商务信任特性进行分析：

3.2.1 网站在电子商务信任关系中起关键作用

网站是网络卖家和消费者网络交易的信息系统平台,在网络购物中处于中心位置[25],同时在电子商务信任关系中起关键作用。消费者既是网站信息系统的使用者,又是网上市场的交易者,网站本身是消费者信任的受信方,同时影响消费者对卖家的信任形成。消费者对网站的信任和消费者对网络卖家的信任共同影响着消费者的交易行为。消费者对网站的信任是第一信任,网络卖家的店铺是依附于商务网站的,网络卖家和网站是相互联系、不可分割的,没有对网站的信任就没有后续的与网络卖家的交易。

消费者对网络卖家的信任决策依据是卖家的可信任特征的,卖家的商品展示需要借助于商务网站,卖家的可信任特征信号需要网站的管理控制将其显性化地展现在网站上。可以说,离开网站介入的电子商务信任关系将不复存在。

3.2.2 电子商务信任的核心是消费者信任具有单向性

传统领域的信任一般是双向的,只有信任双方互相信任关系才能确立。在电子商务中,网站和卖家欢迎任何消费者访问自己的店铺,视每一个访问者都是潜在的购买者,并且在电子商务交易中处于优势地位,消费者很难欺骗网站和卖家,因此,网站和卖家是消费者的当然受信方。网络交易只需赢得消费者对电子商务网站和网络卖家的信任,不需要网站和卖家对消费者的信任,从这个角度来说,电子商务信任的核心是消费者信任具有单向性。

3.3 信任形成的视角

信任的形成机制旨在确定信任的决定性因素或驱动力,探讨信任关系建立的条件和内在逻辑以及形成的途径。Zucker认为信任的产生有三种途径:基于过程、基于特征和基于制度[26]。即影响施信方采取信任态度的决定性因素既可能来源于过程,也可能来源于特征,还可能来源于制度,当然也可能来源于三者的不同组合。根据Zucker的分类,张钢和张东芳在总结国外信任模型研究的基础上,认为目前有三种典型的信任建立机制模型,即基于被信任方的感知可信度模型、基于信任方的信任倾向模型和基于制度规范的新制度模型[27]。遵循这一逻辑,笔者探寻电子商务信任中不同于传统领域的显著特点:

3.3.1 网站制度控制对信任形成发挥关键作用

基于被信任方的感知可信度模型和基于制度规范的新制度模型是基于信任形成的外因模型,基于信任方的信任倾向模型是信任形成的内因模型,信任的形成是通过外因感知刺激内因而最终确立的。信任倾向是影响个体对他人信任程度的稳定的个体差异变量[10]。直接影响内因难以促使信任的建立,影响外因才是最为有效的途径。

组织能够也常常采取各种方式管理信任风险,利用适当监控、合理的规章制度降低信任风险,可以主动促进信任关系的建立和发展。组织情境和控制系统影响着信任的风险知觉[28],可以主动促进信任关系的建立和发展[20]。网站制度控制在这些信任外因形成模型中扮演着非常关键的作用。基于制度规范的新制度模型中,情景正常,结构保证两维度更需要各种具体的网站制度管控才能实现。基于被信任方的感知可信度模型中,被信任方的善意、能力、正直,是通过其他消费者的评论反映出来的,在线反馈系统是网站制度的管控措施,因为有这些管控措施的存在,被信任方的可信任特征显性化地展现在电子商务网站上,为消费者采信卖家提供决策依据。

网站制度管控是这三种信任建立机制的关键推动因素。网站制度促进信任形成的三条路径:一是通过网站制度管控促进制度信任的情景正常和结构保障两维度产生信任;二是网站制度管控对网络卖家可信度显性化的揭露作用促进消费者信任(见图2);三是网站制度管控影响消费者风险的感知促进消费者信任。

3.3.2 初始信任是信任形成的第一步

初始信任是一方对于另一方的依赖意愿,这个意愿产生于第一次同对方交互。对于首次交易,消费者没有任何经验可以借鉴,也缺少交易方的第一手资料,促使交易形成的是对网站和卖方的初始信任。它基于个人的信任倾向,或者是基于制度提示,这些制度提示使得一个人即使没有关于对方的直接信息也能去信任他[13]。

网络交易一般是在陌生人间进行的,由于消费者之前没有同网站和卖家交互的经历,因此他所感知的风险与不确定性特别高,如果没有建立足够的初始信任,消费者往往会放弃网上购物;又因互联网的转换成本非常低,消费者可较容易地从一个网站转换到另一网站,轻易找到售卖相同商品的不同商家,因此建立消费者对网站和卖家的初始信任就非常重要。初始信任是信任发展过程中的第一步,也是最重要的一步,直接关系到对信任的形成和演变至关重要。

对于多次网络购物的消费者来说,初始信任同样存在。多次交易只要不在同一网站交易,每访问一新网站就会存在初始信任的问题,多次购买积累的信任是对网络购物方式的信任和认可,对在同一网站重复购物同样积累的是对该网站的信任;而对C2C来说,和同一商家重复交易的可能性比较小。总之,不论对首次网购的消费者,还是多次购物的消费者,初始信任都存在,因此初始信任就显得尤为重要,它是消费者由访问者转化为购买者的关键。

4 相关对策思考

通过三维视角下的电子商务信任特性分析,笔者发现电子商务信任的核心问题是交易信任,关键是赢得消费者的信任;消费者依据被信任方的可信性特征决定是否信任被信任方,这种信任是基于认知的理性信任,具有算计性同时存在单向性,即只需消费者建立对网络卖家和网站的信任;网站在电子商务信任关系中处于核心位置,离开网站的中介作用,信任关系很难建立,网站制度控制服务功能在促进电子商务信任中的作用至关重要。这些研究结果为我们制定促进电子商务信任的有效措施提供了理论依据。以下,本文给出指导业界提升消费者信任的应对策略,如表1所示:

表1 电子商务信任特性与对策

视角	信任特性	对策
风险	交易信任、具有算计性、是理性的	保护消费者利益,重点保护其经济利益和隐私,完善立法
	认知信任、基于可信性特征	让卖家的可信性特征显性化,如完善信誉系统、反馈机制
信任相关方	消费者信任、具有单向性	关注消费者利益,关键是赢得消费者信任。营销的重点是网络购物安全性、便利性、快捷性、经济性
	网站在信任关系中起关键作用	加强电子商务网站建设和营销推广,打造维护消费者利益、公正、中立、安全可靠的电子商务网站
信任形成	初始信任是信任形成的第一步	从卖家的角度来加强自律,提高商品和服务质量,注重信誉积累,赢得消费者初始信任
	网站制度控制对信任的形成发挥了关键作用	加强网站制度,保证和消费者购物过程的情景相吻合,如采用网络安全技术、信息加密技术,实施第三方担保,第三方认证

4.1 应对风险视角信任特征策略

从风险的角度看,电子商务信任核心是交易信任,是理性的,具有算计性。

它是基于理性的认知信任,依据被信任方的可信性特征产生的信任。针对这两个特性,提出以下应对策略:

4.1.1 保护消费者利益

面对风险,消费者关注的是个人利益,因此重点在于保护消费者利益。首先,需要在法律层面完善电子商务的立法;其次,电子商务运营商要从电子商务交易形成的资金流、物流、信息流三方面保护消费者利益。资金流和物流关系到消费者的经济利益,信息流关系到消费者的隐私权益。保护消费者经济利益,最好采用第三方支付和货到付款方式,以让消费者减少顾虑,卖家要确保商品质量并提高物流服务质量;保护消费者隐私权益,网站应明确发布隐私保护声明,切实加强网络技术安全,保护消费者信息数据库安全,保护消费者隐私信息。

4.1.2 让卖家的可信性特征显性化

电子商务信任是基于理性的认知信任,因此,增强对卖家可信任特征感知,有助于消费者建立对卖家的信任。让卖家的可信性特征显性化,离不开网站完善的制度控制功能。比如 Ebay 首先在网站上推出在线反馈(online feedback mechanisms)制度,形成了卖家信誉系统(online reputation system);淘宝在国内率先推出第三方支付制度。卖家信誉系统,汇集消费者对卖家历次交易的信誉评分,形成信誉累计值信誉等级,同时附有消费者的文本评论内容,包括对商品描述是否属实,商品质量、服务态度、送货速度等各方面的评价,这些信息对卖家的可信任特征有充分的揭露,显性化地展现在网站上,可给消费者判断卖家的可信度提供参考依据;建立网络社区,让消费者相互交流确认卖家的信誉度,可以形成电子口碑(word of mouth),自发推荐值得信赖的卖家和商品;引入第三方信誉认证制度,利用信用图章认证卖家的信誉度,如正品保障、七天无条件退货等认证标识。

4.2 应对信任相关方视角信任特征策略

电子商务信任相关方中,网站在电子商务信任关系中起关键作用,从信任方向来看,重点在于赢得消费者对卖家和网站的信任,它具有单向性。针对这些特性,提出以下应对策略:

4.2.1 关注消费者利益,关键是赢得消费者信任

消费者是上帝,电子商务同样如此。但在网络环境下消费者处于相对劣势地位,导致信任的脆弱性,通常需要的是消费者对卖家和网站的单向性信任。因此,电子商务中消费者的利益关切是否得到满足是信任关系建立的关键。信

任关系的建立营销起到非常大的促进作用。营销策略必须从消费者的角度思考,才能赢得消费者对卖家和网站的信任,营销的重点是网络购物安全性、便利性、快捷性、经济性。

4.2.2 加强电子商务网站建设和营销推广

电子商务网站为买卖双方提供交易信息和相关服务,降低质量的不确定性,并以此提高电子市场交易过程的效率。网站本身是消费者信任的受信方,同时影响消费者对卖家的信任形成。因此,一方面要注重加强网站建设:①打造安全方便的交易平台;②以完善合理的制度提高服务质量,赢得消费者对网站交易平台的信任。淘宝商城提高技术服务收费问题导致大规模网络卖家的抵制,小卖家利用七天无条件退货围攻大卖家就是一个典型反例。另一方面,要加强网站在消费者与网络卖家间信任形成的推动作用,主要完善那些揭示卖家可信任特征的制度。推动电子商务发展重点在于电子商务交易平台网站建设,网站自身营销推广的重点是让消费者感知网站是切实维护消费者利益的,是公正、中立和安全可靠的。

4.3 应对信任形成视角信任特征策略

从信任形成的视角看,网站制度控制对信任形成具有关键作用,初始信任是信任形成的第一步。根据 McKnight 对初始信任的研究成果,消费者信任倾向、认知过程和制度信任是影响初始信任的三个主要前因[13]。信任倾向是在成长过程中发展起来的,是一种稳定的人格特征,难以在短期改变。因此,主动介入促进初始信任形成的策略是依据制度信任相关理论,加强网站制度建设,强化被信任方可信特征影响消费者认知过程。具体可从两方面实施:一方面,从网站运营商的角度完善网站制度建设,增强结构保证和购物过程的情景正常感知,赢得消费者对网站的信任,促进买卖双方的信任形成。另一方面,从卖家的角度来加强自律,提高商品质量和服务质量,注重信誉积累,以此影响消费认知过程。

5 结 语

本文首先对信任的内涵进行了分析,接着从与信任内涵紧密相关的风险、信任相关方和信任形成三维视角对电子商务信任特性进行了分析,并在此研究基础上提出了促进电子商务信任的对策。无论是控制风险还是促进信任形成,网站都处于核心位置,发挥着至关重要的作用,可以说电子商务中不能缺少网站的信任关系。针对电子商务信任的所有对策,都离不了电子商务网站的管理控制介入。后续将进一步研究电子商务网站管理服务职能对消费者信任形成的促进作用。

参考文献：

[1] Jarvenpaa S L, Tractinsky N, Saarinen L. Consumer trust in an internet store: A cross-cultural validation[J]. Journal of Computer-Mediated Communication, 1999, 5(2): 1-35.

[2] Grabner-Kraeuter S. The role of consumers' trust in online-shopping[J]. Journal of Business Ethics, 2002, 39(1/2): 43-50.

[3] Lee M K O, Turban E. A trust model for consumer Internet shopping[J]. International Journal of Electronic Commerce, 2001(6): 75-92.

[4] Morrison D E, Firmstone J. The social function of trust and implications for e-commerce [J]. International Journal of Advertising, 2000, 19(5): 599-624.

[5] Urban G L, Sultan F, Qualls W J. Placing trust at the center of your Internet strategy[J]. Sloan Management Review, 2000, 42(1): 39-48.

[6] Gefen D, Straub D W. Consumer trust in B2C e-commerce and the importance of social presence: Experiments in e-products and e-services[J]. Omega-International Journal of Management Science, 2004, 32(6): 407-424.

[7] Gefen D, Straub D W. The relative importance of perceived ease of use in IS adoption: A study of e-commerce adoption[J]. Journal of the Association for Information Systems, 2000, 1(1): 1-28.

[8] 陈明亮, 汪贵浦, 邓先宇, 等. 初始网络信任和持续网络信任形成与作用机制比较[J]. 科研管理, 2008(5): 187-195.

[9] Mayer R C, Davis J H, Schoorman F D. An integrative model of organizational trust[J]. Academy of Management Review, 1995, 20(3): 709-734.

[10] Rousseau D M, Sitkin S B. Not so different after all: A cross-discipline view of trust[J]. Academy of Management Review, 1998, 23(3): 393-404.

[11] Morgan R M, Hunt S D. The commitment theory of relationship marketing[J]. Journal of Marketing, 1994, 58(3): 20-38.

[12] McAllister D J. Affect-and cognition-based trust as foundations for interpersonal cooperation in organizations[J]. The Academy of Management Journal, 1995, 38(1): 24-59.

[13] McKnight D H, Cummings L L, Chervany N L. Initial trust formation in new organizational relationships[J]. Academy of Management Review, 1998, 22(3): 473-490.

[14] Ganesan S. Determinants of long-term orientation in buyer-seller relationships[J]. The Journal of Marketing, 1994, 58(2): 1-19.

[15] Kramer R M. Trust and distrust in organizations: Emerging perspectives, enduring questions[J]. Annual Review of Psychology, 1999, 50(1): 569-598.

[16] 郑也夫. 信任论[M]. 北京: 中国广播电视出版社, 2001.

[17] Grabner-Krauter S, Kaluscha E A. Empirical research in on-line trust: A review and criti-

cal assessment[J]. International Journal of Human-Computer Studies, 2003, 58(6): 783 -812.
[18] Lewicki R J, Tomlinson E C, Gillespie N. Models of interpersonal trust development: Theoretical approaches, empirical evidence, and future directions[J]. Journal of Management, 2006, 32(6): 991-1022.
[19] Tan Yao-Hua, Thoen W. Formal aspects of a generic model of trust for electronic commerce[J]. Decision Support Systems, 2002, 33(3): 233-246.
[20] 韦慧民, 龙立荣. 组织内的主动信任与风险控制:双重视角分析[J]. 科研管理, 2009(2): 102-110.
[21] Doney P M, Cannon J P. An examination of the nature of trust in buyer-seller relationships[J]. The Journal of Marketing, 1997, 61(2): 35-51.
[22] Chaudhuri A. A study of emotion and reason in products and services[J]. Journal of Consumer Behaviour, 2002, 1(3): 267-279.
[23] Dyer J H, Chu Wujin. The role of trustworthiness in reducing transaction costs and improving performance: Empirical evidence from the United States, Japan, and Korea[J]. Organization Science, 2003, 14(1): 57-68.
[24] Marcella A J. Establishing trust in vertical markets[M]. Altamonte SpringsFL:The Institute of Internal Auditors,1999.
[25] Gefen D, Karahanna E, Straub D W. Trust and TAM in online shopping: An integrated model[J]. MIS Quarterly, 2003, 27(1): 51-90.
[26] Zucker L G. Production of trust: Institutional sources of economic structure[C]. Research in Organizational Behavior,1986,8:53-111.
[27] 张钢, 张东芳. 国外信任源模型评介[J]. 外国经济与管理, 2004(12):21-25.
[28] Sitkin S B, George E. Managerial trust-building through the use of legitimating formal and informal control mechanisms[J]. International Sociology, 2005, 20(3): 307-338.

作者简介

陈传红,男,1980年生,讲师,博士研究生,发表论文10余篇;
赵学锋,男,1972年生,副教授,发表论文10余篇;
张金隆,男,1952年生,教授,博士生导师,发表论文120余篇。

基于 BP 神经网络的 C2C 电子商务信任度评价模型*

胡伟雄　姜政军

（华中师范大学信息管理系　武汉　430079）

摘　要　从卖家、网站、外部环境、网上信任等方面构建信任度评价指标体系；将影响网上信任的因素作为输入，将信任度综合得分作为输出，然后，运用 BP 神经网络技术，从买家的角度，构建一个 C2C 电子商务信任度评价模型。从实验来看，训练样本和检验样本的平均误差率和标准差均较低，模型的稳定性较好。因此，以此构建的 C2C 电子商务信任模型有很重要的价值，可以对信任度进行较为准确有效的评估。

关键词　C2C 电子商务　信任度　BP 神经网络
分类号　F713.36

1　引　言

目前，我国电子商务虽有较大发展，但长期以来困扰我国电子商务发展的信任问题并没有得到彻底解决，遇到过病毒或木马攻击的、有过账号或密码被盗经历的网民仍占一定的比例[1]，实际上，网民对网上购物仍存有疑虑，从电子商务在网民中的渗透率还不是很高就可以看出这一点。如何进一步提高网民的信任仍然是当前电子商务面临的一大难题。而要提高网民对电子商务的信任，首先必须让网民知道什么情况下电子商务是可信的，这就涉及到电子商务信任度的评价问题。

2　电子商务信任和 BP 神经网络概述

对于 C2C 电子商务信任度评价，一方面可以借鉴国内外有关电子商务信任

---

* 本文系华中师范大学中央高校基本科研业务费项目"电子商务信任度测评体系研究"（项目编号：CCNU09A04003）研究成果之一。

已有的研究成果,另一方面,又要考虑对 C2C 电子商务信任的评价。实际上,可利用电子商务的信任因素来建立评价的指标体系,从而评价电子商务的信任度。

从目前国内外已有的关于电子商务信任研究成果来看,从理论上来说,有计划行为理论、技术接受理论等 12 种常用的理论[2],当然,非常重要的一点是提出了电子商务信任模型,有基于二元实体的信任框架模型[3]、多学科集成的信任框架模型[4]等。鲁耀斌等综合前述各种电子商务信任框架模型,提出了网上信任通用模型,作为网上信任研究范式,其所提出的网上信任因素分别从消费者、商家、网站和第三方 4 个大的方面进行了分析[5]。还有些研究者提出了隐私[6]、网站及网店的信息、消费者自身的素质和对电子商务网站的认识[7]、价格[8]等网上信任因素。

对于电子商务信任度的评价,研究者更多地是注重对电子商务网站的评价[9],如前所述,影响电子商务信任的因素不只是网站这一个方面,还有商家的因素等,基于此,本文将建立电子商务信任度综合评价模型。

从已有的研究方法和手段来说,对于电子商务网站信任度的评价,有学者用模糊综合评价[10]、层次分析法[11]等方法来分析,还有学者建立了灰色关联信用评估模型[12]。这些方法虽然各有优势,但也还存在一些缺陷。例如,模糊综合评判法和灰色聚类评价法在建立隶属函数和白化函数时,需要同时对每一级别逐一建立相应的函数,过程较为繁杂。并且,这些方法都将评价模型中指标权值的确定放在系统之外进行,计算复杂、求解烦琐,而被确定的权值是否公正可用、有效,也没有一个衡量的尺度[13]。

BP 人工神经网络是一种模拟人脑信息处理方法的非线性系统。它通过样本数据训练神经网络,使其具有人脑的记忆和辨识能力以及完成各种信息处理的功能[13]。它能不断对新的样本进行学习,不断改进自身的评估方法,以动态的调整适应技术和经济的不断发展对评估对象产生的影响[14],同时,又可以避免复杂的数学推导。它不需要对每一级别逐一建立相应的函数,在样本缺损和参数漂移的情况下,仍能保证稳定的输出[13]。因此,本文将 BP 人工神经网络应用于 C2C 电子商务信任度评价模型。

3 BP 神经网络原理

BP 神经网络是一种多层前馈型神经网络,由于权值调整采用反向传播学习算法,也被称为 BP 网络(back propagation network)[13]。

神经网络的信息处理功能是由网络单元(神经元)的输入输出特性(激活特性)、网络的拓扑结构(神经元的连接方式)、连接权的大小和神经元的阀值(视

为特殊的连接权)所决定的[15]。神经元是神经网络最基本的组成部分,其结构模型如图1所示:

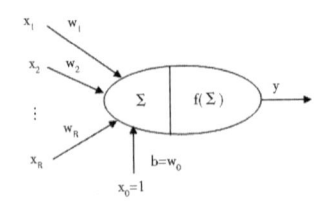

图1 神经元结构模型[15]

其中,$x_i(i=1,2,\cdots,R)$为神经元输入,$w_i(i=1,2,\cdots,R)$代表神经元之间的连接权值,$b=w_0$为阀值,若将$x_0=1$也视为神经元输入,则w_0可视为特殊的连接权,f为传输函数,y为神经元输出,有:

$$y = f(\sum_{i=1}^{R} x_i w_i + b) \tag{1}$$

典型的 BP 网络结构是由输入层、中间隐含层和输出层 3 个神经元层次构成的模型,如图2所示:

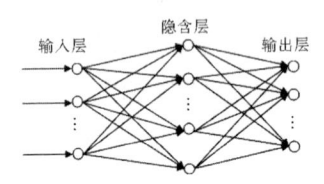

图2 BP 神经网络结构[15]

各层次的神经元间形成全互连连接,同层次内的神经元间没有连接。其基本思路是:输入信号从输入层输入,经隐含层的函数作用后到达输出层得到输出信号,然后将输出值与实际值的误差作反向传播,反复修改各层间的权值和阈值,直到网络全局误差最小。BP 神经网络的输入层、隐含层、输出层各层之间通过传递函数联系,传递函数可以是任何可微函数,一般输入层和隐含层经常使用产生(0,1)输出的对数 S 形函数[16]:

$$logsig(x) = 1/(1 + exp(-x)) \tag{2}$$

或者是产生(-1,1)输出的正切 S 形函数:

$$tansig(x) = (1 - exp(-x))/(1 + exp(-x)) \tag{3}$$

输出层则经常产生任意大小输出的线性函数:

$$purelin(x) = cx^{[16]} \tag{4}$$

设输入层节点 j 与隐含层节点 i 间的网络权值为 W_{ij},隐含层节点 i 与输出层节点 l 之间的网络权值为 T_{li}。神经网络的学习是通过对网络权值(W_{ij},T_{li})的修正与阀值 θ 的修正,使误差函数 E 沿梯度方向下降。误差函数[16](对第 p 个样本误差计算公式)为:

$$E_p = \frac{1}{2} * \sum_l (t_{pl} - O_{pl})^2 \tag{5}$$

BP 神经网络的学习算法步骤如下:①初始化,对所有连接权重赋予随机任意值,并对阈值设定初值;②设定参数,包括隐含层节点数、传递函数、误差精度和学习次数等的设定;③计算隐含层输出;④计算输出层输出;⑤计算输出值与期望值的误差;⑥判断误差是否小于设定值,是则结束;⑦调整隐含层到输出层的权值和阀值;⑧调整输入层到隐含层的权值和阀值;⑨返回计算隐含层输出[16]。

4 C2C 电子商务信任度评价指标体系

根据有关电子商务信任因素,结合有关对电子商务网站信任度评价的指标体系,可确定信任度评价指标体系包括 3 个方面的内容,即卖家的可信度、网站的信任度、外部环境。如果卖家的可信度和网站的可信度高,外部环境能为电子商务活动提供重要保障,则某一电子商务活动具有高可信度。

- 卖家的可信度。卖家如果能很好地同买家交流,发货与退货的速度快,提供的商品质量好,对商品的描述与实际相符,信任度就高。
- 网站的信任度。网站越有用,越易用,越安全,越个性化,声誉与稳定性越好,速度越快,页面越美观,越具有趣味性,提供的信息越真实,及时,信息量越丰富,信任度也就越高。
- 外部环境。第三方机构如中国金融认证中心等做得越好,就越能保障消费者资金的安全;第三方支付如支付宝、安付通等能有效地打消买家对卖家的不信任。法律框架越完善,就越能保障消费者的权益,使消费者能放心购物,电子商务信任度也就高。

由此,确定指标体系,如表 1 所示:

表1 C2C 电子商务信任度评价指标体系

一级指标	二级指标
卖家的可信度	卖家服务与声誉(X_{11})

续表

一级指标	二级指标
网站的信任度	有用性(X_{21})
	易用性(X_{22})
	安全性(X_{23})
	个性化(X_{24})
	网站声誉与稳定性(X_{25})
	网站速度与外观(X_{26})
	趣味性(X_{27})
	信息(X_{28})
	隐私(X_{29})
外部环境	第三方认可(X_{31})
	法律框架(X_{32})

5 数据的获取

表1中,卖家和网站的可信度、外部环境中所含的各指标是分指标,应作为网络的输入;信任度综合得分作为网络的输出。信任度评价指标体系中的各二级指标得分和信任度综合得分均由买家给出,这是因为买家是电子商务活动的当事人,他们对电子商务活动应该比较熟悉,他们的评价尽管带有一定的主观性,但通过收集大量的有关买家的评分,应该可以找到一些有规律性的东西,这就是客观的信任度结果。

本研究的样本来源于2010年12月本研究团队对C2C电子商务信任度所做的调查,调查采用发放调查问卷和网上在线调查相结合的方式进行,调查对象为普通的C2C电子商务中的买家,大部分为高校学生,分别来自华中师范大学、武汉大学、华中科技大学、武汉生物工程学院等高校。发放调查问卷240份,回收208份;网上在线调查问卷26份,回收26份。从全部回收的234份问卷中去除29份无效问卷,获得205份有效问卷。背景资料如表2所示:

表2 背景资料

题目	选项	频数	百分比
是否经常浏览C2C网站	经常	85	41.5%
	偶尔	117	57.0%
	从不	0	0
	缺失数据	3	1.5%

续表

题目	选项	频数	百分比
您通常在哪些网上购物(可多选)	淘宝网	200	97.6%
	易趣网	18	8.8%
	拍拍网	34	16.6%
	在其他网上购物	71	34.6%

从表2可以看出,经常浏览C2C网站的有85人,占总数的41.5%,受访者都浏览过C2C网站,都有在C2C网站购物的经历,这就保证了数据的客观性与真实性。

调查问卷根据构建的电子商务信任度评价指标体系,测度买家对C2C电子商务的信任度,当然这也是买家对电子商务的评价。考虑到表1中所列的二级指标消费者难以直接量化给分,因此针对每个指标设2个以上的题目,再让消费者给分。考虑到普通买家直接给出一个综合评价分有困难,将用几个题目的方式对综合评价给分,然后求出其均值,即为综合评价得分。调查问卷将信任度按从低到高的顺序分成5个等级,分别赋值1、2、3、4、5,让受访者选择。

然后将表1中的前12个二级指标中的每个二级指标的题目合并后求出均值,即为本二级指标的得分,这样就得到了12个指标的得分,以此作为网络的输入,接着将测度信任度综合得分的题目合并后求出均值,得到一个综合得分,作为BP网络的目标输出。设信任度综合得分为X_{41},则各二级指标和信任度综合得分可表示为:$X_{ij} = \dfrac{\sum_{z=1}^{n} X_{ijz}}{n}$,其中,$X_{ij}$表示12个分指标或信任度综合得分($i=1,2,3,4;j=1,2,\cdots,9$),$X_{ijz}$为某个二级指标或信任度综合评分的其中的一个题目的得分,n表示某个二级指标或综合信任度的题目数,如为了测度卖家的可信度,问卷设了5个题目,分别计每个被调查者从卖家在买家购买之前的服务态度(X_{111})、发货(X_{112})与退货的速度(X_{113})、提供的商品质量(X_{114})、商品的描述与实际相符情况(X_{115})这样的细节方面来评分,于是,$X_{11} = \dfrac{\sum_{z=1}^{5} X_{11z}}{5}$。同理,可得样本数据(限于篇幅,只给出部分数据)如表3所示:

表 3 训练样本和测试样本数据

易用性 (X_{22})	安全性 (X_{23})	网站速度与外观 (X_{26})	趣味性 (X_{27})	信息 (X_{28})	隐私 (X_{29})	第三方 (X_{31})	法律 (X_{32})	有用性 (X_{21})	个性化 (X_{24})	卖家服务与声誉 (X_{11})	网站声誉与稳定性 (X_{25})	信任度综合得分 (X_{41})
3.80	3.50	3.00	2.67	3.50	3.33	3.00	2.00	3.50	3.75	3.20	3.80	3.33
3.80	4.00	3.67	3.67	3.75	3.67	4.25	4.00	4.00	4.25	3.60	3.40	3.50
2.00	2.00	2.33	3.00	2.50	2.67	2.25	4.00	2.50	3.45	2.20	3.40	3.17
4.00	2.75	3.67	3.67	3.50	3.33	2.50	2.00	2.50	3.00	3.40	4.80	3.00
4.40	4.00	3.67	3.33	3.75	3.33	3.75	3.00	3.50	3.00	3.80	3.88	3.00
2.60	2.50	2.67	3.67	3.00	3.00	2.50	2.00	3.00	3.25	2.80	2.60	2.83
3.60	3.75	3.67	3.67	3.75	3.67	3.00	1.00	4.00	4.25	3.80	3.80	2.50
4.00	4.25	3.67	4.67	2.75	3.00	4.25	3.50	4.50	3.75	3.20	4.40	3.00
3.20	2.75	3.33	3.67	3.25	3.67	3.25	1.50	2.50	3.75	3.20	3.20	3.33
3.80	3.00	3.67	2.00	3.00	3.00	2.75	3.00	2.50	4.00	3.00	3.60	2.17
3.20	3.00	3.00	2.67	3.11	3.33	3.00	2.00	4.00	2.00	3.60	3.00	3.00
3.60	3.50	3.00	2.67	2.50	3.00	3.75	2.00	4.00	2.25	3.80	3.00	3.00
3.60	4.25	2.67	3.00	2.75	3.00	4.50	1.50	5.00	2.75	3.20	3.80	1.67

6 BP神经网络结构设计

由于输入样本为12维的输入向量,所以输入层共有12个神经元。输出层为1维向量,中间层的神经元个数很难确定,而这又在很大程度上影响了网络的预测性能。中间层神经元个数的增加,虽然可以提高网络的映射精度,但并不意味着就一定会提高网络性能[13]。因此,在设计BP网络时,不能无限增加中间的神经元个数。在确定网络中间隐含层神经元个数时,可以参考下面的经验公式进行粗略估计:$h = \sqrt{n+m} + \alpha$,式中h为网络的中间隐含层神经元个数,n为网络的输入层神经元数,m为网络的输出层神经元数,α是1－10的常数[17]。

下面来确定中间神经元的个数。首先取13个神经元观察网络性能;之后,分别再取5和10个神经元,并与此时的预测性能进行比较,检验中间层的神经元个数对网络性能的影响。当网络误差最小时,网络中间层的神经元数目就是最佳值。接着取7个和8个神经元。经对比发现,取5、7、10和13时误差都比较大,中间层的神经元个数为8时网络的预测性能最好。由于输入样本为12维的输入向量,网络只有1个输出数据,则输出层只有1个神经元。因此,选用的神经网络应为12×8×1的结构。

7 BP神经网络学习过程

7.1 输入输出数据的处理

建立基于BP网络的信任度评价模型的关键是确定学习样本的输入值和输出值。输入值可由电子商务信任度12个分指标属性值的无量纲化方法求得。期望输出值为买家的综合评分。

将调查问卷中获得的205份评价数据作为研究样本,取其中的200份作为训练数据,5份作为测试数据。为保证网络的收敛性,提高网络的收敛速度,需要对原始数据进行简单的归一化预处理。

数据处理往往运用标准化的方法,常用的方法有下列4种:标准化[－1,1],标准化[0,1],标准化均值为0、标准差为1,数学转化(求环比或求相对比率)。本文将数据归一化为[－1,1],用MATLAB7.0中的premnmx函数实现归一化[18]。

7.2 训练网络

7.2.1 创建与训练网络

按BP网络的一般设计原则,中间层神经元的传递函数为S型正切函数

tansig()。同时设定输出层神经元的传递函数也为 S 型正切函数 tansig()，用 trainlm()函数训练网络。

用样本数据中的 200 组对神经网络进行训练后才能满足实际应用的要求。训练参数的设定为：训练次数 2 000 次，误差精度设定为 0.015。

7.2.2 模拟输出

网络学习完成后，要利用生成的网络模型对输入样本使用函数 sim()进行模拟输出。模拟输出完成可以使用图形输出函数 plot 做出模型拟合输出曲线。输出用反归一化函数 postmnmx 处理[18]。

7.2.3 计算误差与标准差

计算样本观测值与模型拟合值的相对误差、平均误差和相对误差的标准差。比较相对误差及平均误差可以判断模型的优劣，比较误差的标准差能够判断模型的稳定性[16]。

设模拟输出结果为 $simP = sim(xr0201, P)$、观测样本值为 R，则生成相对误差数组 $simR = (simP - R)./R$。因误差数组 simR 中的误差为正值或负值，在计算平均误差值时要对 simR 数组作绝对值处理 abs(simR)，相对误差的标准差用 std(simR)算出。此处平均误差用 deta_aver 表示，标准差用 deta_std 表示。

7.3 测试网络，检验模型

所谓测试，就是利用仿真函数获得网络的输出，然后检查输出与实际测量值之间的误差是否满足要求[13]。使用与训练样本无关的检验样本对网络进行检验，更能够客观反映出网络的优劣。用样本数据中的另外 5 组数据来测试网络，实际上就是对检验样本进行模拟输出，同时计算出检验观测值与检验拟合值的相对误差，平均误差和相对误差的标准差。平均误差用 deta_vaver 表示，标准差用 deta_vstd 表示。

8 输出结果及分析评价

训练结果如图 3 所示，从图 3 中可以清楚地看到网络经过 28 次训练即达到预定精度：

训练样本的部分观测值和拟合值（从第 50 至第 57 个样本）（用反归一化函数处理）如表 4 和表 5 所示：

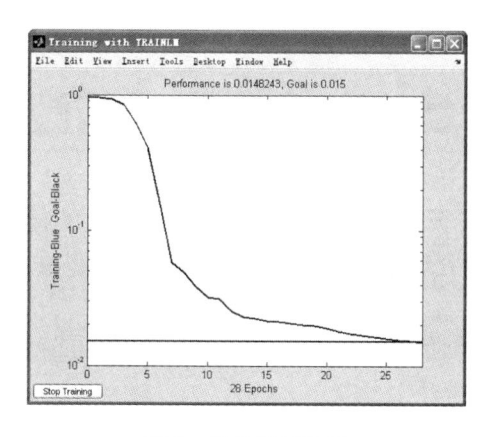

图 3　网络训练结果

表 4　训练样本的观测值

训练样本	1	2	3	4	5	6	7	8
期望输出	3	3.5	3	3	2.166 7	1.666 7	3.166 7	2.833 3

表 5　训练样本的拟合值

训练样本	1	2	3	4	5	6	7	8
实际输出	2.850 8	3.480 5	3.287 4	3.042 3	2.016	2.179 8	3.158 2	2.641

表 4 和表 5 中,期望输出值就是实际测量值,即通过调查问卷所得的数据,就是样本中的信任度综合分,实际输出值指利用训练好的网络模型对输入样本使用函数 sim( ) 进行模拟输出的值,反映出模拟值与实际观测值之间的吻合程度,若两者相差小,则反映模型的权值和阀值是恰当的,通过对比期望输出值与实际输出值,可以初步看出模型的仿真能力。从表 4 和表 5 来看,两者相差很小,其中,第 7 个样本的期望输出值与实际输出值之间仅相差 0.008 5,其他样本两者的值也很接近。因此,可以认为模拟输出值与实际观测值较吻合。

检验样本的观测值和拟合值(用反归一化函数处理)分别如表 6 和表 7 所示:

表 6　检验样本的观测值

检验样本	1	2	3	4	5
期望输出	3.333 3	3	2.5	3.333 3	3

99

表7 检验样本的拟合值

检验样本	1	2	3	4	5
实际输出	2.852 7	2.844 7	2.487 3	3.017 5	3.133 2

同样,表6和表7模拟输出与实际观测值的差值也较小,如样本3中两者仅相差0.012 7,通过对比期望输出值与实际输出值,可以进一步看出模型的仿真能力较强。

计算训练样本、检验样本的观测值和模型拟合值之间的误差,结果如图4和图5所示:

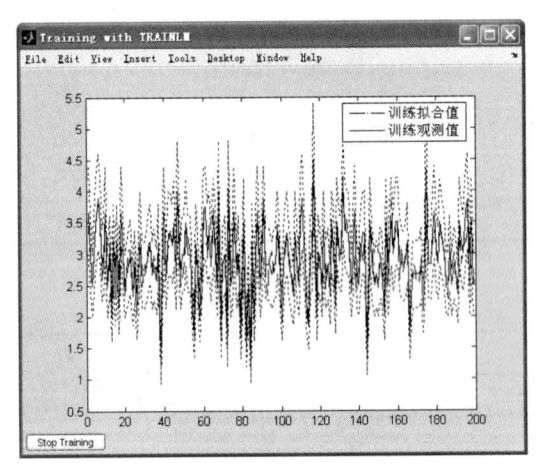

图4 网络训练拟合值与训练观测值

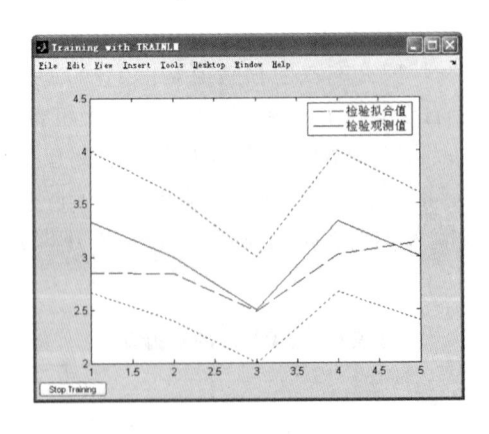

图5 网络检验拟合值与检验观测值

从图 4 可看出,网络训练拟合值与训练观测值接近,从图 5 可看出,网络检验拟合值与检验观测值之间虽存在一定的偏差,但偏差较小。如前所述,比较相对误差及平均误差可以判断模型的优劣,比较误差的标准差能够判断模型的稳定性,我们可以再来具体看一下训练样本与检验样本的误差比较,如表 8 所示:

表 8　训练样本与检验样本的误差

误差项	训练样本	检验样本
最大误差	deta_max = 0.398 36	deta_vmax = 0.144 2
最小误差	deta_min = 8.949 6e − 005	deta_vmin = 0.005 061 4
平均误差	deta_aver = 0.055 001	deta_vaver = 0.068 03
标准差	deta_std = 0.082 418	deta_vstd = 0.073 835

从表 8 可以看出,训练样本平均误差率为 5.50%,检验样本的平均误差率为 6.80%,训练样本和检验样本的平均误差率均较低,体现出利用模型进行评价的准确率较高;训练样本的标准差为 8.24%,检验样本的标准差为 7.38%,反映出模型的稳定性较好。

9　评定 C2C 电子商务的信任等级

根据 BP 神经网络的仿真输出结果,确定 C2C 电子商务的信任等级。可将某 C2C 电子商务的信任等级按信任度最高(最值得信任)至信任度最低(最不可信)分为 A、B、C、D、E 共 5 个等级,即 $A = \{x | 4.4 \leq x \leq 5, x \in R\}$、$B = \{x | 3.4 \leq x < 4.4, x \in R\}$、$C = \{x | 2.4 \leq x < 3.4, x \in R\}$、$D = \{x | 1.4 \leq x < 2.4, x \in R\}$、$E = \{x | 0 < x < 1.4, x \in R\}$,其中的 X 即为某 C2C 电子商务的综合得分。如此可将表 4 和表 5、表 6 和表 7 的信任度转换成信任等级,如表 9 和表 10 所示:

表 9　训练样本的信任等级

训练样本	1	2	3	4	5	6	7	8
期望输出	C	B	C	C	D	D	C	C
实际输出	C	B	C	C	D	D	C	C

表 10 检验样本的信任等级

检验样本	1	2	3	4	5
期望输出	C	C	C	C	C
实际输出	C	C	C	C	C

由表 9 和表 10 可以看出实际输出的等级与期望输出的一致,再次说明了 BP 神经网络用于 C2C 电子商务信任评价的有效性。

10 结　语

通过上面的分析,可知运用 BP 神经网络评价 C2C 电子商务信任度的优点主要表现在以下几个方面:

10.1 避开权数确定问题,从而实现评价的自动化和智能化

如上述操作,在整个 BP 神经网络学习过程中没有复杂的人工计算过程,不需要计算衡量权数。权数的确定方法有一定的缺陷,而 BP 神经网络很好地避开了这点。经过训练的 BP 神经网络能克服评估中的人为因素影响,BP 神经网络模型建立后,即当某个买家输入某些易量化的二级指标后,就可由神经网络模型自动给出一个综合评价的结果。

10.2 操作过程简单易行

整个操作过程不需要人工计算,只需要输入数据。当需要评价的网站较多时,相比模糊综合评判、灰色理论和层次分析法等方法,更能显现出该模型的便捷性。

10.3 实现评价的准确性

模型一旦建立,可以对比分析某个买家针对网上购物所给出的总的评价是否合理,从而对信任度进行较为准确有效的评估。

10.4 有较广的应用前景

对 C2C 电子商务信任度的评价,可望开发一个评价系统,将训练好的神经网络模型嵌入该系统中,当某些买家希望了解某个 C2C 电子商务的信任度时,则可以登录评价系统,输入某些指标的测度值,则评价系统会自动给出一个综合评分,或是一个评价等级。同样,电子商务行业协会或是国家权威部门也可以运用训练好的评价模型来对比评价某些 C2C 电子商务活动的信任度,甚至可以将我国的 C2C 电子商务信任度同其他国家 C2C 电子商务信任度进行对比分析,从而更好地了解我国电子商务的现状。

当然,本文主要是利用 BP 神经网络评价模型对 C2C 电子商务信任度进行综合的评价,在以后的研究中,还可以进一步尝试对信任因素的各个方面分别进行评价研究,以便找出 C2C 电子商务信任度的敏感性影响因素,为提高电子商务信任度指明方向。

参考文献:

[1] CNNIC 第 28 次中国互联网络发展状况统计报告[R/OL]. [2011 – 09 – 02]. http://www.cnnic.cn/dtygg/dtgg/201107/t201107//–22132.htm.

[2] 鲁耀斌,董圆圆. 电子商务信任问题理论框架研究[J]. 管理学报,2005(5):522 – 526.

[3] Mayer R C, Davis J H, Schoorman F D. An integrative model of organizational trust[J]. The Academy of Management Review, 1995, 20(3):709 – 734.

[4] McKnight D H, Chervany N L. What trust means in E-commerce customer relationships: An interdisciplinary conceptual typology[J]. International Journal of Electronic Commerce, 2002, 6(2):35 – 59.

[5] 鲁耀斌,周涛. 电子商务信任[M]. 武汉:华中科技大学出版社,2007:71.

[6] 杜小利. 基于 PKI 的电子商务信任研究[D]. 武汉:华中师范大学,2009:34.

[7] 刘利军. C2C 电子商务信任影响因素分析模型研究[D]. 天津:天津商业大学,2010:16 – 21.

[8] 穆泓. 面向 C2C 的基于多影响因素的电子商务信任模型研究[D]. 天津:天津财经大学,2009:31.

[9] 谭春辉,赵丹. 企业网站信任度模糊综合评价研究[J]. 情报科学,2009(7):1094 – 1099.

[10] 卢海霞,毛新建. 基于模糊综合评价法的水果零售电子商务网站的综合评价[J]. 中国管理信息化,2009(1):94 – 97

[11] 周涛,鲁耀斌. 层次分析法在 B2C 电子商务网站评价中的应用[J]. 图书情报工作,2005(12):111 – 114.

[12] 潘勇,孔栋. 电子商务网站可信度评价模型[J]. 情报杂志,2007(07):81 – 82.

[13] 胡志武,程葆明,陈延才. 基于 BP 神经网络的船员适任性评价模型[J]. 上海海事大学学报,2010(4):23 – 27.

[14] 李晓峰,徐玖平. 商业银行客户信用综合评估的 BP 神经网络模型的建立[J]. 软科学,2010(2):110 – 113.

[15] 傅荟璇,赵红. MATLAB 神经网络应用设计[M]. 北京:机械工业出版社,2010.

[16] 郝勇,范君晖. 系统工程方法与应用[M]. 北京:科学出版社,2007:125 – 132.

[17] 史成东,陈菊红,郭福利. 粗糙集和 BP 神经网络在供应链绩效评价中的应用研究[J]. 软科学,2008(3):9 – 13.

[18] 董长虹. 神经网络与应用[M]. 第2版. 北京:国防工业出版社,2007.

作者简介

胡伟雄,男,1967年生,副教授,主任,发表论文15篇,主编或参编著作16部。

姜政军,男,1977年生,硕士研究生,发表论文1篇,参编著作2部。

Web 搜索引擎满意度模型与评价指标体系构建[*]

叶凤云[1,2]　汪传雷[3]

(1. 安徽大学管理学院　合肥　230039;2. 南京大学信息管理系　南京　210093;
3. 安徽大学商学院　合肥　230039)

摘　要　在 ACSI(美国客户满意度指数)模型基础上,构建 Web 搜索引擎满意度(简称 WSES)模型。同时,依据已有的搜索引擎评价指标体系,结合所构建的 WSES 模型,建立相应的测量指标体系,为进一步进行结构方程模型的验证分析建立基础,并为评价 Web 搜索引擎满意度提供参考。

关键词　Web 搜索引擎　满意度模型　评价指标　结构方程模型
分类号　G354.2

1 研究背景

从 2009 年开始,搜索引擎进入新一轮的快速发展时期。一方面,搜索引擎用户规模和渗透率持续增长;另一方面,用户使用搜索引擎的频率增加,生活中各种信息的获取更多地诉求于互联网和搜索引擎。CNNIC 于 2011 年 1 月发布的《第 27 次中国互联网络发展状况统计报告》显示中国网民数已达 4.57 亿,其中搜索引擎用户规模达 3.75 亿,使用率增至 81.9%,成为网民第一大应用。在搜索引擎用户规模快速增长和搜索服务能力不断提升的基础上,对搜索引擎用户满意度进行系统分析与评估,提升网络媒体的价值,具有重要的现实意义。

已有的搜索引擎评价指标体系研究基本是在传统的检索效率评价指标——查准率和查全率的基础上加以改进和完善,如美国研究人员 Vernon H L 和 Jaidee P S 针对搜索引擎检索结果的评价提出"相关性范畴"和"前 X 命中记

---

[*] 本文系 2010 年度国家社会科学基金项目"提升知识型员工战略运算能力的网络行为模式研究"(项目编号:10BTQ019)和安徽大学青年基金项目"知识型员工的网络信息共享行为模式研究"(项目编号:SKQM015)研究成果之一。

录查准率"的概念[1]。Gordon 与 Pathak 应用八大搜索引擎对 33 项信息需求进行测度,研究显示搜索引擎的准确检索有效性低[2];Hawking 等利用网络搜索日志评价了 20 个搜索引擎的有效性[3];Nadine H 与 Dirk L 从用户视角研究了搜索引擎查询结果的页面结构[4]。近年来,国内学者也纷纷对搜索引擎的评价进行研究,并提出了一系列的指标体系(见表1)。总体说来,国内外学者对搜索引擎的评价研究成果较多,但从用户满意度角度构建理论模型进而建立指标体系的研究较少。

本文旨在从用户角度对搜索引擎满意度进行研究,即基于 ACSI 模型,结合 Web 搜索引擎的特点建立 Web 搜索引擎满意度模型,并基于该模型提出研究假设和测量指标体系,为构建科学的搜索引擎满意度模型和指标体系提供参考,提高 Web 搜索引擎提供商的服务水平。

表1 国内主要的搜索引擎评价指标体系

作者	年份	指标体系	评价方法
张莉扬[5]	2001	①索引数据库构成;②检索功能;③检索结果显示;④检索效果;⑤用户负担;⑥信息过滤功能	总结归纳
凤元杰等[6]	2004	①索引库;②检索功能;③检索结果;④亲和度	直接赋分法
魏红梅[7]	2005	①索引数据库构成;②检索功能;③检索效果;④结果显示;⑤用户交互	层次分析法
王炼[8]	2005	①选择搜索引擎;②使用搜索引擎;③认识检索结果;④用户负担	总结归纳
朱庆华 杜佳[9]	2007	①索引构成;②检索效果;③其他功能/服务	德尔菲法、层次分析法
左国超[10]	2007	①索引库;②检索功能;③检索效果;④显示结果;⑤用户交互	属性测度
宋迪等[11]	2007	①感知全面性;②感知准确性;③检索功能;④响应时间;⑤帮助信息;⑥感知死链率;⑦检索结果输出;⑧感知的网页重复率;⑨界面友好程度;⑩个性服务	总结归纳、因子分析
蒋伟伟[12]	2007	①企业形象;②预期质量;③感知质量;④感知价值;⑤用户满意度;⑥用户抱怨;⑦用户忠诚	层次分析法
黄凯宁[13]	2008	①索引数据库构成;②检索功能;③检索效果;④检索结果;⑤用户负担	专家打分、层次分析法
张国海[14]	2009	①用户感觉;②数据库;③检索功能;④检索结果	模糊综合评价

2 Web 搜索引擎满意度模型及研究假设构建

2.1 理论基础——ACSI 模型

用户满意一词最早出现于 1965 年,逐步形成满意度理论,包括期望理论模型、公平理论模型、感知体验理论模型、需要理论模型、情感本质说等[15]。

Fornell 等人于 1994 年创建美国客户满意度指数(简称 ACSI)模型,它是由多个结构变量构成的因果关系模型,浓缩了市场营销学、全面质量管理、数量经济学等学科的最新研究成果,已成为目前影响力最大的客户满意度模型[16-17]。该模型共有 6 个结构变量,其中客户满意度是最终所求的目标变量,预期质量、感知质量和感知价值是客户满意度的原因变量,客户抱怨和客户忠诚则是客户满意度的结果变量,如图 1 所示:

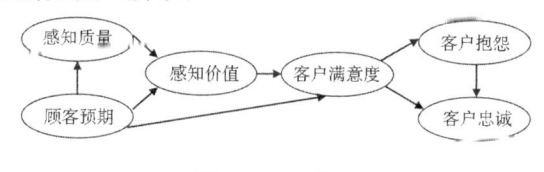

图 1 ACSI 模型

2.2 Web 搜索引擎满意度模型

为了建立一种能够科学评估 Web 搜索引擎满意度的基本框架,用来描述影响 Web 搜索引擎用户满意度各因素之间的总体逻辑结构,本文在 ACSI 模型的基础上,结合 Web 搜索引擎查询信息的特点,构建 Web 搜索引擎满意度模型(WSES),如图 2 所示:

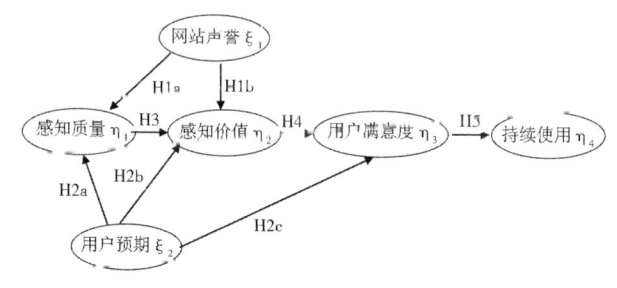

图 2 Web 搜索引擎满意度(简称 WSES)模型

2.2.1 WSES 对 ACSI 的调整

WSES 模型是对 ACSI 基础模型的改进与扩展,在包含 ACSI 模型主要变量

的同时,结合 Web 搜索引擎的特点做了相应的调整,具体如下:

● 考虑到利用 Web 搜索引擎查询信息的便捷性与搜索引擎的易更换性,当用户使用某 Web 搜索引擎查询信息不满意时,一般不会向 Web 搜索引擎提供商抱怨,而是快速转向其他的搜索引擎重新查询,因此在构建的模型中去掉"客户抱怨"变量。

● 网络信息的质量良莠不齐,来源不明的网站还会给用户计算机带来安全问题,因此用户选择 Web 搜索引擎时受其网站形象影响较大,故增加"网站声誉"变量。

● 利用 Web 搜索引擎查询信息已成为用户获取信息时极为重要且频繁使用的方式,如果某 Web 搜索引擎给用户带来满意的服务,那么忠诚的客户便会持续使用,故将"客户忠诚"变量更改为"持续使用"变量,使得该结构变量更加直观与贴切。

2.2.2　WSES 结构变量的构成

本文所构建的 Web 搜索引擎满意度模型也由 6 个结构变量构成,其结构变量的选取以网络用户 Web 搜索行为理论为基础。其中用户满意度是最终所求的目标变量,预期质量、网站声誉、感知质量和感知价值是用户满意度的原因变量,持续使用是用户满意度的结果变量。各结构变量的具体含义如下:

● 网站声誉:指用户通过积极的前期接触及第三方评价,如网上评级服务或间接的网站链接而形成的对某搜索引擎网站的整体感受。

● 用户预期:指用户在使用 Web 搜索引擎查询信息之前对其查询过程质量及查询结果价值的期望。

● 感知质量:指用户在使用 Web 搜索引擎查询信息后对查询过程与查询结果质量高低的实际感受。

● 感知价值:体现用户在使用 Web 搜索引擎查询信息后综合查询过程及查询结果后对所获取信息价值大小的主观感受。

● 用户满意度:用户需求得到满足后的一种心理反应,是用户对搜索引擎提供的服务和信息满足自己需求程度的一种判断。

● 持续使用:用户如果对某 Web 搜索引擎的服务感到满意,就会产生较强的忠诚感,表现为对该 Web 搜索引擎的持续使用或向他人推荐。

2.3　研究假设

图 2 的 Web 搜索引擎满意度模型包含本研究的原因与结果变量,即 Web 搜索引擎满意度的主要影响因素。为了了解并检验这些变量之间的相互关系,需要对各变量之间的关系做出假设。

2.3.1 网站声誉对感知质量和感知价值的影响

搜索引擎网站的声誉会直接影响用户对检索结果的质量感知和价值感知,因为用户使用搜索引擎的动机是为了获取自己所需要的网络信息,该动机将会促使用户首先选用那些被认为最有可能帮助其找到所需信息的搜索引擎。因此,提出:

假设 H1a:搜索引擎网站声誉对感知质量具有正向直接影响。即某搜索引擎网站的声誉越高,用户认为该搜索引擎能提供的信息质量越高,对该搜索引擎的感知质量越高。

假设 H1b:搜索引擎网站声誉对感知价值具有正向直接影响。即某搜索引擎网站的声誉越高,用户认为该搜索引擎能提供的信息价值越高,对该搜索引擎的感知价值越高。

2.3.2 用户预期对感知质量和感知价值的影响

用户对搜索引擎的预期会影响其对检索过程和检索结果的质量感知、价值感知与满意度感知,因为用户预期反映其使用搜索引擎时希望获得信息的质量和价值,预期越高,对质量和价值的评价越高,用户满意程度也越高。因此,提出:

假设 H2a:用户预期对感知质量具有正向直接影响。即用户对某搜索引擎的预期越高,对该搜索引擎的感知质量越高。

假设 H2b:用户预期对感知价值具有正向直接影响。即用户对某搜索引擎的预期越高,对该搜索引擎的感知价值越高。

假设 H2c:用户预期对用户满意度具有正向直接影响。即用户对某搜索引擎的预期越高,对该搜索引擎的满意程度越高。

2.3.3 感知质量对感知价值的影响

通过搜索引擎查询到的信息质量会影响用户对信息价值的感知,质量差的信息,用户往往会认为其信息价值也不大。因此,提出:

假设 H3:感知质量对感知价值具有正向直接影响。即用户对某搜索引擎的感知质量越高,对该搜索引擎的感知价值越高。

2.3.4 感知价值对用户满意度的影响

用户在给定时间条件下对所获取信息内容感受到的准确性、新颖性、内容相关度等会直接影响用户对搜索引擎的满意程度。因此,提出:

假设 H4:感知价值对用户满意度具有正向直接影响。即用户对某搜索引擎的感知价值越高,对该搜索引擎的满意度越高。

2.3.5 用户满意度对持续使用的影响

用户利用某搜索引擎查询信息时,对该搜索引擎的满意程度会影响其以后查询信息时对搜索引擎的选择,由于搜索引擎的免费性和易更改性,用户更换搜索引擎的经济成本为零,时间成本也很低,故用户若对使用过的搜索引擎不满意,则会更换搜索引擎,而不会持续使用。因此,提出:

假设 H5:用户满意度对持续使用搜索引擎具有正向直接影响。即用户对某搜索引擎的满意度越高,对该搜索引擎持续使用的可能性越大。

3 Web 搜索引擎满意度模型结构变量的测量指标体系

本文在前文所构建 Web 搜索引擎满意度模型的基础上,结合已有的搜索引擎评价指标体系,构建如下 Web 搜索引擎满意度指标体系。

从结构方程模型可识别的角度来看,每一个因子最少应有 3 个指标,故本文用 20 个指标(见表 2)对 Web 搜索引擎满意度进行评价,每个结构变量包含 3 到 4 个测量指标。对有关测量指标的设定,简要说明如下:

- 网络中存在大量以不同方式存储的数据,目前尚没有任何一种搜索引擎能够把网络中的所有相关信息查询出来,故本文在"查全率"和"相对查准率"指标基础上首次提出"相对查全率"指标。
- 相关性是"查全率"指标与"查准率"指标的重要理论基础,而相关程度的判断基准不同,对检索结果的相关性判断结论也会不同。本文在结构变量"用户预期"中设定的"预期结果相关性"指标主要考察检索结果与检索关键词之间的相关程度;在结构变量"感知价值"中设定的"内容相关度"主要考察检索结果与用户内在信息需求的相关程度。从信息需求和检索关键词两个层次考察检索结果的相关程度,是对传统"查准率"指标的细化。

表 2 Web 搜索引擎满意度指标体系

变量	指标体系及说明
网站声誉	X1:网站专业性,指网站的功能、内容与服务等在搜索引擎领域具有的权威性。
	X2:网站推荐率,指用户愿意将搜索引擎网站推荐给他人的强度。
	X3:网站信任度,指用户对搜索引擎网站的信任或依赖程度。
	X4:网站知名度,指用户对搜索引擎网站的了解与知晓程度。
用户预期	X5:预期结果相关性,指用户预期检索结果与检索主题的相关程度。
	X6:预期结果全面性,指检索结果与用户预期获得信息广度的符合程度。
	X7:预期过程便捷性,指检索过程与用户期望过程的符合程度。

续表

变量	指标体系及说明
感知质量	X8:相对查全率,指利用某搜索引擎与利用其他搜索引擎查询信息所得到检索结果全面性的比较。
	X9:排序客观性,指检索结果是否按与关键词的相关程度从高到低进行排序。
	X10:结果显示,指检索结果的显示是否完整(如标题、摘要、链接、资源类型等)。
	X11:链接质量,指检索结果中包含重复链接、死链、不相关链接等的数量与比率。
感知价值	X12:内容准确性,指特定时间条件下用户对所获取信息内容的可靠性感受。
	X13:内容新颖度,指用户对所获取检索结果的新颖性感受,更新快慢可以通过对各搜索引擎返回结果的新颖性比较而得到。
	X14:内容相关度,指所获取信息内容与用户所需信息的相关程度。
用户满意度	X15:总体满意度,指用户对检索过程与检索结果的整体满意程度。
	X16:同预期比较的满意度,指用户以预期为基准对检索过程与检索结果的满意程度。
	X17:同其他搜索引擎比较的满意度,指某搜索引擎的检索过程和检索结果相对于其他搜索引擎的优越程度,用户基于比较形成的满意程度。
持续使用	X18:计算机自我效能感提升程度,指通过搜索引擎查询信息后感觉使用计算机变得容易的程度。
	X19:反复使用率,指用户重复使用某搜索引擎的程度。
	X20:向他人推荐率,指用户向他人推荐某搜索引擎的程度和范围。

- 计算机自我效能感提升程度决定了用户对某搜索引擎易用性的感知程度,是影响用户是否继续使用某搜索引擎的重要因素,"反复使用率"与"向他人推荐"是"用户满意"的直接结果,也是"持续使用"的重要体现,故本文为结构变量"持续使用"设定以上3个测量指标。
- 其他指标均来自于对以往相关文献的整合与优化。

4 研究展望

- 应用调查问卷数据和结构方程模型分析验证本文构建的 Web 搜索引擎满意度模型。本文构建的 Web 搜索引擎满意度模型、假设及指标体系,为进一步研究提供了理论基础,未来可以根据指标体系设计调查问卷,并在 Web 搜索引擎用户中进行问卷调查,利用调查数据判断观测变量是否能有效测量潜在变量,证实模型有效性或对模型进行进一步修正,再利用结构方程模型分析外生潜变量(网站声誉、用户期望)和内生潜变量(感知质量、感知价值、客户满意度和持续使用)之间的关系,验证 Web 搜索引擎满意度模型及其指标体系的科学性。

● 对 Web 搜索引擎进行满意度测评。在修正后的模型框架和指标体系的基础上,设计调查问卷,获取用户相关数据,对当前常用的 Web 搜索引擎进行满意度测评,提出改善性建议或意见,进而提高 Web 搜索引擎的满意度。

参考文献:

[1] Vernon H L, Jaidee P S. First 20 precision among World Wide Web search services (search engines):AltaVista, Hotbot, Infoseek, Lycos. Journal of American Society for Information Science and Technology,1999,50(10):870-881.

[2] Gordon M, Pathak P. Finding information on the World Wide Web:The retrieval effectiveness of search engines. Information Processing and Management,1999,35(2):141-180.

[3] Hawking D, Craswel N, Bailey P, et al. Measuring search engine quality. Information Retrieval,2001,4(1):33-59.

[4] Nadine H, Dirk L. What users see—Structures in search engine results pages. Information Science,2009,179(12):1796-1812.

[5] 张莉扬. 网络检索工具性能评价标准浅议. 情报科学,2001,19(10):1115-1118.

[6] 凤元杰,刘正春,王坚毅. 搜索引擎主要性能评价指标体系研究. 情报学报,2004(1):63-68.

[7] 魏红梅. 搜索引擎的定量评价. 情报杂志,2005(4):113-114.

[8] 王炼. 从用户角度评价搜索引擎. 情报科学,2005(3):457-463.

[9] 朱庆华,杜佳. 搜索引擎评价指标体系的建立与应用. 情报学报,2007(10):684-690.

[10] 左国超. 属性测度 Internet 搜索引擎评价系统研究. 情报学报,2007(4):235-239.

[11] 宋迪,吕英杰,李一军. 基于用户偏好的搜索引擎指标分析与评价. 图书情报工作,2007,51(1):122-125.

[12] 蒋伟伟. 基于 CCSI 模型的搜索引擎评价研究. 情报科学,2007(11):1659-1663.

[13] 黄凯宁. 基于层次分析的搜索引擎性能综合评价. 现代计算机,2008(11):89-92.

[14] 张国海,马晓英,闫立光. 基于熵权的搜索引擎评价指标体系的构建. 图书情报工作,2006,50(12):74-77.

[15] 汪传雷,谭星,郑红军. 基于 ACSI 的电信内容增值服务的用户满意度模型及其影响因素研究. 图书情报工作,2009,53(11):48-52.

[16] 曹兴中. 基于客户生命周期的 ACSI 模型修正及应用研究[学位论文]. 哈尔滨:哈尔滨工业大学,2006:3-5.

[17] 林卉. ACSI 模型的因果关系检验研究. 统计与决策,2005(2):22-23.

作者简介

叶凤云,女,1980年生,讲师,博士研究生,发表论文7篇。

汪传雷,男,1970年生,教授,博士后,硕士生导师,发表论文60余篇,出版专著1部。

实务篇

基于 Vague 值的电子商务推荐系统及其相似度研究[*]

崔春生[1] 齐延信[2] 田 哲[3] 史 昱[4]

(1. 河南财经政法大学计算机与信息学院 郑州 450002;2. 北京理工大学珠海学院 珠海 519088;3. 北京理工大学管理学院 北京 100081;4. 山东交通学院数理系 济南 250023)

摘 要 针对目前电子商务推荐系统中存在的核心问题——相似度,提出借助 Vague 集理论研究推荐系统的思想。电子商务过程中顾客行为不确定性的存在,为 Vague 集的引入提供理论基础。商品推荐依赖的是商品间或顾客间的相似程度,而相似度的计算正是 Vague 集研究较为成熟的一个领域。根据一般电子商务购物方式,确定不同的顾客类型,在顾客分类的基础上,利用统计方法定义商品的 Vague 值,实现电子商务推荐系统与 Vague 的完美结合,并通过相似度的计算验证该方法的有效性,从而为推荐系统的研究提供新的思路和方法。

关键词 推荐系统 Vague 集 相似性 电子商务
分类号 TP391

自第一批关于协同过滤的文章问世以来[1-3],推荐系统在电子商务、网络经济学和人类社会学等领域一直保持很高的研究热度。各种推荐算法涵盖包括认知科学[4-5]、近似性理论[6-7]、信息检索[8-9]、管理科学[10-11]、市场营销建模[12]等在内的众多研究领域[13]。推荐算法是整个推荐系统中的核心和关键,很大程度上决定了推荐系统的质量。目前主流的推荐算法包括协同过滤推荐算法、内容推荐算法[14]、频谱分析[15]、潜在语义索引、关联规则、基

---

[*] 本文系河南省科技厅基础与前沿课题"基于确定性方法的电子商务智能推荐系统的理论与应用研究"和河南省教育厅基础与前沿课题"基于泛函网络的电子商务组合推荐算法的理论与应用研究"研究成果之一。

于知识推荐等,其中基于内容推荐和协同过滤推荐是主流的推荐算法。协同过滤推荐算法的基本思想是找到与当前用户相似(比如兴趣和口味相似)的其他用户,计算产品对于用户的效用值,利用效用值进行排序或者加权等操作,找到最适合的产品。基于内容推荐算法的基本思想是找到与待推荐产品相似(比如特征和品质相似)的其他产品,计算产品对于用户的效用值,利用效用值进行排序或者加权等操作,找到最适合的产品。

显然,这两种方法的核心思想是类似的,协同过滤算法中的最邻近用户,基于内容推荐算法中的相似产品,都是基于用户(产品)的相似性计算。所谓相似性,Dekang Lin[16]曾从信息论的角度给出了一个统一的、与应用领域无关的非形式化定义。他认为,A 与 B 之间的相似度一方面与它们的共性相关,共性越多,相似度越高;另一方面与它们的区别相关,区别越大,相似度越低;当 A 与 B 完全相同时,相似度达到最大值。不同的相似性计算方法必然产生不同的推荐结果,因此相似性算法的改进在一定程度上将有助于改进推荐质量。可见,从不同的角度寻求能够形象描绘实际情况的相似度算法,是提高产品推荐质量的一种有效途径。目前,推荐系统中运用较为广泛的方法包括:余弦相似性、相关相似性、修正的余弦相似性等[17]。很多学者也在尝试着采用新的方法来研究相似性[18],但是效果并不是很好。笔者认为,改变问题思考的方向会有助于相似性准确度的提高和推荐质量的提升,进而达到解决问题的目的。

1 Vague 集方法的引入

Vague 集理论在同时表达模糊性和不确定性上较 Cantor 集、Fuzzy 集具有明显的优势。Gau 和 Buehree 通过分析模糊集的特征,引入真隶属度和假隶属度的概念,给出以区间形式表示的隶属程度——该区间能够同时给出支持证据和反对证据的程度,并且能够表示中立的程度,从而提出 Vague 集的概念,并通过"投票模型"对 Vague 集进行解释[19-20]。

电子商务购物过程中,顾客的行为具有一定的不确定性,有些用户浏览某产品,而有些顾客不浏览;有些用户浏览的时间比较长,而有些用户浏览的时间短;有些用户会购买某产品,而有些用户不购买该产品。这种购物过程的不确定性正是 Vague 集的思想在推荐系统中应用的基础,也是推荐系统与 Vague 集融合的基础所在。Vague 集的引入可以使推荐系统中的不确定性借助 Vague 语言来描述,进而模拟电子商务推荐的一般规律,同时可以精确地反映语言信息所蕴含的不确定性以及购物群体的意识。再者,Vague 集理论中大量的相似性计算研究日趋成熟,这将有利于推荐系统质量的提高和推荐方法的广泛应用。可见,借助 Vague 集理论解决推荐系统相似性问题和推荐质量问题是一条有效的途径,但 Vague 集理论运用于推荐系统的基础,是如何采用 Vague 集的语言来描述推荐系统中的基本元素——产品。

2 推荐系统的产品 Vague 值

基于内容的推荐算法中产品的描述基于产品的特征分类,而产品的分类,除了产品的本质特征外,也可依据用户的历史行为。所以,从用户行为出发,借助用户行为的不确定性特征来描述产品特征是运用 Vague 集方法研究推荐系统的基础所在。

推荐系统中用户行为数据的获得有两种方式:①显性评分输入;②隐性浏览输入。前者需要用户对查看的产品提供评分、评价或者其他操作,通过这种方式来取得用户信息,不是很友好,具有很大的侵袭性,容易引起用户的反感,同时会带来用户资料安全性的隐患。后者采用无须用户评价的用户行为数据采集方法,获取数据比较方便,但是数据分析的工作量较大。例如:Stevens[21]使用了三类隐性数据:阅读/忽略(read/ignored)、保存/删除(saved/deleted)、回复/不回复(replied/not replied)来获得隐性数据。Nichols[22]给出了能够作为隐式反馈的用户行为类型列表,如购买、访问、重复操作、使用、打印/保存、删除、引用、回复、标注、研究/阅读、略读、关联、查询等。文献[23]采用浏览、收藏、添加到购物车、购买 4 种行为获取隐性数据,并且认为 4 种行为之间存在明显的权重等级:浏览 < 收藏 < 添加到购物车 < 购买。

基于以上分析,隐性浏览输入中借助浏览、选择、购买、时间等 4 个因素,可以获取大量的用户行为信息,因此具有一定的借鉴价值。隐性浏览输入数据分析的目的在于得到产品的信息,进而获取产品之间的相似度,达到产品高质量推荐的目的,因此本文主要探讨借助 Vague 集方法得到产品的描述。

2.1 问题的定义

定义 1 浏览过程:用户为了某一个目的,在一个 B2C 商务网站中打开产品页面,产生浏览或购物行为的过程[24]。

定义 2 产品选择:用户为了获取满意产品,在备选产品中挑选最优产品的过程。

定义 3 购物行为:用户为了某一个目的,在一个 B2C 商务网站中选购产品并提交定单的行为。对于商家来说,这样的一个行为也可看作是一个商业事务（transaction）[25]。

通常情况下，针对某一具体产品，一般的电子商务用户浏览过程见表1。

2.2 问题分类说明

由表1中的浏览过程，可以得出合理的推断（见表1第4列）。进一步推断，可以得到：①情况1、2的用户实施了购物行为；②情况3的用户由于不确定性比较高，无任何行为，需要广告的投入，以减少顾客对产品的未知度；③情况4的用户对该产品根本没有兴趣，仅实施了浏览行为；④由定义3可知，浏览过程仅考虑用户的单次行为，因此情况5中的用户可视为对产品不感兴趣；⑤情况6、7、8的用户对该产品有兴趣，已经进入选择行为，属于潜在客户。

表1 用户浏览过程及其推断

情况序号	浏览过程	行为列表	合理推断
情况1	不浏览直接购买该产品	购买	浏览的时间可忽略，直接进入支付页面，购买了该产品
情况2	浏览后经过分析对比购买	浏览→选择→购买	浏览的时间属于普通人正常浏览时间，并购买了该产品
情况3	没有注意或根本不知道该产品	无	也许对该产品感兴趣，但由于不知该产品信息而不曾浏览，自然不会产生购买行为
情况4	看到该产品但不感兴趣而不浏览该产品的网页	浏览	由于不感兴趣而不会浏览该产品详细介绍，不会产生购买行为
情况5	点击浏览该产品，时间很短，随即离开该网页，没有购买	浏览	很可能是误操作，或者点开后发现与自己的初衷背道而驰，随即离开
情况6	浏览后经分析对比不购买	浏览→选择	浏览的时间属于普通人正常浏览时间，对产品有一些兴趣，但没有购买该产品
情况7	点击浏览该产品，时间很短，浏览后收藏该网页，或者将产品放入了购物车，但没有购买	浏览→选择	说明对该产品有一定的兴趣，由于时间关系或支付能力等问题，暂时没有产生购买行为
情况8	其他	无	包含一些意外情况，例如中途断电、支付不成功等

基于以上分析，可以根据用户的浏览、选择、购买等行为将用户对产品的态度分为三大类：①力主推荐（包括情况 1、2）；②倾向不推荐（包括情况 3、4、5）；③推荐态度不明确（包括情况 6、7、8）。

2.3 产品 Vague 值及其相关定义

Vague 集方法在群决策中有很好的应用背景，很多情况下 Vague 值都是来源于群决策的统计数据。这里采用统计的方法，考虑用户群行为得到的产品 Vague 值。

定义 4 浏览时间：用户浏览每一产品的时间 T_{Br} 满足：$T_{Br} \geq \alpha$，其中 α 表示最小浏览时间，小于 α 时，认为用户没有浏览该页面。

定义 5：令系统中有 n 个用户 m 个产品，定义 x_{uik} 为用户 c_u 对产品 s_i 的 k 态度，这里，$u = 1, 2, \cdots, n$；$i = 1, 2, \cdots, m$；$k = 1, 2, 3$，态度 k 分为三种：推荐（$k=1$）、不推荐（$k=2$）、其他（$k=3$），满足 $\sum_{k=1}^{3} x_{uik} = 1$，则：

$$x_{ui1} = \begin{cases} 1, & 力主推荐 \\ 0, & 否则 \end{cases}, \quad x_{ui2} = \begin{cases} 1, & 倾向不推荐 \\ 1, & T_{Br} < \alpha, 且不收藏 \\ 0, & 否则 \end{cases}$$

定义 6 产品 s_i 的 Vague 值：一个产品 Vague 值是由真隶属函数 t_{x_i} 和假隶属函数 f_{x_i} 描述的：

$$t_{x_i}: U \to [0, 1], \quad f_{x_i}: U \to [0, 1]$$

$$t_{x_i} = \frac{1}{n} \sum_{u=1}^{n} x_{ui1}, \quad f_{x_i} = \frac{1}{n} \sum_{u=1}^{n} x_{ui2}$$

称 $[t_{x_i}, 1 - f_{x_i}]$ 是产品 s_i 的 Vague 值。$\pi_{x_i} = 1 - t_{x_i} - f_{x_i} = \frac{1}{n} \sum_{u=1}^{n} x_{ui3}$ 为产品 s_i 的未知度，这部分表达了系统中浏览该产品（对产品有一定的兴趣）而没有购买的一部分人群，这正是推荐系统需要着重考虑的人群，称之为潜在用户。未知度的大小反映了系统中潜在用户的比例，而推荐系统的目的就是将 π_{x_i} 转化为 t_{x_i}，推荐系统的质量依赖于 π_{x_i} 转化为 t_{x_i} 的程度。

定义 7 产品 Vague 集：同类产品的 Vague 集可以定义为 $A = \sum_{i=1}^{m} \frac{[t_{x_i}, 1 - f_{x_i}]}{x_i}$。

显然，产品 Vague 集是产品 Vague 值的集成。

2.4 案例应用

为了便于验证研究结果的有效性，跟踪从事生日报销售的淘宝商店 http：//gcnh.taobao.com/ 中的6个产品的情况，如表2所示：

表2 淘宝某商店生日报产品基本数据

产品编号	实际产品	产品代码	成交数量 前	成交数量 后	评论数量 前	评论数量 后	收藏人气 前	收藏人气 后
s_1	80年代生日报	srb80	1 001	1 170	154	166	277	308
s_2	70年代生日报	70ndbb	150	189	27	30	17	25
s_3	60年代生日报	dabao60	172	181	26	32	8	9
s_4	90年代生日报	dabao90	109	122	19	24	26	35
s_5	50年代生日报	dabao53－59	116	128	20	21	11	13
s_6	80年代地方报	difangbao80	197	213	14	30	19	32

生日报在国内市场属于新鲜产品，产品销售面向具有一定支付能力的年轻人。由于信息不对称性的存在，该产品的推广与销售受到极大的制约。一方面，产品的重复销售能力不强，普通用户对该产品的需求量不高；另一方面，很多网民缺乏对产品的基本了解，不会轻易采取购买行为。产品的销售一方面依赖于网络广告，另一方面依赖于熟人之间的相互介绍。因此，主流的用户浏览行为有两类：①通过朋友推荐登陆产品网站直接购买产品；②花费大量的时间浏览、了解和分析产品而不购买产品。这种产品具有较强的可推荐性，所以对此类产品的分类研究具有一定的实际价值。在浩瀚的网络商店中，该网站的知名度不高，通过15天的跟踪，获得了以上基本数据。

通过网页信息量和正常浏览速度分析，取 $\alpha=24$ 秒，区分产品有效浏览时间，得到用户的购买行为与不浏览行为统计数据，见表3。

根据定义5及定义6，借助数据计算，得到6种产品的 t_{x_i} 值和 f_{x_i} 值。因此，6种产品的Vague值分别为：

表3 淘宝某商店生日报产品统计数据

产品编号	n	x_{ui1}	x_{ui2}	t_{x_i}	f_{x_i}
s_1	140	69	17	0.491	0.123
s_2	88	39	23	0.442	0.261
s_3	300	9	136	0.030	0.453
s_4	75	13	19	0.174	0.258
s_5	72	12	44	0.168	0.612
s_6	91	16	64	0.177	0.703

$s_1 = [0.491, 0.877]$, $s_2 = [0.442, 0.739]$,
$s_3 = [0.030, 0.547]$, $s_4 = [0.174, 0.742]$,
$s_5 = [0.168, 0.388]$, $s_6 = [0.177, 0.297]$。

由于以上产品属于同类，因此生日报的集合 A 的 Vague 集表示为：$A = \frac{[0.491, 0.877]}{s_1} + \frac{[0.442, 0.739]}{s_2} + \frac{[0.03, 0.547]}{s_3} + \frac{[0.174, 0.742]}{s_4} + \frac{[0.168, 0.388]}{s_5} + \frac{[0.177, 0.297]}{s_6}$。

3 相似度计算

产品 Vague 值转化的目的之一在于借助 Vague 集理论中大量的相似度计算公式，解决推荐系统中产品（或用户）之间的相似度计算。Vague 集理论中具有代表性的相似性度量方法可以分为三种类型：①从支持证据与反对证据的对比出发，建立在记分函数的基础上；②建立在各种距离度量的基础上；③建立在未知度的再分配基础上。这里，以基于记分函数的相似度计算为例，探讨产品相似度的计算。

Chen 于 1994 年提出了记分函数的概念，并利用记分函数定义了 Vague 值的相似度[26]。Vague 值相似度计算公式：

$$sim_1^V(x,y) = 1 - \frac{|S(x)-S(y)|}{2} = 1 - \frac{|t_x - f_x - (t_y - f_y)|}{2}$$

其中，$sim^V(x,y)$ 表示 Vague 值 x、y 之间的相似度，区别于实数值 x、y 之间的相似度。

王伟平提出了 Vague 相似性度量中应该将未知度的影响"叠加"而非"抵消"的思想，进而定义了新的基于记分函数的相似度计算公式[27]：

$$sim^V(x,y) = 1 - \lambda_1|t_x - t_y| - \lambda_2|f_x - f_y| - \lambda_3|S(x)-S(y)| - \lambda_4(\pi_x - \pi_y)$$

其中参数满足：

$$\lambda_1 = \lambda_2, \lambda_1 + \lambda_3 = \frac{1}{2}, \lambda_4 \leqslant \frac{1}{2}$$

在上式中取 $\lambda_1 = \lambda_2 = \lambda_3 = \lambda_4 = \frac{1}{4}$，得到：

$$sim_2^V(x,y) = 1 - \frac{1}{4}[|t_x - t_y| + |f_x - f_y| + |S(x)-S(y)| + \pi_x + \pi_y]$$

编制程序求解得到结果，见表4。

从表4中可以看出，$sim_1^V > sim_2^V$，这一点非常容易理解，采用记分函数计算相似度的过程中，sim_1^V 的思想是抵消未知度的影响，而 sim_2^V 的思想是叠加未知度的影响。但是计算结果显示，同一种方法内，产品之间的相似度具有可比性，因此无论采用哪种方法进行相似度计算，都不影响产品的推荐结果。

表4 相似度计算结果

si	sj	sim_1^V	sim_2^V
s1	s2	0.950 5	0.752 8
s1	s3	0.939 5	0.600 5
s1	s4	0.914 0	0.596 5
s1	s5	0.912 0	0.576 0
s1	s6	0.862 0	0.541 3
s2	s3	0.890 0	0.648 3
s2	s4	0.864 5	0.590 5
s2	s5	0.961 5	0.695 3
s2	s6	0.911 5	0.674 8
s3	s4	0.974 5	0.667 3
s3	s5	0.851 5	0.642 3
s3	s6	0.801 5	0.631 3
s4	s5	0.826 0	0.626 0
s4	s6	0.776 0	0.604 0
s5	s6	0.950 0	0.865 0

从 sim_1^V 来看，$sim_1^V(s_3, s_4)$ 最大，$sim_1^V(s_6, s_4)$ 最小，说明产品 s_3 和 s_4 的相似程度较高，而 s_6 和 s_4 的相似程度较低；从 sim_2^V 来看，$sim_2^V(s_5, s_6)$ 最大，$sim_2^V(s_1, s_3)$ 最小，说明产品 s_5 和 s_6 的相似程度较高，而 s_1 和 s_3 的相似程度较低。

4 结 论

推荐系统中的产品采用 Vague 值表示后可以进行两方面的工作。一方面，由 Vague 值的定义可知，产品的 Vague 值来源于用户的购买态度，表征了产品在网络中的流行程度或畅销趋势。这种趋势分析不考虑具体用户之间的差异性，恰是非个性化产品推荐的基础。因此产品的 Vague 值表示可以用于非个性化产品的推荐策略。另一方面，基于用户推荐态度得到的产品 Vague 值，可以用于相似度的计算，这种计算结果可以分析产品间的相似程度，进一步描述产品间的推荐关系。

参考文献：

[1] Resnick P, Iakovou N, Sushak M E, et al. GroupLens: An open architecture for collaborative filtering of netnews[C]//CSCW 94 Proceedings of the 1994 ACM conference on Computer supported cooperative work. New York: ACM, 1994, 175 – 186.

[2] Hill W, Stead L, Rosenstein M E A. Recommending and evaluating choices in a virtual community of use[M]. New York: ACM Press, 1995.

[3] Shardanand U M P. Social information filtering: Algorithms for automating "word of mouth" [M]. New York: ACM Press, 1995.

[4] 白云. P2P 环境中基于语义的资源自组织、发现及推荐研究[D]. 重庆: 西南大学, 2008.

[5] Basu C, Hirsh H, Cohen W. Recommendation as classification: Using social and content based information in recommendation[C]//Proceedings of The National Conference On Artificial Intelligence (1998). New York: John Wiley & Sons Ltd, 1998: 714 – 720.

[6] Yang M H, Gu Z M. Personalized recommendation based on partial similarity of interests [J]. Lecture Notes in Computer Science, 2006(4093): 509 – 516.

[7] 王太雷. 个性化推荐系统中相似模式聚类研究[J]. 计算机工程, 2005, 31(10): 156 – 158.

[8] Belkin N, Croft B. Information filtering and information retrieval[J]. Comm ACM, 1992, 35(12): 29 – 37.

[9] 朱鲲鹏,刘文涵,王晓龙,等. 基于日志挖掘的检索推荐系统[J]. 沈阳建筑大学学报(自然科学版), 2009, 25(2): 366 – 370.

[10] Murthi B P S, Sarker S. The role of management sciences in research on personalization [J]. Management Science, 2003, 49(10): 1344 – 1362.

[11] 李欣璐, 刘鲁. 基于协同过滤的银行产品推荐系统建模[J]. 计算机与数字工程, 2006, 35(9): 6 – 10.

[12] 叶群来. 营销与网络推荐系统[J]. 电子商务, 2009(10): 64 – 66.

[13] Adomavicius G, Tuzhilin A. Toward the next generation of recommender systems: A survey of the state – of – the – art and possible extensions[J]. IEEE Transactions on Knowledge and Data Engineering, 2005, 17(6): 734 – 749.

[14] Mooney R J, Roy L. Content – based book recommending using learning for next categorization[M]. New York: ACM, 1999.

[15] Goldberg K, Roeder T G D. Eigentaste: A constant time collaborative filtering algorithm [J]. Information Retrieval, 2001, 4(2): 133 – 151.

[16] Lin Dekang. An information – theoretic definition of similarity[C]//Proceeding of the 15th

International Conference on Machine Learning. Madison: Morgan Kaufmann Press, 1998.

[17] 熊馨,王卫平,叶跃祥. 电子商务个性化产品推荐策略研究[J]. 科技进步与对策, 2005, 22(7): 163-165.

[18] 崔春生. 基于可拓的Vague相似度计算[J]. 河北科技大学学报, 2010, 31(2): 108-111.

[19] Atanassov K, Gargov G. Interval valued intuitionistic fuzzy sets[J]. Fuzzy Sets and Systems, 1989, 31(3): 341-349.

[20] Gau W L, Buehrer D J. Vague sets[J]. IEEE Transactions on Systems Man and Cybernetics, 1993, 23(2): 610-614.

[21] Stevens A, Schwarz J. Implicit and explicit learning in schizophrenics treated with olanzapine and with classic neuroleptics[J]. Psychopharmacology, 2002, 160(3): 299-306.

[22] Nichols D M. Implicit rating and filtering[M]. Budapaest: ERCIM, 1997.

[23] 唐晓波,樊静. 基于客户聚类的商品推荐[J]. 情报杂志, 2009, 28(6): 143-146.

[24] Cui Chunsheng, Wu Qizong. Research on electric commerce recommender systems based on vague set[C]//Information Science and Engineering (ICISE), 2009 1st International Conference. Nanjing: IEEE, 2009: 5382-5385.

[25] 冀俊忠. 贝叶斯网及其在网上智能中的应用研究[D]. 北京: 北京工业大学, 2004.

[26] Chen S. Measures of similarity between vague sets[J]. Fuzzy Sets and Systems, 1995, 74(2): 217-223.

[27] 王伟平. 基于Vague集的语言型多准则决策的研究[D]. 北京: 北京理工大学, 2008.

作者简介

崔春生,男,1974年生,讲师,博士,发表论文39篇;齐延信,男,1964年生,副教授,博士,发表论文23篇;

田 哲,男,1987年生,硕士研究生,发表论文2篇;

史 昱,女,1975年生,副教授,硕士,发表论文16篇。

基于网络消费者偏好预测的推荐算法研究*

刘枚莲　刘同存　吴伟平

（桂林电子科技大学商学院　桂林　541004）

摘　要　传统推荐算法仅依据网络消费者已有偏好信息提供推荐服务，忽略其当前购物状态信息和可能的偏好变化信息。针对这一缺陷，通过分析网络消费者偏好变化特征，提出基于网络消费者偏好预测的推荐算法。该算法综合考虑网络消费者已有偏好信息及其前购物操作行为评估其对商品的偏好，并结合协同过滤思想为其提供有针对性的推荐服务。实验结果表明，基于网络消费者偏好预测的推荐算法能够较好地预测其购物过程中的偏好倾向，显著提高推荐质量和精度。

关键词　电子商务　推荐算法　偏好预测　协同过滤
分类号　TP311

计算机网络技术的迅猛发展促进了互联网信息的生产与传播，推进了电子商务的发展。电子商务系统规模的扩大拓展了消费者商品选择空间，方便了消费者的网络购物，同时也增加了消费者选择满意商品的成本。对此，国内外学者提出多种信息过滤技术，以便为消费者提供有针对性的个性化服务，其中推荐系统作为一种典型的信息过滤技术，日益受到企业界和学术界的广泛关注。推荐系统通过挖掘消费者的偏好和需求为其提供恰当的商品或服务[1-2]，可以有效降低消费者的搜索成本，增强客户对网站的忠诚度，同时也可以提高商品的交叉销售概率[3]。一些知名的网上商城，如 Amazon.com、CDNow.com、eBay.com、Drugstore 和 MovieFinder 等，均不同程度引入推荐系统[1]。

为了提供满意的推荐服务，系统需要精确提取消费者偏好及需求特征[4]。因此，精确预测消费者偏好成为推荐系统成功的关键[5]。目前，研究者通常假

---

* 本文系国家自然科学基金项目"网络消费者偏好与品牌选择模型研究"（项目编号：70862001）研究成果之一。

设消费者对商品的偏好是稳定的,借助消费者历史评分、浏览行为或购买记录等信息预测当前偏好。但是,消费者心理学的研究成果表明,消费者的偏好并非事先确定的、一成不变的[6],而是受购物经验、人口统计特征、对商品的了解程度和外界环境等诸多因素的影响。也就是说,消费者对商品的偏好是变化的,只是变化程度不同而已。由此可见,基于消费者偏好稳定性假设的推荐系统所推荐的商品只能反映消费者的历史偏好,难以推荐满足其当前偏好的商品。对此,本文基于当前的研究成果,在探讨网络消费者偏好变化特征的基础上,根据网络消费者已有偏好信息和当前操作行为预测其偏好,并在此基础上设计相应的推荐算法。

1 相关研究综述

1.1 推荐算法

目前,推荐系统中研究和应用最为广泛的推荐算法主要包括基于内容和基于协同过滤的算法。基于内容的推荐算法借助用户评价对象的特征学习用户的偏好,依据用户资料与待预测项目的匹配程度产生推荐。基于协同过滤的推荐算法是根据与目标用户偏好最为相似的邻居用户对项目的偏好产生推荐[7]。

这两种推荐算法各有其优缺点。基于内容的推荐算法不受其他用户的影响,算法的时间和空间复杂度较低[8],然而该算法仅适用于属性特征信息可以详细描述的商品,不适用于多媒体商品(如音乐 CD、电影等)的推荐[9]。另外,利用这种方法只能推荐符合用户历史偏好的商品,而不能够及时挖掘用户的当前偏好。基于协同过滤的推荐算法克服了基于内容推荐的缺陷,适用于各种类型资源的推荐。然而,该方法却受评分数据稀疏性和可扩展性的制约[1]。对此,研究者提出多种弥补措施,例如:基于主成分分析的 CF 推荐[10]、基于项目评分预测的推荐[11]、基于影响集的协作过滤推荐算法[12]、基于 K – 均值层级聚类的推荐[13]、基于贝叶斯分类和模糊集合理论的推荐[14]等。

这两种推荐算法均建立在消费者对商品的偏好稳定不变的假设基础上,忽略消费者偏好动态变化的特性。消费者对商品的偏好是变化的,仅依据消费者的历史偏好信息难以推荐满足其当前偏好的商品。

1.2 网络消费者偏好模型

挖掘网络消费者真实偏好的能力直接决定推荐算法的推荐效果。网络消费者的偏好信息分为两种:显性偏好信息和隐性偏好信息。显性偏好信息是网络消费者对商品的偏好倾向及程度的真实表达,可以据此为其提供精确的推荐服务[7]。然而,随着网络消费者对个人隐私的重视,大多数消费者不会主动提供个人的真实偏好信息。隐性反馈信息不需要消费者与系统直接交互,而是根据消费者的操作行为挖掘其偏好。依据网络消费者隐性反馈信息提取偏好的方法分为三类:基于消费者浏览行为提取偏好的方法、基于网络书签的偏好建模方法和基于商品属性特征提取偏好的模型。

浏览行为是网络消费者对网站一系列节点的访问行为和状态变化,也称为"点击流"[15],是网络消费者偏好信息的无形表达。网络环境下,网站的每个节点均有唯一的 URL,因此可以通过分析网络消费者历史浏览 URL 建立偏好模型[16],也可以利用 Web 使用挖掘技术从网络消费者浏览行为记录中挖掘其偏好模式[17]。事实上,网络消费者对节点的访问过程中伴随操作行为状态的变化,可以在对网络消费者访问路径和行为状态变化分析基础上建立相应的偏好模型[18]。

Web2.0 技术的革新促进了网络书签的广泛应用,单纯分析浏览行为不足以精确捕获网络消费者的偏好,可以通过分析书签的内容及消费者使用行为建立偏好预测模型[19]。由于消费者偏好具有多元性和动态性,研究者分别提出基于频繁标签使用模式挖掘[20]和基于标签使用时间的偏好预测模型[9]。另外,消费者对商品或服务的偏好是基于商品或服务的特定属性[21],例如品牌、价格、外观等。因此,可以依据消费者对商品属性的关注程度建立偏好模型。当消费者对商品的属性具有确定性偏好时,可以根据消费者对商品属性的偏好预测其对商品的偏好程度[22];当消费者对商品属性偏好不确定时,可以利用多属性偏好模型[23]和模糊集合理论构建偏好预测模型[21]。

上述的网络消费者偏好分析模型在一定程度上提高了捕获消费者偏好信息的精度。然而,构建的偏好模型均是建立在网络消费者过去的浏览行为、标签使用数据和对商品属性的历史偏好基础上,难以反映消费者当前偏好。鉴于消费者偏好随时间动态转移的特性,研究者提出将时间作为重要因素分析消费偏好的方法,如基于时间的隐性反馈信息偏好分析模型[24]、基于时间数据权重的偏好分析[9,25]等。这些方法均建立在消费者历史偏好数据基础上,结合基于时间的衰减函数达到预测当前偏好的目的,忽略了反映消费者当前偏好的购物操作行为信息。对此,本文在现有研究成果基础上,提出结合消费者已有偏好信息和当前购物行为预测偏好的方法,最后结合协同过滤思想为其提供推荐服务。

2 网络消费者偏好预测方法

2.1 网络消费者偏好的假设

网络消费者的偏好可以划分为两种:短期的偏好和长期的偏好[7]。短期偏好是指消费者当前购物过程中的商品偏好,长期偏好是指消费者多次购物过程中对商品的偏好。对此,本文给出以下假设:①消费者的短期偏好是稳定的,即消费者当前购物活动过程中对商品的偏好不发生转移;②消费者的长期偏好是动态变化的,如果消费者的相邻两次购物期点击、浏览或购买的商品极为相似,则认为该消费者具有一致性偏好,反之则认为消费者的偏好倾向发生转移,原有偏好程度减弱;③消费者的历史购物偏好和当前的购买过程信息共同反映其当前的偏好。

2.2 偏好预测方法

在上述假设基础上,本文综合考虑消费者购物历史的偏好信息和当前购物过程的操作行为信息预测其当前偏好。

2.2.1 基于网络消费者购物历史的偏好预测

本文首先提出根据消费者对特定商品的原有偏好信息预测其当前偏好的数学模型。为了便于描述,首先给出以下定义:

定义1:设消费者的当前购物期开始时间为t_N,前次购物期结束时间为t_L,则将该时间间隔定义为消费者对网站的遗忘期,用t_D表示。

定义2:若消费者对网站的遗忘期t_D小于指定的时间阈值t_γ,即$t_D \leq t_\gamma$,则将该时间间隔定义为消费者的偏好稳定期,用t_S表示。

定义3:若消费者对网站的遗忘期t_D大于指定的时间阈值t_β,即$t_D \geq t_\beta$,则将该时间间隔定义为消费者偏好的完全遗忘期,用t_F表示。

考虑到网络消费者偏好随时间而动态变化的特征,构建的数学模型应遵循以下原则。

原则1:在偏好稳定期内,消费者对商品的偏好程度不发生变化。也就是说,如果消费者在前次购物期结束时刻t_L对商品i的偏好程度为P_{u,i,t_L},则在当前购物期开始时刻t_N对商品i的偏好也等于P_{u,i,t_L}。用数学关系式表示成:

$$P_{u,i,t_N} = P_{u,i,t_L} \text{ 对于 } t_N - t_L = t_D < t_\gamma \tag{1}$$

原则2:在经过完全遗忘期后,消费者对商品i的偏好程度衰减为0。也就是说,如果消费者相邻两次购物期时间间隔t_D大于完全遗忘间隔阈值t_β(t_β为较大值),则消费者在当前购物期开始时间t_N对该商品的偏好衰减为0。用数学关系式表示成:

$$P_{u,i,t_N} = 0 \text{ 对于 } t_N - t_L = t_D \geq t_\beta \tag{2}$$

原则3:遗忘期内,消费者在前次购物期内对商品的偏好程度均不小于遗忘期内的偏好。也就是说,如果消费者在前次购物期内对商品i的偏好程度为P_{u,i,t_L},则在遗忘期内任意时刻对商品i的偏好程度均不大于P_{u,i,t_L}。用数学关系式表示成：
$$P_{u,i,t_L} \geq max\{P_{u,i,t_j} \mid t_j \in \{t_L, t_N\}\} \quad (3)$$

为了满足上述三个原则，本文提出的根据消费者前次购物期的消费偏好信息预测当前购物期消费者偏好的数学模型为：
$$P_{u,i,t_N} = (1 - \lambda_t)P_{u,i,t_L} \quad (4)$$

其中 λ_t 表示消费者偏好衰减程度，即消费者偏好随时间变化的程度。目前，学习和跟踪消费者偏好随时间动态转移最常用的方法有滑动时间窗模型、线性衰减函数和指数衰减函数[9]。滑动时间窗口模型是仅仅基于最近的数据做出判断，而不是对目前为止看到的所有数据进行计算，这种方法极易造成数据的丢失。线性衰减函数不能反映消费偏好变化趋势，因此本文采用指数衰减函数描述消费者偏好衰减性。在满足上述原则基础上提出的 λ_t 满足：

$$\lambda_t = \begin{cases} 0 & t_D \leq t_\gamma \\ 1 & t_D \geq t_\beta \\ e^{-\frac{P_{u,i,t_L} * ln2}{t_D}} & t_\gamma < t_D < t_\beta \end{cases} \quad (5)$$

定理1：公式(4)满足原则1、2和3。

证明：设用户 u 在前次购物期结束时刻为 t_L，对商品 i 的偏好为 P_{u,i,t_L}，当前购物期开始时刻为 t_N，偏好稳定最小间隔阈值为 t_γ，偏好完全遗忘最小间隔阈值为 t_β。

a) 如果 $t_N - t_L \leq t_\gamma$，即用户 u 对商品 i 的偏好处于稳定期，则由公式(5)可知 $\lambda_t = 0$，说明用户对商品 i 完全未遗忘。由公式(4)可知 $P_{u,i,t_N} = P_{u,i,t_L}$，从而原则1成立。

b) 如果 $t_N - t_L \geq t_\beta$，即用户 u 对商品 i 的偏好处于完全遗忘期，则由(6)式可知 $\lambda_t = 1$，说明用户对商品 i 已经完全遗忘。由公式(6)可知 $P_{u,i,t_N} = 0$，原则2成立。

c) 如果 $t_\gamma \leq t_N - t_L \leq t_\beta$，即用户 u 对商品 i 的偏好处于衰减期。设有时刻 t_α 和 t_β，并且 $t_\alpha \leq t_\beta$，若消费者前次购物期结束时间为 t_L，则有 $t_\alpha - t_L \leq t_\beta - t_L$。由 $f(t) = \frac{P_{u,i,t_L} * ln2}{t}$ 为定义域上的减函数，从而有 $f(t_\alpha) \geq f(t_\beta)$，又有 $\lambda_t = e^{-f(t)}$ 为定义域上单调减函数，因此有 $\lambda_{t_\alpha} \leq \lambda_{t_\beta}$。又由公式(4)可知 $P_{u,i,t_\alpha} \geq P_{u,i,t_\beta}$。

由 a)、b) 和 c) 可知，原则3成立。

综上所述，定理1成立。

2.2.2 基于网络消费者购物过程的偏好预测

通常情况下,消费者的网络购物过程分为三个阶段:商品浏览、放入购物车和购买[17],据此可以将所有商品分成四类,即从未点击过的商品(NP)、点击并浏览过的商品(CP)、放入购物车中的商品(BP)和最终购买的商品(PP)。用户对这四类商品的偏好关系为:$P_{PP} > P_{BP} > P_{CP} > P_{NP}$。

设用户u对商品i的点击频次为$p_{u,i}^c$,$p_{u,i}^b$为商品i在用户u的购物篮中出现的频次,$p_{u,i}^p$为用户u购买商品i的频次。本文采用Cho等提出的方法[17]评估用户u对商品$i(1 \leqslant i \leqslant N)$的偏好:

$$E_{u,i} = \frac{p_{u,i}^c - \min\limits_{1 \leqslant i \leqslant N}\{p_{u,i}^c\}}{\max\limits_{1 \leqslant i \leqslant N}\{p_{u,i}^c\} - \min\limits_{1 \leqslant i \leqslant N}\{p_{u,i}^c\}} + \frac{p_{u,i}^b - \min\limits_{1 \leqslant i \leqslant N}\{p_{u,i}^b\}}{\max\limits_{1 \leqslant i \leqslant N}\{p_{u,i}^b\} - \min\limits_{1 \leqslant i \leqslant N}\{p_{u,i}^b\}} + \frac{p_{u,i}^p - \min\limits_{1 \leqslant i \leqslant N}\{p_{u,i}^p\}}{\max\limits_{1 \leqslant i \leqslant N}\{p_{u,i}^p\} - \min\limits_{1 \leqslant i \leqslant N}\{p_{u,i}^p\}} \tag{6}$$

其中N为用户当前浏览过的商品总数。

2.2.3 组合预测模型

通过网络消费者偏好变化特征分析,消费者对特定商品的偏好由两部分构成,即消费者原有偏好以及当前购物过程的消费偏好。因此结合公式(4)和(6),本文提出的消费者偏好预测模型为:

$$P_{u,i} = \begin{cases} \alpha P_{u,i,t_N} + (1 - \alpha)E_{u,i} & if\ P_{u,i,t_N} \neq 0 \\ E_{u,i} & if\ P_{u,i,t_N} = 0 \end{cases} \tag{7}$$

其中α表示消费者对商品i原有偏好对当前购物期消费偏好的影响权重,通常情况下,相邻两次购物期时间间隔越长,影响权重越小,最简单的形式是用$\alpha = 1/t_D$表示;P_{u,i,t_N}为根据消费者u对商品i的历史偏好信息预测的偏好;$E_{u,i}$表示根据消费者u在当前购物过程中对商品i的操作行为信息预测的偏好。

3 基于网络消费者偏好预测的商品推荐

依据建立的网络消费者偏好预测模型,结合协同过滤思想设计相应的算法为用户提供推荐服务。具体推荐过程描述如下:

- 根据公式(7)预测的用户对商品的偏好构建偏好空间向量。设有m个用户,n件商品,则每个用户均可视为n维空间中的点,用向量$P_u = (p_{u,1},\cdots,p_{u,i},\cdots,p_{u,n})$表示,其中$p_{u,i}$表示消费者$u$对商品$i$的偏好程度,$1 \leqslant u \leqslant m$。

- 利用Pearson相关性度量方法计算用户间的偏好相似性,计算方法如下:

$$Sim_B(i,j) = \frac{\sum_{k \in I_{ij}} (p_{i,k} - \overline{p_i})(p_{j,k} - \overline{p_j})}{\sqrt{\sum_{k \in I_{ij}} (p_{i,k} - \overline{p_i})^2} \sqrt{\sum_{k \in I_{ij}} (p_{j,k} - \overline{p_j})^2}} \quad (8)$$

其中,I_{ij} 表示经用户 i 和 j 共同评分的商品集,$p_{i,k}$ 和 $p_{j,k}$ 分别表示用户 i 和 j 对商品 k 的偏好程度,$\overline{p_i}$ 和 $\overline{p_j}$ 分别代表用户 i、j 对所有商品的平均偏好程度。

- 根据计算的偏好相似性找到与目标用户 u 偏好最为相似的 k 个最近邻居集合,$N_u = \{u_1, u_2, \cdots, u_k\}$,$u \notin N_u$ 且 $Sim(u,u_1) \geq Sim(u,u_2) \geq \cdots \geq Sim(u,u_k)$。

- 根据目标用户的最近邻居对商品的偏好程度预测当前用户未浏览/购买的商品偏好程度,并选择分值较高的 N 件商品推荐给当前用户,具体方法如下:

$$P_{u,i} = \overline{p_u} + \frac{\sum_{k \in N_u} Sim(u,k) \times (p_{k,i} - \overline{p_k})}{\sum_{k \in N_u} Sim(u,k)} \quad (9)$$

$\overline{p_u}$ 和 $\overline{p_k}$ 分别表示目标用户 u 和邻居用户 k 对商品的平均偏好程度,$sim(u,k)$ 表示目标用户 u 与邻居用户 k 之间的偏好相似性,$p_{k,i}$ 表示邻居用户 k 对项目 i 的偏好程度。

- 根据计算的结果,选择分值较高的 N 件商品推荐给用户。

4 实验仿真及分析

笔者的实验平台是 PC(Pentium T4400,CPU 2.2GHz,内存 2G),Windows XP 操作系统,使用 C#语言在 Microsoft Visual Studio 2008 开发环境下编写算法程序。

4.1 实验方法

实验采用 Book Crossing 数据集,该数据集是由 Cai-Nicolas Ziegler 在 2004 年 8 − 9 月用 4 周的时间从 Book-Crossing 社区采集得到,共包含 278 858 个用户对 271 379 本图书的 1 149 780 条评分记录。笔者从中选取 727 个用户对 5 788 本图书的 13 817 条评分记录作为实验数据集,且保证每个用户至少有 20 本以上的图书评分记录,并随机选取 80% 的数据作为测试集,剩余 20% 作为训练集。算法程序在训练集上进行实验,预测用户对测试集中商品的偏好程度。假设得到的结果为 $\{p_1, p_2, \cdots, p_k\}$,然后与测试集中的数据 $\{r_1, r_2, \cdots, r_k\}$ 进行比较,计算平均绝对误差 MAE[11]。计算公式如下所示:

$$MAE = \frac{\sum_{i=1}^{k} |p_i - r_i|}{k} \quad (10)$$

k 为测试集中商品总数。

4.2 实验过程与结果分析

为了便于实验,本文将选取的实验数据集中的训练集假定为用户对图书的历史偏好,测试集假定为用户当前的真实偏好,以便与预测的用户偏好进行精度比较。另外,为得到用户购物过程中的操作行为信息,本文将选取的 727 个用户和 5 788 本图书信息导入自主研发的图书智能推荐系统,邀请笔者所在高校的 727 名学生扮演不同的用户角色模拟网络消费者网上购物过程。系统自动记录每个用户所购买或浏览的图书、购买或浏览的频次、购物篮变化状态等详细信息。

多次选择不同阈值 t_γ 和 t_β 值进行实验,结果表明 t_γ 为 1 天,t_β 为 30 天时取得较好效果,因此本文的实验取 $t_\gamma = 1$,$t_\beta = 30$。在实际应用过程中可以根据实际情况选择不同的 t_γ 和 t_β 阀值。

算法程序首先根据本文提出的预测用户偏好的方法评估用户当前购物期的偏好,在此基础上执行推荐程序,预测用户对未评分项目的偏好程度,进而与测试集进行比较。为了说明本文提出的基于网络消费者偏好预测推荐算法的有效性,本实验以传统的单纯基于用户评分的协同过滤推荐算法(该算法并未考虑用户偏好动态转移的特性)为参照。实验过程中,将选取的与目标用户偏好相似的最近邻居数初始化为 4,逐渐增加至 20,间隔为 4,实验结果如图 1 所示:

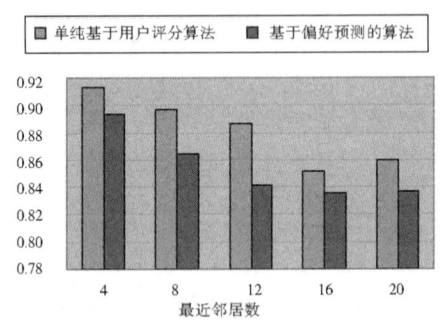

图 1 两种算法推荐精度比较

可见,在选取相同的最近邻居个数情况下,考虑到用户历史偏好信息和当前购物过程的推荐算法推荐精度明显优于传统的单纯基于用户评分的推荐算法。

5 结论与展望

商品推荐作为解决当前电子商务环境下商品信息过载问题的有效手段之一,受到企业界和学术界的广泛关注。针对传统推荐算法的缺陷,本文综合考虑消费者的购物历史偏好信息和当前购物过程的行为信息,提出一种组合的网络消费者偏好预测模型,并结合协同过滤的思想设计相应的推荐算法。实验结果表明,本文提出的偏好预测模型能够较好地预测消费者当前的消费偏好,商品推荐质量和精度显著提高。

本文仅通过分析消费者的购买历史记录和当前购物过程信息构建偏好预测模型,并没有考虑到反映消费偏好的其他方面,如对商品属性偏好的差异性等,对此还有待深入研究。

参考文献:

[1] Albadvi A, Shahbzi M. A hybrid recommendation technique based on product category attributes[J]. Expert Systems with Applications, 2009, 36(9): 11480 – 11488.

[2] Xiao B, Benbasat I. E-commerce product recommendation agents: Use, characteristics, and impact[J]. MIS Quarterly, 2007, 31(1): 137 – 209.

[3] Shih Y Y, Liu D R. Product recommendation approaches: Collaborative filtering via customer lifetime value and customer demands[J]. Expert Systems with Application, 2008, 35(1 – 2): 350 – 360.

[4] Godoy D, Amandi A. User profiling in personal information agents: A survey[J]. The Knowledge Engineering Review, 2005, 20(4): 329 – 361.

[5] Kim H N, Alkhaldi A, Saddik A E, et al. Collaborative user modeling with user-generated tags for social recommender systems[J]. Expert Systems with Applications, 2011, 38(7): 8488 – 8496.

[6] Kwon K, Cho J, Park Y. Influences of customer preference development on the effectiveness of recommendation strategies[J]. Electronic Commerce Research and Application, 2009, 8(5): 263 – 275.

[7] Kim Y S, Yum B J. Recommender system based on click stream data using association rule mining[J]. Expert Systems with Application, 2011, 38(10): 13320 – 13327.

[8] Porcel C, López-Herrera A G, Herrera-Viedma E. A recommender system for search resources based on fuzzy linguistic modeling[J]. Expert Systems with Application, 2009, 36(3): 5173 – 5183.

[9] Zheng N, Li Q. A recommender system based on tag and time information for social tagging systems[J]. Expert Systems with Application, 2011, 38(4): 4575 – 4587.

[10] Kim D, Yum B J. Collaborative filtering based on iterative principal component analysis

[J]. Expert Systems with Applications, 2005, 28(4): 823-830.

[11] 邓爱林,朱扬勇,施伯乐. 基于项目评分预测的协同过滤推荐算法[J]. 软件学报, 2003,14(9):1621-1628.

[12] 陈健,印鉴. 基于影响集的协作过滤推荐算法[J]. 软件学报,2007,18(7):1685-1694.

[13] Papamichail G P, Papamichail D P. The K-means range algorithm for personalized data clustering in e-commerce[J]. European Journal of Operational Research, 2007, 177(3): 1400-1408.

[14] Campos L M, Luna J M, Huete J F. A collaborative recommender system based on probabilistic inference from fuzzy observations[J]. Fuzzy Sets and Systems, 2008, 159(12): 1554-1576.

[15] Senecal S, Kalczynski P J, Nantel J. Consumers' decision-making process and their online shopping behavior: A clickstream analysis[J]. Journal of Business Research, 2005, 58(11): 1599-1608.

[16] Chan W K, Chiu Y Y, Yu Y T. A Web search-centric approach to recommender systems with URLs as minimal user contexts[J]. The Journal of Systems and Software, 2011, 84(6): 930-941.

[17] Cho Y H, Kim J K. Application of Web usage mining and product taxonomy to collaborative recommendations in e-commerce[J]. Expert Systems with Applications, 2004, 26(2): 233-246.

[18] Kin Y S, Yum B J, Song J, et al. Development of a recommender system based on navigational and behavioral patterns of customers in e-commerce sites[J]. Expert System with Applications, 2005, 28(2): 381-393.

[19] Carmagnola F, Cena F, Cortassa O. Tag-based user modeling for social multi-device adaptive guides[J]. User Modeling and User-Adapted Interaction, 2008, 18(5): 497-538.

[20] Kim H N, Jia A T, Ha I, et al. Collaborative filtering based on collaborative tagging for enhancing the quality of recommendation[J]. Electronic Commerce Research and Applications, 2010, 9(1): 73-83.

[21] Zenebe A, Zhou L, Norcio A F. User preference discovery using fuzzy models[J]. Fuzzy Sets and Systems, 2010, 161(23): 3044-3063.

[22] Guan S U, Chan T K, Zhu F M. Evolutionary intelligent agents for e-commerce: Generic Preference detection with feature analysis[J]. Electronic Commerce Research and Application, 2005, 4(4):377-394.

[23] Butler J C, Dyer J S, Jia J M, et al. Enabling e-transactions with multi-attribute preference models[J]. European Journal of Operational Research, 2008, 186(2):748-765.

[24] Lee T Q, Park Y, Park Y T. A time-based approach to effective recommender systems using implicit feed back[J]. Expert Systems with Applications, 2008,34(4):3055-3062.

[25] 邢春晓,高凤荣,战思南,等.适应用户兴趣变化的协同过滤推荐算法[J].计算机研究与发展,2007,44(2):296-301.

作者简介

刘枚莲,女,1972年生,教授,博士,硕士生导师,发表论文42篇。

刘同存,男,1984年生,硕士研究生,发表论文2篇。

吴伟平,男,1983年生,硕士研究生,发表论文2篇。

在线商品评论有用性影响因素研究：
基于文本语义视角[*]

陈江涛[1,2]　张金隆[1]　张亚军[1]

（1. 华中科技大学管理学院　武汉　430074；2. 长江大学管理学院　荆州　434023）

摘　要　针对在线商品评论总体质量不高、缺乏有效评论引导机制的问题，以亚马逊商品在线评论为研究对象，结合文本挖掘技术和实证研究，探究基于文本内容评论有用性的影响因素。通过以手机这一典型商品为例，发现消费者关注手机系统反应、音质、导航、打字体验，希望了解电池、充电器等配件细节，重视商家的配送、退换货、保修、发票等服务，评论文本包含这些信息会提高其有用性。

关键词　在线商品评论　文本挖掘　潜在语义分析
分类号　G203

1　引　言

互联网和信息技术为普通消费者在线分享商品消费体验提供了机会。消费者可通过博客、网上论坛和销售平台自带评论系统等方式发表自己对商品的消费感受。消费者评论、第三方专业评论和商家发布的产品信息均是消费者进行购买决策的信息来源。其中，消费者在线评论内容包含了消费商品的体验，贴近消费者消费决策前的信息需求，因此在电子商务研究领域受到了越来越多的重视。

作为电子口碑的一种重要形式，在线评论的相关研究主要可分为三个方面：①集中于在线评论的角色和其对消费者信任的影响。作为不同于厂家产品描述、专家评论的另外一种存在，在线评论在消费者的购买决策中扮演的角色是这一领域研究的重点，这种角色主要体现在与信任的关系。研究结果一般认为，在线评论作为一种反馈机制可以帮助消费者建立对零售网站的信任并产生

---

[*] 本文系国家自然科学基金重点项目"移动商务的基础理论与技术方法研究"（项目编号：70731001）研究成果之一。

一定的价格溢价[1]。②主要研究在线评论与商品销售的关系。张紫琼等[2]对这一领域的研究做了归纳,现有相关研究的商品主要集中在电影、股票、电子设备等,涵盖了体验型商品和搜索型商品,主要考察评论的褒贬性和销售的关系。商品评论的褒贬性或通过情感分析技术获取,或者直接用评分代表。研究结果大多认为,褒义评论对商品销售有促进作用,贬义评论的效果相反。但也有学者的研究结果认为评论的褒贬性对电影、书籍销售并无影响[3-4]。这些研究对通过评论预测商品的销售提供了可能。③主要研究评论的形成特征,用以帮助建立更好的在线评论系统,形成更好的消费体验,评论的有用性即属于这一领域。除此之外,Li Xinxin 和 Hitt L M[5] 分析了评论的极性在时间上的分布特点,认为其受到自我选择的影响;Hu Nan 等[6-7]则认为这主要是因为评论被操纵了。这一领域的研究显示:学者开始考虑评论的来源特征,并希望通过提高评论的质量构建消费者体验更好的评论系统。

在电子商务实践中,主流电子商务平台都提供商品评论系统,但在实现细节上并不完全相同。例如:淘宝网要求消费者对交易以好评、中评或差评进行标记,并在宝贝与实物相符、发货速度、服务态度三个维度进行打分。而亚马逊、京东商城等则提供了评论的有用性指标,可以看到多少人认为评论是有用的,评论系统默认显示最有用的评论在评论列表前端。商品评论系统可以帮助消费者以较低的信息搜索成本快速了解商品质量。随着在线评论系统的运行,评论系统累积的数量越来越多,容易出现信息过载现象。这要求系统具备一定的评论推荐机制,而评论的有用性指标可以作为一种推荐方式。同时,由于评论系统缺乏有效约束,消费者在发表评论时往往过于随意,评论质量良莠不齐,大量的低质量评论会抬高信息的搜索成本。如何根据累积的商品评论信息了解消费者最关注的商品特性,通过商品评论系统对消费者发表评论的内容进行引导,提高评论的总体质量,对电子商务平台厂商具有重要意义。

亚马逊最早提出通过后期顾客对前期评论进行有用性投票的形式对评论质量进行测量。例如对于某一条评论,询问顾客"这条评论对您有用吗?"顾客可以点击"是"或"否",最后亚马逊给出一个类似"80/100 人认为此评论有用"的结论,并可依据此比例对评论的有用性进行排序。国内京东商城等网站也提供了这种方式,在实践上,评论的有用性投票数量已是测量评论质量的主要指标。Chen Yubo 等[8]研究发现,以有用性投票测量的评论质量对商品的销量有着积极影响。Mudambi S M 等[9]讨论了评论的极性、深度对评论有用性的影响。通过亚马逊评论星级的值测量其极性,评论文本长度测量其深度,有用性比例测量评论有用性,对数据做 Tobit 回归发现:评论深度与有用性正相关,而评论极性对有用性的影响受商品类别(体验型或者搜索型)调节。郝媛媛等[10]针对电影评论,通过文本挖掘统计文本的特征,以有用性比例为评论有用性代理指标,建立了有用性预测模型。她认为尽管模型的拟合度有所提高,但总体程度仍较低,应还有重大变量未被纳入模型。Cao Qing 等[11]则比较了文本特征、语义内容对评论有用性的影响,研究发现语义内容对评论有用性的影响可能更为显著。这些模型都为更好地理解和预测评论的有用性提供了基础。

评论有用性的理论基础是信息诊断力,有用的评论应该帮助消费者减少购买决策中的不确定性[9]。因此,消费者可能更关注具体的评论内容,而外部特征对有用性的影响也需要通过内容发挥作用。Cao Qing 等[11]在三种模型的比较中也有类似结论。例如评论"屏幕很好"和"屏幕很差"对同一消费者应传达了同样的信息量。若可从评论文本中抽取出消费者关注的商品特征或者服务特征,则零售网站可对后来的评论进行内容上的推荐和引导,使评论尽量着眼于消费者关注的话题,提高商品评论的质量。

2 研究方法

2.1 研究框架

基于文本内容的在线商品评论有用性影响因素,发现研究框架如图1所示:

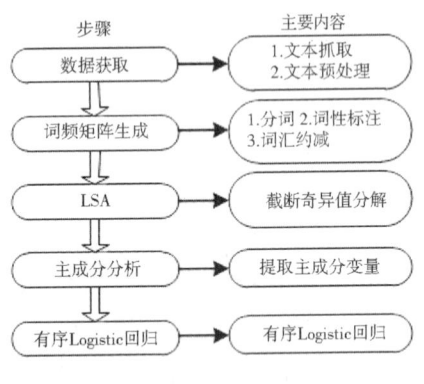

图 1 研究框架

该框架结合文本挖掘技术和实证研究,可在文本语义层面找出影响评论有用性的词汇,据此了解消费者对商品及购买环节的信息需求:①数据获取。选定研究对象,获取评论文本并进行文本预处理。②词频矩阵生成。通过分词、词性标注、词汇约减后,统计词汇频率,构造词频矩阵,即评论文本的数值化。

③基于潜在语义分析对词频矩阵降秩。通过 Matlab 进行截断奇异值分解,用以消除自然语言中的噪声,获得降秩后的矩阵。④主成分分析。对词汇变量进行主成分分析,减少变量数量。⑤有序 Logistic 回归分析。利用有序 Logistic 回归模型找到影响有用性的主成分。

2.2 数据获取

本文的评论数据来自亚马逊中国,鉴于评论的文本内容和商品的种类密切相关,研究选取了手机这一典型的电子商品。通过软件从卓越网手机目录下随机抽取了 32 种商品的 2 500 条评论数据。考虑评论有用性投票的累积性,评论可能由于发布时间较短而缺乏足够数量的消费者观看、评论。为了保证所收集评论的代表性,对 2 500 条数据制定了如下初步筛选原则:①评论发布时间不少于 2 个月,尽量保证有足够的顾客查看了该评论;②评论的字数大于 20 字,文本字数太少不适合做文本分析;③删掉无意义复制粘贴评论。经过初步筛选,保留了 1 221 条评论。

2.3 词频矩阵生成

词频矩阵的生成包括:①分词。通过分词软件对每条评论进行分词。②确定特征词。本研究主要关注有用评论的关注点,认为评论信息的诊断力主要取决于信息内容本身,用以减少对商品某方面认识的不确定性。因此,特征词由分词集合中的名词和动名词组成。③词语约减。词语约减主要通过停用词和同义词约减两种方式进行。④构造词频矩阵。根据向量空间模型,文本被抽象为特征词所构成的向量。假设有一个评论集,包含 m 个文本,用到了 n 个特征词,则可表示为矩阵 $X_{m \times n} = (doc1, doc2, \cdots, docm)^T = \begin{Bmatrix} w_{11} & w_{12} & \cdots & w_{1n} \\ w_{21} & w_{22} & \cdots & w_{2n} \\ \cdots & \cdots & \cdots & \cdots \\ w_{m1} & w_{m2} & \cdots & w_{mn} \end{Bmatrix}$,其中,$w_{ij}$ 表示词语 j 在文本 i 中的频次。词语对文本的解释能力不仅与在文本中出现的频次有关,还与其在文档集中的频次有关。w_{ij} 一般通过对频次进行加权转换获得,转换函数可参考权重计算方法相关文献[12]。本文选取 TF * IDF 函数,可以有效抑制信息冗余。

$$w_{ij} = tf_{ij} \times idf_i = tf_{ij} \times (log_2(N/n_i) + 1) \quad (1)$$

其中,tf_{ij} 表示 i 词语在 j 文档中出现的次数,N 是文档总数,n_i 是 i 词语在 N 个文档中出现的总次数。词语在单一文档中出现次数越多权重越大,在 N 个文档中出现的总次数越多权重越小。任意词语都只出现在有限个文本中,所以该矩阵是典型稀疏矩阵。同时,由于对词语基于词性进行了约减,幅度较大,因此可能出现有评论不包含任何特征词的现象。

据此,首先对评论文本进行分词。采用海量科技的 Hlssplit 智能分词系统对评论文本进行分词,分词后形成包含 651 个词语的词语集。然后对词语集进行人工词性标注,抽取出其中的名词和动名词,共 216 个。经过同义词合并后,词数降到 194 个。对每一条评论统计词语出现的频率,构成初始词频矩阵。笔者发现,初始词频矩阵中有 20 行词频为 0,也就是 20 条评论并未包含任何提取的特征词。经过分析发现,主要是这些评论缺乏基本的语法结构,评论较短,有用性投票也基本是 0。所以,删除这 20 条评论后,形成了一个 1 201 × 194 的矩阵。该 1 201 条评论的有用性投票数据统计如表 1 所示:

表 1 样本统计

有用性投票数值	评论数	百分比(%)
0	634	52.8
1	268	22.3
2	88	7.3
3	32	2.7
4	29	2.4
5	30	2.5
6	13	1.1
7	107	8.9
有效	1 201	100.0
缺失	0	
总体	1 201	

2.4 基于潜在语义分析对词频矩阵降秩

潜在语义分析认为自然语言中词汇在文档中的出现遵从某种潜在的语义结构,文档是由词语组成的,词语也需要置于文档中理解,一旦出现不符合这种结构的语言表达,则被视为噪声。在自然语言处理中,需要发现这种潜在语义结构并剔除噪声的影响。潜在语义分析利用奇异值分解对信息进行过滤和去除噪声。当较小的奇异值被忽略后,噪声被消减,并使得词语间的潜在语义关系得以显现。对文档词频矩阵 $X_{m \times n}$ 进行奇异值分解,并得到近似矩阵 X_k,如图 2 所示:

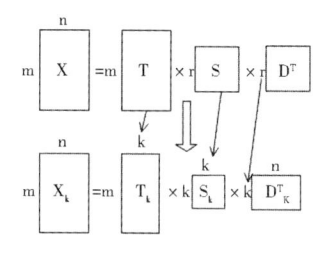

图 2 奇异值分解

T、S、D 指分解的矩阵;T_k、S_k、D_k 指相应的截断后的矩阵名称;v、k 是截断前后相应矩阵的维数。X_k 称为截断的奇异值分解式,应保证去除噪声的同时不破坏潜在的语义结构,其中 k 的取值应满足如下条件:

$$\sum_{i=1}^{k} s_i / \sum_{j=1}^{r} s_j \geq 0.85, k < r \tag{2}$$

通过降秩,新矩阵保留了原矩阵的大部分信息,并且不再是一个稀疏矩阵。同时,语义相近词语的相关性得到增强,语义无关词语的相关性减弱,便于后期的分析。根据图 2,利用 Matlab 工具对前面得到的词频矩阵进行降秩变换。依照公式(2),结合词语具体情况,确定 k 值为 140,这时截取的奇异值占总数的 85.9%。经过逆运算,得到一个 1 201×194 的近似矩阵。

2.5 主成分分析

利用 Matlab 对词频矩阵词汇变量进行主成分分析。一方面可以进一步降低变量数量,方便后期回归分析;另一方面由于主成分是原有变量的线性变换,方便后期解释显著性主成分。根据 Kaiser[13] 所提出的 KMO 值的判断标准,KMO 值为 0.563,基本适合做主成分分析。主成分个数的确定参考 Kaiser[13] 提出的特征值大于 1 的标准,并结合主成分解释原有变量变异量的情况确定。结合实际研究情况,最终确定主成分个数为 70,此时,保留的最小特征值是 1.09,解释了原有变量 83.1% 的变异量,得到一个 1 201×70 的矩阵。

2.6 有序 Logistic 回归实证模型

采用有序 Logistic 回归探索商品评论与评论词语之间的关系。在本研究中,商品评论获取的有用性评价数量主要在 0-7 之间变动,数值越大,评论有用性程度越高。评论有用性数值代表不同的有用性等级,建立有序 Logistic 模型如下:

$$g(P_r(Y \leq i \mid x)) = ln \frac{P_r(Y \leq i \mid x)}{P_r(Y > i \mid x)} = ln \frac{P_r(Y \leq i \mid x)}{1 - P_r(Y > i \mid x)}$$

$$= ln\frac{\Phi_1(x) + \Phi_2(x) + \cdots + \Phi_i(x)}{1 - (\Phi_1(x) + \Phi_2(x) + \cdots + \Phi_i(x))} = \alpha_i + \beta'x, i = 1,2,\cdots,k$$

其中 Y 是因变量,本研究中代表等级为 $0,1,\cdots,7$。x 是自变量,代表各个词语所构成的向量,称为模型的协变量。$\Phi_i(x)$ 表示给定 x 下属于等级 i 的概率。α_i 为常数项,β 是待估计参数向量,β′ 是其转置向量。$P_r(Y\leqslant i|x)$ 代表在 x 的条件下,Y 小于等于 x 的概率,$g(P_r(Y\leqslant i|x))$ 是其 Logistic 变换,假设其为协变量的线性函数。

以评论的有用性投票数量为因变量,以主成分分析结果中各主成分为自变量,考虑有序 Logistic 回归。利用 Spss 软件进行有序 Logistic 回归分析,结果见表 2。

平行线检验的显著性水平为 0.233,故无理由拒绝原假设,适合做有序 Logistic 回归。表 2 显示共有 15 个主成分和有用的评论数量显著相关,其中 11 个为正相关,4 个为负相关。表示评论文本的语义对评论的有用性有着重要影响。

3 结论与启示

3.1 结论

分析 11 个正相关主成分的构成可以发现语义层面的影响因素。主成分的命名一般根据主成分载荷进行,可通过考察主成分载荷的大小来对主成分进行命名。由于涉及变量较多,为了减少这一过程的主观性,本文对每个主成分抽取主成分载荷最大的前 5 个变量,并要求载荷值大于 0.2,依据这一规则,求得一个词汇集,作为评论的有用性影响因素,如表 3 所示:

表 2 模型参数估计

变量	估计值	标准差	Wald 统计量	显著性水平
V1	-.204	.024	71.881	.000
V4	.090	.026	11.706	.001
V7	.055	.027	3.992	.046
V11	-.087	.034	6.662	.010
V12	-.103	.033	9.694	.002
V15	.085	.032	7.005	.008
V22	.074	.034	4.779	.029
V23	.086	.034	6.499	.011
V31	.078	.035	5.147	.023

续表

变量	估计值	标准差	Wald统计量	显著性水平
V39	.129	.038	11.533	.001
V41	.124	.040	9.477	.002
V42	-.088	.039	5.029	.025
V43	.116	.040	8.350	.004
V56	.112	.044	6.363	.012
V59	.113	.047	5.717	.017

表3 词汇集

效果	充电	开机	配件	退货	反应	系统	像素	镜头
电池	问题	短信	功能	验货	充电器	保修卡	音质	保修
态度	发票	配送	售后	时间	存储	机子	打字	导航

分析这一词汇集可以发现,"效果、问题、时间、功能、机子"等词汇使用语境不明显,不足以依此了解顾客的关注点,可以理解为评论语言的统计特性。其余词汇使用语境则较为明确,例如:"音质"表明手机的音质这一特性受顾客关注,"发票"说明网购顾客关心购物发票,"保修卡"说明顾客关注机器的保修问题,"配件"说明顾客可能对配件的内容和数量不清楚等。

进一步,根据词汇语义将影响因素划分为三类:①手机主要功能特征类,包括:反应、系统、打字、短信、音质、像素、镜头、导航;②附属功能特征类,包括:充电、开机、配件、电池、充电器、存储;③商家服务类,包括:退货、验货、保修卡、保修、态度、发票、配送、售后。针对本文手机评论数据,包含这些词汇的评论获取的有用性投票更多。即通过在线平台购物的消费者关注手机系统反应、音质、导航等功能体验,希望了解电池、充电器等配件细节,重视商家的配送、退换货、保修、发票等服务。

按照本文对手机评论文本的处理步骤,可以发现"有用的"评论文本的语义特征,这些语义特征表达了手机用户对手机产品的特定信息需求,可能是消费者通过传统渠道无法获取的信息盲点或疑点。挖掘出这些信息需求,可帮助厂商或零售商更好地理解消费者对产品的需求,用以改进销售服务;同时,系统设计者也可以借此引导评论的信息内容,提升评论系统的用户体验。

3.2 启示

网站投入资源获取客户评论,评论是网站宝贵的竞争资源。随着评论系统的广泛应用和评论信息的不断累积,网站需要提高评论资源的质量。评论的有用性是衡量资源质量的主要渠道。本文从语义层面探讨影响评论有用性的影响因素,首先收集评论文本,进行文本分词、词汇约减,构建词频矩阵。然后,通过潜在语义分析对词频矩阵进行维数约减,对其结果进行主成分分析,进一步降维。以各主成分为自变量,以评论的有用性数量为因变量进行有序 Logistic 回归分析,发现影响显著的主成分。通过分析主成分,可以发现影响有用性的语义词汇。

分析影响手机评论有用性的词汇因素发现:

- 手机的功能特征类词汇与第三方专业测评信息呈现互补,消费者关注手机的实际使用体验。例如:手机屏幕大小、处理器速度等消费者关注的功能特征有具体数据指标,第三方专业测评都会详细评测,因此这些信息不影响评论有用性。而"反应"、"音质"、"打字"体验等方面,消费者对其还存在不确定性,希望从前期消费者中得到真实信息。

- 消费者关注配件、充电器等附属功能类信息。两个原因可能造成这种情况:①商品描述信息缺少配件信息,或者配件信息与官方所公布的有差异;②这类信息在第三方专业测评和商品描述中都较少提及。

- 消费者对售后的各个环节都很重视。可见,消费者对服务的信息需求较高,即对在线购物的商家服务缺乏足够的信任,商家可以通过宣传其服务政策来增强信任。

可见,基于语义视角挖掘评论文本中蕴含的消费者信息需求,并对需求进行分析,可以加深对消费者信息需求的理解,对在线评论系统的设计、在线零售商产品销售都具有重要意义。

对在线零售商来说,了解消费者对产品的关注内容,就可通过在产品展示页中公开相应的信息来响应消费者,制定更有针对性的营销策略。对评论系统设计者来说,可以制定更为灵活的评论引导机制。通过对商品前期评论的挖掘,发现评论的有用性影响因素,在后期顾客发表评论时,可引导这些顾客发表某方面的体验,提升后续顾客使用评论系统的满意度,增强在线销售平台的竞争力。

参考文献:

[1] Pavlou P A, Dimoka A. The nature and role of feedback text comments in online marketplaces: Implications for trust building, price premiums, and seller differentiation[J]. Information Systems Research, 2006, 17(4): 392 – 414.

[2] 张紫琼,叶强,李一军. 互联网商品评论情感分析研究综述[J]. 管理科学学报,2010

(6): 84-96.
[3] Duan Wenjing, Gu Bin, Whinston A B. Do online reviews matter? – An empirical investigation of panel data[J]. Decision Support Systems, 2008, 45(4): 1007-1016.
[4] Liu Yong. Word of mouth for movies: Its dynamics and impact on box office revenue[J]. Journal of Marketing, 2006, 70(3): 74-89.
[5] Li Xinxin, Hitt L M. Self-selection and information role of online product reviews[J]. Information Systems Research, 2008, 19(4): 456-474.
[6] Hu Nan, Bose I, Gao Yunjun, et al. Manipulation in digital word-of-mouth: A reality check for book reviews[J]. Decision Support Systems. 2011, 50(3): 627-635.
[7] Hu Nan, Liu Ling, Sambamurthy V. Fraud detection in online consumer reviews[J]. Decision Support Systems, 2011, 50(3): 614-626.
[8] Chen Yubo, Xie Jinghong. Online consumer review: Word-of-mouth as a news element of marketing communication mix[J]. Management Science, 2008, 54(3): 477-491.
[9] Mudambi S M, Schuff D. What makes a helpful online review? A study of customer reviews on amazon.com[J]. MIS Quarterly, 2010, 34(1): 185-200.
[10] 郝媛媛, 叶强, 李一军. 基于影评数据的在线评论有用性影响因素研究[J]. 管理科学学报, 2010(8): 78-96.
[11] Cao Qing, Duan Weijing, Gan Qiwei. Exploring determinants of voting for the "helpfulness" of online user reviews: A text mining approach[J]. Decision Support Systems, 2011, 50(2): 511-521.
[12] 吴科, 石冰, 卢军, 等. 基于文本集密度的特征选择与权重计算方案[J]. 中文信息学报, 2004(1): 42-47.
[13] Kaiser H F. An index of factorial simplicity[J]. Psychometrika, 1974, 39(1): 31-36.

作者简介

陈江涛, 男, 1980年生, 讲师, 博士研究生, 发表论文4篇。
张金隆, 男, 1952年生, 教授, 博士生导师, 发表论文120余篇。
张亚军, 男, 1984年生, 博士研究生。

网络社区在线评论有用性影响模型研究[*]
——基于信息采纳与社会网络视角

殷国鹏　刘雯雯　祝　珊

(对外经济贸易大学信息学院　北京　100029)

摘　要　以信息采纳理论为研究框架,探讨消费者在购买决策中采纳与接受在线评论信息(亦即在线评论有用性)的两类影响因素——评论本身特征、评论者要素,并结合社会网络视角构建在线评论有用性影响模型及研究假设。之后,以豆瓣网数据进行理论模型的实证分析。结果表明:评论长度与在线评论有用性为正相关关系,评论星级极端性与在线评论有用性则为负相关关系;评论者中心度与在线评论有用性之间为倒U型关系,评论者历史发表数量、参加群组情况与在线评论有用性之间关系未得到足够的实证支持。

关键词　网络社区　在线评论有用性　信息采纳理论　评论者特征　社会网络

分类号　G203

1　引　言

口碑有着很深的历史渊源,《现代汉语词典》对于成语"口碑载道"的解释是:形容群众到处都在称赞。可见口碑不是一个新兴产物,而是一种人与人之间的信息传播方式。近几年来,博客、社交网络、消费评论聚合(如大众点评)等虚拟网络社区迅猛发展,人们可以在互联网上发表自己的观点,阅读并回应他人发表的意见,使得传统意义上的口碑发展到了网络口碑(online word of mouth)[1]。网络口碑逐渐成为消费者获取产品或服务信息的重要渠道[1-2],能够跨越地理与时间限制[3-4],也被互联网赋予了许多新的特殊属性,从而为企

---

[*] 本文系国家自然科学基金项目"社会性网络服务持续使用理论模型及实证研究"(项目编号:70901020)和对外经济贸易大学"211工程"三期建设学术创新团队资助项目"新兴电子商务参与者行为规律研究"(项目编号:CXTD1-09)研究成果之一。

业营销实践以及信息科学研究带来了新的生机与挑战[5-7]。

在线评论(online reviews)是网络口碑的一种重要形式,一般指潜在、实际或之前的消费者对产品或公司任何正面或负面的评论,并通过在线方式传递给大众群体,促进消费者之间的信息交互[8-9]。目前,绝大多数电子商务网站、社区型网站均提供对于产品或服务的评级、撰写评论等功能。国际知名调查机构木星研究公司分析显示,3/4以上的网民在线购买产品之前会参考其他用户撰写的在线评论,绝大多数企业认为在线用户评论是消费决策中的决定性因素之一。

关于网络口碑(在线评论)研究主要从三方面展开:一是网络口碑的发出;二是网络口碑的传播;三是网络口碑的接受与影响。在线评论有用性问题自然属于接受与影响研究范畴,此领域文献大多探讨在线评论对于产品/服务销售的影响效应[10-13]。然而,已有文献大多是在聚合层面研究在线评论与销售收入之间的关系[10],却忽略在线评论被阅读者采纳接受、感知价值进而影响购物决策的复杂过程[1,13-15],故需要从微观层面研究什么样的在线评论对消费者决策更有用[7,10,16-17]。

鉴于上述原因,本文在已有文献基础上,基于信息采纳与社会网络理论视角探讨消费者在购买决策中采纳与接受在线评论信息(亦即在线评论有用性)的两类影响因素——评论本身特征、评论者要素,进而构建在线评论有用性影响模型与理论假设;另一方面,豆瓣网属于典型的网络社区,可为分析验证理论模型提供独特的实证研究情境,并且进一步丰富与改善理论模型研究。

2 文献综述与理论基础

2.1 在线评论有用性概念界定

Mudambi 较早明确提出了在线评论有用性概念(helpfulness of online review)[16],对消费者在购物决策中对于在线评论信息的采纳程度与感知价值进行衡量,这就与以往信息科学研究中信息诊断力之间具有较好的理论一致性[16,18]。目前,不少电子商务网站、社区型网站在提供撰写在线评论功能的同时,也设置"有用/无用"投票选项,并会向浏览用户显示有用投票比例。在线评论有用性是考察在线评论质量的重要指标,较高的有用性比例暗示了在线评论的可信程度与劝说效果,进而更加强烈地影响消费者购物决策[10,16,19]。

2.2 在线评论有用性的影响因素

已有在线评论有用性研究大多集中在评论本身特征影响因素,这些特征相对较为直观[15-16,20]。Mudambi[16] 从信息质量与决策不确定关系入手,研究评论星级极端性(极端性是指偏离中立态度的程度:以 1-5 星级为例,3 星代表中立态度,5 星代表正向极端,1 星代表负向极端)、评论长度对于在线有用性的直接影响,并以亚马逊网站数据进行实证分析。郝媛媛[21]在扩展国外研究的基础上,将评论题目也纳入到研究范畴中来,研究评论的内容和情感因素对评论有用性的影响。Hao 等[22]考察评论发布时间与文本特征等特征因素,结合文本挖掘方法与计量经济模型进行实证研究,并发现文本特征在影响有用性评价方面具有相同的重要作用。Cao 等[17]深入分析评论信息的文本特征,探讨基本、格式、语义三个层面特征对于在线评论有用性的影响,结果发现极端评论收到有用性投票的可能性更大,语义特征相对其他两个层面的影响作用更大。

另一方面,近来少量研究开始关注评论者特征因素,比如个体描述信息、专业知识水平以及信誉程度等[7,19,23-24]。Forman 基于信息处理理论的实证研究发现,评论者公开个体描述性信息——真实姓名、兴趣爱好、居住地点等相比较匿名者发布在线评论而言,会被消费者感知更加有用并易于接受,进而对购物决策产生更为显著的影响[19]。张玥、朱庆华通过实验研究发现,在线评论接受者与发出者之间强关系比弱关系对于在线评论有效性有更高的影响力[7]。

此外,在线评论有用性还受多重因素调节影响,如产品类型(搜索型、体验型)[16]、网站类型(机构主导、用户主导)[6]等。

2.3 信息传播与劝说效果研究

有关信息传播、劝说与影响效果研究,一直是传播学、信息学与图书情报等领域研究的热点问题[15,25-27],主要参考启发-系统式模型(Heuristic - Systematic Model, HSM)[28]、精细加工可能性模型(Elaboration Likelihood Model, ELM)[29]等理论加以解读与研究。在众多信息传播与劝说模型中,Petty 和 Cacioppo 所提出的 ELM 理论最被广泛接受与应用,它总结了人们处理与接受某一信息的两种路径:中心路径和边缘路径[29]。在中心路径下,态度改变来自于个人对信息的仔细考虑,接收者认为这些信息反映特定立场的真实意义;而在边缘路径情况下,态度改变是来自于与客体相关的某些正面或负面的线索,而不是信息本身。

近年来,国内外学者逐步应用精细加工可能性模型在网络信息传播、口碑有效性、网络信任建立等方面进行研究,从而使得信息传播与影响理论在互联网时代获得进一步发展与实践应用[7,20,25,27,30]。Sussman 和 Siegal 将精细加工可能性模型理论框架应用于在线信息传播与沟通情境,进而构建信息采纳模型(Information Adoption Model)[31],如图 1 所示:

该模型将信息影响人们决策过程看作是信息采纳过程,视信息质量为中心

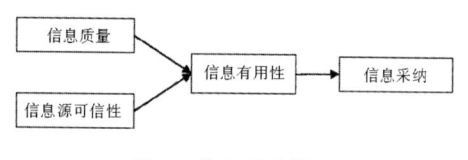

图 1　信息采纳模型

路径,信息源为边缘路径,这与本研究思路极为切合,并将作为构建研究模型的参考理论框架。

2.4　研究意义

上述文献综述表明,在线评论有用性研究有以下三方面不足:一是已有文献集中于评论本身特征,并未充分关注评论发布者因素,特别是在虚拟社区背景下评论者的社会网络方面的特征;二是已有文献在构建模型与假设过程中缺乏参考理论框架,信息传播与接受理论可以作为互联网环境下在线信息研究的重要依据;三是国内研究多是文献研究与理论构建[32],或者采用实验或问卷方法收集数据[7,26],缺乏以真实情境大样本数据为基础的实证研究。因此,已有在线评论有用性文献存在理论与实证研究空白点,同时这三个方面的不足也是本文理论与实证研究所希望予以弥补的。

3　研究假设与模型设定

3.1　理论模型框架

本文借鉴已有研究文献,以信息采纳模型为参考理论,在考虑评论本身特征之外,着重加入评论者在网络社区中的特征因素,从而构建在线评论有用性影响模型与研究假设,如图2所示:

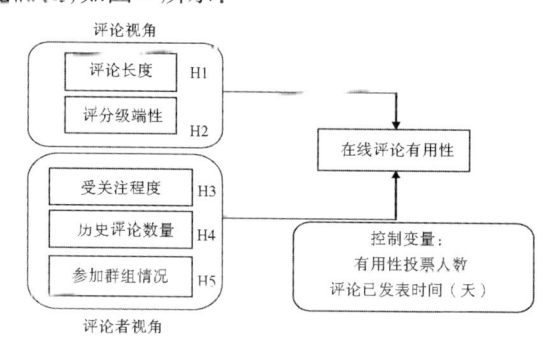

图 2　在线评论有用性影响模型框架

该理论模型在关于评论本身特征方面,选择评论长度、星级极端性等指标;在关于评论者因素方面,结合网络社区特性,选择中心度(以受关注度衡量)、历史评论发表数量以及参加群组数量等指标。下述3.2、3.3节将详述研究模型及假设构建过程。

3.2 评论本身特征

信息传播与接受相关理论表明,消费者在进行购买决策时,所能获得的产品质量、商家信誉等信息往往是不完全的,需要通过信息的搜寻来降低这种不确定性[29,31]。Chevalier和Mayzlin的研究表明,评论长度暗示了消费者会阅读具体评论内容而不是依赖于查看评论星级汇总数据[11]。在线评论长度可能会刺激评论阅读者进行浏览,加深或改变原有感知,提高对产品或服务的认知度,抵消用户的不确定性[16]。Tversky的研究也表明,掌握更多的信息会增强消费者在进行决策时的信心[33]。更进一步,如果信息的获取不需要额外的搜寻成本,那么由于评论长度所带来的认知度提升会更加有益于大众消费者[34]。因此,本文提出如下研究假设:

假设1(H1):在线评论长度与消费者有用性评价之间呈现正向相关关系。

已有文献较早就关注极端评论或者包含正反两方面论证的评论对于信息诊断力(有效性)的影响,并且发现包含正反两方面的信息对于增强可信性更加有效[4,15,35]。评论星级是对评论极端性的一种反映,低星级(一星)表明评论者对产品非常负面的观点,高星级(五星)则表明评论者对产品非常正面的观点,三星通常表明一种中等的态度[19]。中等态度可能是因为态度本来是中立的,或者是正反两面的态度折中后的结果。就后一种情况来说,中等的态度其实包含了正反两方面的信息,也就说明中等评论相较于极端评论会更有用[36]。另一方面,对于电影、图书等体验型产品而言,相关实证研究发现评论星级极端性与有用性评价之间是负向相关关系,亦即中等星级的在线评论更易获得高有用性评价[16]。由于本研究对象设定为电影在线评论,本文提出如下研究假设:

假设2(H2):评论星级的极端性与消费者有用性评价之间呈现负向相关关系,亦即中等评论相对极端性评论的有用性更高。

3.3 评论者要素

根据文献综述来看,基于评论者视角的在线评论有用性研究仍属少数,且大多关注评论者的个体描述信息[19],并没有重视评论者在虚拟社区中的社会网络因素,这是在网络社区情境下考察信息传播应该予以关注的[37]。在社会网络分析中,中心性是节点特征分析的关键步骤,通过对中心性的分析,可以衡量个体在社会网络中的影响力[37-38]。Susarla在研究用户生成内容(user generated content)在扩散过程中的社会网络影响时,发现内容创建者链接的订阅者越多,那么该内容的受关注度越高[39]。由于在线评论是典型用户生成内容,有理由相信,评论者中心性会影响到其发表评论所获的有用性评分。类似豆瓣等网络社区,关注度(亦即入度中心性)过低的评论者,因其在社会网络中链接数与影响力不高,所发表评论会不易被接受。然而,若是受关注度过高的话,评论者有可能被与其意见一致或极为相左两类人群关注,这又会降低其所发表评论的有用性投票。因此,本文认为具有中等受关注度的评论者所发表的在线评论会得到较高的有用性评价,进而提出如下研究假设。

假设3(H3):评论者受关注度与消费者有用性评价之间呈现倒 U 型关系,亦即受关注度处于中等水平的评论者发表评论更易获得较高的有用性评价。

精细加工可能性模型、信息采纳理论均表明,当信息质量不容易判定时,信息阅读者往往会参考发出者的可信度,进而间接感知信息价值并考虑是否接受[20,30,40]。因此,评论者可信度是影响其发表评论的有用性的关键因素之一,对于该评论获得消费者的有用性评价会产生较重要影响。网络社区相关研究表明,发帖数量与频率既是衡量用户活跃度的重要指标,也在一定程度上反映了该用户发布信息对于其他用户的态度与观点更加具有正向影响[41]。Forman、Hu 关于在线评论的研究也发现,评论者有关信息越丰富,越可以使得消费者了解信息源特征,进而增加评论者的可信度[19,23]。类似于豆瓣等网络社区,评论者历史评论数量可以很好地衡量其专业知识水平与可信度,从而影响其发表在线评论的有用性评价。因此,本文提出如下研究假设:

假设4(H4):评论者的历史评论数量与消费者有用性评价之间呈现正向相关关系。

信息采纳理论认为,在边缘路径下信息阅读者会更多地根据社会线索来理解、接受信息内容[42]。在线评论发布者透露的社会线索越多,阅读者就越容易将其与自身进行比较。评论者在网络社区中的曝光度是反映社会线索的重要指标,并会对其所发表评论的有用性评价产生正向影响[13,23]。在豆瓣等网络社区中,群组是网站重要功能之一,每一群组均有自己的主题与兴趣爱好。评论者作为在线社区中的一员,会加入到不同的群组之中,从而也拥有各自不同、又有重叠的社会网络。根据社会理论中的"弱连接"理论[43],群组中组员间的关系属于"弱连接",他们可以同时处于多个不同的社会网络中,在不同社会网络中的地位和影响也不同[44]。因此,有理由推测评论者参加群组数越多,所发表评论越容易为消费者所认可,进而提出如下研究假设:

假设5(H5):评论者参加群组数与消费者有用性评价之间呈现正向相关关系。

3.4 变量与模型设定

为了更好地检验上述研究假设,本文构建如下的回归模型:

Helpfulness% = β_0 + β_1Ln(Total Vote) + β_2Ln(Elapsed Date) + β_3Rating + β_4Rating^2 + β_5Ln(Review Length) + β_6Ln(Be Attention) + β_7(Ln(Be Attention))^2 + β_8Ln(Groups) + β_9Ln(History Review Volume) + ε　　（公式1）

该回归模型对部分变量采用对数变换,以弱化模型可能出现的异方差和偏态性,避免计量单位不同及变量异常值所造成的影响。上述回归模型包括三个方面的影响因素:控制变量、评论因素、评论者因素,在数据分析时将会分块逐步进入回归方程。该模型因变量当然是在线评论有用性,采用网站所提供的评论有用性投票比例(有用投票数/总投票数)为测量指标。如表1所示:

表1　变量解释说明

因素类别	变量名称	变量中文名称
因变量	helpfulness%	评论有用性百分比
控制变量	total vote	有用性投票总数
	elapsed date	评论已发表时间
评论因素	rating、rating^2	评论星级/评论星级平方
	review length	评论长度
评论者因素	be attention	评论者受关注程度
	groups	评论者参加群组数量
	history review volume	评论者历史评论数量

由于评论有用性是一个比例数值,因此需要将有用性投票总数作为控制变量加入回归模型[19],根据已有研究,评论发表时长作为控制变量加入回归模型,以评论发表之日起至抓取数据时历经天数衡量。

就评论因素而言,为了检验评论极端性与评论有用性的影响关系,将评论星级、评论星级的平方加入回归模型。计算评论全文的字数来衡量评论长度。对于评论者因素,评论者的受关注度以其在网络社区中被关注的用户数量进行衡量,评论者参加群组数量、历史评论数量均采用网络社区中的真实数据。

本研究会采用 Tobit 计量模型进行回归分析,一方面由于回归模型之中因变量(评论有用性)的截取特性,取值范围被严格界定——"有用"或者"无用"。比如,消费者无法对于某在线评论投票"有损于"(比"无用"更差一些)购买决策;另一方面,该样本具有内在有偏性,网络社区并不收集已阅读评论的人数,仅包括进行投票的总人数以及投票有用的人数。亦即,已阅读评论用户可能认为该评论有用,但却并未进行有用性投票。

4 研究方法

4.1 数据收集

使用网络爬虫工具包,从 2010 年上映电影中随机选择 12 部电影,覆盖剧情、动作、爱情、喜剧、惊悚等类型,并抓取豆瓣上在线评论相关数据。作者抓取每部电影的前 400 条评论,基本覆盖该部电影 90% 以上的评论,剩余评论几乎未收到有用性评价。时间跨度从该部电影出现首条评论开始,到 2011 年 3 月为止。每条在线评论抓取的详细字段见表 1。

4.2 样本描述性统计

对于抓取到的 8 000 条评论信息,去除已注销账号评论者所发表的评论、少于 1 条有用性投票的评论等,最终筛选取得 2 528 条有效样本。样本的描述性统计如表 2 所示:

表 2 样本描述性统计

变量	最小值	最大值	均值	标准差
评论有用性百分比	38	100	83.0	12.7
评论星级	1	5	4.12	0.80
评论已发表时间(天数)	0	245	94	43.57
有用性投票总数	1	2 146	20.9	130.70
评论长度(字数)	16	4 961	1 261.31	1 037.02
评论者受关注程度(人数)	10 334	5 148	234.55	591.06
评论者参加群组数量	0	251	53.75	68.82
评论者历史评论数量	0	786	22 079	63.03

5 数据分析与结果讨论

5.1 数据分析

本文使用 Tobit 回归模型分析在线评论有用性的影响模型及研究假设。通过 Stata 统计软件的嵌套模型功能,将控制变量、评论本身特征、评论者要素逐步加入到回归模型,从而有助于分析不同类别因素对于评论有用性的解释能力。似然比(Log likelihood)和伪 R^2 系数(McFadden' R^2)被用作回归模型的拟合优度检验[16-17]。

表3展示了三个Tobit回归模型,从McFadden's R^2 来看拟合系数不断增加,F统计量以及似然比均通过显著性检验。结果初步表明,随着解释变量的加入,模型1至模型3的解释能力在显著性提升。

表3 Tobit模型汇总

模型	伪R^2系数	F统计量	似然比
模型1	0.082	106.98*	320.2*
模型2	0.168	136.31*	329.67*
模型3	0.173	4.71*	18.43*

显著性水平*:$p<0.05$

表4进一步详细展示三个Tobit回归模型分析结果,在模型1中仅加入两个控制变量,分别是评论发表时长(Ln(elapsed date))以及有用性总投票数(Ln(total vote))。模型1结果显示评论发表时长与有用性评分呈负相关关系,总投票数与有用性评分呈负相关关系,并且在加入其他自变量后仍然通过显著性检验。

表4 Tobit回归分析结果

	模型1	模型2	模型3
Ln(elapsed date)	-2.48*	-2.59*	-2.80*
Ln(total vote)	-2.94*	-2.87*	-2.42*
rating	-	10.57*	11.84*
rating^2	-	-4.12*	-4.26*
Ln(review length)	-	2.12*	2.10*
Ln(be attention)	-	-	2.15*
(Ln(be attention))^2	-	-	-0.35*
Ln(history review volume)	-	-	0.72^{ns}
Ln(groups)	-	-	0.30+

显著性水平*:$p<0.05$;+:$p<0.1$;ns:不显著

在模型2开始加入评论本身因素,包括评论长度(review length)、评论星级(rating)、评论星级平方值(rating^2)三个自变量。评论长度与其有用性的影响系数为正,研究假设H1初步得到验证。在模型2中,评论星级的回归系数为正、评论星级平方值的回归系数为负,进而验证了极端评论有用性会低于中等评论,研究假设 H2 得到初步验证。

在模型 3 中,添加评论者因素的相关变量,评论者受关注度(Ln(be attention))、评论者受关注度平方值(Ln(be attention)^2)、评论者历史发表数量(history review volume)、评论者参加群组数(groups)4 个变量。评论者受关注度、评论者受关注度平方的回归系数一正一负,并且均通过显著性检验,亦即评论星级与有用性评价之间呈现一种倒 U 形关系。因此,受关注度处于中等水平的评论者所做的在线评论更易于获得较高的有用性评价,研究假设 H3 得到实证支持。评论者历史数量与评论有用性的回归系数没有通过显著性检验,研究假设 H4 并未得到验证。评论者参加群组数的回归系数的显著性水平小于 0.1,研究假设 H5 得到较弱的实证支持。此外,在加入评论者因素后,评论本身特征的回归系数仍然通过显著性检验,研究假设 H1、H2 获得进一步实证支持。本文研究假设及验证结果总结如表 5 所示:

表5 研究假设验证总结

	研究假设	验证结果
H1	评论长度与在线评论有用性呈现正向相关关系	支持
H2	评论极端性与在线评论有用性呈现负向相关关系	支持
H3	评论者受关注度与在线评论有用性评价之间呈现倒 U 型关系	支持
H4	评论者的历史评论数量与消费者所做有用性评价之间呈现正向相关关系	不显著
H5	评论者参加群组数与消费者所做有用性评价之间呈现正向相关关系	弱支持

5.2 结果讨论

依据实证结果,结合前述理论模型及假设,有以下几点值得讨论:

● 关于评论本身特征,极端性是被广泛研究因素之一[16,19]。本研究以电影这一体验型产品为样本数据,发现评论极端性与有用性评分之间负向相关。这一研究结论说明,消费者更加信任与接受那些具有中等评级的、相对客观的在线影评,极端评论往往可能带有更多主观色彩而不被认为有助于消费决策。评论长度是标识评论信息丰富度与诊断力的简单而重要指标,本文以体验型产品(电影)为样本数据为该结论提供实证支持。进一步研究或许可以从文本挖掘方法入手,探讨评论主观性、可读性等对评论有用性的影响效果[13,17]。

● 本文最重要的理论贡献在于考察评论者因素,特别是从社会网络视角考察评论者中心性、参与群组等重要结构指标，这在已有文献中并未得到充分研究。实证结果表明，在一定范围内评论者受关注程度正向影响其发表评论的有用性评分，但是超过一定阈值之后，可能由于不同意见社区用户的关注，进而呈现负向相关影响，亦即为倒"U"型关系。这一结果是本论文关键的实证发现与理论贡献，并且对于探讨评论者因素对于在线评论有用性的影响具有较强的借鉴价值。

● 在评论者因素中，历史评论数量、参加群组数量与在线评论有用性的关系并未得到足够的实证支持，相对而言较为出乎意料。已有文献证实评论者可信度、曝光度会影响其所发表评论的有用性评价[10,23,45]，这就为作者在下一步研究中细化模型、改善实证设计提供了重要启示。比如，可以运用访谈、焦点组等定性方法分析社区用户浏览行为模式，以分析评论者特征对于评论有用性的影响机理。

6 结论与进一步研究

本文以信息采纳与社会网络为理论视角，从评论本身特征及评论者要素两方面考察在线评论有用性的影响因素，进而构建在线评论有用性影响模型及研究假设。另一方面，本文选择在中国广泛使用的豆瓣网络社区为研究对象，运用计量模型验证理论假设。本文研究结论主要包括以下两大方面：

首先，评论本身特征仍是影响在线评论有用性的关键因素。评论长度与有用性评分呈现正相关关系，这很好地说明它是信息诊断力的重要指标。评论极端性对于在线评论有用性的解释度最高，处于中等星级的在线评论更容易获得较高的有用性评分，说明体验型产品极端性与评论有用性负相关关系具有较强的实证依据。

其次，结合社会网络视角与豆瓣网络社区数据，考察评论者中心性、参加群组等重要的结构指标。研究发现，评论者中心性（以受关注度来衡量）处于平均水平的评论者所做评论的有用性评分较高，并非越受关注的评论者所发表的评论就越有用，两者之间存在倒"U"形的解释关系。同时，历史发表评论、参加群组数量与评论有用性之间的影响关系并未得到足够的实证支持，这也为进一步研究提供了启示与空间。

本文研究当然会有一定局限，也是下一步研究的关注点。第一，本研究的采用实证数据为在线影评，属于体验型产品类别，可以考虑将搜索型产品作为对照组，为理论研究提供更为丰富的实证数据；第二，本文主要从社会网络视角来考察评论者要素，进一步研究可以考虑评论发布者、阅读者之间的社会网络特征；第三，进行追踪研究设计，以消除正反馈效应，从而把握在线评论有用性变化的动态过程。

参考文献：

[1] Li Xinxin, Hitt L M. Self – selection and information role of online product reviews [J]. Information Systems Research, 2008, 19(4):456 – 474.

[2] 郝媛媛,邹鹏,李一军,等. 基于电影面板数据的在线评论情感倾向对销售收入影响的实证研究[J]. 管理评论,2009, 21(10):95 – 103.

[3] Duan Weijing, Gu Bin, Whinston A. The dynamics of online word – of – mouth and product sales—An empirical investigation of the movie Industry [J]. Journal of Retailing, 2008, 84(2):233 – 242.

[4] Dellarocas C, Awad N F, Zhang Xiaoquan. Exploring the value of online reviews to organizations: Implications for revenue forecasting and planning [J]. Journal of Interactive Marketing, 2007, 21(4):2 – 20.

[5] Godes D, Mayzlin D. Using online conversations to study word – of – mouth communication [J]. Marketing Science, 2004, 23(4):545 – 560.

[6] 金立印. 网络口碑信息对消费者购买决策的影响:一个实验研究[J]. 经济管理, 2007, 29(22):36 – 42.

[7] 张玥,朱庆华. 信息类型和信息交流情境视角下电子口碑交流有效性要素研究[J]. 中国图书馆学报, 2011,23(4):13 – 20.

[8] Hennig – Thurau T, Gwinner K P, Walsh G, et al. Electronic word – of – mouth via consumer – opinion platforms: What motivates consumers to articulate themselves on the Internet? [J]. Journal of Interactive Marketing, 2004, 18(1):38 – 52.

[9] Sun Tao, Youn S, Wu Guohua, et al. Online word of mouth (or mouse): An exploration of its antecedents and consequences [J]. Journal of Internet Mediated Communication, 2006, 11(4):1104 – 1127.

[10] Chen Peiyu, Dhanasobhon S, Smith M D. All reviews are not created equal: The disaggregate impact of reviews on sales on amazon.com [J/OL]. [2011 – 12 – 20]. http://ssrn.com/abstract – 918083.

[11] Chevalier J A, Mayzlin D. The effect of word of mouth on sales: Online book reviews[J]. Journal of Marketing Research, 2006, 43(3):345 – 354.

[12] Clemons E K, Gao Guodong, Hitt L M. When online reviews meet hyper differentiation: A study of the craft beer industry [J]. Journal of Management Information Systems, 2006, 23(2):149 – 171.

[13] Ghose A, Ipeirotis P G. Estimating the helpfulness and economic impact of product reviews: Mining text and reviewer characteristics [J/OL]. [2011 – 12 – 20]. http://ssrn.com/abstract = 1261751.

[14] 卢向华,冯越. 网络口碑的价值—基于在线餐馆点评的实证研究[J]. 管理世界,

2009(7):126-132.

[15] 邱凌云. 网上口碑的信息效价与情感线索对说服效果的影响机制研究[J]. 营销科学学报, 2008, 4(4):32-44.

[16] Mudambi S M, Schuff D. What makes a helpful online review? A study of customer reviews on amazon.com [J]. MIS Quarterly, 2010, 34(1):185-200.

[17] Cao Qing, Duan Weijng, Gan Qiwei. Exploring determinants of voting for the "helpfulness" of online user reviews: A text mining approach [J]. Decision Support Systems, 2011, 50(2):511-521.

[18] Jiang Zhenhui, Benbasat I. Investigating the influence of the functional mechanisms of online product presentations [J]. Information Systems Research, 2007, 18(4):454-470.

[19] Forman C, Ghose A, Wiesenfeld B. Examining the relationship between reviews and sales: The role of reviewer identity disclosure in electronic markets [J]. Information Systems Research, 2008, 19(3):291-313.

[20] Cheung M Y, Luo C, Sia C L, et al. Credibility of electronic word-of-mouth: Informational and normative determinants of on-line consumer recommendations [J]. International Journal of Electronic Commerce, 2009, 13(4):9-38.

[21] 郝媛媛, 叶强, 李一军. 基于影评数据的在线评论有用性影响因素研究[J]. 管理科学学报, 2010, 13(8):78-96.

[22] Hao Yuanyuan, Zou Peng, Li Yijun. Why some online product reviews have no usefulness rating? [C]. Proceeding of Pacific Asia Conference on Information Systems. Hyderabad, India: Association for Information Systems, 2009:1-13.

[23] Hu Nan, Liu Ling, Zhang Jie. Do online reviews affect product sales? The role of reviewer characteristics and temporal effects [J]. Information Technology Management, 2008, 9(3):201-214.

[24] Pan Yue, Zhang Qnyu. Born unequal: A study of the helpfulness of user-generated product reviews [J]. Journal of Retailing, 2011.

[25] 周翔. 精致可能性模式与其在网络信息研究中的发展和应用[J]. 新闻与传播评论, 2008(12):105-109.

[26] 李宏, 喻葵, 夏景波. 负面在线评论对消费者网络购买决策的影响: 一个实验研究[J]. 情报杂志, 2011, 30(5):202-207.

[27] 周涛. 基于ELM的网上信任两阶段发展模型[J]. 图书情报工作, 2009, 53(12):133-148.

[28] Chaiken S. The Heuristic model of persuasion[J]. Social Influence, 1987(5):3-39.

[29] Petty R E, Cacioppo J T. Communication and persuasion: Central and peripheral routes to attitude change [J/OL]. [2011-12-20]. http://www.getcited.org/pub/102535229.

[30] Chu Shu, Kamal S. The effect of perceived blogger credibility and argument quality on message elaboration and brand attitudes: An exploratory study [J]. Journal of Interactive

Advertising, 2008, 8(2): 26 - 37.

[31] Sussman S W, Siegal W S. Informational influence in organizations: An integrated approach to knowledge adoption [J]. Information Systems Research, 2003, 14(1): 47 - 65.

[32] 彭岚, 周启海, 邱江涛. 消费者在线评论有用性影响因素模型研究[J]. 计算机科学, 2011, 38(8): 205 - 207.

[33] Tversky A, Kahneman D. Judgment under uncertainty: Heuristics and biases [J]. Science, 1974, 185(4157): 1124 - 1131.

[34] Johnson E J, Payne J W. Effort and accuracy in choice [J]. Management Science, 1985, 31(4): 395 - 414.

[35] Eisend M. Two - sided advertising: A meta - analysis [J]. International Journal of Research in Marketing, 2006, 23(2): 187 - 198.

[36] Krosnick J A, Boninger D S, Chuang Y C, et al. Attitude strength: One construct or many related constructs? [J]. Journal of Personality and Social Psychology, 1993, 65(6): 1132 - 1151.

[37] Smith T, Coyle J R, Lightfoot E, et al. Reconsidering models of influence: The relationship between consumer social networks and word - of - mouth effectiveness [J]. Journal of Advertising Research, 2007, 47(4): 387 - 397.

[38] 殷国鹏, 莫云生, 陈禹. 利用社会网络分析促进隐性知识管理[J]. 清华大学学报(自然科学版), 2006, 46(6): 964 - 969.

[39] Susarla A, Oh J H, Tan Yong. Social networks and the diffusion of user - generated content: Evidence from youTube [J/OL]. [2011 - 12 - 20]. http://isr. journal. informs. org/cgi/doi/10. 1287/isre. 1100. 0339.

[40] Kruglanski A W, Chen Xiaoyan, Pierro A, et al. Persuasion according to the unimodel: Implications for cancer communication [J]. Journal of Communication, 2006, 56(1): 105 - 122.

[41] 丁汉青, 王亚萍. SNS 网络空间中"意见领袖"特征之分析——以豆瓣网为例[J]. 新闻与传播研究, 2011(3): 82 - 111.

[42] Bhattacherjee A, Sanford C. Influence processes for information technology acceptance: An elaboration likelihood model [J]. MIS Quarterly, 2006, 30(4): 805 - 825.

[43] Granovetter M S. The strength of weak ties [J]. American Journal of Sociology, 1973, 78(6): 1360 - 1380.

[44] Ellison N B, Steinfield C. The benefits of facebook "Friends": Social capital and college students' use of online social network sites [J]. Journal of Computer - Mediated Communication, 2007, 12(4): 1143 - 1168.

[45] Li Mengxiang, Huang Liqiang, Tan Chuanhoo, et al. Assessing the helpfulness of online product review: A progressive experimental approach [C]. Proceeding of Pacific Asia Conference on Information Systems. Brisbane. Australia: Association for Information Systems,

2011:111-128.

作者简介

殷国鹏,男,1979年生,副教授,系主任,发表论文35篇;
刘雯雯,女,1987年生,硕士研究生,发表论文1篇;
祝　珊,女,1986年生,硕士研究生,发表论文1篇。

移动互联网环境下发表评论意愿的影响因素研究*
——一个整合模型的视角

尹敬刚 李晶 魏登柏

(武汉大学信息管理学院 武汉 430072)

摘要 移动技术与互联网技术的融合催生移动互联网的发展,在这一新技术环境下,消费者发表评论的意愿同时受到社会-心理和技术因素的影响。根据社会交换理论和技术接受模型建立一个整合的概念模型,采用问卷调查和结构方程模型进行实证研究发现,与社会-心理有关的经济回报、乐于助人对评论的意愿具有正向显著影响,执行成本具有负向影响关系;与技术有关的感知有用性对评论意愿具有正向显著影响,感知易用性的影响不显著。最后为在移动互联网环境下增加消费者评论意愿提出对策和建议。

关键词 移动互联网技术 在线评论 签到 技术接受模型
分类号 G354

1 引言

近年来,伴随互联网技术的发展,移动技术和互联网技术的不断融合为人们随时随地开展在线商务活动提供了巨大的便利。据调查显示[1],2011年第1季度我国移动互联网用户规模达到3.43亿,在整体上呈现出稳定增长的趋势。在线评论是基于互联网传播信息的一种共享模式,指购物网民发表有关购物体验的正面或负面的信息,借助网络效应让各种人群和机构看到,为其他消费者选择产品提供参考,也成为企业改进产品、提高服务质量的重要信息来源。根据CNNIC发布的报告[2],大部分用户搜索到目标商品后,除了关注商品本身的

---

* 本文系中央高校基本科研业务费用专项资金项目"基于用户视角的网络信息资源配置研究"(项目编号:201110401020007)和国家自然科学基金项目"信息资源配置影响因素和行为模式研究"(项目编号:71073118)研究成果之一。

属性外，还会浏览用户评论等商品相关信息，但是购物网民中只有29.5%的人购物后有分享购物信息的行为。由此可见，对大量潜在的网络购物者来说，与购物经验有关的评论信息是稀缺的。受到新技术以及评论需求的驱动，2010年7月，著名团购网站大众点评网推出了"Yelp + Foursquare"的新型模式，开设了"签到(check-in)"专栏，智能手机用户通过简单的操作将所在商铺的位置、感知产品或服务质量等信息通知给好友，同时大众点评网也将接收到的评论信息展示在网站上，为广大网友提供消费参考。网站联合商家为参与点评签到的消费者提供积分和购物优惠，也包括给予社区地位、头衔，增加社区人气等内在激励。对消费者来说，在消费的第一时间就能对商家的产品或服务进行打分和评论，免去了事后回忆、记录的过程，这种评论更具信服力和实效性。同时，借助于手机的多媒体功能，评论的数据粒度更为细化，实现了评论的全面性、详细性和实时性，从而为其他在线消费者提供更有质量的参考信息。可以说，通过签到发表评论体现出移动互联网技术具有的显著特点，包括移动性、便捷性、与位置相关性、私人化等，这是计算机网络技术无法比拟的。本文研究的正是在这一新技术背景下，影响消费者使用签到进行评论的驱动因素。需要说明的是，作为本文研究对象的"评论"均产生于消费者签到的过程中，不同于通过计算机终端进行的评论。本文通过向用户发放问卷收集数据，借助偏最小二乘(partial least square, PLS)结构方程建模(structural equation modeling, SEM)方法从社会-心理和移动互联网技术角度研究对网络消费者发表评论的影响，为增强消费者评论的意愿，完善电子商务网站运行的内在信用机制，促进电子商务市场良性、健康发展提供建议。

2 理论背景

在移动互联网技术环境下，消费者使用手机发表在线评论信息的动因受到社会-心理影响和技术影响。对社会-心理影响的分析广泛建立于社会交换理论之上，包括消费者行为的外在动机、内在动机和成本因素。对技术影响的分析建立在技术可接受模型(technology acceptance model, TAM)理论基础上，通过变量感知有用性(perceived usefulness)和感知易用性(perceived ease of use)来衡量消费者评论的影响因素。

2.1 社会交换理论

社会交换理论是广泛用于理解资源交换过程中的个人行为[5]，是从社会-心理视角出发理解人类互利互惠行为的主要理论。这一理论认为个人和他人交换和共享知识是希望能从这一交换过程中获得回报，并试图用最小的成本换取最大的收益[6]。研究表明在互联网上传播评论可以被视为是社会交换行为[7],消费者通过提供他们的消费经历以换取有价值的回报,这种回报可能是再次购物的优惠券或是在虚拟社区中地位的提升。根据社会交换理论,当消费者所获得的回报高于其成本付出时,消费者就会被激励进行评论[8]。社会交换理论中将成本界定为由交换行为产生的消极结果,由此会减少行为发生的频率[9]。消费者进行评论付出的成本主要是执行成本,包括耗费的时间、手机上网费等,其中时间是消费者实现效用最大化的重要约束。为了提供详细的评论信息,用户需要花费时间编辑评语,再上传到网上。此外,评论行为也需要支付一定的手机上网费用,以获得移动服务商提供的服务支持。结合动机理论更有助于对消费者的评论行为进行分析。Deci[10]等指出人们某项行为的动机包括内在的和外在的。外在动机指向的行为是对一种与自身无关的回应,包括经济回报、形象、互利互惠等因素。内在动机指的是受自身驱动去实施某项行为,这一行为本身是有趣的或在某方面确实值得去做。消费者评论的动机同样具有外在动机和内在动机。消费者能够通过评论获取由商家提供的优惠券和折扣,这是促使行为发生的外在动机;而评论能够为他人提供消费参考,通过信息的传递和共享为其他网络购物者提供有价值的、合理的建议,这是激发行为发生的内在动机。现有的研究成果也都证实了驱动消费者发表评论的主要内在动机是助人为乐[11],主要外在动机是寻求经济回报[12]。评论意愿的社会-心理影响因素模型如图1所示:

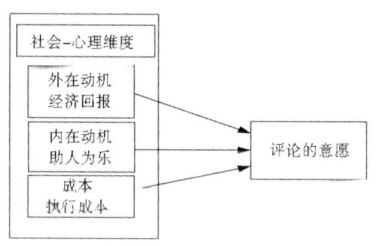

图1 社会-心理影响模型

2.2 技术可接受模型

Davis[13]从理性行为理论(theory of reasoned action,TRA)的基本假设出发,吸收了期望理论模型、自我效能理论等相关理论中的合理内核,提出了技术可接受模型,用于分析影响用户接受新的信息系统意愿的关键因素。TAM包括两个核心变量:感知易用性和感知有用性,前者是指"使用者认为使用这项技术的容易程度",后者是指"使用者认为使用这项技术能够提高其工作绩效的程度",

这两个因素共同影响了用户"对技术的意愿",其中感知有用性对感知易用性具有正向显著影响。近年来,TAM 广泛应用于移动商务的研究中[14-15],不仅用于测量技术的工具性功能,也用于衡量用户使用技术过程中的娱乐价值感(hedonic value)和沉浸感(immersive value)[16]。本文中,消费者应用签到进行评论的行为受到移动互联网技术条件的影响,技术条件是否具备对消费者的意愿具有积极或消极的作用。本文选取感知易用性和感知有用性两个变量来解释技术条件。评论意愿的技术影响因素模型如图 2 所示：

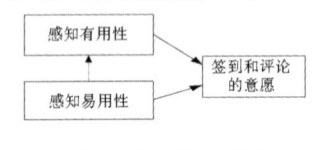

图 2　技术影响模型

3　概念模型与假设

本文在社会交换理论和 TAM 理论基础上提出移动互联网环境下消费者评论意愿影响的一个整合概念模型,如图 3 所示：

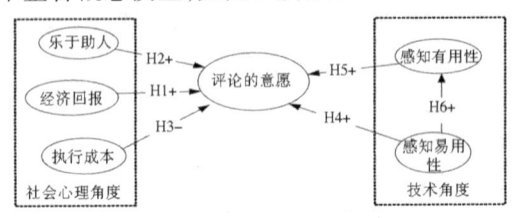

图 3　共享意愿动因的概念模型

3.1　经济回报

根据社会交换理论,经济回报是增加人们参与和实施某项行为的外在动力[17],大众点评网为消费者参与签到评论信息共享提供优惠券和折扣等,带给参与者实在的经济回报。因此可以认为网站给消费者提供的经济回报越大,消费者参与评论的动力越大,经济回报与消费者评论的意愿之间存在正向相关的关系。因此,假设：

H1:经济回报对评论的意愿具有正向显著性影响。

3.2　助人为乐

助人为乐是我国文化的传统和社会道德准则,承袭到互联网虚拟环境中指网民不计回报地通过各种途径帮助其他在线者,在实现他人效用最大化的同时也因自身价值得到了体现而获得满足感[18],特别是在人们感觉到自身行为能对他人产生帮助时这种满足感更为强烈。评论能够帮助其他消费者形成有关产品和服务的全面认识,而这种认知是通过广告等其他途径无法获得的[19],因此,消费者可能会选择与在线的其他网民共享有关产品或服务的正面或负面的消费经历,以此帮助其他消费者了解该商家的情况[20],在帮助他人成功购物的同时获得内心的快乐[21]。因此,假设:

H2:助人为乐对评论的意愿具有正向显著性影响。

3.3 执行成本

消费者发表在线评论需要将他们的购物体验、对购物的隐性态度转化为显性的明确表达,这一过程需要耗费时间成本,而且评论得越详细所需要的时间越长。此外,评论功能的实现需要手机用户支付上网费用才能使用,这也会产生成本,而用户如果将上述时间用于其他事情上也许能够获得更显著的回报和收益,这就产生了机会成本[22]。已有文献也表明时间耗费是阻碍知识共享的重要因素[23]。本文将这一系列成本概括为执行成本,消费者耗费的执行成本越高,评论的意愿越小,因此假设:

H3:执行成本对评论的意愿具有负向显著性影响。

3.4 感知有用性和感知易用性

根据 TAM 理论,人们在自愿接受的情况下对新技术的感知有用性和感知易用性共同决定了采纳该项新技术的意愿,其中感知易用性对感知有用性具有正向相关的影响。对使用手机进行评论的技术的感知有用性是指手机用户感觉通过手机操作是否能够准确、有效地表达评论以帮助其他在线消费者优化购买决策。使用手机进行评论的技术的感知易用性是指手机用户感觉与手机界面的交互实现评论是否简单方便。消费者感知有用性和感知易用性越强烈,评论的意愿越强。由此,提出假设:

H4:感知易用性对评论的意愿具有正向相关的显著影响。
H5:感知有用性对评论的意愿具有正向相关的显著影响。
H6:感知易用性对感知有用性具有正向相关的显著影响。

4 实证研究

本文通过实地走访和发放问卷的方法,使用 SPSS 和 SmartPLS2.0 软件处理和分析数据,利用 PLS 建立结构化模型来验证上述概念模型(见图3)。PLS 是基于因子分析的结构方程建模技术,是近年来广泛使用的多元统计数据分析方法。

4.1 变量设计与测度

研究模型包括5个潜在变量,每个潜在变量都由2-4个观测变量组成,所有的观测变量的设计都来自于已有的文献,以保证变量测量内容效度[24]。根据对各变量的操作性定义做了相应改动后形成本研究环境下的量表,其中与社会-心理影响有关的三个变量"助人为乐"、"经济回报"和"执行成本"分别改编自 Bock[25]和 You Tong[26];与技术影响有关的两个变量"感知易用性"和"感知有用性"量表参考了 Davis[13]的文献;独立变量"评论的意愿"改编自 Klopping[27]的文献。变量及题项确定后,制作问卷首先进行预调查,根据反馈,慎重修改了部分表述并增加了对一些术语的解释,使问卷更容易理解。问卷中的每个题项都由7点里克特量表组成,答题的范围选择是"强烈不同意"(1)到"强烈同意"(7)。

4.2 数据收集

笔者在问卷星平台上公布问卷,通过网民自愿填写的方式收集数据。在线调查网站提供自动筛选功能,能够提高问卷的回复率和有效性。问卷收集工作持续了约10周的时间,收到有效问卷387份,实际有效问卷大于理论需要的有效样本量。

4.3 样本特征分析

被调查对象的基本信息如表1所示:

表1 被调查对象基本信息统计

	分类	数量	百分比(%)
性别	男性	159	41.1
	女性	228	58.9
年龄	18-30岁	279	72.1
	31-40岁	99	25.6
	41-50岁	9	2.3
	50岁以上	0	0
网络购物经历	1年以下	36	9.3
	1-2年	99	25.6
	2-3年	102	26.4
	3年以上	150	38.8

续表

分类		数量	百分比(%)
使用手机上网经历	1年以下	33	8.5
	1-2年	114	29.5
	2-3年	111	28.7
	3年以上	129	33.3
对大众点评网签到评论的认识	进行过签到和评论	114	29.5
	了解,看过签到栏目上的评论信息	210	54.3
	听说过	3	0.8
	不了解	60	15.5
使用手机评论的便捷性认识	与使用计算机途径一样	45	11.6
	优于计算机途径	288	74.4
	不如计算机途径	36	9.3
	不清楚	18	4.7
使用手机评论的安全性认识	与使用计算机途径一样	117	30.2
	优于计算机途径	180	46.5
	不如计算机途径	66	17.1
	不清楚	24	6.2
使用手机评论的效果认识	与使用计算机途径一样	120	31.0
	优于计算机途径	195	50.4
	不如计算机途径	45	11.6
	不清楚	27	7.0

由表1可知,男女比例分别占41%和59%,女性略多于男性。从年龄分布上看,集中于18-30岁的年轻人,占到全部被调查人数的72%。此外,超过90%的被调查者使用手机上网,62%的被调查者具有2年以上的网络购物经历。有29%的被调查者了解大众点评网并体验过其签到评论服务,54%的被调查者了解或听说过大众点评网的签到评论服务。在发表评论的便捷性方面,74%的被调查者认为手机优于计算机。在发表评论的安全性方面,47%的被调查者认为使用手机比计算机更安全。在效果实现方面,50%的被调查者认为手机优于计算机。

4.4 测量模型有效性分析

测量模型有效性分析主要涉及问卷的信度和效度检验。信度是指问卷的可靠性或稳定性,本文采用内部一致性信度,得到组合效度(composite reliability,CR)与Cronbach Alpha系数。一般来说,CR值与Cronbach Alpha系数达到0.7即表明具有良好的内部一致性信度。表2反映了平均变异量提取值(AVE)、Cronbach Alpha系数和CR值:

表2 验证性因子分析

变量	题项数	AVE	Cronbach Alpha	CR
经济回报	2	0.840	0.811	0.913
执行成本	3	0.844	0.908	0.942
助人为乐	4	0.773	0.902	0.931
意愿	3	0.843	0.907	0.941
感知易用性	4	0.778	0.905	0.933
感知有用性	5	0.694	0.889	0.919

由表2可知,所有的CR值和Cronbach Alpha系数都大于0.8,同时各变量的AVE值也达到最低门槛0.5。

效度考察测量的准确性,包括内容效度和建构效度。由于该量表中所有的变量和题项均来自前人研究的成果,因此可以认为是具有内容效度的[24]。构建效度又分为区分效度和收敛效度。一般认为,每一个变量AVE值的平方根值大于该变量与其它变量之间的相关系数值(见表3)以及相对于其它变量的低因子载荷系数而言,每一变量的组成因子有较高的载荷系数(见表4),说明测量模型具有较高的收敛效度和区分效度。

表3 变量间相关系数与AVE平方根

变量	经济回报	执行成本	乐于助人	意愿	感知易用性	感知有用性
经济回报	0.917					
执行成本	-0.121	0.919				
乐于助人	0.442	-0.308	0.879			
意愿	0.439	-0.361	0.605	0.918		
感知易用性	0.488	-0.234	0.647	0.598	0.882	
感知有用性	0.478	-0.289	0.689	0.700	0.767	0.833

注:变量相关系数矩阵中对角线上的值是AVE平方根

表4 交叉载荷系数

变量	经济回报	执行成本	乐于助人	意愿	感知易用性	感知有用性
经济回报1	0.929	-0.136	0.413	0.429	0.461	0.403
经济回报2	0.904	-0.082	0.398	0.372	0.432	0.478
执行成本1	-0.076	0.914	-0.289	-0.369	-0.260	-0.254
执行成本2	-0.146	0.935	-0.305	-0.322	-0.193	-0.253
执行成本3	-0.117	0.908	-0.250	-0.297	-0.182	-0.294
乐于助人1	0.434	-0.262	0.897	0.556	0.589	0.608
乐于助人2	0.336	-0.275	0.891	0.538	0.533	0.605
乐于助人3	0.436	-0.279	0.884	0.546	0.591	0.623
乐于助人4	0.344	-0.265	0.843	0.484	0.562	0.588
意愿1	0.385	-0.355	0.542	0.910	0.587	0.712
意愿2	0.420	-0.298	0.598	0.907	0.507	0.579
意愿3	0.405	-0.338	0.529	0.937	0.546	0.628
感知易用性1	0.469	-0.203	0.580	0.542	0.923	0.712
感知易用性2	0.477	-0.161	0.584	0.545	0.880	0.705
感知易用性3	0.367	-0.222	0.607	0.536	0.891	0.665
感知易用性4	0.405	-0.246	0.508	0.483	0.832	0.619
感知有用性1	0.497	-0.151	0.610	0.567	0.679	0.836
感知有用性2	0.389	-0.215	0.487	0.561	0.606	0.842
感知有用性3	0.334	-0.208	0.586	0.600	0.630	0.875
感知有用性4	0.391	-0.335	0.585	0.517	0.623	0.766
感知有用性5	0.378	-0.299	0.598	0.661	0.652	0.842

4.5 PLS结构模型结果

笔者在验证结构模型时进行了1 000个样本下的自抽样,由此获得各假设因果关系的T值。由图4可知,除了感知易用性与评论的意愿之间的假设关系没有通过显著性检验以外,其它变量之间的路径关系都具有显著性。为了消除样本特征对本项研究的影响,笔者也测量了控制变量(年龄、在大众点评网签到评论的经历、网络购物的经历、手机上网的经历)与模型中意愿之间的路径关系,结果表明被调查者的年龄对评论意愿具有显著的正向关系,因为调查对象是以年轻人为主,因此这种由样本产生的作用关系是存在的。除此之外,被调查者在大众点评网上签到评论的经历、网络购物的经历、手机上网的经历对意愿都不具有显著性影响。图4中标识出控制变量及具有显著影响的路径关系,模型中各变量对评论的意愿具有较强的解释力($R^2=0.55$)。

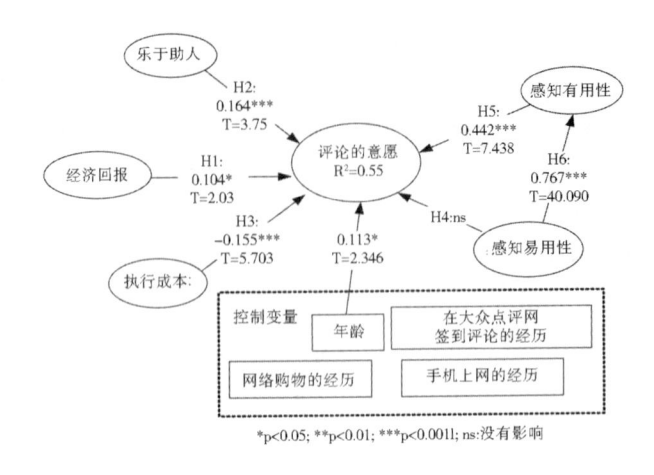

图 4　PLS 结构模型测量结果

5　结论与建议

Smart PLS 分析的结果表明,乐于助人、经济回报、感知有用性对评论意愿具有正向显著影响,执行成本对评论意愿具有负向显著影响,感知易用性对评论意愿影响不显著。

从社会－心理角度分析,希望帮助他人是评论意愿最重要的影响因素,因此购物网站评论栏目的设计应该更能够反映消费者这种助人为乐的心理需求。如可以在签到栏目内设一个子专栏,允许人们自由发布关于某一产品的评论需求,这样有购买此产品经验的消费者就容易感觉自己发表评论的价值,在回答问题时就更容易产生帮助他人的愉悦感,也就更愿意发表有关产品的评论。网站可以将提出评论需求最多的产品在专栏中突显出来或提到网站首页,以激发消费者帮助他人的内在满足感。

其次,研究表明评论带来的经济回报在一定程度上会对行为意愿产生影响。因此,网站应充分发挥网络效应和签到产生的消费者与商家的"黏度"效果,联合商家对积极参与评论的消费者提供优惠券或打折卡等活动,既增强了消费者评论的意愿,也增强了顾客忠诚度,为商家发展了客户资源。此外,网站还可以定期邀请网民评选出优质评论并展示在网站的显著位置以鼓励评论者,也可以组织专门的评论奖励活动,一方面扩大网站的知名度和影响力;另一方面促进消费者产生评论的意愿。

再次,研究发现执行成本越高,消费者签到和发表评论的意愿越小,消费者会因为花费的时间成本、精力耗费过高而不愿参与评论。网站可以设计一个简单的模板,包括消费环境、服务态度、价格、产品质量感知等项,评论者只需要操作手机按键从下拉列表中选择该系统默认模板,选择要评论的产品并依次填写相应特征就可以完成评论,这种结构化评论不仅提高了评论的有效性和质量,也便于日后进行文本提取、数据分析、产品评级等,并大大减少了消费者因为构思表述而耗费的时间和精力,从而增加参与评论的意愿。

从技术角度分析,感知有用性对评论的意愿具有积极的显著性影响,就是消费者如果能感受到移动互联网技术能够更好地实现优化他人购买决策的目标,就会产生评论的意愿。实际上信息技术与信息内容是一个统一体,人们利用移动互联网技术越能够实现既定评论效果,就越会增加使用这种技术进行评论的意愿。对被调查者认知度的调查显示,大多数人认为与计算机相比,使用手机评论更便捷、更有效、更安全。这表明大部分人对将移动互联网技术应用于商品评论及其体现出的价值是认可的,由此可见,在用户评论方面,移动互联网技术具有良好的用户信任基础和广阔的应用前景。

研究表明,感知易用性对评论意愿的正向影响没有通过假设检验,这与之前一些实证的研究结论不一致。本文认为这一结果可能受到实际使用大众点评网评论功能的用户数量影响。样本显示,真正使用过这些功能的被调查者仅占 29.5%,可能因此会对感知易用性与意愿之间的关系产生一定的影响。此外,也有研究表明感知易用性在系统使用的不同阶段对意愿呈现出不同程度的显著性影响[29]。但是结合本文对被调查对象的认知度调查可以看出,手机技术"方便性"的重要性还是受到广泛认可的。此外,研究也证明了感知易用性对感知有用性具有积极的显著影响,表明移动互联网技术在评论的使用中越方便,人们就会觉得它越有用。

6 不足与展望

将互联网技术和移动技术应用于电子商务领域,为移动消费者提供基于地理位置的服务在中国才刚刚起步,团购网站应用基于 Foursquare 的签到技术还处于尝试阶段,尚不成熟,也尚未形成具有本土化的商业模式。本文旨在讨论在这种移动互联网环境下影响消费者评论意愿的关键因素,并结合这一环境提出增强移动用户评论意愿的对策。作为一项实证研究,本文存在一些不足之处,这些不足之处也为将来的研究提供了方向:①由于篇幅所限,本文没有研究信任因素对消费者评论的影响,而信任在移动互联网环境中也具有重要的影响作用。②本文没有细化移动互联网技术在易用性方面对消费者评论的影响,包括其具有的移动性、兼容性(compatibility)、可获得性、便利性等,未来可以进一步比较其与计算机互联网技术的不同来研究移动互联网技术中的哪些特征对意愿的影响最为关键以及利用计算机终端与移动终端发表评论的关联性。③本文没有考虑关于评论的文本挖掘和质量控制问题,这一点可以在未来研究中进一步深化。

参考文献:

[1] 我国移动互联网用户规模达 3.4 亿[EB/OL]. [2011 - 06 - 20]. http://news.xinhuanet.com/internet/2009-10/28/content_12345745.htm.

[2] CNNIC. 2010 年中国网络购物市场研究报告[EB/OL]. [2011 - 05 - 19]. http://www.showdoc.cn/view/viewdetail.php? docid = 17421.

[3] Heijden H, Verhagen T, Creemers M. Understanding online purchase intentions: Contributions from technology and trust perspectives [J]. European Journal of Information Systems, 2003,12(1):41 - 48.

[4] Jarvenpaa S, Staples D. The use of collaborative electronic media for information sharing: An exploratory study of determinants? [J]. Journal of Strategic Information Systems, 2000, 9(2 - 3):129 - 154.

[5] Cook K, Whitmeyer J. Two approaches to social structure: Exchange theory and network analysis[J]. Annual Review of Sociology, 1992,18:109 - 127.

[6] Kankanhalli A, Tan B, Wei K. Contributing knowledge to electronic knowledge repositories: An empirical investigation? [J]. MIS Quarterly, 2005,29(1): 113 - 143.

[7] Frenzen J, Nakamoto K. Structure, cooperation and the flow of market information[J]. Journal of Consumer Research, 1993, 20(3): 360 - 375.

[8] Sohn D. Interactive media and social exchange of market information [D]. Texas: University of Texas, 2005.

[9] Molm L. Coercive power in social exchange [M]. New York: Cambridge University Press, 1997.

[10] Deci E, Ryan R. The empirical exploration of intrinsic motivational processes? [J]. Advances in Experimental Social Psychology,1980(13):39 - 80.

[11] Lee M, Cheung C, Lim K, et al. Understanding customer knowledge sharing in web-based discussion boards [J]. Internet Research,2006,16(3):289 - 303.

[12] 张晓燕. 大学生在线产品评价参与意向影响因素的实证研究[D]. 重庆:重庆大学,2008.

[13] Davis F. Perceived usefulness, perceived ease of use, and user acceptance of information technology [J]. MIS Quarterly, 1989,13(3): 318 - 339.

[14] Luarn P, Lin H H. Toward an understanding of the behavioral intention to use mobile banking [J]. Computers in Human Behavior,2005,21(6):873 - 891.

[15] Dan L, Jing Z. TAM-based study on factors influencing the adoption of mobile payment [J]. China Communications, 2011, 8(3):198 - 204.

[16] Childers T L, Carr C L, Peek J, et al. Hedonic and utilitarian motivations for online retail

shopping behavior[J]. Journal of Retailing,2001,77(4):511-535.
[17] Vallerand R. Toward a hierarchical model of intrinsic and extrinsic motivation [J]. Advances in Experimental Social Psychology, 1997,29:271-360.
[18] Smith D. Altruism, volunteers, and volunteerism [J]. Journal of Voluntary Action Research, 1981,10(1): 21-36.
[19] Wang X, Teo H, Wei K. Promoting consumption information contribution to online feedback systems: An analysis from the cognition enhancement perspective [C]//Proceedings of the Eleventh Americas Conference on Information Systems, 2005:1-10.
[20] Hennig T, Gwinner K, Walsh G, et al. Electronic word-of mouth via consumer-opinion platforms: What motivates consumers to articulate themselves on the Internet? [J]. Journal of Interactive Marketing, 2004,18(1):38-52.
[21] Sundaram D, Mitra K, Webster C. Word-of-mouth communications: A motivational analysis [J]. Advances in Consumer Research,1998,25: 527-531.
[22] Ba S, Pavlou P. Evidence of the effect of trust building technology in electronic markets: Price premiums and buyer behavior [J]. MIS Quarterly, 2002,26(3):243-268.
[23] Orlikowski W. Learning from notes: Organizational issues in groupware implementation [J]. Information Society, 1993,9 (3):237-251.
[24] Straub D, Boudreau M C, Gefen D. Validation guidelines for IS positivist research [J]. Communications of AIS, 2004,13(1):380-427.
[25] Bock G, Zmud R, Kim Y, et al. Behavioral intention formation in knowledge sharing: Examining the roles of extrinsic motivators, social-psychological forces, and organizational climate [J]. MIS Quarterly, 2005,29(1): 87-111.
[26] Tong Y, Wang X W, Teo H H. Understanding the intention of information contribution to online feedback systems from social exchange and motivation crowding perspectives [C]// Proceedings of the 40th Hawaii International Conference on System Sciences, 2007: 1-10.
[27] Klopping I, McKinney E. Extending the technology acceptance model and the task-technology fit model to consumer E-commerce [J]. Information Technology, Learning, and Performance Journal, 2004,22(1):35-48.
[28] Adams D, Nelson R, Todd P. Perceived usefulness, ease of use, and usage of information technology: A replication [J]. MIS Quarterly, 1992,16(2):227-247.

作者简介

尹敬刚,男,1975年生,博士研究生,发表论文3篇。

李　晶,女,1985年生,博士研究生,发表论文8篇。

魏登柏,男,1986年生,硕士研究生,发表论文2篇。

在线评论对不同热门程度体验型商品销售收入影响的实证研究[*]

盘英芝 崔金红 王 欢

(对外经济贸易大学电子商务研究所 北京 100029)

摘 要 以不同热门程度的体验型商品为研究对象,通过收集当当网图书的真实数据,发现在线评论得分变化对热门和非热门的图书具有不同的影响,这对于商家调整营销方向、优化营销策略等具有重要的实践意义。

关键词 在线评论 电子商务 体验型商品 长尾理论

分类号 G312

1 引 言

随着电子商务的概念和生活方式深入人心以及 Web 2.0 技术的成熟,用户不仅能够在网上交换商品,而且能发表和交流信息和看法,在线评论因此成为一种有力的网络营销工具。近年来,有关在线评论课题的论文和研究呈增长趋势[1],主要集中在在线评论基本要素对商品销量的影响、评论有用性及在线评论传播机制三方面。其中 Chevalier 和 Mayzlin 发现,亚马逊图书新增的五星评价对销量有显著正向影响,且极性评论比中性评论的影响更为强烈[2]。Mudambi 和 Schuff 发现评论长度对于用户决策有显著正向影响[3]。国内方面,郝媛媛和叶强以电影为研究对象,得出了评论情感倾向对票房收入存在显著影响的结论[4]。叶强和 Rob Law 等人研究发现旅游电子商务网站上的评分对于旅馆销量有显著影响[5]。卢向华和冯越研究了大众点评网的餐馆评论得分和销量关系,发现高价位的餐馆高评论得分对销量有显著影响,但对于低价位餐馆并不显著[6]。这说明在线评论对销量的影响会受到其他因素的调节,甚至可能

---

[*] 本文系教育部人文社会科学研究项目基金资助"金融服务外包下商业银行流程管理体系的理论及实证研究"(项目编号:09YJC630035)和对外经济贸易大学学术创新团队资助大学"211 工程"三期建设项目"新兴电子商务参与者行为规律学术创新团队"研究成果之一。

因为这些因素的不同而有相反的表现。

目前对于按这些因素分别研究在线评论影响的文献较少,Zhu Feng 和 Zhang Xiaoquan 研究了消费者预先知识对在线评论-销量关系的调节作用[7];Li Xinxin 和 Hitt 研究了价格同单维在线评论得分的关系,发现评论得分更多指示商品的性价比而非质量[8]。Zhou Wenqi 和 Duan Wenjing 研究了软件商品多样性的调节作用,并验证了软件市场存在长尾理论[9]。其他较多的是按照 Nelson 的商品分类框架将商品粗略地分为体验型商品和搜索型商品进行研究[10]。在体验型或搜索型商品内部,并未进一步细化因商品特质不同在线评论对销量产生的不同影响。

根据长尾理论,热门和非热门商品按照 20% 和 80% 的比例分布,尾部的利基商品能够带来 80% 的利润[11]。既然在线评论能够影响消费者的行为和商品销量,那么它对长尾理论中的热门和非热门的商品可能存在不同程度或方向的影响。本文根据已有文献研究成果和结论,以图书作为体验型商品的代表,首先对于热门程度的分类作出清晰定义,再提出假设,建立数学模型,收集数据并进行实证研究。

2 理论基础和研究假设

"热门"是经常被提及的一个概念,但很少有文献对此作出定义。它在维基百科中的解释是:热门程度/流行程度是受欢迎或普通的情况,或拥有较高的社会状态。营销学和社会学的学者对热门的分布做了相关研究,最著名的是帕累托理论和长尾理论。在电子商务领域,Zhao 等发现帕累托效应适用[12],即相对于非热门商品,在线口碑能大程度地加大热门商品的销量。与之相反,Brynjolfsson 等发现客户更喜欢购买利基商品,即消费的异质性在长尾理论中放大了[13]。

在热门程度同电子商务相关的研究中,各位学者的界定办法不一样。Pei-Yu Chen、Shi-yi Wu 和 Jungsun Yoon 认为热门程度是消费者需求大小的反映,因此将图书在亚马逊销量排名以 100 和 10 000 为分界点分为三组[13]。Zhu Feng 和 Zhang Xiaoquan 在研究商品和消费者异质性对于销量受在线评论的调节作用时,将商品热门程度简单用销量数额的平均数划分。高于平均数的为热门商品,反之为非热门[7]。笔者在研究中鉴于前者方法的数据无法获取,而后者分类方式过于粗略,且原文中游戏的时效性和本文研究的图书具有很大差别,因此均不予采用。本文用已看过、正在看和收藏数作为图书热门程度的指标对其进行聚类,作为划分热门和非热门的办法。

2.1 在线评论得分

商品在线评论得分指用户购买商品后对商品质量、满意程度等做出的数字评价,一般以 1-5 的得分量表来表示,1 为极差,5 为极好,3 表示一般和无感情色彩。

根据交易成本理论①,在未知体验型商品使用感受时,为了降低购买的不确定性,用户倾向于向他人询问情况,以此作为判断商品质量,作出购买决策的重要影响因素,从而降低自己的购买风险[14]。某些学者也通过实证研究证明了在线评论得分同销量的正相关关系[15]。

然而,交易成本理论要发挥作用,前提是用户及其信赖在线评论,从而降低其交易的搜索成本、时间成本等。如果他们认为这些得分不可信,那么在线评论得分对于销量影响就有限了[16]。事实上,大部分网上出售的商品都是正面评价,这表明生产商和 B2C 网站存在删除那些负面评论的可能性[2]。那么用户对于在线评论的得分信赖程度将降低,高的在线评论得分不一定意味着高的销量。

接下来本文对于热门和非热门的不同情况要分别做假设。对于热门商品,根据信息过载理论②,用户可能通过其他渠道对这种商品形成一定的印象和了解,而客户的购买行为同相关信息的诊断性和可获得性及先前个人形成的印象、喜好相关[14]。那么这种"先入为主"的印象某种程度上使用户较少考虑其他用户的评论和看法。因此,对于热门商品,在线评论得分同销量并不呈线性相关关系。反之,对于非热门商品,每项商品的被关注度不大,因此评价比较统一;此外,在线评论得分成为了解它的不多的渠道之一,存在信息过载的可能性较小,其发挥降低风险的作用就可能更大,同商品销量存在正相关关系。

综上,假设:

H1a:热门体验型商品在线评论得分同销量线性相关不显著;

H1b:非热门体验型商品在线评论得分同销量线性相关显著。

2.2 评论数量

一个较大的评论数量说明已经有较多客户体验过该商品,并能对它形成自己的看法。出于社交归属感和从众心理,这种热情的讨论能够吸引潜在客户购

---

① Williamson 在前诺贝尔经济学奖获得者 Ronald Coase 的基础上发展了交易成本理论,他指出了影响一笔交易在特定时间地点发生的变量,包括资产特性、不确定性和交易频率等,并且在人类经济行为的两种假设(有限理性和机会主义)下存在更低的交易成本。

② 最早由 Toffler(1950)提出,指人们面对过多信息而对做出决策、理解事务等感到困难的一种现象。

买该商品并参加讨论[7]。Maryanchyk 指出,用户在面对更多的评论数时,得到的信息诊断力更强。此外,销量高的商品会因为其在网站上的曝光率和关注度吸引更多的用户发表评论[9]。

从另一个角度看,评论数量不一定影响商品销量,因为很多客户购买了某种体验型商品并不愿意发表评论或打分。又如,体验型商品功能性属性较少,且有多种渠道获得(扫描、拷贝等),某些顾客可能评论了但不参与购买。此外,某些 B2C 网站的系统并没有要求只有在本网站购买该商品的用户才能打分。在这种情况下,本文假设:

H2:体验型商品评论数量和销量排名正相关。

2.3 价格和折扣

根据资源稀缺性理论,同种类型的商品具有替代性,其主要标志是资源市场价格的存在。同样类型的商品,价格上升时其需求量会减少。但这点对于体验型商品并不完全适用。比如每本书的内容、题材、作者都大不相同,从读者享受到的效用来说,并不是另外一本书可以替代的。图书的选择因人而异,如果某位潜在用户决心读某本书,他就一定会买这本书而不是另一本书[1]。在这一点上,非热门比热门图书更不能替代,从而其需求量并不随价格变化而变化。因此,假设:

H3a:热门体验型商品价格和销量线性相关显著;

H3b:非热门体验型商品价格和销量线性相关不显著。

根据市场均衡理论,如果价格高于或者低于市价,市场需求者的边际用值则会高于或是低于市价。在折扣很大(大大低于市价)的情况下,需求者的边际效用极大,会促使购买行为的发生。假设这一点对于热门和非热门商品都适用:

H4:体验型商品折扣和销售正相关。

2.4 在线评论得分的变化

根据 Chevalier、Mayzlin 和郝媛媛、叶强分别收集面板数据对于图书和电影的实证研究结论,新增加的正面评论会对商品销量产生显著正面影响,而新增加的差评会对商品销量产生显著负面影响[2,4]。基于已有结论[17-18],本文持相同预期。鉴于本文研究的是在线评论对于不同热门程度的体验型商品销量的影响,重点是在热门程度的分类,因此本文不一一验证各星级对于商品销量的影响,仅假设:

H5a:商品在线评论得分的变化对于热门商品的销量有显著影响;

H5b:商品在线评论得分的变化对于非热门商品销量有显著影响。

此外,本文认为,非热门体验型商品的在线评论得分变化对销量的影响较热门体验型商品更大。

首先,客户的购买行为同相关信息的诊断性和可获得性以及先前个人形成的印象、喜好相关[14]。热门商品在大众中认知度较高,大部分潜在购买者对它会事先形成自己的判断,对于很热门的商品的评价也有一定预期认识。根据展望理论(Kahneman and Tversky,1979)①,用户在面对热门商品的在线评论时,对于其体验优劣、其他客户评价情况均具有心理预期,从而能更理智地作出符合自己利益的选择。因此,热门体验性商品的评论得分变化对其销量影响较小。相对于热门商品,非热门商品拥有更少的宣传、知名度和信息源,用户更容易感受到不确定性。他们对非热门商品的预期心里较弱,对于其评论得分的变化更敏感,从而他们依靠在线评论来规避风险的需求就更强烈。此外,如果假设 H2 成立,热门商品的评论数量较大,每一次评分的改变对于总体的影响就愈不明显;而非热门商品正好呈相反的情况。基于以上分析,本文提出假设:

H6:商品在线评论得分的变化对于非热门商品销量影响较热门商品大。

3 研究方法

3.1 数据收集

本文选择的 B2C 网站是当当网(www.dangdang.com)图书中小说类销量排名前 500 的样本。诚然,按照长尾理论,如果把所有图书看作一个长尾分布,前 500 的确是热门商品;但前 500 放大来看也是一个小长尾[11]。此外,小说类的销量前 500 在 B2C 网站所有图书销量中并不是分布在前 500 的,因此该数据样本具有抽样的科学性。

笔者在 2011 年 2 月 9 日收集当当网小说类图书销量前 500 的书名,在 2011 年 2 月 20 日第二次收集前 500 名,并同 2 月 9 日对比,删去落榜书名 77 个,共计样本 423 个。分别收集每本图书的收藏数、正在阅读和已读过的人数、评论数、价格、折扣、平均在线评论得分、上榜周数、出版时间、排名 8 个属性。

3.2 回归模型

根据第二章的分析,本文认为图书销量受到价格、折扣、平均在线评论得分、上榜周数、出版时间等因素的影响。已有研究表明,销量和排名近似呈线性相关[7],因此用排名数据代替销量。为了消除不同属性的异方差,笔者对所有

---

① 展望理论:人在面临获利时,不愿冒风险;而在面临损失时,人人都成了冒险家。损失和获利是相对于参照点而言的,改变参照点,就会改变对风险的态度。

变量都取了 ln,不影响其线性关系。在不考虑变量之间的多重共线性的情况下,给出如下模型:

$$ln(Rank_{i,t}) = \beta_0 ln(Price_{i,t}) + \beta_2 ln(NumReview_{i,t}) + \beta_3 ln(WeekOnList_{i,t}) + \beta_4 ReleasePeriod_{i,t} + \beta_5 Promostion_{i,t} + \beta_6 Rating_{i,t} + \beta_7 \Pi_i + \varepsilon \quad (I)$$

模型中变量名及其意义如表 1 所示:

表 1　变量名及其意义

变量名	含义
$Rank_{i,t}$	图书 i 在 t 时刻的排名
$Price_{i,t}$	图书 i 在 t 时刻的价格
$NumReview_{i,t}$	图书 i 在 t 时刻的评论数
$WeekOnList_{i,t}$	截至 t 时刻图书 i 的上榜周数
$ReleasePeriod_{i,t}$	截至 t 时刻图书 i 的出版时段
$Promotion_{i,t}$	图书 i 在 t 时刻的折扣数
$Rating_{i,t}$	图书 i 在 t 时刻在线评论平均得分
$\Pi_{i,t}$	代表图书本身异质性的变量,如作者、题材等
ε	误差

为了研究在线评论得分的变化对于销量的影响,本文收集面板数据采用倍差法(difference-in-difference)。在两个时间点收集数据分别带入模型(I),相减得:

$$\Delta ln(Rank_{i,t}) = \beta_0 \Delta ln(Price_{i,t}) + \beta_2 \Delta ln(NumReview_{i,t}) + \beta_3 \Delta ln(WeekOnList_{i,t}) + \beta_4 \Delta ReleasePeriod_{i,t} + \beta_5 \Delta Promostion_{i,t} + \Delta \beta_6 Rating_{i,t} + \beta_7 \Delta \Pi_i + \varepsilon$$

其中,$\Delta ReleasePeriod_{i,t}$ 和 $\Delta ln(WeekOnList_{i,t})$ 为常数,包含在回归方程的截距中,$\Delta \Pi_i = 0$ 为图书自身的异质性,包括作者、题材和热门程度等,在减法中被消掉。因此,化简后的回归模型为:

$$\Delta ln(Rank_{i,t}) = \beta_0 \Delta ln(Price_{i,t}) + \beta_2 \Delta ln(NumReview_{i,t}) + \beta_5 \Delta Promostion_{i,t} + \Delta \beta_6 Rating_{i,t} + \varepsilon \quad (II)$$

该模型将用于验证假设 5 和假设 6。

4　实证分析结果

4.1　聚类分析结果

将 2011 年 2 月 9 号的样本数据 Collection、InReading 和 FinishReading 三个

属性作聚类分析,分成热门和非热门两类,得到聚类分析结果为:类1(热门)已阅读、收藏数和正在阅读聚类中心为121、6 623和484,而类2(非热门)的三项数值为16、1 808和192。热门案例数为135,非热门案例数为287。

4.2 截面数据回归分析

按照实证研究的先后顺序,首先对收集的423条数据进行描述性统计,如表2所示:

表2 描述性统计

变量	2月9日	2月20日
Price	18.89(7.21)	21.615(8.82)
NumReview	309.88(662.433)	335.40(692.787)
WeekOnList	7.38(11.871)	
ReleasePeriod	25.53(14.703)	
Promotion	64.99	
Rating	4.386(.398)	4.408(.405)
N	423	423

根据模型(Ⅰ),把所有的423个样本在2月9日和2月20日的数据做线性回归,2月9日的变量相关性和回归情况如表3所示:

表3 总体样本两次回归结果

项目\日期截距	2月9日	2月20日
Intercept	5.651***(1.682)	5.607**(1.677)
Ln(NumReview)	−0.242***(0.059)	−0.240***(0.062)
WeekOnList	0.002(0.007)	0.014(0.125)
ReleasePeriod	0.034***(0.007)	0.034***(0.007)
Promotion	0.008(0.013)	0.009(0.013)
Rating	−0.132(0.286)	−0.133(0.308)
Ln(Price)	−0.125(0.309)	−0.133(0.308)
R Square	27.7%	31.7%

注:ln(Rank)为因变量,括弧里为标准误差。
*p<0.1;**p<0.05;***p<0.01(下同)

182

可见整个模型的拟合程度并不差,R 方分别达到 0.277 和 0.317。从各项系数分析来看,线性显著的只有评论数量和出版时间,证实了前文的假设,这同大多数在线口碑领域的实证分析结果一致(注意到排名数字越小,销量越大,评论数量的负数值恰好说明这一点)。即使有用户购买了不愿意评论或者用户评论了而没有购买这种情况发生,也不是主要行为。因此接受假设 H2。

折扣在两次回归中都不显著,考虑到价格均值在 18 - 20 元且标准差较小,折扣在 6.5 折左右且标准差较小。而且网上商品打折销售成为商家最主要的营销方式,同时打折也已经在消费者心里形成思维定式[19]。发生网购行为的用户把享受的折扣当作正常现象,因此不能从更低的折扣里得到更多的边际效应,因此对折扣并不敏感。综上,拒绝假设 H4。

从表 3 中可以看到,价格和平均得分对于销量的影响也不显著,为了验证不同热门程度的体验型商品在这两个变量上系数显著性是否有所不同,下面将根据聚类分析的分类结果,分别在两个时间点再做回归分析。结果如表 4 所示:

表4 热门体验型商品两次回归结果

项目\截距 日期	2月9日	2月20日
Intercept	316*(195.339)	310*(193.675)
Ln(NumReview)	-0.55***(0.016)	-0.56***(0.016)
WeekOnList	0.948(0.884)	0.933(0.792)
ReleasePeriod	2.774**(0.856)	2.732***(0.842)
Promotion	0.948(1.549)	0.984(1.563)
Rating	-39.752(35.237)	-38.756(34.453)
Ln(Price)	-1.253(0.945)	-1.276(0.827)
R Square	27.9%	26.5%

热门体验型商品在评论数量和出版时间上的系数依然显著,但是比起总体样本的模型有了一定变化,其评论数量对于销量的影响更大。由此可以推断,对于热门商品,如果有更多的人去评论和参与,它的销量就更高。这从某些角度证明了明星效应的存在和网络炒作的动机。比如网络上的"水军"只需要发布一部分评论,将某个话题或言论变成"热门",舆论和市场便会将其变得更具有吸引力。

此外,出版时间的影响变大了,即作为热门图书,出版时间越长,图书越旧,其销量越小。这点同热门体验型商品的性质相吻合。越是一时间热门的商品,其被更新换代的频率就越大,越新的热门商品越可能出现在排行榜前列。

与总体样本的线性模型一致,价格对于销量的影响始终不显著。平均在线评论得分对销量影响不显著,这同某些实证研究的结果相仿,Chevalier 和 Mayzlin 对此的解释是正面评价和负面评价的作用相互抵消,因此在评价平均得分的作用时无法显现出来[7]。根据本文的研究结论,拒绝假设 H3a,接受假设 H1a。

同热门商品相似,模型中使非热门商品线性显著的因素也有评论数量和出版日期,其数值较小,影响较弱。此外,整个模型的拟合程度达到 39.5%,而且各项数值和整体模型相似,这在一定程度上证明该模型更适用于非热门商品。如表5所示:

表5 非热门体验型商品两次回归结果

项目\日期截距	2月9日	2月20日
Intercept	7.42***(1.898)	5.607**(1.677)
Ln(NumReview)	-0.326*(0.21)	-0.315***(0.23)
WeekOnList	-0.008(0.009)	-0.008(0.008)
ReleasePeriod	0.042***(0.11)	0.041***(0.12)
Promotion	0.002(0.014)	0.002(0.013)
Rating	-0.181(0.24)	-0.179(0.24)
Ln(Price)	0.248(0.342)	0.25(0.337)
R Square	39.5%	38.7%

实证研究结果表明,在线评论得分对于热门和非热门商品的销量的影响都不呈线性显著。前文对热门商品不受在线评分影响已做过充分论述,而对于非热门商品出现这种情况,可以从以下方面找到原因:①在线评论的标准差较小,用户对于在线评论的区分感知不明显。在数理上 4.123 和 4.321 是很大的区分,但用户的感知可能均是"这是一本中上的书"。②确实存在操纵用户评论的行为。事实上,笔者在收集第二周数据的时候,发现某些图书的评论数没有丝毫增长甚至有减无增,可能是因为某些负面评价被商家删掉。综上,拒绝假设 H1b。同热门商品相似,价格同销量排名的关系依然不显著。接受假设 H3b。

4.3 面板数据回归分析

接下来对热门体验型商品在线评论的变化情况作回归分析,结果如表6所示:

表6 面板数据回归结果

项目 \ 日期 截距	热门	非热门
Intercept	0.11(0.122)	-0.42(0.51)
△Ln(NumReview)	-9.186*(5.68)	-1.76*(0.181)
△Promotion	-0.009(0.080)	0.12*(0.007)
△Rating	-1.55*(1.082)	-2.65*(0.172)
△Ln(Price)	-0.19(5.68)	-0.009(0.19)
R Square	17.9%	10.7%

热门体验型商品的评论数量变化对销量变化呈线性显著关系。负系数表明增长的评论数会带来销量的上升,即热门图书受到更多评论追捧时,能吸引更多的客户购买。这验证了热门图书的信息瀑布理论①。这种现象是理性选择的结果,因为做大部分人做的事情被认为比较理智。畅销商品变得热门后,出于从众心理,更多的人会去关注和评论,从而形成了一个良性循环,这也解释为何有的书会盘踞排行榜20余周,因为每一周它们出现在排行榜的前列,暴露在更多人的眼前,评论数量的增加会导致更多人购买。

在线评论得分变化方面,其对于热门图书销量影响是线性显著的,这证实了假说H5a。这同已有实证研究的结果是一致的,证明了新增加的正面用户评论会使得销量增加,接受假设H5a。

对于非热门商品,评论数量的变化、在线评论得分的变化和折扣变化对于销量排名影响显著。注意到评论数量的变化系数比起热门商品小了很多,这说明销量变化波动随评论数量变化并不明显,这为我们提供了非热门商品销量上升机制的暗示,即它是"重质不重量"的。在线评论得分对于销量排名影响显著,且数值比非热门系数大,通过邹检验发现二者系数具有显著差异。同之前的猜想相一致,在线评论得分的变化对于非热门体验型商品的销量影响更加强烈。综上,接受假设H5b和H6。

5 总结和讨论

通过对于时隔十天的截面数据的收集和处理,本文发现,对于所有商品,在线评论得分、价格和折扣同销量排名线性关系不显著,而评论数量、出版时间同

---

① 信息瀑布理论(information cascade)指人们不通过自己独立处理信息,而是观察到其他人的行为并作出相同选择的现象。http://en.wikipedia.org/wiki/Information_cascade

销量排名线性关系显著。虽然笔者欲研究线性模型中的各个因素是否会随商品热门程度的不同而不同,但结果表明,所有因素对于这两组体验型商品的影响大致相同,虽然在程度上有所不一样,但方向和显著程度呈现良好的一致性。通过对面板数据的处理,本文发现体验型商品不论热门程度,评论数量的变化对销量排名的变化均有显著影响,而价格、折扣变化对销量均没有显著影响。在线评论得分的变化同销量排名的变化有显著影响,且对非热门商品影响更大。

从实证结果的分析中可以看到,用户对于热门和非热门体验型商品的感知和信息收集机制是不一样的,交易成本理论、信息过载理论和展望理论都能较好地解释这些现象。此外,本文为 B2C 网站提供了根据体验型商品的热门程度而进行不同的营销策略的改进方向:对于热门商品,尽可能提高其曝光率、吸引用户注意力和鼓励用户发表尽多的评论;对于非热门商品,则因从其评论的"质量"下手,引导用户发表更多体验感受的内容、提高评论得分,从口碑的提高来提高销量等。在关于热门的定义和分类上,本文提供了一种崭新的分类方式。不足之处是这种方式对于图书外的体验型商品是否适用有待考证。此外,未来研究还可以扩展到图书以外的体验型商品。

参考文献:

[1] Cheung C M K, Thadani D R. The state of electronic word-of-mouth research: A literature analysis. [2011 – 04 – 08]. http://www.pacis-net.org/file/2010/p01-06.pdf.

[2] Chevalier J A, Mayzlin D. The effect of word of mouth on sales: Online book reviews. Journal of Marketing Research, 2006, 43(Aug.): 345 – 354.

[3] Mudambi S, Schuff D. What makes a helpful online review? A study of customer reviews on Amazon.com. MIS Quarterly, 2010, 34(1): 185 – 200.

[4] 郝媛媛, 叶强. 基于电影面板数据的情感倾向对销售收入的影响. 市场营销, 2009, 10(21): 95 – 103.

[5] Ye Q, Law Rob, Gu B. The impact of online user reviews on hotel room sales. Internatioanl Journal of Hospitality Management, 2008(28): 180 – 182.

[6] 卢向华, 冯越. 网络口碑的价值——基于在线餐馆点评的实证研究. 管理世界, 2009(7): 126 – 132.

[7] Godes D, Mayzlin D. Using online conversations to study word-of-mouth communication. Marketing Science, 2004, 23(Fall): 545 – 560.

[8] Li X, Hit L M. Price effect in online product reviews: An analytical model and empirical analysis. MIS Quarterly, 2010, 34(4): 809 – 832.

[9] Zhou W, Duan W. Product variety, online word-of-mouth and long tail: An empirical study

on the internet software market//Thirtieth International Conference on Information System Phoenix, 2009.

[10] 郝媛媛. 在线评论对消费者感知与购买行为影响的实证研究[学位论文]. 哈尔滨：哈尔滨工业大学,2010.

[11] Anderson C. The Long Tail: Why the future of business is selling less of more. New York: Hyperion Bakos, 1997.

[12] Zhao X, Gu B, Whinston A. The influence of online word-of-mouth long tail formation: An empirical analysis// Proceedings of the 29th Conference on Information Systems. [2011-04-05]. http://aisel/aisnet.org/icis2009/30.

[13] Chen P, Wu S, Yoon J. The impact of online recommendations and consumer feedback on sales//Agarwal R, Kirsch L, DeGross J I(eds.). Proceedings of the 25th International Conference on Information Systems. Washington, DC, 2004:711-724.

[14] Feldman J M, Lynch J G. Self-generated validity and other effects of measurement on belief, attitude, intention, and behavior. Journal of Applied Psychology, 1988, 73:(3):421-435.

[15] Brynjolfsson E, Hu Y, Simester D. Goodbye pareto principle, hello Long Tail: The effect of search costs on the concentration of product sales. Management Science Forthcoming, [2011-04-05]. http://ssrn.com/abstract=953587.

[16] Kahneman D, Tversky A. Prospect theory: An analysis of decision under risk. Econometrica, 1979, 47(Mar.):263-291.

[17] Liu Y. Word of mouth for movies: Its dynamics and impact on box office revenue. Journal of Marketing, 2006, 70(3):74-89.

[18] Lu X, Feng Y. The value of online reviews: An empirical study on online restaurant recommendations. Management World, 2009(7):126-132.

[19] 中国互联网络信息中心. 第27次中国互联网络发展状况统计报告. [2010-05-02]. http://www.cnnic.net.cn/dtygg/dtgg/201101/P020110119328960192287.pdf.

作者简介

盘英芝,女,1987年生,硕士研究生；

崔金红,女,1973年生,副教授,博士,发表论文20余篇；

王　欢,男,1986年生,本科生。

在线沟通对顾客网上购买决策影响的实证研究[*]

卢云帆[1]　鲁耀斌[1]　林家宝[2]

(1. 华中科技大学管理学院　武汉　430074；2. 华南农业大学经济与管理学院　广州　501642)

摘　要　基于社会学习理论,构建消费者在线沟通模型,研究电子商务中在线沟通的驱动因素和在线沟通促进顾客购买的作用机理,并讨论在线沟通的分类。在 C2C 电子商务背景下,从淘宝论坛(bbs.taobao.com)上调查数据并采用结构方程加以分析,研究表明,电子商务中的在线沟通可以分为顾客与销售人员沟通和与社会网络成员沟通两类。顾客与销售人员沟通能直接获取购买信息,尤其是网站缺乏趣味性的情况下,顾客更愿意采用沟通的方式获取信息;顾客与社会网络成员沟通可以获取更全面的购买信息,同样能起到促进购买的作用。在线沟通能有效降低顾客购买决策中的不确定性以促进购买。

关键词　在线沟通　不确定性　销售人员沟通　社会网络网站

分类号　F272.3

电子商务网站上,商品介绍和商品评论是顾客购买决策时重要的信息源。在中国的电子商务市场上,大约82.1%的顾客在购买决策之前要阅读商品介绍和商品评论[1]。除了介绍、评论等信息之外,电子商务网站也提供多种多样的沟通工具。C2C 是中国最成功的电子商务模式,2009 年上半年大约89% 的在线业务都是通过 C2C 实现的[1]。很多 C2C 电子商务平台都提供了多种沟通工具,这些沟通工具为顾客与销售人员沟通、顾客与社会网络成员沟通提供了方便(见表1)。

---

[*] 本文系国家自然科学基金"消费者信任转移机理研究从电子商务到移动商务"(项目编号:70971049)和国家自然科学基金重点项目"移动商务基础理论与技术方法研究"(项目编号:70731001)和国家自然科学基金 NSFC/RGC 项目(项目编号:71061160505)研究成果之一。

与传统商务相比较,电子商务缺乏互动[2],如电子商务背景下,顾客与销售人员无法面对面沟通。缺乏互动阻碍了顾客在线购买决策[3],尽管电子商务从业者努力提高网页质量,顾客仍然觉得网页提供的信息不能完全满足决策需要。而沟通工具能帮助顾客即时提出信息需求并且有可能尽快得到答案[4],因此,提供多种沟通工具能为顾客搜集购买信息提供便利。

表1 C2C电子商务网站提供的沟通工具

C2C网站	沟通工具	
	与卖家沟通	与社会网络成员沟通
淘宝网(taobao)	Wangwang(旺旺) Mobile - wangwang BBS E - mail	Taojianghu(淘江湖) Kaixin Renren.com (开心人人网)
拍拍 (paipai)	QQ Mobile - QQ BBS E - mail	Q - zone QQ - Xiaoyou
百度有啊 (youa)	Baidu hi BBS E - mail	Baidu space
ebay	E - mail BBS	Facebook、Twitter

顾客利用电子商务网站提供的沟通工具收集购买信息的方式,通常被称为双向沟通。双向沟通是一个复杂的构念,包括很多方面的内容。因此,需要清晰地理解双向沟通的不同类型,并了解这些沟通类型对顾客购买意向有何影响。本文试图探索顾客双向沟通的动机以及双向沟通在电子商务中的影响等相关问题,具体包括:①根据沟通对象不同,双向沟通方式的类型有哪些?②沟通对顾客购买决策有何影响,能否降低决策不确定性?③顾客沟通的动机是什么?哪些因素驱动顾客进行沟通?

1 相关文献回顾

在线环境下的多种不确定性仍然是阻碍消费者网上购买的主要因素之一[5]。卖家提供产品信息,便于顾客预测交易的结果[5]。因此,顾客掌握足够多的信息能帮助顾客降低购买不确定,进而促进购买。

搜索商品信息是购买过程中的重要流程[6]。电子商务网站上,顾客能看到由卖家提供的商品介绍以及其他买家购物后留下的各种评论(正面评论、负面评论等)[7],这是在线顾客搜索商品信息的重要途径。此外,电子商务平台(或在线卖家)提供了多种沟通工具以便于顾客搜索个性化商品信息[8]。网站介绍、顾客评论没有涉及的方面,在线沟通能提供有益的补充。

所有电子商务网站提供的商品介绍都包括高任务相关的信息和低任务相关的信息[9-10]。任务相关信息反映电子商务网站的有用性,例如网站安全[11]、导航[12]、信息质量[13]等都属于高任务相关信息,也称为任务相关信息,直接提供顾客购买决策所需了解的内容。低任务相关信息是指与顾客情绪相关的信息,例如,为使电子商务网站看起来不枯燥而美化网站的信息就属于低任务相关信息,也称为情绪相关信息[14]。任务相关信息、情绪相关信息直接影响顾客冲动购买的意愿[15]。

有很多文献认为顾客评论能正向影响网上销售[16-18]。另外,有效的双向沟通是 C2C 电子商务成功的关键因素之一[19]。双向沟通以互动为特征[20-21],电子商务网站提供沟通工具方便销售人员与顾客进行双向沟通。这种在线沟通能给顾客提供信息服务[22]。购物网站上配置的沟通工具增强电子商务的互动性[23]。本文根据在线沟通对象的差异,把在线沟通分成与销售人员沟通和与社会网络成员沟通两个类别。

网站质量反映网站满足顾客需求的能力和网站吸引新顾客的能力[9]。网站质量包括三大部分,即系统质量、信息质量和服务质量[24]。电子商务网站系统质量和信息质量主要评价任务相关信息的质量、情绪相关信息的质量。服务质量主要评价网站互动性(顾客评论、在线沟通是否方便有效)[25]。因此,本文认为电子商务网站主要组成部分为任务相关信息、情绪相关信息、顾客评论和沟通工具 4 个相互独立的部分。

目前已有很多单独探讨网站质量、顾客评论和在线沟通的研究[26],然而,很少有关于电子商务中网站质量与沟通的关系、在线沟通分类与网站各个组成部分之间关系等的研究。本文试图在这方面做出探索。

2 研究模型和假设

本文提出的研究模型如图 1 所示,根据网站信息侧重点的差异,从与任务相关的信息、与情绪相关的信息两个方面来研究网站内容,根据电子口碑的性质差异,我们从正向和负向两方面研究客户评论。模型探讨的重点是感知与任务相关信息的约束、感知与情绪相关信息的约束、正向评论和负向评论这 4 种因素对在线沟通(与销售人员沟通和与社会网络成员沟通)有何影响,以及在线沟通与顾客购买意向的形成有何联系。下文将提出相关假设及作出具体解释。

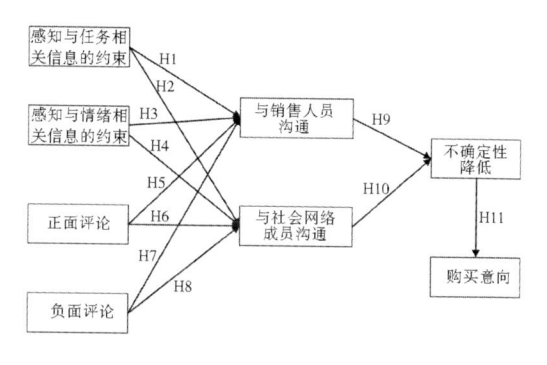

图1 研究模型

2.1 感知与任务相关信息的约束和感知与情绪相关信息的约束

布林提出的抗拒理论(reactance theory)认为,心理抗拒的强弱由对自由的期望、对自由剥夺的威胁、自由的重要性程度和是否影响到其他自由4个因素所决定[27]。对自由的期望越高,则当自由被剥夺时,其心理抗拒力量也越大;自由受到威胁时,人们也会产生心理抗拒。自由的重要性程度和是否影响到其他自由都与心理抗拒相关。电子商务背景下,顾客有一定的行动和认知的自由。当这种自由受到威胁时,顾客会采取行动摆脱这种威胁[28]。当顾客浏览电子商务网站时,由于与任务相关和与情绪相关的信息都是由卖家事先提供的,如果不能找到满足需求的商品介绍信息(与任务相关的信息和与情绪相关的信息),顾客会感觉到信息搜索的自由受到了威胁(即感知与任务相关信息的约束、感知与情绪相关信息的约束),从而产生心理抗拒[13,29]。这种情况下,顾客可能使用沟通工具来直接收集所需信息。

根据社会学习理论(social learning theory)[30],人们会从各种途径收集关于某一行为的潜在结果。社会学习理论用来解释社会成员所产生的社会影响是非常适合的[31]。由此可见,顾客购买决策会受到周围重要的社会成员的影响。在电子商务背景下,顾客能接触到的重要社会成员有两种,即销售人员和社会网络成员。本文所提到的社会网络成员是指顾客在社会网络网站上的全部好友,即通过电子商务平台提供的沟通工具能直接找到的人。因此,与销售人员沟通和与社会网络成员沟通是顾客重要的信息收集途径。

根据以上分析,提出以下假设:

H1:感知与任务相关信息的约束显著影响顾客与销售人员沟通。

H2:感知与情绪相关信息的约束显著影响顾客与社会网络成员沟通。

H3:感知与任务相关信息的约束显著影响顾客与销售人员沟通。

H4：感知与情绪相关信息的约束显著影响顾客与社会网络成员沟通。

2.2 顾客评论

顾客评论是指购物网站上由顾客发布的商品评价[7]，它具有两方面的作用：①提供增值信息，补充商品介绍的不足；②提供正面和负面的商品信息[32]。顾客评论能提高顾客对商品有用性的感知和电子商务的现场感[33]。

电子商务网站给顾客提供了发表评论的机会。在线顾客评论是产生电子口碑的重要渠道[34]，在线口碑又驱动顾客在线交流[35]。同时，顾客提供的正面和负面评论提供了更多沟通话题。因此，提出以下假设：

H5：正面评论显著影响顾客与销售人员沟通。

H6：正面评论显著影响顾客与社会网络成员沟通。

H7：负面评论显著影响顾客与销售人员沟通。

H8：负面评论显著影响顾客与社会网络成员沟通。

2.3 双向沟通

双向沟通来自互动。互动分为三类：人机互动、人与人互动和人与信息互动[36]。电子商务背景下的双向沟通是人与人通过信息技术的互动，也属于人际沟通，这种沟通是高水平的互动方式[37]。根据沟通对象不同，这种沟通分为与销售人员沟通和与社会网络成员沟通两类。

与销售人员沟通在传统购物背景下非常普遍，属于销售咨询的一部分[38]。销售人员作为此类商品的专家，给顾客提供购买方案。传统购物环境下，半数以上工业企业的买家希望销售人员提供购买建议[39]；销售人员是顾客决策时重要的信息来源[40]。在电子商务背景下，销售人员提供的信息同样是顾客购买决策的重要信息源[39]。

电子商务网站提供了很多社会网络网站链接。社会网络网站是以人际关系为纽带的互联网应用平台[41]，如 Facebook、Twitter、人人网、淘江湖以及各种微博等。本文所提到的社会网络成员是指顾客在社会网络网站上的全部好友。与社会网络成员沟通也是顾客重要的信息来源。人际关系影响信息收集的渠道[42]。顾客与社会网络成员沟通的主要动机有两个方面：①商品或服务的价格；②商品或服务的口碑信息[43]。电子商务背景下，与社会网络成员沟通能帮助顾客收集到顾客更信任的产品信息[44]。

沟通所获得的信息是顾客收集的重要对象，是顾客购买决策时的重要参考。据此提出以下假设：

H9：与销售人员沟通显著降低顾客购买决策的不确定性。

H10：与社会网络成员沟通显著降低顾客购买决策的不确定性。

购买不确定性来自顾客不能完全预测交易结果,故顾客理所当然地有了解卖家行动的需求[45]。如果不能降低购买的不确定性,顾客不可能进行交易[46-47]。因此,提出以下假设:

H11:顾客购买决策的不确定性降低显著影响顾客购买意愿。

3 实证研究

3.1 量表设计和数据收集

本文采用在线调查的方式收集数据。调查问卷分为两部分:人口特征统计和结构变量测度项。采用 Likert 7 级量表测度结构变量,从 1(非常不同意)到 7(非常同意)对各个测度项打分。量表中所有测度项根据现有文献修改或者直接采用,这样可以保证良好的内容效度。因原测度项均用英文表述,本研究采用了回译的方法确定测度项,即先由原文译成中文,后由中文回译,最后比较两份英文量表的差异。表1给出了量表的测度项及来源文献:

表1 研究量表设计

变量	测度项	参考文献
与卖家沟通(CS)	①卖家很乐意和我沟通,如回答我提出的问题,热情很高;②卖家提供了沟通的条件,如卖家的 QQ 或旺旺一直在线;③卖家重视我提出的反馈意见;④卖家鼓励我提出反馈意见	[4]
与社会网络成员沟通(CSNM)	①网友提供的合理购买建议,我一般都能采纳;②当我们发现服务良好的电子商铺时,我和网友们会相互转告;③我喜欢和网友们讨论在线商品的款式和流行趋势;④我很喜欢和网友分享愉快的在线购买经历	[48]
正面评论(PR)	①我所看到的留言中,有的赞成我从这家网店购买;②我所看到的留言中,有的推荐我从这家网店购买;③我所看到的留言中,有的讲述了从这家网店购买的愉快经历	[49]
负面评论(NR)	①我所看到的留言中,有的提醒我不要从这家网店购买;②我所看到的留言中,有的建议我从其他网店购买;③我所看到的留言中,有的讲述了从这家网店购买的不愉快经历	[49]
感知与任务相关信息的约束(RT)	①商品介绍的内容由卖家决定,买家不能修改;②我所重视的某些信息,网上店铺描述得不太详细,如商品缺陷,网上店铺很少介绍;③卖家描述商品的方式死板,信息量不足,如没有恰当的图片描述,降低了商品介绍的信息量;④卖家提供的商品信息不太全面	[15,28]

续表

变量	测度项	参考文献
感知与情绪相关信息的约束（RM）	①网上店铺使用的颜色、背景、布局等由卖家决定，买家不能修改；②如果由我来设计网上店铺，这家网上店铺将更美观；③根据我的审美观，商品介绍形式欠活泼，如增加图片、视频，网页可能更漂亮；④根据我的审美观，这个网店设计得不太完美	[15,28]
不确定性降低（UR）	①决定购买时，我了解该商品是否能满足我的需要；②决定购买时，我了解这家网店的售后服务情况；③决定购买时，我能较准确地评价该商品的作用；④决定购买时，我觉得不确定性因素不多；⑤决定购买时，我认为卖家会遵守承诺	[50]
购买意向（PI）	①我肯定以后会从这家网店购买；②我打算以后从这家网店购买；③我有可能以后从这家网店购买；④我期望以后从这家网店购买	[50]

本文以淘宝网用户为调查对象。选择调查对象的条件为：最近 6 个月内在淘宝网上有购买经历，而且调查对象有社会网络网站使用经历。采用网上调查方式，将调查问卷做成网页，发布到淘宝论坛上。选择淘宝网作调查平台，可以保证被调查者是淘宝用户并且用户熟悉购买流程。本次调查共回收问卷 553 份，筛除无效问卷 145 份，最终获得有效问卷 408 份，有效率为 73.8%。

表 2 显示了样本的统计信息。被调查者中男性占 53.8%，女性占 46.2%；97.7% 处于 18 - 35 岁；87.6% 获得大专以上学历；77.3% 月收入少于 3 000 元。参照 CNNIC 的调查，90% 以上的 C2C 网上购买者在 18 - 35 岁之间，70% 的 C2C 网上购买者有大专以上学历，60% 的活跃买家月收入在 3 000 元以下[1]。因此，本文采用的调查样本能代表主要的 C2C 买家。此外，样本中 65.2% 是学生和企业职员，99.4% 有一年及一年以上网络使用经历，85.3% 网上购买频率较高，可见，这些被调查者熟悉网上购买过程，适合作为调查对象。

3.2 信度效度分析

本文通过主成分因子分析和验证性因子验证量表的信度和效度。根据因子效度检验方法[51]，用最大方差旋转法进行主成分因子分析，旋转主成分分析结果见表 3。样本数据的 KMO（Kaiser - Meyer - Olkin）统计值为 0.894（高于推荐值 0.5），表明样本适合主成分分析。主成分分析共提出了 8 个因子，解释了 74.684% 的方差。所有测度项在相关因子上有较高负载，且交叉负载低。这体现了样本良好的收敛效度和区别效度。此外，由于数据的采集是通过自陈式量表（self - report）进行的，因此本文需要检验共同方法偏差（common method bias)。根据 Harman's 单因子分析结果,该样本析出公因子个数大于1,同时第一公因子解释方差比例为10.897,所占方差解释率低于20%,因此可以忽略共同方法偏差的影响。

表2 样本基本情况统计(N=408)

变量	选项	数量(人)	比例(%)
性别	男	220	53.8
	女	188	46.2
年龄(岁)	18-24	222	54.2
	25-30	133	32.5
	31-35	45	11.0
	36-40	8	2.3
教育水平	高中及以下	51	12.4
	大专	147	36.0
	学士	196	48.2
	硕士及以上	14	3.4
月收入(元)	<1 000	132	32.1
	1 000-3 000	184	45.2
	3 000-5 000	86	21.2
	5 000以上	6	1.5
使用网上购买的时间(年)	≤1	2	0.6
	1-3	13	3.1
	3-5	142	34.8
	>5	251	61.5
职业	企业	124	30.4
	政府机构	31	7.6
	教师	19	4.6
	学生	142	34.8
	其他	92	22.6
网上购买的频率	每年一次	60	14.7
	每月一次	256	62.7
	很频繁	92	22.6

表3 最大方差旋转后因子负载矩阵

公因子	1	2	3	4	5	6	7	8
与社会网络成员沟通1	0.223	0.722	0.082	0.118	0.093	0.046	0.295	0.168
与社会网络成员沟通2	0.272	0.815	0.046	0.205	0.090	0.047	0.197	0.123
与社会网络成员沟通3	0.286	0.812	0.035	0.175	0.185	0.086	0.118	0.061
与社会网络成员沟通4	0.240	0.817	0.048	0.158	0.130	0.072	0.191	0.132
与卖家沟通1	0.151	0.160	0.031	0.800	0.109	0.151	0.215	0.123
与卖家沟通2	0.096	0.290	0.018	0.750	0.140	0.144	0.171	0.217
与卖家沟通3	0.182	0.130	-0.023	0.853	0.196	0.043	0.122	0.086
与卖家沟通4	0.181	0.076	-0.025	0.824	0.211	0.036	0.000	0.003
感知与情绪相关信息的约束1	0.091	0.054	0.204	0.124	0.090	0.759	0.150	0.094
感知与情绪相关信息的约束2	0.135	-0.002	0.142	0.013	0.113	0.821	0.056	0.082
感知与情绪相关信息的约束3	0.044	0.172	0.237	0.057	0.098	0.789	0.048	0.086
感知与情绪相关信息的约束4	0.107	0.006	0.165	0.118	0.077	0.764	-0.010	0.091
购买意向1	0.183	0.069	0.074	0.105	0.752	0.115	0.059	0.020
购买意向2	0.093	0.177	0.055	0.151	0.831	0.083	0.083	-0.051
购买意向3	0.106	0.176	0.170	0.178	0.710	0.117	0.063	0.108
购买意向4	0.084	0.004	0.081	0.151	0.824	0.068	0.121	0.029
感知与任务相关信息的约束1	0.075	0.018	0.789	0.008	0.135	0.225	0.063	-0.003
感知与任务相关信息的约束2	0.093	-0.006	0.838	0.018	0.080	0.163	0.012	0.078
感知与任务相关信息的约束3	0.136	0.080	0.869	0.002	0.093	0.128	0.022	0.105
感知与任务相关信息的约束4	0.125	0.079	0.819	-0.033	0.050	0.214	-0.005	0.111
不确定性降低1	0.699	0.194	0.071	0.120	0.153	0.085	0.076	0.005
不确定性降低2	0.765	0.179	0.113	0.107	0.017	0.123	0.082	0.109
不确定性降低3	0.797	0.128	0.004	0.069	0.145	0.041	0.071	0.023

续表

公因子	1	2	3	4	5	6	7	8
不确定性降低4	0.732	0.220	0.150	0.144	0.113	0.075	0.051	0.051
不确定性降低5	0.764	0.123	0.142	0.145	0.071	0.094	-0.010	0.089
正面评论1	0.077	0.208	0.022	0.157	0.109	0.121	0.834	0.167
正面评论2	0.103	0.172	0.043	0.101	0.106	0.089	0.876	0.163
正面评论3	0.060	0.276	0.020	0.169	0.125	0.021	0.789	0.175
负面评论1	0.056	0.148	0.090	0.128	-0.013	0.134	0.173	0.859
负面评论2	0.111	0.058	0.067	0.119	0.095	0.124	0.112	0.848
负面评论3	0.067	0.167	0.129	0.073	0.000	0.084	0.186	0.845
特征值	9.305	3.461	2.531	2.221	1.737	1.470	1.305	1.124
方差解释率%	10.897	10.032	9.828	9.724	9.046	9.032	8.102	8.025
累计方差解释率%	10.897	20.929	30.757	40.481	49.527	58.559	66.661	74.686

验证性因子分析结果见表4。各变量测度项的平均萃取方差(AVE)均大于0.5,表明聚合效度良好;复合信度(CR)均高于0.7,表明量表具有良好的信度。

表4 测度项和平均变异抽取量的标准负载

因子	测度项	标准负载	AVE	CR	Cronbach's Alpha
与社会网络成员沟通(CSNM)	CSNM 1	0.8544	0.802	0.942	0.918
	CSNM 2	0.9187			
	CSNM 3	0.9019			
	CSNM 4	0.9064			
与卖家沟通(CS)	CS 1	0.8974	0.764	0.928	0.898
	CS 2	0.8865			
	CS 3	0.8978			
	CS 4	0.8122			
购买意向(PI)	PI 1	0.8074	0.682	0.895	0.844
	PI 2	0.8637			
	PI 3	0.8112			
	PI 4	0.8186			

续表

因子	测度项	标准负载	AVE	CR	Cronbach's Alpha
正面评论（PR）	PR 1	0.906 0	0.823	0.933	0.891
	PR 2	0.917 9			
	PR 3	0.897 0			
负面评论（NR）	NR 1	0.918 1	0.807	0.926	0.879
	NR 2	0.877 5			
	NR 3	0.899 0			
感知与任务相关信息的约束（RT）	RT 1	0.824 1	0.748	0.922	0.889
	RT 2	0.845 8			
	RT 3	0.913 7			
	RT 4	0.873 7			
感知与情绪相关信息的约束（RM）	RM 1	0.844 8	0.687	0.898	0.849
	RM 2	0.820 8			
	RM 3	0.858 9			
	RM 4	0.789 1			
不确定性降低（UR）	UR 1	0.768 4	0.641	0.899	0.858
	UR 2	0.811 8			
	UR 3	0.800 6			
	UR 4	0.818 5			
	UR 5	0.802 2			

各个因子的 AVE 平方根（对角线上黑体数字）均大于相应的相关系数，因此，各个因子之间具有较好的区别效度。如表 5 所示：

表 5 区别效度分析

构念	RT	RM	PR	NR	CSNW	UR	PI	CS
RT	0.865	—	—	—	—	—	—	—
RM	0.456	0.829	—	—	—	—	—	—
PR	0.124	0.237	0.907	—	—	—	—	—
NR	0.238	0.295	0.414	0.898	—	—	—	—

续表

构念	RT	RM	PR	NR	CSNW	UR	PI	CS
CSNW	0.188	0.246	0.523	0.359	0.896	—	—	—
UR	0.287	0.287	0.260	0.234	0.536	0.801	—	—
PI	0.262	0.299	0.298	0.153	0.361	0.346	0.826	—
CS	0.093	0.277	0.407	0.324	0.475	0.372	0.417	0.874

3.3 假设检验

本文用 PLS-Graph3.0 检验假设。图 2 给出了模型检验结果：

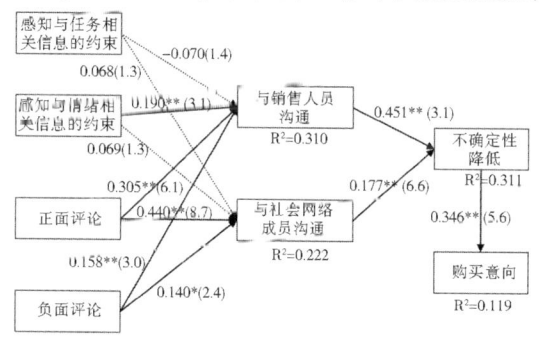

图 2 模型检验结果
（p*<0.05,p**<0.01）

感知与任务相关信息的约束对顾客与销售人员沟通和与社会网络成员沟通没有显著影响，感知与情绪相关信息的约束对顾客与社会网络成员沟通没有显著影响，假设 H1、H2 和 H4 未获支持。感知与情绪相关信息的约束对顾客与销售人员沟通有显著影响。正面评论和负面评论都对顾客在线沟通有显著影响，因此假设 H3、H5、H6、H7 和 H8 得到支持。另外，在线沟通对降低购买不确定性有显著影响，不确定性降低对顾客购买意愿有显著影响，因此假设 H9、H10、H11 获得支持。最后，与销售人员沟通、与社会网络沟通、不确定性降低和购买意向被解释的方差分别为 31.0%、22.2%、31.1% 和 11.9%。

4 结果讨论

通过对 408 位淘宝用户的调查分析，除 H1、H2 和 H4 没有获得支持外，其他假设都获得了支持。具体分析如下：

4.1 与任务相关信息的约束对顾客在线沟通没有显著影响

本文的调查对象来自淘宝网。淘宝网是国内最成功的 C2C 网站,顾客对淘宝网提供的导航、网站安全比较了解。此外,淘宝网有淘宝大学(http://www.taobao.com/go/chn/tbcampus/),对卖家发布商品信息有很专业的指导,这保证了卖家所发布的商品信息的质量。由于网站质量提高,因此顾客没有感知到与任务相关信息的约束。

4.2 与情绪相关信息的约束对顾客与销售人员沟通有显著影响,而对顾客与社会网络成员沟通没有显著影响

这一结论说明当顾客觉得购物网站不漂亮或者网站内容枯燥难懂时,顾客会直接询问销售人员,通过沟通获取所需信息。因此,电子商务网站应该强化销售人员在线服务,以此来弥补网站设计的不足。另外,与情绪相关信息的约束对顾客与社会网络成员沟通没有显著影响。因为与社会网络成员沟通主要以口碑为主内容,而口碑沟通很少涉及商品介绍等细节部分。很显然,顾客不会向社会网络成员寻求商品介绍,而更倾向于向销售人员寻求详细的咨询服务。

4.3 正面评论和负面评论对在线沟通有显著影响

正面评论激励顾客与销售人员、与社会网络成员沟通,并让顾客认为与销售人员沟通是值得的。另外,正面评论是正面口碑的一种,故此也是顾客与社会网络成员沟通的重要内容。正面评论是卖家欢迎的,相反,负面评论是卖家不愿意看到的。本文认为,顾客看到负面评论后,可给销售人员提供解释负面评论的机会,即与销售人员沟通。由此可见,销售人员能够通过沟通削弱负面评论对顾客购买决策的消极影响。同时,顾客也会与社会网络成员讨论负面评论。通过与社会网络成员讨论,顾客能更全面地了解评论的意义。

4.4 第四,顾客与销售人员沟通、与社会网络成员沟通能降低购买决策的不确定性

根据决策不确定性的定义,预测交易的结果只能主观估计可能发生的概率[52]。降低不确定性的一般方法是增加信息量。销售人员熟悉所售商品,能向顾客提供有价值的建议,社会网络成员也是影响顾客收集信息的重要渠道,因此,顾客与销售人员沟通、与社会网络成员沟通能增加顾客信息量,从而降低购买决策的不确定性。其中,与销售人员沟通对降低顾客购买不确定性具有更重要的作用(和与社会网络成员沟通相比),这说明电子商务网站提供在线销售

服务是很有必要的。此外,虽然与社会网络成员的沟通对降低顾客购买不确定性的作用相对较小(和与销售人员沟通相比),但这种沟通不需要电子商务网站付出较高的成本,故与社会网络成员沟通也是电子商务平台促进顾客购买的明智选择。

4.5 不确定性降低能正向影响顾客购买意向

这一结论与传统观点一致。如果顾客担心购买结果,他们可能不会产生购买意向[5]。电子商务背景下,不确定性降低能强化顾客购买意愿。因为影响顾客购买意向的因素有很多,如信任、卖家信誉、商品品牌、顾客承受不确定性能力等,所以本文中购买意向的决定系数不是很高($R^2 = 0.119$)。

5 结 论

本文首先探讨了顾客在电子商务购买过程中使用在线沟通的动机,即便利地寻求更全面的信息;其次,根据沟通对象差异,把电子商务中的在线沟通分为销售人员沟通和与社会网络沟通两大类,这有利于进一步分析在线沟通的相关内容;最后,研究发现销售人员沟通能削弱负面评论的消极影响,社会成员沟通能放大正面评论的积极作用,销售人员沟通和社会网络成员沟通都能起到降低购买不确定性的作用,这说明两种沟通方式都很重要。销售人员和社会网络成员是顾客收集信息的重要来源。值得注意的是,销售人员沟通需要成本,而社会网络成员沟通却不需要。

未来研究方向:没有评论的情况下在线沟通的作用;影响购买决策的其他因素;在线沟通对售后服务的辅助作用。

参考文献:

[1] CNNIC. 2009 年中国网络购物市场研究报告[EB/OL]. [2011 - 10 - 11]. http://cnnic.com.cn/, 2009.

[2] Pitta D, Franzak F, Fowler D. A strategic approach to building online customer loyalty: Integrating customer profitability tiers[J]. Journal of Consumer Marketing, 2006,23(7):421 429.

[3] Yadav M, Varadarajan R. Interactivity in the electronic marketplace: An exposition of the concept and implications for research[J]. Journal of the Academy of Marketing Science, 2005,33(4):585.

[4] Jiang Zhenhui, Chan J, Tan B, et al. Effects of interactivity on Website involvement and purchase intention[J]. Journal of the Association for Information Systems, 2010(1):34 -59.

[5] Pavlou P A, Liang Huigang, Xue Yajiong. Understanding and mitigating uncertainty in online exchange relationships: A principal - agent perspective[J]. MIS Quarterly, 2007,31(1):105-136.

[6] Kar Yan T, Shuk Ying H. Understanding the impact of Web personalization on user information processing and decision outcomes[J]. MIS Quarterly, 2006,30(4):865-890.

[7] Mudambi S M, Schuff D. What makes a helpful online review? A study of customer reviews on amazon. com[J]. MIS Quarterly, 2010,34(1):185-200.

[8] Ha L, James E L. Interactivity reexamined: A baseline analysis of early business Web sites [J]. Journal of Broadcasting & Electronic Media, 1998,42(4):457-458.

[9] Lengnick - Hall C. Customer contributions to quality: A different view of the customer - oriented firm[J]. Academy of Management Review, 1996,21(3):791-824.

[10] Eroglu S, Machleit K, Davis L. Atmospheric qualities of online retailing: A conceptual model and implications[J]. Journal of Business Research, 2001,54(2):177-184.

[11] Salisbury W, Pearson R A, Pearson A W, et al. Perceived security and World Wide Web purchase intention[J]. Industrial Management & Data Systems, 2001,101(4):165-177.

[12] Palmer J. Web site usability, design, and performance metrics[J]. Information Systems Research, 2003,13(2):151-167.

[13] Lin H F. The impact of Website quality dimensions on customer satisfaction in the B2C e - commerce context[J]. Total Quality Management & Business Excellence, 2007,101(4):363-378.

[14] Van der Heijden H, Verhagen T, Creemers M. Understanding online purchase intentions: Contributions from technology and trust perspectives[J]. European Journal of Information Systems, 2003,12(1):41-48.

[15] Parboteeah D, Valacich J, Wells J. The influence of Website characteristics on a consumer's urge to buy impulsively[J]. Information Systems Research, 2009,20(1):60-78.

[16] Chevalier J A, Mayzlin D. The effect of word of mouth on sales: Online book reviews[J]. Journal of Marketing Research, 2006,43(3):345-354.

[17] Clemons E, Gao Guodong, Hitt L. When online reviews meet hyperdifferentiation: A study of the craft beer industry[J]. Journal of Management Information Systems, 2006,23(2):149-171.

[18] Ghose A, Ipeirotis P. Designing ranking systems for consumer reviews: The impact of review subjectivity on product sales and review quality[M/OL]. [2011-11-23]. http://people.stern.nyu.edu/panos/publications/wits2006.pdf.

[19] Yoo W, Lee L, Park J. The role of interactivity in e - tailing: Creating value and increasing satisfaction[J]. Journal of Retailing and Consumer Services, 2010,17(2):89-96.

[20] Ball - Rokeach S J, Reardon K. Monologue, dialogue, and telelog: Comparing an emergent form of communication with traditional forms[R]//Advancing Communication Science:

Merging Mass and Interpersonal Processes. Newbury Park, CA: Sage Publicatiois,1988: 135-161.

[21] Burgoon J, Bonito J A, Bengtsson B, et al. Testing the interactivity model: Communication processes, partner assessments, and the quality of collaborative work[J]. Journal of Management Information Systems, 1999,16(3):33-56.

[22] Peltier J, Schibrowsky J, Davis J. Using attitudinal and descriptive database information to understand interactive buyer-seller relationships[J]. Journal of Interactive Marketing, 1998, 12(3):32-45.

[23] Qiu Lingyun, Benbasat I. An investigation into the effects of text-to-speech voice and 3D avatars on the perception of presence and flow of live help in electronic commerce[J]. ACM Transactions on Computer-Human Interaction (TOCHI), 2005,12(4):329-355.

[24] DeLone W, McLean E. Information systems success: The quest for the dependent variable [J]. Information Systems Research, 1992,3(1):60-95.

[25] Kuan H, Bock G, Vathanophas V. Comparing the effects of Website quality on customer initial purchase and continued purchase at e-commerce Websites[J]. Behaviour & Information Technology, 2008,27(1):3-16.

[26] 向纯洁,鲁耀斌,赵玲. 中国信息系统开发团队绩效影响因素分类探讨及实证研究 [J]. 图书情报工作, 2010,54(4):82-85.

[27] Brehm J. A theory of psychological reactance[M]. New York: Academic Press,1999.

[28] Wang Weiquan, Benbasat I. Interactive decision aids for consumer decision making in e-commerce: The influence of perceived strategy restrictiveness[J]. MIS Quarterly, 2009,33 (2): 293-320.

[29] Yang Z, Peterson R, Huang L. Taking the pulse of Internet pharmacies[J]. Marketing Health Services, 2001,21(2):4.

[30] Bandura A. Social foundations of thought and action: A social cognitive theory[M]. Englewood Cliffs: Prentice-Hall, 1986.

[31] Fulk J. Social construction of communication technology[J]. Academy of Management Journal, 1993,36(5):921-950.

[32] Park D H, Lee J, Han I. The effect of on-line consumer reviews on consumer purchasing intention:The moderating role of involvement[J]. International Journal of Electronic Commerce, 2007,11(4):125-148.

[33] Kumar N, Benbasat I. Research note-The influence of recommendations and consumer reviews on evaluations of Websites[J]. Information Systems Research, 2006,17(4):425 -439.

[34] Dellarocas C. The digitization of word of mouth: Promise and challenges of online feedback mechanisms. Management Science, 2003,49(10):1407-1424.

[35] Gruen T W, Osmonbekov T, Czaplewski A J. EWOM: The impact of customer-to-cus-

tomer online know-how exchange on customer value and loyalty. Journal of Business Research, 2006, 59(4): 449-456.

[36] Cho C, Leckenby J. Internet-related programming technology and advertising[P]//Proceedings of the 1997 Annual Conference of American Academy of Advertising. Cincinnati Ohio: University of Cincinnati, 1997.

[37] Van Dijk J. The network society: Social aspects of new media[M]. London: Sage Publications, 2006.

[38] Anderson R, Dubinsky A. Personal selling: Achieving customer satisfaction and loyalty[M]. Boston: Boston Houghton Mifflin Harcourt (HMH), 2004.

[39] Thomas B, Mitchell S, Rosa J. Sales: strategic partnership or necessary evil? 2007-2008 Global Sales Perceptions Report[M/OL]. [2011-10-11]. http://www.ddiworld.com.

[40] Pride W M, Ferrell O C. Marketing[M], New York: Houghton Mifffin, 2008.

[41] Guo C Q, Shim J P, Otondo R. Social network services in China: An integrated model of centrality, trust, and technology acceptance[J]. Journal of Global Information Technology Management, 2010, 13(2): 76-99.

[42] Reingen P, Foster B L, Brown J J, et al. Brand congruence in interpersonal relations: A social network analysis[J]. Journal of Consumer Research, 1984, 11(3): 771-783.

[43] Industry Statictics[EB/OL]. [2011-10-20]. http://www.bazaarvoice.com.

[44] 涂荣庭,朱华伟. 顾客导向的网络品牌建设之路[J]. 管理学报, 2008, 5(3): 385-390.

[45] Suh B, Han I. The impact of customer trust and perception of security control on the acceptance of electronic commerce[J]. International Journal of Electronic Commerce, 2003, 7(3): 135-161.

[46] Gefen D. E-commerce: The role of familiarity and trust[J]. Omega, 2000, 28(6): 725-737.

[47] Hart P, Saunders C. Power and trust: Critical factors in the adoption and use of electronic data interchange[J]. Organization Science, 1997, 8(1): 23-42.

[48] Paridon T J. Consumer self-confidence and patronage intensity heuristics in shopping focused word of mouth communication[J]. Marketing Management Journal, 2008, 18(1): 84-99.

[49] Kuan H, Bock G. Trust transference in brick and click retailers: An investigation of the before-online-visit phase[J]. Information & Management, 2007, 44(2): 175-187.

[50] Hausman A V, Siekpe S J. The effect of Web interface features on consumer online purchase intentions[J]. Journal of Business Research, 2009, 62(1): 5-13.

[51] Keil M, Tan B C Y, Wei K K, et al. A cross-cultural study on escalation of commitment behavior in software projects[J]. MIS Quarterly, 2000, 24(2): 299-325.

[52] Becker M C, Knudsen T. The role of routines in reducing pervasive uncertainty[J]. Jour-

nal of Business Research,2005,58(6):746-757.

作者简介

卢云帆,男,1978年生,博士研究生,发表论文3篇。

鲁耀斌,男,1966年生,教授,博士生导师,发表论文70篇,出版著作5部。

林家宝,男,1982年生,讲师,博士,发表论文20篇。

在线黏度前置因素及其对再购意愿的影响研究[*]

刘子龙　徐　健

(东北财经大学管理科学与工程学院　大连　116025)

摘　要　电子商务交易模式的特殊性,使在线消费者能够轻易转向其他网站,从而导致在线顾客忠诚度普遍不高。如何吸引在线消费者,使他们对网站产生依赖和黏性,是电子商务网站面临的一个重大挑战。从网站设计的视角考察在线黏度的前置影响因素以及其对消费者再购意愿的影响,利用问卷调查方式对获得的 351 个成熟在线消费顾客的数据进行结构方程建模。研究结果表明,在线黏度、在线满意和在线信任是影响消费者再购意愿的重要因素,内容感知价值、情景感知价值和基础感知价值以在线满意为中介显著影响在线黏度。

关键词　在线黏度　再购意愿　网站感知价值　在线信任　在线满意

分类号　F062.5

1　引　言

随着互联网技术的发展和渗透,电子商务交易模式不断完善,越来越多的消费者开始参与在线购物,其感知风险不断降低,在线交易模式的采纳意愿也越来越强烈。近年来,中国的网络购物市场取得了爆发式增长,尽管越来越多的消费者开始采纳在线购物这种新的消费模式,但统计数据显示,大多数网络商店的顾客回头率依然很低。根据营销理论,提升消费者忠诚度是促使消费者再次购物的重要影响因素之一。互联网的发展使得在线用户非常容易地搜集商品信息和价格,在线消费者具有传统消费模式中前所未有的低廉转移成本和

---

* 本文系国家社会科学基金项目"中国居民消费行为特征、成因及影响因素实证分析"(项目编号:10BJY018)和辽宁省教育厅人文社会科学研究项目"在线黏度的前倾因素及其对再购意愿的影响研究"(项目编号:2009B066)研究成果之一。

搜寻成本,这就导致了在线消费者忠诚度通常很低。因此,如何使在线消费者对网站产生依赖和黏性,是在线企业面临的一个挑战。黏度是网站吸引消费者并留住他们使用其网站的一种能力,从而使得消费者在该网站上购买商品或者浏览更多的广告。较高的消费者黏度能够显著降低网站的营销成本,这是因为保持一个用户的费用通常远远低于获取一个新用户的成本。Crockett 在研究中发现,在全部营销费用中,通常吸引新用户的预算要占到 75%,而保持旧用户只占到 25%[1]。McCloskey 的研究证明,如果一个用户在一个网站花费的时间越多,他在该网站购物的可能性也就越大[2]。Zott、Amit 和 Donlevy 的研究表明,消费者随着与网站交易次数的增多和时间的推移,其对该网站的黏度会提高,从而交易的意愿和数量也随之增加[3]。因此,黏度已经成为提升电子商务企业竞争力的一个重要影响因素。

国内外学者关于在线消费者对电子商务网站偏好的研究,多是从消费者的忠诚度来考察,但电子商务环境下消费者的忠诚度普遍不高。本文着重从网站设计的视角来考察在线黏度的影响因素以及其对再购意愿的影响角度。

2 理论模型及相关假设

2.1 在线黏度

在线黏度通常用于描述网站使用者对网站的依赖程度。Davenport 认为,用户黏度是指一个网站能够吸引其用户更加持久访问的能力[4]。Li 从用户的角度定义黏度,尽管环境和市场行为导致用户有转向其他替代网站的潜在可能,但用户依然重复访问并使用一个其偏好的网站[5]。Lin 认为黏度是用户重复访问并持续使用其偏好网站的意愿。从定义中可以看出,用户黏度通常有两个方面最为重要:用户访问的频率和持续的时间[6]。

电子忠诚(e-loyalty)是和在线黏度相似的一个概念,但两者之间还是存在着显著的差异。电子忠诚是从传统消费者行为学中用户忠诚度的概念引申而来的。根据 Assael 的定义,品牌忠诚度是指消费者对某种品牌主观意愿上的偏好,导致其在一段时间内重复购买,并持续使用该品牌的行为[7]。根据传统忠诚度的定义,Srinivasan、Anderson 和 Ponnavolu 认为,电子忠诚(e-loyalty)是指消费者主观对某网站的偏好而导致其在该网站重复购买的行为[8]。

从其定义来看,忠诚度的一个显著标志为消费者的重复购买行为,而黏度着重考察消费者的重复访问行为。在线交易模式的较低转移成本决定了在线消费的低重复率,用户对某一特定的网站并不像品牌那样产生较高的归属感和忠诚度。因此,本文从黏度的视角来考察消费者对某一网站的偏好。Li 从关系理论的视角考察网站和用户之间的关系,他认为,竞争对手的质量、用户的情感投入、用户满意、网站和用户间的沟通质量以及投机行为,通过承诺和信任影响在线黏度[5]。Venkatesh 和 Agarwal 的研究发现,一个对某偏好网站具有较高黏度的用户很有可能从访问者转化为真实的消费者[9]。Lin 的研究表明,在线黏度对在线用户的交易意愿产生积极的影响[6],据此本文提出如下假设:

H1:在线黏度对消费者再购意愿有着显著的正向影响。

2.2 在线满意

在线满意是指用户在使用网站所提供的服务后,对其使用经历的一种评价。满意可以划分为三个层次:产品满意、过程满意和售后服务满意。本文研究的是在线用户和网站之间的关系,因此本文中在线用户满意特指过程满意。前期大量的研究证明,顾客满意是影响顾客忠诚的重要因素,但也有研究发现,65%－85%的流失顾客对企业的满意程度是满意或非常满意的[10]。Ranaweera 和 Prabhu 认为,在满意与忠诚之间存在顾客信任的调节作用[11]。汪旭晖、徐健的研究表明,在线满意对顾客忠诚的直接影响和以在线信任为中介的间接影响都是存在的[12]。此外,在线满意还有利于形成消费者对网站的偏好,提高在线黏度。据此,本文提出如下假设:

H2:在线满意对再购意愿有显著的正向影响。

H3:在线满意对在线黏度有显著的正向影响。

H4:在线满意对在线信任有显著的正向影响。

2.3 在线信任

Moorman、Deshpande 和 Zaltman 将顾客信任定义为"某人对某一交易伙伴具有信心并认为可依赖的意愿"[13]。电子商务交易的特殊性,使得消费者在选择在线交易模式时,相比传统的线下模式面临着更多的风险和不确定性。前期的研究已经证明信任是电子商务成功的一个关键因素,它不仅能够增加用户重复访问网站的意愿[14],而且能促使其购买意愿的提升。同时信任也是忠诚非常显著的标志之一[15]。在线交易过程中如果网站能够建立并维护用户对其的信赖,则可以有效地降低感知风险,增强消费者的购买意愿。另外,信任也是吸引消费者经常访问本网站的重要前提。不可信任的网站既不能为消费者提供可信的商品信息,也不能提供具有可行性的购买机会,消费者没有重复访问这类网站的动机。据此,本文提出如下假设:

H5:在线信任对在线黏度有显著的正向影响。

H6:在线信任对再购意愿有显著的正向影响。

2.4 网站感知价值

在线交易模式使得消费者和商家之间的沟通从传统的面对面变成人机交互的方式,网站成了消费者和商家之间的重要媒介。相比传统的线下模式,电子商务的价值增值过程发生了改变,Rayport 和 Sviokla 提出的模型将电子商务环境下的传统价值分解成了三个基本要素:内容(content)、情景(context)和基础设施(infrastructure)[16]。Lin 又进一步定义了网站价值的三个维度:内容感知价值(perceived content value),情景感知价值(perceived context value),基础感知价值(perceived infrastructure value)[6]。内容感知价值是指用户对网站提供信息服务质量的主观感知价值。情景感知价值是指用户对网站交互界面设计有效性的感知程度,例如字体、颜色搭配的舒适度等。基础感知价值是指用户对网站基础设施效率的感知,例如网站的连接速度等。Liu 和 Arnett 的研究发现,网站所提供的信息和服务的质量以及网站设计的质量是两个显著影响电子商务交易网站成功的因素[17]。Lu 和 Lin 的研究证实,内容、情景以顾客态度为中介显著影响用户忠诚,基础设施虽然对忠诚影响并不显著,但对顾客态度也有显著的影响[18]。Cyr 的研究表明,网站的导航设计(navigation design,)、视觉设计(visual design)和信息设计(information design)以满意和信任为中介显著影响用户忠诚[19]。据此本文提出如下假设:

H7:内容感知价值对在线满意有显著正向影响。
H8:内容感知价值对在线信任有显著正向影响。
H9:情景感知价值对在线满意有显著正向影响。
H10:情景感知价值对在线信任有显著正向影响。
H11:基础感知价值对在线满意有显著正向影响。
H12:基础感知价值对在线信任有显著正向影响。

根据以上假设,本研究提出以下概念模型,如图1所示:

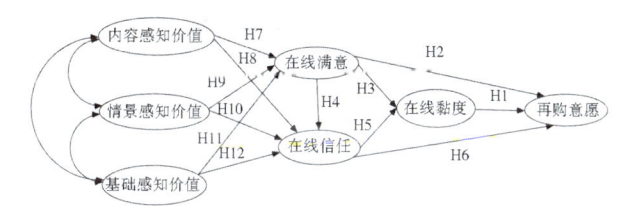

图1 概念模型

3 研究设计

3.1 量表的开发与设计

国外学者在研究用户和网站之间的关系时,网站的主体通常采用 B2C 类型的电子商务网站,将网站视同为商家。然而在中国,C2C 这种传统上意义上的消费者之间的二手交易方式,被越来越多的中小型企业所采纳。从消费者的视角来看,其在网络购物过程中,并没有刻意将 B2C 和 C2C 的模式加以区分。因此,本文在设计调查问卷时没有刻意将两种不同模式的网站加以区分。

问卷主要分为三个部分:第一部分是用户网购经验的调查。在这一部分需要被调查者回答其最喜欢的购物网站以及使用该网站的时间和次数。由于本文研究的是在线消费者的用户黏度及其再购意愿,主要面向的群体是成熟的网购消费者。为了保证调查问卷数据来源的有效性,笔者剔除了那些使用购物网站少于 3 个月或网上购物次数少于 10 次的用户所填问卷。第二部分主要针对在线黏度和影响在线黏度的前置因素,包括感知价值、在线满意和在线信任以及受在线黏度影响的再购意愿等。第三部分为被调查者的人口统计变量信息。

本文量表问项来源于国外文献的研究基础,并在此基础上经过两轮的翻译结合中国国情加以修改,形成了初始量表。其中在线黏度问项来源于 Lin[6];在线满意问项来源于 Rusbult[20];在线信任问项来源于 Gefen[21];内容感知价值来源于 Davis[22];情景感知价值和基础感知价值问项来源于 Aladwania 和 Palvia[23];再购意愿问项来源于 Yi[24]。为尽可能地减少国内外差异对问项的影响,笔者又对 10 名有丰富网络购物经验的消费者进行了深入的访谈,在此基础上,笔者确定了 26 个问项,采用 Likert7 量表格式设计,1 表示完全不同意,7 表示完全同意。

3.2 预调查

在大规模样本调查前,展开了小样本的探索性因子分析,共搜集 111 份问卷。本文利用 SPSS16.0 软件进行探索性因子分析,结果显示 KMO 为 0.825,Bartlett 球度检验显著性为 $P = 0.000$,表明数据非常适合做因子分析。采用主成分分析方法,强制分成 7 个因子,并采用方差最大化正交旋转得到初始量表的探索性因子分析结果。根据 Hair 等提出的观测指标,显著条件是其因子载荷大于 0.5 的建议[25],笔者删除了 5 个没有显著载荷在对应的潜变量上的问项。对于剩余的 21 个观测项,重新进行了探索性因子分析,每个观测项的因子负荷均大于 0.6,各个潜变量的观测项自动聚合成了一类,而且累计解释度也达到 79.608%,这表明问卷具有较高的结构效度。最终剩余的 22 个问项构成了本研究所使用的正式量表,见表1。

表1 测量模型的信度和效度检验结果

结构变量	观测变量	问项	标准化载荷系数	T值	Cronbach's α
在线黏度（St）	St2	今后,我打算花费比现在更多的时间使用该网站	0.639	12.717	0.827
	St3	只要有空,我就会访问该网站	0.934	20.718	
	St4	每次上网我都想访问该网站	0.806	16.980	
在线满意（Sa）	Sa1	我很满意该网站	0.874	20.219	0.853
	Sa2	在该网站的购物经历令我非常愉快	0.844	19.111	
	Sa3	该网站令我非常沮丧	0.640	12.964	
	Sa4	该网站令我非常快乐	0.714	14.959	
	Sa5	该网站能够很好地满足我的需要	0.757	16.259	
在线信任（Tr）	Tr2	我信任这个网站	0.907	21.415	0.937
	Tr3	我认为这个网站是值得信赖的	0.973	24.055	
内容感知价值(Ct)	Ct1	该网站所提供的内容是有用的	0.822	17.711	0.819
	Ct2	该网站的内容是全面的	0.722	14.797	
	Ct3	该网站的内容组织的很有条理	0.755	15.884	
情景感知价值(Cx)	Cx1	该网站的界面组织的很有条理	0.807	18.086	0.913
	Cx2	该网站的字休看起来很舒服	0.925	22.250	
	Cx3	该网站的颜色搭配得很合适	0.914	21.795	
基础感知价值(In)	In2	该网站的网页总是可以打开的	0.863	16.510	0.827
	In3	该网站的网页打开的速度很快	0.821	15.673	
再购意愿（Rc）	Rc1	我倾向继续在该网站购物	0.867	19.648	0.904
	Rc2	我有很高的意愿再次于该网站消费	0.952	22.691	
模型拟合优度	$\chi^2 = 304.108$; df = 148; RMSEA = 0.055; GFI = 0.926; AGFI = 0.894; PGFI = 0.652; NFI = 0.941; PNFI = 0.733; CFI = 0.968; IFI = 0.969				

3.3 数据采集

大规模数据采集在 2009 年 2 月至 4 月期间,共发放问卷 500 份,收回 423 份,剔除数据缺失等无效问卷后,有效问卷 351 份。通过调查的样本数据可以看出,C2C 电子商务尤其是淘宝网在中国的影响最为显著,约有 74.9% 的消费者最喜欢该网站。样本中,有丰富在线购物经历的消费者年龄以年轻的高学历者居多,大多集中在 19 – 35 岁之间(约 89.2%),学历多在本科以上(约 82.9%)。受访对象大多都具有非常丰富的网上购物经验,其中 55% 的受访者使用网上购物已经 1 年多,52.7% 的受访者网购次数在 50 次以上,因此满足了本研究对受访者网上购物经验的要求。

4 数据分析

4.1 测量模型的检验

为确保数据分析结果的正确性,本文在路径假设检验前首先用 SPSS16 和 AMOS7.0 对测量模型进行了信度和效度的检验。模型整体的拟合度指标如表 1 所示,其中 x^2/df 为 2.054,小于门槛值 3,RMSEA 为 0.055,低于门槛值 0.08,拟合优度指数中 CFI、NFI、GFI 均在 0.90 以上,AGFI 虽然略低于 0.9,但也达到了 0.894,因此本测量模型的拟合优度比较理想,尚可以接受。

本研究包含的所有量表的 α 值均大于 0.7(见表 1),这表明本研究中的量表具有较高的内部一致性。本研究中各问项的因子载荷系数绝大多数都高于 0.6,只有 Tr1 的载荷系数为 0.441,低于临界值 0.5,因此删除了 Tr1 的问项。在剩余的问项中 St3、Tr2、Tr3、Cx2、Cx3、Rc2 都超过了 0.9,T 值最小为 12.717,都在 p<0.001 的统计水平上显著。这说明本研究的各变量具有充分的收敛效度。此外,本文还对判别效度进行了检验,以确保各个概念之间存在着内涵和实证方面的差异,结果如表 2 所示:

表 2 相关系数和 AVE 平方根

结构变量	St	Sa	Tr	Ct	Cx	In	Rc
在线黏度(St)	0.802	–	–	–	–	–	–
在线满意(Sa)	0.450	0.771	–	–	–	–	–
在线信任(Tr)	0.336	0.750	0.941	–	–	–	–
内容感知价值(Ct)	0.392	0.761	0.744	0.767	–	–	–
情景感知价值(Cx)	0.331	0.663	0.525	0.686	0.884	–	–
基础感知价值(In)	0.384	0.526	0.450	0.552	0.447	0.843	–
再购意愿(Rc)	0.509	0.746	0.651	0.652	0.612	0.489	0.910

模型中每个概念的平均提炼方差(AVE)的平方根均大于该概念与其他概念的相关系数,这表明本研究使用的量表具有很好的判别效度。

4.2 结构方程模型基本路径检验

在验证了测量模型的信度和效度后,为了检验内容感知价值、情景感知价值、基础感知价值、在线信任、在线满意、在线黏度和再购意愿7个潜在变量之间的影响关系,本研究通过 AMOS7.0,采用最大似然估计的方法进行结构方程模型的拟合检验。结构方程模型分析结果收敛,且模型的拟合优度指标均通过评估标准,说明本模型具有很好的拟合性,结果如表3所示:

表3 结构方程模型路径假设检验结果

假设路径关系	标准化路径系数	T值	结论
在线黏度→再购意愿(H1)	0.199***	4.174	得到支持
在线满意→再购意愿(H2)	0.533***	7.180	得到支持
在线满意→在线黏度(H3)	0.478***	4.968	得到支持
在线满意→在线信任(H4)	0.471***	5.928	得到支持
在线信任→在线黏度(H5)	-0.023	-0.269	没有得到支持
在线信任→再购意愿(H6)	0.186**	2.890	得到支持
内容感知价值→在线满意(H7)	0.524***	6.730	得到支持
内容感知价值→在线信任(H8)	0.470***	5.243	得到支持
情景感知价值→在线满意(H9)	0.255***	4.050	得到支持
情景感知价值→在线信任(H10)	-0.108	-1.782	没有得到支持
基础感知价值→在线满意(H11)	0.137*	2.459	得到支持
基础感知价值→在线信任(H12)	-0.019	-0.349	没有得到支持
模型拟合优度	$\chi^2 = 349.504$; df = 155; RMSEA = 0.06; GFI = 0.917; AGFI = 0.888; PGFI = 0.677; NFI = 0.932; PNFI = 0.76; CFI = 0.961; IFI = 0.961		

注:* 表示 P<0.05;** 表示 P<0.01;*** 表示 P<0.001。

其中 $\chi^2/df = 2.255$ 低于临界值3,RMSEA = 0.06 小于临界值0.08,CFI、NFI、IFI 均在0.9以上,AGFI 略低于0.9,也达到了0.888,尚可接受。

路径假设检验结果见表3,在12条假设路径中有3条没有通过显著性检验,即情景感知价值对在线信任,基础感知价值对在线信任,在线信任对在线黏度没有显著影响。从表中的结论可以看出,对于消费者再购意愿而言,在线满意(路径系数 0.533)的影响程度最大,在线黏度(路径系数 0.199)其次,影响最小的是在线信任(路径系数 0.186)。虽然以往的研究都强调信任对再购意愿的影响,但实际上本文的研究发现,在线黏度对再购意愿的影响要比在线信任大。在线满意同时对在线黏度和在线信任有显著影响,路径系数分别为 0.478 和 0.471。内容感知价值、情景感知价值、基础感知价值会通过在线满意和在线信任影响消费者的在线黏度和再购意愿。这其中内容感知价值分别对在线满意(路径系数 0.526)和在线信任(路径系数 0.463)有着显著的影响,情景感知价值只对在线满意有显著影响(路径系数 0.257),同样基础感知价值只对在线满意有显著影响(路径系数 0.140)。

5 结论及建议

5.1 研究结论

有效地提高在线用户的黏度是电子商务网站的一个重要营销策略。在线消费模式由于其较低的转换成本使得用户的忠诚度相对传统的线下消费模式低很多,越来越多的研究证明用户对网站的依赖程度影响消费者的购买决策。本研究试图从网站设计的视角,分析影响消费者在线黏度的前置因素以及在线黏度对再购意愿的影响。研究的结果显示,在线黏度是影响消费者在某一偏好网站再次消费意愿的一个非常重要的因素,因此电子商务交易网站应通过各种措施激励消费者重复访问并持久使用其网站。在线黏度主要来源于消费者对该网站的满意,在线信任对在线黏度并没有显著的影响。出现这种情况的一个可能的解释是,在电子商务环境下,网站对消费者的黏度主要来自于消费者是否能够获得满意的信息和商品,虽然他对网站不信任,他还是会经常性地访问一个具有自己所需信息的网站,信任只是在最终购买决策时才会起作用(这一点在研究中的假设 H6 中得到了验证)。在现实生活中,"线上浏览,线下消费"这种现象的出现就很好地解释了这个结果。很多传统的线下消费者出于安全的考虑对电子商务交易模式并不感兴趣,但这并不妨碍其经常访问电子商务交易网站以便搜集商品的信息。这些具有较高黏度的潜在的消费者是电子商务网站未来营销策略争取的主要群体之一。

网站的内容感知价值、情景感知价值和基础感知价值是影响在线满意和在线信任的重要因素。在这三个因素中,网站的内容感知价值、情景感知价值和基础感知价值对在线满意都有着显著的正向影响作用,进而通过在线满意影响在线黏度。在这三个因素中,只有内容感知价值能够显著影响在线信任,情景感知和基础感知价值对在线信任的影响并不显著。随着我国网络基础设施建设的日趋完善,网站在访问速度和页面设计便利性方面的能力得到了显著提升。网站的基础设施和情景便利性是一个网站最基本的要求之一,良好的界面设计和稳定的访问速度能够提高在线用户的网站满意度,但并不能显著提高消费者的在线信任。但在基础设计和情景便利性方面较差的网站会大大降低消费者的满意度,从而影响其再次访问该网站的可能性。由于在线消费模式的特殊性,信任是影响消费者购买决策的一个重要的因素,仅从这些基本要求很难提高消费者的信任。从现实的交易过程来看,在C2C交易模式中,基于反馈机制的在线信誉系统是消费者进行决策时最重要的信誉信息来源之一。

5.2 对策建议

本研究发现,在线黏度、在线信任和在线满意对消费者再购意愿有着显著的影响,因此电子商务网站应该通过各种措施来促使用户重复访问并持久地使用该网站,从而提高其消费的交易意愿,进而提高消费者的再购行为。同时,本文还证实通过提高网站的三个感知价值来提高消费者的满意和在线信任,可影响消费者的在线黏度以及消费者的再购意愿。具体可以通过以下措施:①丰富和完善电子商务网站所提供的信息和服务,提供多渠道的信息来源和方式。从研究中笔者发现,在线信任也是一个影响消费者再购意愿的因素,然而从网站的设计角度来看,网站的感知价值中只有内容感知价值对其有显著的影响。不同渠道的信息有助于用户全方位地了解商品信息,从而提高对网站的信任和黏度,其中多种渠道包括:网站本身提供的商品信息描述;权威第三方机构提供的商品评价信息;购后消费者所提供的反馈信息等。除了这些信息外,网站还可以提供在线社区供用户直接交流对商品的体会和意见。这些用户之间的交流也有助于用户更深入地了解商品信息。另一方面,积极地参与社区,也可以进一步提高消费者的在线黏度。②根据用户体验原则,合理进行网站的设计。在线交易模式与传统消费模式不同,商家无法直接和消费者交流,网站的界面是代表零售商和消费者接触的主要媒介,网页界面设计不好,会增加消费者的搜寻成本,降低消费者的满意度。合理的网站设计应更多地关注用户的交互体验和信息浏览的体验,应遵循导航的可用性、操作的可记忆性和相关信息可获取性的原则,为用户提供一个简单易用、功能完善的界面。③完善网站的基础设施建设,提高网站反应速度。与其他产品体验不同,网站的体验往往停留在用户可以容忍和理解的数秒之内,如果用户访问某一网站的连接速度过慢,势必会影响其再次访问的意愿。从研究可以看出,网站基础感知价值显著正向影响用户的满意。完善网站的基础设施建设一方面可以采用增加服务器和带宽等方式,另一方面在网页设计过程中应尽量减少那些不必要且消耗网络资源的设计,如过多的视频等。

参考文献:

[1] Crockett R O. Keep'em coming back. Business Week,2000,5(5):112.
[2] McCloskey D. Evaluating electronic commerce acceptance with the technology acceptance model. Journal of Computer Information Systems, 2004,44(2):49 – 57.
[3] Zott C, Amit R,Donlevy J. Strategies for value creation in e-commerce: Best practice in Europe. European Management Journal,2000,18(5): 463 – 475.
[4] Davenport T. Sticky business. CIO,2000,13(8):58 – 60.
[5] Li D,Browne G J, Wetherbe J C. Why do internet users stick with a specific web site? A relationship perspective. International Journal of Electronic Commerce, 2006, 10(4): 105 – 141.
[6] Lin C. Online stickiness:Its antecedents and effect on purchasing intention. Behavior & Information Technology,2007,26(6): 507 – 516.
[7] Assael H. Consumer behavior and marketing action. Boston:PWS-KENT Publishing Company,1992.
[8] Srinivasan S S, Anderson R, Ponnavolu K. Customer loyalty in e-commerce:An exploration of its antecedents and consequences. Journal of Retailing 2002,78(1):41 – 50.
[9] Venkatesh V, Agarwal R. Turning visitors into customers: A usability-centric perspective on purchase behavior in electronic channels. Management Science,52(3):367 – 382.
[10] Ferdrick F R. Learning from customer defections. Harvard Business Review,1996,74(2): 56 – 63.
[11] Ranaweera C, Prabhu J. The influence of satisfaction, trust and switching barriers on customer retention. International Journal of Service Industry Management,2003,14(4):374 – 395.
[12] 汪旭晖,徐健. 基于转换成本调节作用的网上顾客忠诚研究. 中国工业经济,2008, 12(12):113 – 123.
[13] Moorman C, Deshpande R, Zaltman G. Factors affecting trust in market research relationships. Journal of Marketing,1993,57(1):81 – 101.
[14] Bomil S, Ingoo H. The impact of gustomer trust and perception of security control on the acceptance of electronic commerce. International Journal of Electronic Commerce, 2003,7 (3):135 – 161.
[15] Pavlou P A. Consumer acceptance of electronic commerce integrating trust and risk with technology acceptance model. International Journal of Electronic Commerce,2003,7(3): 101 – 134.
[16] Sviokla R. Managing in the marketspace. Harvard Business Review, 1994,72(6):141 – 150.

[17] Liu C, Arnett K P. Exploring the factors associated with Web site success in the context of electronic commerce. Information & Management,2000,38(1):23 – 33.

[18] Lu H, Lin P. Predicting consumer behavior in the market-space: A study of rayport and sviokla's framework. Information & Managment,2002,40(1):1 – 10.

[19] Cyr D. Modeling Web site design across cultures: Relationships to trust, satisfaction, and e-loyalty. Journal of Management Information Systems,2008,11(24):42 – 72.

[20] Rusbult C E, Martz J M, Agnew C R. The investment model scale:Measuring commitment level, satisfaction level, quality of alternatives, and investment size. Personal Relationships, 1998,5(4):357 – 391.

[21] Gfen D. E-commerce: The role of familiarity and trust. Omega, 2000,28(6):725 – 737.

[22] Davis F D. Perceived usefulness, perceived ease of use, and user acceptance of information technology. MIS Quarterly,1989,13(1): 319 – 340.

[23] Aladwania A M, Palvia P C. Developing and validating an instrument for measuring user-perceived web quality. Information & Management, 2002,39(6):467 – 476.

[24] Yi Y. A critical review of consumer satisfaction review of marketing. Chicago: American Markting Association,1990.

[25] Hair J F, Anderson R E, Tatham R L, et al. Black, multivariate data analysis. Englewood Cliffs: Prentice Hall, 1998.

作者简介

刘子龙,男,1980年生,讲师,博士,发表论文17篇。

徐 健,男,1979年生,讲师,博士,发表论文30篇。

基于客户评论和语料库的在线酒店信誉维度挖掘[*]

赵学锋[1] 汤庆[1] 张睿[2] 李岳[3]

(1. 华中科技大学管理学院 武汉 430074;2. 湖北移动通信有限责任公司 武汉 430023;
3. 河南信阳供电公司 信阳 464000)

摘 要 以携程网上消费者对酒店的文本评论为研究对象,通过对文本评论中的词语进行聚类,得到其中隐含的消费者最关注的酒店评价维度。为保证词语聚类的效果,引入语料库作为对比文档,通过分词、特征项表示、特征词编码标注、词义相似度计算以及基于DBSCAN的文本聚类过程,得到最后的评价维度,并以实例详细说明每个过程中所采用的方法及步骤。

关键词 信誉维度 词语聚类 文本评论 词义相似度 语料库
分类号 G203

在线酒店预订行业作为电子商务的代表产业,近几年获得了飞速的发展。据美国知名互联网流量监测机构ComScore的统计数据显示,亚太地区旅游网站访问人数从2009年的1.08亿人增长至2010年的1.29亿人,增长了19%。2010年亚太区在线旅游网站到达率(在线旅游网民数 vs. 整体互联网网民数)为25.3%。而亚太区独立用户最多的旅游网站中,中国网站占据重要位置,并且中国在线旅游网站的发展呈现出强者愈强的趋势[1]。

由于消费者和酒店的时空分离而带来的信息不对称,导致消费者很难对酒店及酒店预订网站产生信任,这成为阻碍在线酒店预定行业飞速发展的一个瓶颈。为了解决上述问题,越来越多的酒店在线预订网站采用了在线反馈系统(online feedback system),以建立、维护消费者对酒店的信任关系[2-3]。该系统的核心思想是利用其他消费者的电子化的口碑(electronic word of mouth, EWOM)作为潜在消费者的有价值的参考,从而辅助他们进行购买或消费决策。

---

[*] 本文系国家自然科学基金项目"基于文本挖掘的在线零售商信誉评价模型研究"(项目编号:70871048)研究成果之一。

携程网(www.ctrip.com)作为目前中国最大的酒店在线预订网站,合作酒店超过32 000家,遍布全球138个国家和地区的5 900余个城市,独立市场份额占到了30%。该在线反馈系统主要由两部分构成:第一部分是根据网站指定的一些评价维度,由消费者根据自己的消费体验给出评分,第二部分是消费者描述消费体验的文本评论,见图1。

图1 携程网的在线反馈系统构成示意[1]

经过阅读大量的文本评论,发现有些评价维度的分数和文字评论不能完全匹配,其原因之一可能是忽略了消费者非常关注的维度,另一个原因可能是因为网站指定的某些信誉维度的内涵太过宽泛而让消费者难以准确描述其消费体验[4]。很多研究者也认为文本评论包含有更多和更详细的信息[5]。为了找到隐含在消费者文本评论中的知识,有必要从消费者的视角,以文本评论为研究对象,通过文本挖掘和词语聚类来研究消费者最关注的酒店信誉评价维度,以便让消费者更准确地描述其消费体验。

1 酒店信誉评价维度挖掘的思路和过程

由于本文的研究对象是客户的评论,为了能有效利用文本挖掘算法对研究对象进行处理,首先需分析酒店文本评论的特点。通过阅读大量的评论发现,有很多评论的字数在30字左右,所包含的信息量较少,不太适合利用单个评论作为分析文档来进行文本挖掘。但这些评论所涉及的范围却较广,比如"房间卫生"、"服务"、"周边环境"等涉及到消费者体验的各个方面。这种情况下不太适合采用传统的基于VSM空间向量模型的文本聚类方法,即把单个评论作为一个文档来进行聚类分析,最后看这个文档属于哪个类别。而本文的研究目的是为了找出隐含在评论中的客户最关注的酒店信誉评价维度,为了保证能正常运用文本挖掘方法,尝试将抓取出的所有文档合并为一个文档来进行研究。同时,利用文档聚类的思想对文本评论中的词语进行处理,从而得到消费者对酒店进行点评时最关注的信誉维度。按照一般中文文本挖掘的处理过程并结合本研究的特性,将酒店信誉评价维度挖掘分为文本获取、数据预处理、特征项表示、基于词义相似度的特征项编码标注以及聚类处理5个过程,如图2所示:

219

文本获取 → 数据预处理 → 特征项表示 → 特征项编码 → 聚类处理

图2　酒店信誉维度挖掘的过程

1.1　网页上的文本评论抓取

携程网作为中国最大的酒店预订网站,规定只有近三个月内在携程网有成交订单的会员才可以进行评论,而且用户在携程网的评论过程中并不会直接与商家发生任何联系,因此最大限度地避免了商家大规模作弊或者要求用户给予好评的情况发生[6]。通过对携程网部分用户评价的分析,发现其中褒贬评论所占比例合适,绝大部分评论内容都是真实有效的。因此,选定携程网上已存在的评论文本作为数据来源。如前所述,为了保证文档能够被特征项充分表示且能运用文本挖掘方法,将抓取出的所有文档合并为一个文档来进行研究。

1.2　数据预处理

数据预处理是文本-数值转换的最初阶段,它是指将原始文本数据做最初级的处理,以便进行文本-数值转换。在中文文本挖掘中,表示文本的特征向量实际上就是文本中的一些特征项,它们是文本中具有区分能力的因子,比如字、词、句甚至是段落,是进行文本挖掘的最小单位。要生成这些特征词汇,首先要进行分词,这也是数据预处理的关键。为了提高分词效率,保证分词的准确性和完整性,本文采用自动分词与人工处理相结合的方法来进行处理,比如停用词过滤就是根据停用词表自动判断和人工筛选相结合的方式进行。

1.3　特征项表示

在进行文本挖掘之前,必须把文本转换成数值以便计算机处理,这一步骤被称为文本-数值转换。特征项表示是文本-数值转换技术的一个重要步骤,其关键问题是特征项权重的计算。传统的特征项权重计算方法是 TFIDF 方法,该方法的目的是通过各个特征项的不同权重表示一个文本的特征,从而区分不同的文本。但是本次研究的对象是单个的词语而非整个文本段落。如果某一特征项在某个类别大量出现,而在其他类别出现很少,采用传统的 TFIDF 方法计算会导致 IDF 值过低,从而低估该特征项的权重。为了解决上述问题,本文采用了改进的 TFIDF-D_{ac} 方法来计算特征词的权重。TFIDF-D_{ac} 方法的核心思想是在 TFIDF 的基础上增加了一项表示特征词类间分布信息的类间离散度指标[7]。

假设一共有 n 个类,tf_{ik} 代表特征词 k 在 c_i 类的出现频率,$\overline{tf_k}$ 代表单词 k 在各个类的平均词频,如式(1)所示:

$$\overline{tf_k} = \frac{1}{n}\sum_{i=1}^{n} tf_{ik} \tag{1}$$

特征词 k 在各类间的离散度 D_{ac} 如式(2)所示:

$$D_{ac} = \frac{\sqrt{\frac{1}{n-1}\sum_{i=1}^{n}(tf_{ik} - \overline{tf_k})^2}}{\overline{tf_k}} \tag{2}$$

考虑类间离散度,则改进后的特征词的权重计算公式如式(3)所示:

$$TFIDF - D_{ac} = TF * IDF * D_{ac} \tag{3}$$

除了利用 $TFIDF - D_{ac}$ 方法来计算特征词的权重外,本文还引入了语料库进行对比研究。引入语料库主要有两个方面的原因:①将大量文本评论合并为一个文档后,可以避免一些没有代表能力或者表达能力不足的词语因为大量出现而无法剔除的现象发生;②仅仅只有一个文档是无法进行数据聚类处理的,而语料库中有大量其他类别文档存在,一些没有代表能力或者表达能力不足的词语因为在其他类别文档中出现,包含该词语的文档数目增多,其 IDF 值和 TFIDF 值都降低了,从而可以方便研究者设定一个阀值进行过滤。

1.4 特征项编码与词义相似度计算

为了找出一个可以表征词语之间区别的数值来进行文本聚类,本文采用词义相似度作为聚类距离。目前计算词义相似度主要有两种方法:一种是利用大规模的语料库进行统计,另一种是根据世界知识或分类体系来计算[8]。本研究根据《哈工大信息检索研究室同义词词林扩展版》(以下简称"《扩展版》")对词条逐个进行编码标注,然后根据不同词语编码的距离计算出词义相似度。《扩展版》中规定词的编码规则如表1所示:

表1 《扩展版》编码规则

编码位	1	2	3	4	5	6	7	8
符号举例	D	a	1	5	B	0	2	= \# \@
符号性质	大类	中类	小类		词群	原子词群		
级别	第一级	第二级	第三级		第四级	第五级		

由于两个词语编码的差值在越高的编码位上表示其距离越远,所以给第一级编码位赋以最高的权重(10 000),第二级编码位次之,以此类推。而最后一位只是标识位,并不属于五级编码,因此被赋以权重0。按照上述规则,就可以计算任意两个词之间的词义相似度。以"舒适"和"安静"二词为例,根据编码规则,它们之间的词义相似度如表2所示:

表2　词义相似度计算

编码位	1	2	3	4	5	6	7	8
编码(舒适)	G	a	0	6	C	0	1	=
编码(安静)	G	a	0	9	B	0	1	=
编码距离	0	0	3	1	0	0		
级别	第一级	第二级	第三级	第四级	第五级			
权重	10 000	1 000	100	10	1	0		
聚类距离	0 * 10 000 + 0 * 1 000 + 3 * 100 + 1 * 10 + 0 * 1 = 310							

1.5 文本聚类过程

目前最为常用的聚类方法有 K-means 聚类方法和 DBSCAN 聚类方法。由于 K-means 方法中初始聚类中心的选择会对聚类结果造成很大影响,而本研究并不能事先就确定初始聚类中心[9-10],因此不宜选用 K-means 聚类方法。而 DBSCAN 是基于密度的聚类算法,它不需要预先确定聚类个数。它将簇定义为密度相连的点的最大集合,能够把具有足够高密度的区域划分为簇,并可在噪声的空间数据库中发现任意形状的聚类[11],本研究拟采用 DBSCAN 方法作为最终的聚类方法。

2　应用实例

2.1　文本评论数据的抓取及数据预处理

为了保证样本具有完整性和代表性,本研究小组于 2010 年 7 月 18 日随机选取了携程网中分布在北京、上海、武汉、广州、成都、大连的 150 家酒店,要求每一家酒店至少有 10 条评论。Pavlou 和 Dimoka 的研究发现大多用户都只关注首页的文字评论内容[12],因此本研究小组也只抓取每个酒店的前 10 条评论,共获取到 1 500 条酒店评论。将它们合并后形成一个文件,作为数据源文档。

通过分析评论页面,发现页面上通过超文本标记语言 HTML 表示的评论数据组织结构不太明确,而通过正则表达式来提取用户评论数据则比较方便。为了获取大量的用户评论,本研究用 C#.net 设计了一个文本抓取程序,通过正则表达式匹配来自动获取携程网上的文本评论,其具体流程可参考文献[4]。

在本次研究中,为了提高分词的效率,采用了中国科学院开发的 ICTCLAS 分词软件进行分词,得到词语集。但该词语集中仍然存在着停用词、语气词和一些与本研究无关的词条,因此使用《扩展版》所提供的停用词表进行停用词过滤,同时结合人工筛选得到经过文本预处理后的词语集。同时,计算出每个词语的出现频率,设定一个阀值,将低于此阀值的出现频率过低的词语过滤掉。经过上述处理后,可以得到初步的特征项集合。

2.2 特征项表示和特征项编码

经过上述处理后的特征项集合仍然含有大量的特征词,为了保证文本聚类的效果,还需要对特征词进行进一步的过滤。前已述及加入语料库可以强化特征项的权重,本文选用复旦大学计算机信息与技术系国际数据库中心自然语言处理小组提供的文本分类测试语料库作为对比文档[13]。该语料库包括农业、艺术、通信、计算机等20个类别的9 804篇文档。在此基础上采用TFIDF-D_{ac}方法计算数据源文档中经过数据预处理的每个词语的TFIDF值,对其设定一个阀值,就能够筛选出贡献度较高、能够表达评论实际内容的词语作为特征项集合[4]。进行过滤处理后,得到经过初步筛选后的202个特征词。然后对每个特征词进行编码标注,根据词义相似度的计算规则,计算了特征词之间的词义相似度。特征词编码标注流程如图3所示:

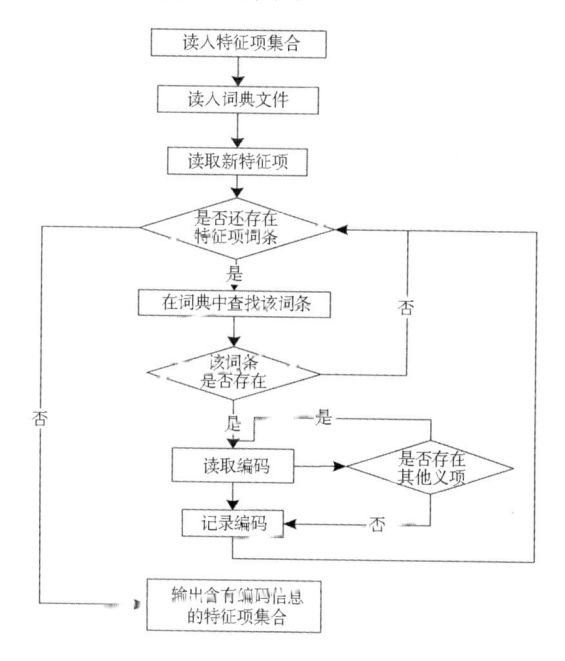

图3 特征词编码标注流程

2.3 基于 DBSCAN 方法的词语聚类

由于 DBSCAN 方法需要对大量数据做重复性数学运算,因此本次研究采用矩阵运算能力较强的 Matlab 语言来编写 DBSCAN 聚类过程[14]。经过和相关专家研讨,选取了几组不同参数来进行 DBSCAN 聚类实验,最后确定在聚类半径为 500,最小类别数为 3 的条件下可得到较理想的结果。通过对聚类结果的分析,发现特征词 TFIDF 值总和小于 0.02 的簇的成员词条不能归为同一类,因此设定一个簇的总的 TFIDF 的阀值为 0.02,将 TFIDF 小于 0.02 的簇舍弃,得到初步的聚类结果如表 3 所示:

表 3 聚类结果

类别编号	类别成员词条	TFIDF 值总和
1	服务 自助 推荐 接待 接送	0.025 5
2	早餐 环境 实惠 餐饮 早饭 内部 麻烦 晚餐	0.035 7
3	前台 卫生间 步行街 餐厅 楼层 窗户 套房 马路 洗手间 浴室 窗 套间 厕所 过道 建筑 走廊	0.057 4
4	方便 周边 便利 适合 贵 周到 温馨 实在 便宜 优惠 丰富 贴心	0.044 6
5	设施 硬件 整体 设备 用品	0.024 7
6	干净 吵 安静 舒服 舒适 整洁 吵闹 静 嘈杂 繁华 闹	0.041 8
7	服务员 交通 服务生	0.021 2
8	位置 火车站 周围 门口 机场 附近 对面 地段 价位 车站 地点 停车场	0.039 3
9	床 地毯 毛巾 被子 卡 床单 雨伞 床垫 会员卡 枕头	0.022 1
10	总体 陈旧 豪华 远 隔壁 冷 精致 快捷 新 简洁 简陋 简单 湿 便捷 闷	0.029 7
11	价 价格 值 特价 房费 钱 餐券 房价 经济 押金 价钱	0.024 3
12	空调 出租车 电梯 车 电话 的士 电脑 电视 吹风机 牙具	0.022 2

为了衡量聚类过程的效果和质量,需要对聚类结果进行检验。根据聚类的定义,比较理想的聚类结果是同一类别内数据应当尽量紧密,不同类别间数据应当尽量分散。为了判断类内紧密程度和类间分散程度,本研究取单个类别内距离其他点总平均距离最小的点作为该类别的中心,然后以此中心到本类内其他所有点的总平均距离表示类内紧密程度,以此中心到其他类内所有点的总平均距离表示类间离散程度,最后的结果如表 4 所示:

表 4   类内和类间距离计算结果

类	1	2	3	4	5	6	7	8	9	10	11	12
1	180	64 460	174 630	70 940	56 970	61 200	37 070	114 620	123 450	93 580	76 020	110 920
2	26 830	310	59 890	17 960	11 430	19 010	11 450	15 170	43 150	19 280	11 730	38 610
3	19 320	15 770	160	28 730	3 900	24 760	3 440	15 900	1 750	37460	15 700	660
4	13 590	8 320	50 300	360	12 990	2 320	9 580	20 780	35 830	2 970	14 210	32 220
5	57 080	27 260	35 140	67 180	110	64 440	7 140	22 860	28 500	78 490	53 560	23 760
6	13 960	10 300	50 890	2 580	14 640	130	10 320	24 430	37 160	5 490	13 030	32 700
7	92 800	68 810	77 780	124 580	17 840	113 600	30	69 840	58 910	163 090	97 270	51 260
8	22 010	7 010	27 630	20 800	4 330	20 580	5 320	250	20 660	23 640	15 540	18 090
9	28 050	23 610	3 700	42 420	6 530	37 260	5 360	24 410	250	55 650	24 470	1 490
10	11 720	5 740	42 290	1 850	9 790	2 960	8 150	15 370	30 550	2/0	12 660	27 080
11	17 330	6 310	32 230	16 630	12 160	13 010	8 840	18 480	24 400	23 000	170	20 990
12	30 320	25 090	1 700	45 490	6 480	39 270	5 580	25 670	1 710	59 270	25 270	110

从表 4 可以看出,每个类内的总平均距离(对角线上的数值)都是远远小于类间总平均距离(非对角线上的数值),这说明类内的数据都紧密关联而类间数据是相对独立的,表明上述聚类过程是有效的,聚类结果具有统一明确的语义。

2.4   结果分析

经过和电子商务专家的讨论,认为表 4 中 12 个分类又可以概括为 5 大类:硬件(硬件总评、房间设施、装修、常用用具、附属用具)、服务(服务项目、服务水平、服务员)、环境(居住环境、地理位置)、饮食、性价比,如表 5 所示:

表 5   归并后的聚类结果

大类名称	子类别	TFIDF 值总和
硬件	硬件总评,房间设施,装修,常用用具,附属用具	0.098 7
服务	服务项目,服务水平,服务员	0.091 3
环境	居住环境,地理位置	0.081 1
饮食	便宜,丰富	0.035 7
性价比	性价比	0.024 3

从表 5 可看出,和携程网最初的评价维度(房间卫生、周边环境、酒店服务、设备设施)相比,增加了"性价比"和"饮食"维度,同时重构了"硬件"、"服务"、

"环境"等维度,使得每个维度所包括的内容更加详细明了,比如"硬件"里面包括硬件总体评价(是否有空调与电梯等)、房间设施(是否有窗户、是否有独立沐浴间和洗手间等)、常用用具(是否有地毯、毛巾、雨伞、床垫、抱枕和靠枕等)、附属用具(是否有电话、电脑、电视、吹风机和齐备的洗漱用品等)。根据表 5 所反映的内容和抓取的文本评论,可以给酒店和酒店预定网站的管理者提供如下建议:

● 酒店在线预定网站在消费者点评时告知消费者每个评价维度所涉及到的详细内容,消费者点评会变得更容易,同时每个评价维度的得分和文本评论也会更加匹配,给其他消费者的参考价值也更大。

● 归并后每一大类的 TFIDF 值总和最大的是"硬件",说明消费者最关注的还是硬件、房间设施、常用用具以及附属用具。比如是否有独立的卫生间等,特别是一些常用的附属用具(比如吹风机)的缺失,常常导致消费者的不满。

● TFIDF 值排名第二的是"服务",说明在同样的硬件设施条件下,服务是消费者的另外一个关注点,服务好的酒店更容易受到客户的青睐。比如酒店是否能提供洗衣/烫衣服务、出租车服务、服务员是否彬彬有礼、大堂经理是否能及时处理抱怨等,这些都是顾客关注的焦点。上述服务比较完善的酒店,客户的评分和满意度较高,点评数(代表酒店的销售量)也较多。这种现象说明如果酒店能提升服务质量,可以收到事半功倍的效果。

● TFIDF 值排名第三、四的是"环境"和"饮食",说明消费者比较关注酒店的"居住环境"、"地理位置"以及"饮食"。在"地理位置"一定的情况下,消费者更关注居住环境,比如走廊和房间是否安静等。特别是"饮食"这个维度,顾客比较关注是否便宜和早餐、中(晚)餐的种类是否丰富,这说明如果酒店能提高早、中(晚)餐菜品的丰富程度并保证价格相对便宜,可以有效提高销售量。

● TFIDF 值排名最后的是"价格",这个维度在携程网的初始评价维度里并没有涉及,但很多消费者仍然关注价格及性价比,这说明酒店管理者在适当的时候可以通过价格促销来吸引消费者的注意从而提高销售量。

3 结 语

根据文本挖掘的一般过程,本文将酒店信誉评价维度挖掘分为文本数据获取、数据预处理、特征项表示、基于词义相似度的特征项编码标注以及聚类处理 5 个过程。在实例研究中,首先,通过文本自动抓取程序从携程网上随机获取 1 500 条消费者文本评论,并将其合并为一个文档,作为数据源文件。同时,为了增加特征项的代表能力,引入了包含 9 804 篇文档的语料库作为对比文档。其次,采用 ICTCLAS 分词软件对数据源文件和对比文档进行了分词,并经过停用词过滤等过程完成了数据预处理。再次,利用改进的 TFIDF-D_{ac} 方法计算了特征词的权重,并根据实际情况设定了 TFIDF 的阈值,作为入选特征词的条件,然后根据《扩展版》对每个特征词进行编码标注,并计算了特征词之间的词义相似度。最后选用 DBSCAN 方法,以词义相似度作为聚类距离,通过程序实现了词语聚类,得到了最终消费者比较关注的信誉维度,它们是硬件、服务、环境、饮食、性价比。

在线反馈系统在促进消费者对酒店和酒店在线预定网站的信任过程中起着越来越重要的作用,消费者的文本评论隐含了大量有价值的信息。本文尝试从消费者的视角,利用文本聚类方法对文本评论进行聚类,来发现文本评论中所隐含的知识。这种方法可以给信誉系统等领域的相关研究者提供一些参考,同时本研究结果也可以给酒店和酒店预订网站的管理者一些管理方面的启示,让他们了解消费者最关注的酒店信誉维度,更有效地改进其服务。

参考文献:

[1] 中青网. 中国在线旅游三分天下 市场发展速度惊人[OL]. [2010-10-21]. http://news.iresearch.cn/0468/20101021/126157.shtml.

[2] Resnick P, Zeckhauser R, Kuwabara K, et al. Reputation systems[J]. Communications of the ACM, 2000, 43(12): 45–48.

[3] Miller N, Resnick P. Eliciting informative feedback: The peer-prediction method[J]. Management Science, 2005, 51(9): 1359–1373.

[4] 赵学锋,陈传红,陈获帆,等. 基于文本聚类的电子零售商信誉维度发现研究[J]. 情报学报, 2011, 30(1): 69–75.

[5] Cabral L, Hortacsu A. The dynamics of seller reputation: Theory and evidence from eBay[R/OL]. [2012-04-12]. http://pages.stern.nyu.edu/~lcabral/papers/ebay.pdf.

[6] 携程网. 写点评[OL]. [2010-10-26]. http://www.lvping.com/members/WriteReview.aspx?type=hotel.

[7] Salton G, Buckley B. Term-weighting approaches in automatic text retrieval[J]. Information Processing and Management, 1998, 24(5): 513–523.

[8] 刘群,李素建. 基于《知网》的词汇语义相似度计算[C]//第三届汉语词汇语义学研讨会论文集. 台北:台湾中研院, 2002.

[9] 索红光,王玉伟. 基于参考区域的 k-means 文本聚类算法[J]. 计算机工程与设计, 2009, 30(2): 401–403,407.

[10] 杨峰,周宁,吴佳鑫. 基于信息可视化技术的文本聚类方法研究[J]. 情报学报, 2005, 24(6): 680–682.

[11] 易明,操玉杰,沈劲枝,等. 社会化标签系统中基于密度聚类的 Web 用户兴趣建模方法[J]. 情报学报,2011,30(1):37-43.

[12] Pavlou P A, Dimoka A. The nature and role of feedback text comments in online marketplaces: Implications for trust building, price premiums, and seller differentiation[J]. Information Systems Research, 2006, 17(4):392-414.

[13] 复旦大学计算机信息与技术系国际数据库中心自然语言处理小组. 复旦大学文本分类测试语料库[OL]. [2010-11-10]. http://www.nlp.org.cn/docs/download.php?doc_id=295.

[14] 蒋珉. MATLAB 程序设计及应用[M]. 北京:北京邮电大学出版社,2010.

作者简介

赵学锋,男,1973 年生,副教授,发表论文 40 余篇。

汤　庆,女,1988 年生,博士研究生。

张　睿,男,1970 年生,高级经济师,发表论文 20 余篇。

李　岳,女,1983 年生,工程师,发表论文 30 余篇。

考虑退货费用的 B2C 电子商务企业利润最大化模型研究*

倪 明 王 武

（华东交通大学经济管理学院 南昌 330013）

摘 要 在回顾相关文献的基础上，把退款和退货费用分担作为 B2C 电子商务企业退货策略的两个方面进行研究，建立商品消费市场的利润最大化模型。研究表明：在消费者对退款较为敏感的商品消费市场中，B2C 电子商务企业采取宽松的退款策略，少分担或不分担退货费用有利于实现企业利润最大化；而在消费者对退货费用分担较为敏感的商品消费市场中，B2C 电子商务企业应尽量提高退货费用的分担比重，同时采取较为严格的退款策略，以有利于实现企业利润最大化。

关键词 电子商务 退货费用分担 利润最大化

分类号 F252

近年来，我国 B2C 电子商务发展迅猛，越来越多的消费者采用网上购物方式来满足需求。中国互联网信息中心发布的《第 25 次中国互联网络发展状况统计报告》数据显示，到 2009 年底，我国网络购物人数为 1.08 亿，网络购物市场交易规模达到 2 500 亿，网购时代已然来临。然而，一个不可忽视的问题是网上购物由于缺少对商品实物的检查而增加了消费者退货的可能性。尽管《中华人民共和国消费者权益保护法》第 46 条规定："经营者以邮购方式提供商品的，应当按照约定提供。未按约定提供的，应当按照消费者的要求履行约定或者退回货款；并应当承担消费者必须支付的合理费用。"但在实际退货过程中，由于约定模糊或者退货责任难以界定，退货纠纷时有发生。一项调查表明：在当前网络购物中出现的退款交易纠纷中，有 42% 是由于买卖双方对退货邮费问题协商不一致产生的。退货纠纷不仅有损企业形象，还会降低消费者满意度，削弱

---

* 本文系江西省教育厅科技研究项目"含逆向物流功能的两类地区企业物流流程设计与仿真研究"（项目编号：GJJ11425）和华东交通大学 2010 年度研究生省级创新资金项目"基于 Swarm 平台的两类地区企业逆向物流仿真系统研究"（项目编号：YC10A090）研究成果之一。

商品的市场竞争力。因此,B2C 电子商务企业不能不考虑退货费用(主要指退货运费)分担对消费者购买决策造成的影响。此外,优惠的退款策略已被证实是一把双刃剑,既可增加在线商家的利润,也会给在线商家带来高额的退货管理成本。因此,承诺给消费者一定的退款和分担合理的退货费用是 B2C 电子商务企业获得高额利润的保障,也是提高消费者满意度的有效手段。

当前,很多学者对电子商务企业的商品退货策略进行了研究。Wang 等[1]对传统市场和电子商务市场的退货政策进行了比较研究,为企业是否参与电子商务营销提供了决策依据。Choi 等[2]采用均值-方差方法建立了电子商务市场的退货策略模型,对电子商务市场的风险因素与退货政策的关系进行了研究。Mukhopadhyay 等[3]通过构建利润最大化模型,研究了基于某些市场反应参数的最优价格和最优退货策略。薛顺利等[4]将商品的定价策略和退货策略同时作为决策变量,建立了企业利润最大化的数学模型,研究了网络供货商如何在最优价格下提供优惠的退货策略。熊焰[5]基于利润最大化模型,得到了特定市场反应参数下的最优价格和退货策略。王蓓等[6]考虑了竞争敏感度对电子商务环境下商品退货量的影响,指出市场竞争越激烈,退货政策越宽松,退货量也就越多。顾晓清等[7]将市场竞争因素对商品需求量和退货量的影响全部考虑进去,以企业利润最大化为前提,得到了在特定市场反应参数下的商品最优价格及最优退货策略。翟春娟等[8]讨论了由一个制造商和在线零售商组成的供应链中,在线零售商的三种退货处理策略,通过比较这三种退货策略下在线零售商的最优利润及供应链的总体利润,为在线零售商选择合适的退货处理策略提供了依据。田肇云[9]假定商品销售价和退货价均对需求产生影响,建立了直销模式下随机退货的利润最大化模型。陈子林等[10]考虑商品价格对退货量的影响,通过添加商品销售价和退货价之间的约束关系,研究了直销企业如何制定价格政策和退货政策的问题。杜洁等[11]将电子商务企业退货策略的慷慨程度与商品价格作为商品需求量的影响因素,并将退货策略的慷慨程度与商品需求量作为商品退货量的影响因素,建立了电子商务企业的利润函数,由此求得商品的价格策略和退货策略。晏妮娜等[12]综合考虑买卖双方的风险厌恶程度及利润方差对其预期效用的影响,建立了电子商务环境下供应链退货模型。也有学者就时间价值因素对网上经销商定价与退货策略的影响进行了研究,为电子商务环境下产品营销和逆向物流管理两个关键问题提供了切实可行的解决方案[13-14]。

综上,以下问题有待研究:①上述文献没有考虑商家的退货费用分担对消费者购买行为和退货决策的影响,把退款作为商家退货策略的单方面因素进行研究,而本文认为商家的退货策略应包括退款和退货费用分担两个方面。②上述文献将商品价格作为决策变量进行研究,而在 B2C 模式下的商品营销过程中,商品价格是作为一个常量存在的,即商品无论销往何处,其网上售价都是固定的。商品的退货费用则根据商品消费市场的不同是一个变动值。因此,本文在以往研究的基础上,考虑商品的退货费用分担,并将其作为决策变量,着重研究 B2C 电子商务企业针对商品的不同消费市场动态制定退货策略以实现利润最大化的问题。

1 相关概念界定与模型假设

1.1 相关概念界定

B2C 电子商务一般以网络零售业为主,主要是借助 Internet 直接面向消费者开展商品的销售活动。B2C 电子商务企业即人们常说的网络零售商,本文简称为电子商务企业。

消费者以 B2C 方式购买单价为 p 元的商品,在收到商品后,经检查认为商品不符合要求而要求退货,此时,电子商务企业返还给消费者 r 元($0 \leqslant r \leqslant p$),作为退款。商品在退回过程中由于运输环节还会产生一定的退货费用(假设商品从电子商务企业到消费者过程中的运输费用已包含在了商品价格中)。尽管在电子商务换货过程中也会产生退货费用,但电子商务换货过程是指电子商务企业在收到退货后,为消费者更换商品,直至消费者满意的过程。在电子商务换货过程中,电子商务企业不返还货款给消费者。此外,在电子商务退货过程中,商品退货费用与退款也是两个不同概念,退款是相对于消费者购买商品支出而言的,消费者将购买的商品退回给电子商务企业时,电子商务企业会返还给消费者一定的货款。而商品退货费用则主要是商品在返回电子商务企业的过程中发生的运输及管理等费用。对电子商务企业来说,商品退款即是退款成本,分担的退货费用即是退货成本。一般情况下,商品退货成本要远小于商品退款成本。

综上,在电子商务退货过程中,电子商务企业不仅需要制定合理的退款策略,而且还应重视商品退货费用如何分担的问题。如果电子商务企业承担退货费用,无疑会增加企业的退货管理成本;而如果让消费者承担,则必定会成为消费者购买商品时的顾虑,减少商品的需求量。因此,如何分担商品退货费用已经成为电子商务企业亟待解决的问题之一。

1.2 模型假设

- 商品无论销往何处,其网上售价都固定不变。
- 退货原因和电子商务企业与消费者的距离因素是影响退货费用多少的

两个主要因素。一方面,对于电子商务企业来说,如果退货原因完全是由其自身引起的,则需要承担全部的退货费用;如果退货原因完全是由消费者引起的,则退货费用由消费者全部承担。但在实际的退货过程中,电子商务企业承担的退货费用往往是介于0(不承担退货费用)和全部退货费用之间的变动值。另一方面,电子商务企业与消费者之间的距离影响退货费用多少,距离越近,产生的退货费用越少。但是,考虑到退货原因的复杂性而难以界定责任,故本文不采用以退货原因的方式划分商品市场,而是将商品市场按电子商务企业与消费者的距离进行划分,即按区域划分商品的消费市场。

- 假设电子商务企业在消费市场i给予消费者退款r_i($0 \leq r_i \leq p$),分担退货费用x_i($0 \leq x_i \leq X_i$)。其中X_i表示消费市场i的商品退货费用。
- 参与主体为理性经济人,即无论是电子商务企业还是消费者,均以自身经济利益最大化为决策依据。对消费者来说,是否选择退货需要衡量哪种决策带来的损失小;对于电子商务企业来说,主要是针对消费者退货情形,研究如何制定退货策略以实现利润最大化。表1给出了消费者选择退货和不退货两种情形下的支付函数:

表1 消费者不同决策情形下的支付函数

决策情形	退货	不退货
消费者的支付函数	$x_i - X_i + r_i - p$	$e_0 - p$

由表1可知,消费者选择退货的前提条件是:

$$x_i - X_i + r_i - p \geq e_0 - p \tag{1}$$

即:

$$X_i - x_i + e_0 \leq r_i \tag{2}$$

其中,e_0是消费者对商品剩余价值的估计。对消费者来说,只有当电子商务企业返还的退款金额不低于其对商品剩余价值的估计值与分担的退货费用之和时,消费者才会考虑退货。因此,电子商务企业为了消除消费者的不满情绪、留住顾客,往往会承诺对退回商品给予全部退款或部分退款。

2 建立模型

2.1 消费市场i的商品需求函数

根据经济学中市场需求与商品价格的关系可知,商品的价格因素对市场需求具有负影响,即商品价格越高,其市场需求量就越少。瑞德(Reda)[15]通过研究发现,制造商的退货条例稍差一些,市场需求就会明显减少。因此,电子商务企业的退款策略越优惠,即 r 越大,则商品的市场需求就越大。退货费用对商品需求量及退货量的影响在现实网购活动中已愈发明显,电子商务企业分担的退货费用比重越大,则越能打消消费者购买商品时的顾虑,促使消费者增加对商品的购入量。基于以上分析,假定电子商务企业在消费市场 i 的商品需求函数为:

$$D_i = f_i(p, r_i, x_i) \tag{3}$$

其中 D_i 为电子商务企业在消费市场 i 的商品需求量;p 是单位商品价格;r_i 是单位商品退款数额($r_i \leq p$);x_i($0 \leq x_i \leq X_i$)是电子商务企业承担单位商品的退货费用($x_i = 0$ 表示电子商务企业不承担退货费用,$x_i = X_i$ 表示电子商务企业承担全部退货费用);且有

$$\frac{\partial D_i}{\partial p} < 0, \frac{\partial D_i}{\partial r_i} > 0, \frac{\partial D_i}{\partial x_i} > 0 \tag{4}$$

假定商品的需求函数为线性函数,则其表达式可表示为:

$$D_i = \alpha_i - \beta_i \times p + \lambda_i \times r_i + \eta_i \times x_i + \varepsilon_i \tag{5}$$

其中 $\alpha_i > 0$,表示消费市场 i 对商品的基本需求量,不受电子商务企业定价及退货策略影响,只与商品的特征、质量及品牌效应有关;$\beta_i > 0$,是消费市场 i 的商品需求量对价格的敏感程度,价格越高,商品需求量就越少;$\lambda_i > 0$,是商品需求量对退款 r_i 的敏感程度,随着 r_i 的增大,商品需求量增加;$\eta_i > 0$,表示消费市场 i 的商品需求量对电子商务企业分担退货费用的敏感程度,当电子商务企业分担单位商品的退货费用为 x_i 时,商品的市场需求量增加 $\eta_i \times x_i$;ε_i 是商品需求误差,表示由于市场竞争、通货膨胀等企业外部因素而导致商品需求的增加量或减少量。

2.2 消费市场 i 的商品退货函数

优惠的退货条款虽然会提高商品的销量,增加电子商务企业的收入,但也会导致商品退货量的增加,增加企业的退货管理成本。考虑到退货过程中的费用因素,电子商务企业分担的退货费用越多,则消费者退货的可能性也就越高。根据以上分析,不失一般性,消费市场 i 的商品退货函数表述如下:

$$R_i = f_i(r_i, x_i) \tag{6}$$

且有

$$\frac{\partial R_i}{\partial r_i} > 0, \frac{\partial R_i}{\partial x_i} > 0 \tag{7}$$

$$R_i = \varphi_i + \phi_i \times r_i + \omega_i \times x_i + \delta_i \tag{8}$$

其中 $\varphi_i > 0$,表示消费市场 i 的商品基本退货量,不受商品退货策略的影响;$\varphi_i > 0$,表示消费市场 i 的商品退货量对退款 r_i 的敏感程度;$\omega_i > 0$,表示消费市场 i 的商品退货量对电子商务企业分担退货费用的敏感程度,即当电子商务企业分担的单位商品退货费用为 x_i 时,商品的退货量就会增加 $\omega_i \times x_i$;δ_i 是商品退货误差,表示由于市场竞争、通货膨胀等企业外部因素而导致商品退货的增加量或减少量。

2.3 消费市场 i 的利润函数

假设 c 为单位商品的采购成本,e 为单位商品退货后的平均剩余价值(从电子商务企业的角度看待退回商品),可通过修理修复后再销售或拆解成可再用零部件或转化为产品制造原材料等方式获取,均设为常量。则综合式(3)-(8),得到电子商务企业在商品消费市场 i 的利润函数:

$$\pi_i = p \times D_i - r_i \times R_i - x_i \times R_i - c \times D_i + e \times R_i \tag{9}$$

将式(3)和式(6)代入式(7),得:

$$\pi_i = (p - c) \times (\alpha_i - \beta_i \times p + \lambda_i \times r_i + \eta_i \times x_i + \varepsilon_i) - (r_i + x_i - e) \times (\varphi_i + \varphi_i \times r_i + \omega_i \times x_i + \delta_i) \tag{10}$$

由上式可知,单位商品退款 r_i 与电子商务企业分担的单位商品退货费用 x_i 对电子商务企业的最终利润都有正反两方面的影响,因此,必存在某一条件下 r_i 和 x_i 使得电子商务企业的利润最大化。实现电子商务企业利润最大化的必要条件为:

$$\frac{\partial \pi_i}{\partial r_i} = 0, \frac{\partial \pi_i}{\partial x_i} = 0 \tag{11}$$

即

$$(p - c) \times \lambda_i - \varphi_i - 2\varphi_i \times r_i - \omega_i \times x_i - \delta_i - \varphi_i \times (x_i - e) = 0 \tag{12}$$

$$(p - c) \times \eta_i - \omega_i \times (r_i - e) - \varphi_i - \varphi_i \times r_i - \delta_i - 2\omega_i \times x_i = 0 \tag{13}$$

由式(12)和(13)可求得一个商品退货的组合策略(r_i,x_i),但如前文所述,商品退款和电子商务企业分担的退货费用是有约束条件的,即 $X_i - x_i + e_0 \leq r_i \leq P$,$0 \leq x_i \leq X_i$。只有当该组合策略都满足约束条件时才是有效的。因此,对于不能满足约束条件的组合策略,需要做出调整,使其满足约束条件并使得利润最大化,经过调整后的组合策略(r_i^*,x_i^*)才是商品消费市场 i 的最优退货策略。此时,电子商务企业在商品消费市场 i 的利润表述如下:

$$\pi_i = (p - c) \times (\alpha_i - \beta_i \times p + \lambda_i \times r_i^* + \eta_i \times x_i^* + \varepsilon_i) - (r_i^* + x_i^* - e) \times (\varphi_i + \varphi_i \times r_i^* + \omega_i \times x_i^* + \delta_i) \tag{14}$$

商品所有消费市场的利润之和便是电子商务企业的最终利润,表述如下:

$$\pi = \sum_{i=1}^{i=n} \pi_i \qquad (15)$$

因此,只有保证商品所有消费市场的利润最大化,才能保证电子商务企业最终利润的最大化。针对商品每个消费市场实际情况的不同(主要是影响因素的参数不同,尤其是不同消费市场的退货费用不一致),灵活制定退货策略,即最优的商品退款和退货费用分担组合策略,才能实现商家利润最大化。为便于直观分析利润函数的性质以及随 r 和 x 的变化情况,接下来将采用数值算例进行研究。

3 数值算例

3.1 算例

在不同的商品消费市场中,消费者的偏好、消费动机和心理需求存在差异,因此,不同的商品消费市场对商品需求和退货的影响因素及其参数是不同的。为便于讨论,选取商品的两个不同消费市场进行比较研究,说明电子商务企业针对商品的不同消费市场如何制定退货策略才能保证其利润最大化。假设两个消费市场的商品退货费用以及消费者对电子商务企业分担的退货费用和退款的敏感程度不同,其他参数相同。市场1和市场2的外生参数如表2和表3所示:

表 2　市场 1 的外生参数

参数	p	c	e	α_1	β_1	λ_1	η_1	φ_1	φ_1	ω_1	X_1
取值	100	30	60	1 200	8	10	3	200	8	2	20

表 3　市场 2 的外生参数

参数	p	c	e	α_2	β_2	λ_2	η_2	φ_2	φ_2	ω_2	X_2
取值	100	30	60	1 200	8	3	5	200	2	4	40

由表2和表3可知,商品在市场1中发生的退货费用为20元,在市场2中发生的退货费用是40元。电子商务企业在某个市场中可以分担的退货费用要受到该市场中商品退货费用的约束($x_i \leq X_i$),因此,针对不同的消费市场,电子商务企业需要动态调整商品退款和退货费用的分担比重,以使其利润最大化。利用MATLAB工具描绘出两种市场的商品利润函数的变化曲线,见图1和图2。其中图1(a)和图2(a)分别是在市场1和市场2中,商品利润随退款的变

化曲线；图1(b)和图2(b)分别是在市场1和市场2中,商品利润随电子商务企业所分担的退货费用的变化曲线。

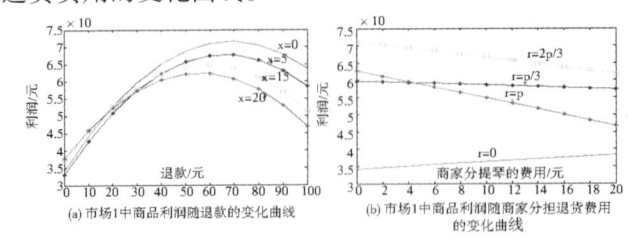

图1 市场1中商品利润的变化曲线

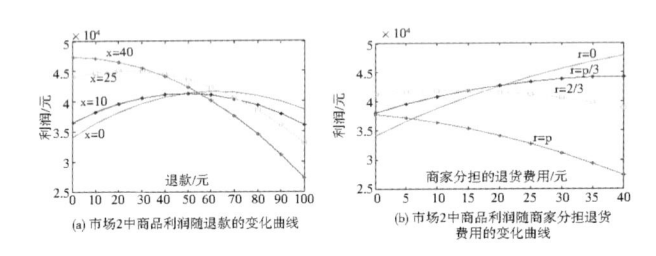

图2 市场2中商品利润的变化曲线

3.2 算例分析

图1和图2表明商品消费市场的利润函数是退款和商家分担的退货费用的凸函数,存在唯一的最大值。但电子商务企业能否取得最大利润,要看退款和分担的费用是否在约束范围内(即 $X_i - x_i + e_0 \leq r_i \leq P; 0 \leq x_i \leq X_i$)。如果退款和分担的费用不符合约束条件,就需要进行动态调整,直至满足约束条件,此时的利润才是电子商务企业能够取得的最大利润。此外,从图1和图2可以看出,当退款和分担的退货费用都很低时,电子商务企业的利润也是很低的,因此,并非商家的退款越少,分担的退货费用越少,利润就越多,只有经过整合优化,电子商务企业才能取得最大利润。

由表2、表3中的市场参数对比与图1的利润变化曲线可知,市场1中的消费者对退款较为敏感。电子商务企业宽松的退款策略可以显著增加利润。而在宽松的退款策略下,电子商务企业分担的退货费用越高,利润越低,这也是B2C电子商务企业一般只承诺给消费者一定的商品退款,甚至是全额退款也不愿意承担退货费用的原因。此外,商品利润随退款呈现先增加后减少的变化趋势,这是因为宽松的退款策略使得商品的需求增加,从而增加了商家的利润。但当退款大于某个范围时,商家利润就会降低,这是因为商家承担了过高的退款而增加了退货成本,当增加的利润不足于弥补增加的退货成本时,利润就会减少。因此,对于在一个消费者对退款敏感型的商品市场中,电子商务企业应采取更加宽松的退款条例,少分担甚至不分担退货费用才能保证商品在该市场的利润最大化。

而市场2中的消费者对商家分担的退货费用较为敏感。由图2(a)可知,商家稍稍提高退货费用的分担比重就可显著增加利润,这是因为对消费者而言,商家分担的退货费用越高,越能打消他们购物时的顾虑,从而增加商品需求。但由于商品退货费用受到商品消费市场区域(退货距离)因素的约束,商家依靠分担更多的退货费用来提高利润空间的能力是有限的。此外,当退款在某一范围内变动时,利润随商家退货费用分担比重的增加呈现先增加后减少的趋势,这是因为商家分担更多的退货费用在一定程度上增加商品销量的同时,也给退货带来了相应的成本。当增加的利润大于相应增加的退货成本时,商家承担更多的退货费用反而会增加利润,而一旦增加的利润少于退货成本的增加量时,商家承担更多的退货费用便是负担。因此,在一个消费者对商家分担的退货费用比较敏感的商品市场中,电子商务企业应尽量提高退货费用的分担比重,同时采取严格的退款策略。但由于每个商品消费市场的退货费用不尽相同,是一个变动值,所以,针对不同消费市场的商品退货组合策略(退款和分担的退货费用)也是动态变化的,这种动态的商品退货组合策略有利于电子商务企业在商品不同消费市场的利润得到提高。

4 结 语

本文假定商品价格是固定不变的,这与网购过程中的实际情形也是一致的,即无论商品销往何处,其网上售价是保持不变的。在此假设基础上,根据B2C电子商务的退货过程,本文研究了电子商务企业在退货管理过程中的退款和退货费用分担问题,并建立了商品消费市场的利润最大化模型。对于商品的不同消费市场,模型中的各项参数是不同的,市场对各因素的敏感程度也存在差异。因此,B2C电子商务企业在制定商品退货策略时,要根据不同消费市场的实际情况,灵活制定和调整商品的退货策略,才能实现利润最大化。

本文的不足之处在于研究对象只适用于B2C电子商务零售企业,没有考虑B2C模式下的制造业。对于B2C模式下的制造企业来说,整个运营过程更复杂,包括商品的生产、销售及退货过程,涉及多个与成本和收益相关的环节。B2C模式下的制造企业利润最大化问题是下一步研究的重点。

参考文献：

[1] Wang C X, Benaroch M. Supply chain coordination in buyer centric B2B electronic markets. International Journal of Production Economics, 2004, 92(2):113-124.

[2] Choi T M, Li D, Yan H. Optimal returns policy for supply chain with e-marketplace. International Journal of Production Economics, 2004, 88(2):205-227.

[3] Mukhopadhyay S K, Setoputro R. Reverse logistics in e-business optimal price and return policy. International Journal of Physical Distribution & Logistics Management, 2004, 34(1):70-88.

[4] 薛顺利,徐渝,宋悦林,等.电子商务环境下定价与退货策略整合优化研究.运筹与管理,2006,15(5):133-137.

[5] 熊焰.基于电子商务的逆向物流优化模型及其应用策略.上海应用技术学院学报(自然科学版),2005,5(3):179-182.

[6] 王蓓,孙林岩,吴溪庭.竞争的电子商务环境下逆向物流的最优策略.统计与决策,2006(11):14-16.

[7] 顾晓清,杨长春.基于存在市场竞争的电子商务下定价和退货价格模型研究.江苏工业学院学报,2008,20(2):38-41.

[8] 翟春娟,李勇建.B2C模式下的在线零售商退货策略研究.管理工程学报,2011,25(1):62-68.

[9] 田肇云.直销模式中涉及逆向物流的价格策略及退货政策.统计与决策,2006(3):33,34.

[10] 陈子林,张子刚,陈金菊.基于反向物流的商品定价和退货政策研究.管理学报,2006,3(2):179-181.

[11] 杜洁,郭宸.电子商务退货策略优化研究.物流工程与管理,2010,32(6):116-117.

[12] 晏妮娜,黄小原.基于电子市场的供应链退货问题模型.系统工程理论方法应用,2005,14(6):492-496.

[13] 于鹏.电子商务环境下考虑时间价值的逆向物流定价策略研究[学位论文].沈阳:东北大学,2007.

[14] 胡为时.电子商务下时间价值的网上经销商利润模型.中国商贸,2011(3):103-104.

[15] Lee C H. Coordinated stocking, clearance sales, and return policies for a supply chain. European Journal of Operational Research, 2001, 131(3):491-513.

作者简介

倪　明,男,1974年生,教授,硕士生导师,博士,发表论文96篇。

王　武,男,1987年生,硕士研究生,发表论文2篇。

国内手机阅读服务盈利模式的调查与分析

何菊香[1]　茆意宏[2]

(1. 南京大学信息管理学院　南京　210093；2. 南京农业大学信息管理系　南京　210095)

摘　要　运用文献和网络调查法，从手机报、手机杂志和手机小说等不同形式的手机阅读服务产品以及中国移动、盛大文学和3G门户等典型手机阅读服务机构着手，在了解国内手机阅读服务基本情况的基础上，对国内手机阅读服务的盈利模式进行调查分析。总结现行广告、用户付费等国内手机阅读服务盈利模式的优势与不足之处，并针对盈利模式中存在的问题，给出改进国内手机阅读服务利益分配和盈利模式的建议。

关键词　手机阅读服务　盈利模式　调查分析
分类号　G203

1　引　言

随着移动互联网时代的来临，手机阅读服务市场发展得风风火火。据易观国际数据，2011年第2季度中国手机阅读市场活跃用户数达2.69亿[1]。目前学术界也已开始对手机移动阅读服务进行理论研究，较成形的研究主要集中在手机图书馆服务上，有关手机阅读服务少有系统性研究，涉及手机阅读服务盈利模式的研究更少。本文采用文献调查法调查国内外关于手机阅读服务的学术论文和论著，同时定时对运营商等手机阅读服务提供商网站、第一财经周刊等权威媒体网站及易观国际等行业第三方网站发布的信息和数据进行调研，并利用邮件关键词订阅、搜索引擎覆盖等方式系统化搜集手机阅读服务盈利现状，共同对手机阅读服务盈利模式的现状进行综合性调查。本次调查综合了2010年以前国内外涉及手机阅读服务盈利模式的文献和专著，并对2010年10月至2011年6月间以手机阅读服务盈利模式、手机阅读服务等为关键词的行业报告、数据及新闻进行了提炼，得出目前手机阅读服务机构实行的赢利模式，并对其进行分析与比较，总结其中存在的问题，提出一些改进盈利模式及利益分配的建议,旨在为手机阅读服务的发展提供借鉴。

2 国内手机阅读服务盈利模式的现状

简单地说,企业盈利模式就是指企业赚钱的途径和方式,是企业赖以生存的基础和目的[2]。手机阅读服务的盈利模式,是指手机阅读服务产业链上的企业赚钱的途径和方式,是一种相对稳定、持久和平衡的状态。笔者在对国内手机阅读服务盈利模式调查的基础上发现,目前手机阅读服务中全面的盈利模式尚未成形,但手机阅读服务中手机阅读服务机构尝试并创新的用户付费、广告和打造手机阅读服务平台等盈利模式,逐渐开始在增加手机阅读服务付费总量、广告收入和手机阅读服务用户数量等方面崭露头角[3-5],为手机阅读服务的产业盈利提供了可能。

2.1 手机阅读服务的用户付费模式

2.1.1 用户支付方式

用户信息行为即用户产生信息需求、寻找信息和信息利用的过程[6]。手机阅读是用户信息行为的一种。手机阅读服务中既有免费提供的内容,也有要用户付费才能获取的内容。据易观国际《中国手机阅读市场用户调研报告2010》数据显示,手机阅读用户可接受的收费方式中,综合包月的形式接受比例最大(约为53%),其次是按领域包月的形式,再次是按次收费的形式;在可接受的手机阅读服务缴费方式中,手机自动扣费的比例遥遥领先,约占78.4%。根据笔者对运营商官方网站以及相关文献资料的整理,目前手机阅读用户的支付手段包括"中间账"支付[7]和话费支付,"中间账"支付是手机阅读用户使用支付宝、财付通等第三方支付工具来为点播或订购的手机小说、手机杂志等手机阅读内容付费,话费支付是直接从使用手机阅读服务的用户话费中扣除。计费方式则包括单本计费、按章计费、按字数计费、综合包月收费和按领域包月收费等。手机阅读用户完全可以根据自身手机终端和阅读内容让利情况,自由地选择付费内容的计费方式和支付手段,享受手机阅读服务。

2.1.2 付费现状

笔者以中国移动手机阅读服务中的部分付费内容产品[8-10]为例,对手机阅读用户的付费情况进行归纳,如表1所示:

表1　中国移动手机阅读服务中部分付费内容的付费现状

付费内容	具体描述	用户付费现状
手机报	包括短信版和彩信版,以3-8元不等的价格向手机报订阅用户收取包月订阅费;对WAP网站浏览用户按时间计费或向用户收取少量流量费,而内容免费。	国内手机报发行数已超过1 000种,订阅手机报的付费用户数量正逐年增加,已有超过5 000万的手机报付费订阅用户。手机报业务是目前渗透率最高的手机阅读服务,占整个手机阅读服务产业收入60%以上。
手机小说	部分小说的发行时间比网络、纸质方式早,价格一般为纸质书籍的10%左右,推出2-10元不等的手机阅读服务包月礼包,并推出手机阅读内容折扣活动。	手机小说的渗透率达到了手机网民的近四成。手机阅读用户可接受的付费内容形式中,手机小说占比达最高,约占四成。中移动手机阅读基地的手机图书月收入已达8 000万元。
VIVA 手机杂志	通过提供给上游内容提供商数字出版解决方案,并以VIVA报刊亭、杂志阅读应用等方式进入运营商应用商店,内置到运营商出售的手机终端,通过送书券、送话费、抽奖等优惠活动大力推广。1-5元单次点播阅读,5元包月订阅。	拥有超过1 200万的手机杂志阅读用户,最高单期手机杂志阅读量超百万。近10%的免费用户转化为付费用户。

从表1可以看出,在手机阅读服务中实行用户付费的模式是可行的。同时,付费收入作为手机阅读服务中最原始的获利方式,尽管目前来自手机小说、手机杂志的收益有待提高,但手机报的用户付费情况确实是可圈可点的[11]。随着手机资费的下降、未来带宽和上网速度的提升以及手机用户付费意识的转变,付费用户数量和付费总量必将呈现井喷式增长。

2.2　手机阅读服务的广告盈利模式

2.2.1　广告投放及成效

从广告主付费角度来讲,用户为手机广告流量费买单,将会影响用户的使用体验,可能会造成用户流失,达不到预想的投放效果,从而降低对手机广告的认同感[12]。从手机阅读用户来讲,手机广告所带来的资费增长、时间等待和阅读体验下降都极大可能地会引起用户的反抗情绪,从而减少手机阅读内容和降低付费意愿。然而,用户会对那些具有利己性的广告产生好感,对于他们来说,这些都是有用的信息,都是值得在手机上阅读的内容[12]。从这一点来说,广告是解决收费阅读困难的一个有效途径。据了解,以中国移动、3G 门户等为代表的手机阅读服务机构已取得了不错的成绩,如表 2 所示:

表 2 典型手机阅读服务机构的广告盈利情况

典型代表	广告投放方式	投放效果
中国移动[8]	以其庞大的用户规模、营销运营经验等优势,通过编辑、整合手机阅读服务提供的内容,下调手机流量费等措施进行企业主冠名、点播、食物等商品优惠券的粗犷型广告植入,吸引大量的广告主进行广告投放。基于其庞大的用户信息数据库,强调"规模营销"和"精细运营",以互动式广告、手机报广告的精准投放来吸引广告主。	植入式广告因阅读内容免费或附带优惠,不致引起手机用户的反抗情绪,宣传效果可观。基于手机阅读服务的互动式广告、手机报广告为中国移动的增值业务带来了新的增长亮点。
VIVA 手机杂志[13-14]	手机杂志自带的广告投放。基于手机杂志订阅累积的用户信息和阅读偏好,以专刊式广告对用户的精准营销来吸引广告主。	广告营销效果极佳,利于产品推广,广告收入已经占到了 VIVA 收入的 40%。
3G 门户[15]	在用户规模的基础上广泛投放手机网页广告、手机客户端广告。	以免费内容累积用户的手机阅读服务,已吸引过亿的广告收入。

资料来源:根据 3G 门户、VIVA 手机杂志等官方网站公开发布的数据整理。

由表 2 可以看出,在不降低用户阅读体验的前提下,依赖特定的广告投放方式可以实现广告主和广告受众理性地认同和接受手机阅读服务中添加的广告。首先,冠名、点播、优惠券等粗犷型植入式广告带来可观的宣传效果,此类广告一般无特定的目标人群,因阅读内容免费或附带优惠,不致引起手机用户的反抗情绪[16];其次,基于用户信息和用户偏好的精准广告营销效果极佳,此类广告在精准地掌握用户阅读偏好和用户规模的基础上,以专刊式广告、互动营销广告等形式将产品或服务信息传递给最需要的客户。

此外,手机阅读服务中的广告投放更加注重在广告形式和内容呈现方面的隐蔽性和主动性,尽可能地将利于用户的广告信息发至手机终端,且不引发用户的反抗情绪。同时,手机阅读服务中的广告也更加注重在正确的时空把产品或服务信息传递给最需要的客户,强调精准到达。因而,手机阅读服务的广告模式已经以主动订阅、精准投放、覆盖广泛以及高质量的宣传效果逐渐获得了广告主对手机媒体的价值认同[17],并迅速成为手机阅读服务盈利模式中重要的创收手段。

2.2.2 广告收入分配

目前,手机阅读服务广告投放所得的广告收入主要按比例来分配,具体的分配比例由各个手机阅读服务提供商之间协商而定,3∶7和4∶6以及均分是比较常见的分配方式,这在很大程度上激励了手机阅读服务参与者的热情,但分配的比例不尽如人意,还有待商榷。以内容买断方式吸引过来的流量收入和无偿提供收费软件等数字内容产品服务吸引过来的手机广告收入更多地是由买断方全部收入囊中,这无可厚非。总体来说,虽然广告投放策略实现了手机阅读服务中广告的投放,但只有加上合理的利润分配才能保证该模式的持续盈利,在不降低用户阅读体验的同时吸引到更多的广告主,创造更大的产业价值。

2.3 手机阅读服务的"平台打造"盈利模式

在纸质图书发行领域,由于竞争激烈,发行机构为了在竞争中获得优势地位,会向出版社施加压力,索要较低的折扣,并确立退货机制,加大出版社的负担[18]。在新打造的手机阅读服务平台中,充当发行部门的手机阅读服务机构对手机阅读服务内容提供商的态度却要友善得多。以中国移动的手机阅读基地为例,中国移动事先对内容提供商按一定比例进行补贴,作为其保底收入,事后双方再就实际的数字发行收入按比例分成。此外,手机阅读服务中的内容提供商还实现了与手机阅读服务平台对数字版权的联合出版发行。例如,盛大文学的云中书城实现了全方位开放,并提供B2C服务,让拥有内容的出版社作为自主拥有品牌的商店,享有自主上传、自主定价的权利。因此,尽管手机阅读服务机构打造手机阅读服务平台的盈利模式和如何使其成为增值利器的推行方案还在进一步探索中,但毫无疑问,该模式已成为部分实力手机阅读服务机构实现盈利的又一大方向(见表3)。

由表3可以看出,手机阅读服务机构中通过尝试打造服务平台的大部分机构已基本实现手机渠道图书首发和数字版权的获利,并开辟了全新的书报刊发行渠道。内容提供商在已有的平台上自主拥有内容、自主定价,而用户自由点播所需内容,提供服务的平台方在庞大的用户基础上进行营销推广,获取收益。现阶段,虽然打造手机阅读服务平台的盈利模式取得了一定的成绩,但大部分服务机构都还处于前期投资和大力推广的试行阶段,因而目前要做的就是如何在不起冲突的前提下整合渠道,加强各服务机构之间的合作,凸显手机阅读服务的优势,实现盈利最大化。

3 国内手机阅读服务盈利模式的对比分析

随着手机阅读服务和3G等移动技术的发展,用户阅读习惯、数字版权保护等难题将会迎刃而解,但手机阅读服务的赢利模式还需要在相当长的时间里进行摸索。一个好的盈利模式会被模仿,从营销策略到利益分配,同时也会解决企业如何获利的问题,更重要的是能为整个产业链各成员如何获利、如何分成提供思路,通过谈判和协商在企业彼此的合作中实现共赢[19]。因此,对目前国内手机阅读服务的盈利模式需要从反映其本质的盈利能力、盈利潜力、优势和不足等方面对其给予客观的评价。下面将从这几个方面来对手机阅读服务现行的盈利模式进行比较(见表4),看其是否能产生实际利润,是否有存在的价值和发展的基础。

表3　部分手机阅读服务机构的"平台打造"盈利模式

典型代表	"平台打造"模式	盈利成效
中国移动	①"终端+通道+内容"模式 建立手机阅读基地,通过付费版权转让等模式与CP/SP(内容供应商/服务提供商)合作,构建相对充实的内容库,同时,强化终端和渠道方面的合作伙伴建设;向终端厂商提供补贴,在手机中内置阅读器终端产品,推出上百种智能手机和G3阅读器;最后利用自己打造的平台向内容提供方收取"入场费"和内容分红,并以渠道优势向手机用户收取数据流量费。 ②"保底+分成"模式 手机阅读基地和内容提供商事先对实体书销量及数字发行可能带来的收入进行预估,先由中国移动按一定比例补贴出版社,事后双方再就实际的数字发行收入按比例分成,为其打造的平台提供内容保证。 ③"发行+订阅"模式 通过提供给上游内容提供商在手机上数字内容出版发行的解决方案,帮助出版社实现单本书或杂志的转化,然后就纸质内容的手机出版发行和用户在其平台上实现付费订阅谋取一定的服务费。	形成新的图书发行模式,即新出的书先实现手机阅读服务平台首发,传统出版机构再根据用户订阅的市场反应,及时调整实体书的发行策略,以此解决目前传统出版业面临的高库存、网络盗版等问题。 产生二次发行的"长尾"效应,经典老书通过手机阅读平台二次推广,形成第二波可观的收益增长。 手机阅读服务发行平台排行榜的前10名原创书籍的总销售收入为同类原创文学网前10名书籍总销售收入的多倍,部分图书收入超实体书。

续表

典型代表	"平台打造"模式	盈利成效
APPLE（苹果）	"终端＋服务"模式 以 iPhone 系列手机和 App Store（应用商店）形成完整的终端、软件和支付体系的平台构建，由内容提供商提供数字版权，手机终端商作为最重要的"第三方平台"，通过和运营商开展合作，预置密钥保护手机阅读内容的数字版权，最终使内容提供商放心将内容寄放在该平台出售，并与平台一方建立良性的信任合作关系，支付一定服务费。	成为消费者付费意愿最高的服务平台，基本实现了依靠手机阅读服务内容持续盈利。其中苹果与传统内容提供商按3:7 的比例对出售内容收入分成，同时按4:6 的比例对广告营收拆账。
盛大文学	"店中店"模式，即"内容＋平台"模式 全方位开放云中书城，提供 B2C 服务，让拥有内容的出版社作为自主拥有品牌的商店，享有自主上传、自主定价的权利，同时，对手机阅读下游产业完全开放，包括互联网、中国移动阅读基地等。	仅有5%的书籍以低廉价格收费，其余全部免费，处于构建云端服务平台中，盈利成效甚微，处于培育市场阶段。 以起点中文为代表的收费网络文学阅读网站，正在逐渐培养出一批具有付费和阅读正版书籍意识的手机用户，付费商业模式正逐渐成熟。
方正	"服务＋客户端"＋"内容平台"模式 推出"方正飞阅无限移动阅读解决方案"，将传统出版物通过信息技术处理以文字、图片、视频等形式"印刷"到手机上，并通过手机网络实现数字发行，"方正飞阅无限"手机客户端在手机等移动终端上呈现的一整套服务方案，同时，番薯网云阅读平台将实现 PC 端、手机和手持阅读终端设备的无缝衔接，共同为用户提供海量的内容服务，实现跨平台的无障碍阅读。	简化传统出版机构的数字内容发行流程，为出版社的数字化管理与运营带来空前的便捷和巨大的附加价值收益。
3G门户	"门户"＋"平台"模式 通过收购整合拥有原创内容的互联网文学网站，举办手机文学大赛，培养并签约新的移动网络文学作家，打造新的原创手机文学作品的发行平台，并不断开发手机阅读客户端软件，提高移动互联网内容门户的地位。	3G 门户成为国内用户最多、流量最大的手机互联网门户网站，每日活跃用户数超过2 000万。

资料来源：根据统计年鉴和第一财经周刊等媒体刊载的文章以及3G门户等官方网站公开发布的数据整理制作。

245

表4 手机阅读服务盈利模式的对比分析

盈利模式	盈利能力	盈利潜力	优势	不足
用户付费模式	目前最主要、最直接的盈利来源。	与手机阅读服务的用户数呈正相关,未来相对数量和绝对数量的盈利效果都可观。	累积手机阅读服务的用户基数;扩大手机阅读服务的范围;形成直接的现金流。	容易引起用户反感,减少手机阅读服务项目的订阅。
广告模式	粗犷型植入式广告的盈利能力欠佳,精准式广告盈利效果极佳。	植入式广告随用户阅读体验的高标准下降趋势;精准式广告随用户需求呈上升状态。	用户在哪里,服务就在哪里;挖掘用户潜在需求,增加用户黏性和互动;为减轻用户付费负担提供可能。	容易弱化手机阅读用户的阅读体验,减少手机阅读服务付费项目的订阅。
"平台打造"模式	移动信息服务平台最主要的数字版权收入来源。	数字版权移动化的主要增长点之一;数字版权移动"B2C"模式的爆发点。	解决了海量数字版权内容的销售垄断难题;吸引网络文学用户转化为手机阅读用户。	容易形成渠道壁垒。

从表4可以看出,现行手机阅读服务的盈利模式基本都能实现盈利,其盈利潜力也随手机用户对手机阅读服务的认可而呈上升趋势。在优势和不足方面,所有的盈利模式都能实现用户数量的增长,并产生一定的实际利润;然而,用户付费模式、广告模式和"平台打造"模式可能会引起用户反感、弱化手机用户的阅读体验,或形成渠道壁垒,从而减少用户对手机阅读服务的订阅和点播。

通过以上分析可以知道,现行盈利模式有盈利的能力和潜力,但却未能实现手机阅读服务产业链上各企业的全面盈利。一部分企业因其渠道、技术的垄断权盈利,而一部分企业却因海量内容垄断在廉价吆喝赚噱头。可见,现有盈利模式下的手机阅读服务机构之间更多的是对抗,各服务机构之间如何获利、如何分成和通过谈判与协商实现合作共赢还存在一定问题。

4 国内手机阅读服务盈利模式存在的问题与改进措施

4.1 国内手机阅读服务盈利模式存在的问题

4.1.1 手机阅读服务内容和数字版权受限,用户付费意愿较低

在内容方面,手机阅读服务提供的内容主要是网络文学、新闻资讯和畅销

图书。这些内容大部分都是互联网和纸质内容移动化的产物,少有专门为手机阅读服务原创的个性阅读产品。再者,出版社因版权保护需要造成优质数字版权内容缺乏,作者与出版社就数字版权归属问题又有所纠结,这些因素都对手机阅读服务内容的供给产生了一定影响。另外,网络盗版等更加淡薄了用户的付费意识,从而影响手机阅读服务的盈利空间。

4.1.2 手机阅读服务中用户阅读体验欠佳,广告盈利遭遇瓶颈

受手机屏幕小等因素的限制,手机用户在利用手机阅读过程中,存在显示效果差、眼睛易疲劳等手机阅读体验欠佳的问题。此外,手机阅读服务中手机广告投放所带来的资费增长、时间等待和阅读体验下降又易引起用户的抵制情绪,从而致使部分手机阅读用户流失。上述两点,都间接地减少了广告主在手机阅读服务中投放手机广告的意愿,因而降低了手机阅读服务的广告盈利。

4.1.3 手机阅读服务产业链主导权缺失,盈利模式发展困难重重

据了解,日本最大的运营商之一 NTT DoCoMo 主导的通过整合手机阅读产业链,严格把控 CP/SP 的内容运营,以手机小说、手机动漫两项业务作为手机阅读产品突破口,推出便利的 i-mode 平台和代收费模式的产业模式实现了其手机阅读业务的快速增长,并在 2008 年取得了手机阅读业务收入超 180 亿日元的成功[20]。在国内,一方面,运营商企图实现手机阅读服务产业链的"通吃",使得拥有数字版权资源的服务机构不断寻找市场切入点,逐步形成另一条产业链。另一方面,从资本运营的角度来讲,各大手机制造商是不可能将这一市场拱手让与他人的[21]。诺基亚、苹果等手机终端厂商不断关注手机阅读业务,通过内容终端的不断深化,打算开拓第三条产业链。如此频繁地抢夺产业链主导权,加剧了盈利模式的模糊性并阻碍了盈利模式的持续发展。

4.1.4 无偿服务与收费服务难权衡,利益分成变纷争焦点

就当下国内网民的网络消费习惯来看,将大量免费下载的内容变为付费项目,手机网民能否接受成为最现实的问题。其次,手机阅读服务内容的重要主体——手机小说还未探索出成型的广告收费模式[22],数字版权二次获利的效果不明显,阅读内容完全实现免费的时机尚未成熟。因而,是贴钱培育市场还是确保盈利成了手机阅读服务中一直难以抉择的问题。此外,运营商手机阅读基地现行的于运营商利好的 6∶4 或 5.5∶4.5 的利益分成模式显然未达到其他服务机构期望的收益,以内容提供商为首的服务提供机构颇有怨言,开始寻求新的利益分成。

4.2 国内手机阅读服务盈利模式的改进措施

4.2.1 确保优质内容资源和版权

- 开放内容整合平台,实现明码标价。确保优质内容。要尝试开放内容整合平台,实现所有数字版权内容的明码标价,并明确利益分配,这样才能使内容提供商减弱对新模式的戒备,加强对手机阅读服务内容的供给,保证优质内容,从而提高用户付费的意愿。

- 借鉴国外版权授予模式,增加版权人的优质内容供应。在国外,有关数字版权的授权环节,一般是作者将纸质版权和数字版权同时授权给出版社。但在国内,纸质版权和数字版权是分开的,数字版权归属模糊,这导致大多数的网络文学等作品因版权问题不能及时上线手机阅读服务平台,错失大量愿意进行手机付费阅读的用户。因此,可以借鉴国外模式规范国内阅读内容的数字版权,增加版权人的优质内容供应。

- 加强运营商的版权监管,解除优质内容供应的后顾之忧。目前,中国移动已构建版权合法承诺、版权双重审核、版权到期预警、版权技术保护盗版监测四道防火墙来保证内容版权安全,中国电信也与内容提供商签订协议,要求其提供的数字作品是获得权利人授权的。可见,运营商们通过在作品入网前调查、入库时初审以及入库后复审这三个版权审核步骤从源头上杜绝网络盗版的决心是巨大的。

4.2.2 改善用户手机阅读的体验

- 挖掘用户的阅读需求,实现"内容聚合"和"主动推送"。一方面,可按用户的阅读行为习惯对用户进行分组,按组内用户阅读喜好将用户可能订阅的内容进行合理编辑,以利于用户选读。另一方面,可将用户感兴趣的内容以"手机彩信"、"手机邮件"等形式主动推送给用户,改善用户手机阅读体验,提高用户付费意愿。

- 运用技术改善内容表达效果。采用技术优化阅读内容的排版,适当根据内容情节提供相应的背景音乐、图片,实现多媒体阅读。此外,通过读者与作者、读者与读者之间的即时互动加强手机阅读的趣味性,增加用户的手机阅读黏性和用户阅读体验。

4.2.3 平衡手机广告投放量及付费内容的数量和价格

目前,手机阅读服务的主要赢利点还是手机报等收费类业务和数据流量费,手机阅读服务中广告投放的前景很乐观,但贡献却十分有限。虽然已出现了手机资费下调、智能手机普及率提升以及精准广告投放逐渐被用户接受等利好因素,然而手机广告投放的收入能否支撑起免费阅读的运营却不能确定。因此,现阶段即使手机阅读服务处于市场培养期,但必须有一定的收费内容,这样才能保证盈利的可能性,至于付费内容数量的多少和价格的高低还要由用户和广告投放量多少而定。只有平衡好收费内容数量和价格及手机广告投放量之间的关系,才能吸引付费用户,吸引到更多的广告主投放手机广告,保持较多的用户量和稳定的收益。

4.2.4 加强运营商手机阅读服务产业链的主导地位,寻求最平衡的盈利模式

运营商可通过手机阅读基地、丰富的网络运营经验和庞大的用户等优势向手机阅读服务产业链上下游合理地延伸,成为手机阅读服务产业链的主导,寻求合理的利润分配体系,整顿和平衡手机阅读服务产业链,建立有序的持续盈利体系。

参考文献:

[1] 易观数据. 2011Q2 中国手机阅读用户达 2.69 亿[EB/OL]. [2011 - 03 - 20]. http://www.eguan.cn/article.php? aid = 113396.

[2] 刘虹,彭赓. SNS 网站收费组件赢利性分析[J]. 经济师,2010(4):218 - 220.

[3] 刘晶. 中国手机阅读产业价值链分析[J]. 中国商界,2010(2):200 - 202.

[4] 白兴勇. 手机阅读初探[J]. 山东图书馆学刊,2009(2):46 - 54.

[5] Farber A. Will consumers read a book on mobile [J]. New Media Age, 2007, 12 (7):12 - 14.

[6] 唐林. 我国用户信息行为综述[J]. 新世纪图书馆,2006(6):13 - 15.

[7] 陈庆麟. 精明消费,手机应用商店[EB/OL]. [2011 - 03 - 20]. http://www.ycwb.com/ePaper/xkb/html.

[8] 中国移动通信. 中移动手机阅读主页[EB/OL]. [2011 - 03 - 20]. http://read.10086.cn/index.

[9] 何天骄. 借力新媒体,第一财经广播登录苹果 App Store[EB/OL]. [2011 - 04 - 11]. http://www.wowa.cn/Article/184159.html.

[10] VIVA 手机杂志.《南方第一消费》:无线新媒体,让阅读变鲜活[EB/OL]. [2011 - 06 - 15]. http://www.vivame.cn/mag/wap/web2/newsdetail? id = 219728.

[11] 沈晓思. 手机报商业模式探析[J]. 高等教育研究,2009(4):138.

[12] 赵琛,董玲. 手机阅读的发展及对电信运营商的机遇和挑战[J]. 电信科学,2010(11):120 - 122.

[13] 马凌,丁琳. 基于创新扩散理论的手机杂志发展策略[J]. 出版发行研究,2010(2):49 - 51.

［14］ 李姗姗．论3G时代手机杂志之生态环境[J]．新闻世界,2009(7):168-169.

［15］ 腾讯科技．3G门户4年衰落:转型平台遇阻,上市梦无期[EB/OL]．[2011-06-20]. http://tech.huanqiu.com/net/web/2011-06/1767219_3.html.

［16］ Eriksson C I, Kalling T, Akesson M, et al. Business models for m-services: Exploring the e-newspaper case from a consumer view[J]. Journal of Electronic Commerce in Organizations, 2008,6(2):29-57.

［17］ 陶玉．手机阅读内容盈利模式的研究[D]．杭州:浙江大学,2010:38.

［18］ 林全,陈丽,谷冬梅．中国图书分销模式的博弈论分析[J]．情报杂志,2006(7):122-124.

［19］ 张鸿,李娟,韩黛娜．电信商业模式创新研究[J]．商业时代,2008(24):99-100.

［20］ 李晓宁．日本运营商手机阅读业务发展经验[J]．通信企业管理,2010(10):65-67.

［21］ 陈海江．手机阅读的现在和未来探略[J]．东南传播,2010(10):72-74.

［22］ 邝蔼钘．中国手机小说传播研究[D]．长春:东北师范大学,2010:15-16.

作者简介

何菊香,女,1991年生,硕士研究生;

茆意宏,男,1966年生,副教授,发表论文20余篇。

用 户 篇

基于荟萃分析方法的移动商务用户采纳研究[*]

邓朝华[1]　张　亮[1]　张金隆[2]

（1. 华中科技大学医药卫生管理学院　武汉　430030；2. 华中科技大学管理学院　武汉　430074）

摘　要　移动商务用户采纳是信息系统领域的研究热点。综合 32 篇相关研究文献中的数据，采用荟萃分析方法研究感知的有用性、感知的易用性、感知的乐趣、感知的移动性、个人创新、信任、主观规范、感知的成本等因素对用户使用移动商务的态度和行为意向的影响。结果表明，感知的有用性、感知的乐趣、信任、移动性和个人创新对用户采纳移动商务有显著的正向影响，感知的成本具有显著的负向影响，感知的易用性和主观规范的影响不显著。最后，对研究结果进行讨论，并提出对策建议。

关键词　移动商务　用户采纳　技术接受模型　理性行为理论　信任

分类号　C931

1　引　言

随着全球化信息技术革命的深入，移动通信能力进一步加强，中国已成为世界最大的移动商务市场。移动通讯的发展带来了巨大的商机，而移动商务应用当前还很不足，其中商家和消费者的态度和接受行为还不够积极是阻碍其发展的一个主要因素。移动商务借助于特定的移动信息技术和移动信息软件平台开展商务活动，作为一种新兴信息技术的应用，其使用者的采纳与其他信息技术的采纳可能存在着显著的差异，由此引起商家和个人开展或参

---

[*] 本义系国家自然科学基金项目"基于感知价值和信任的移动健康服务用户采纳模型及优化策略研究"（项目编号：71201063）和教育部人文社会科学基金"医改新形势下移动医疗服务用户采纳行为动态演化机理研究"（项目编号：12YJC630031）研究成果之一。

与移动商务的策略产生较大的不同。移动商务用户采纳问题的研究不仅有助于对用户行为基本特征的认识和理解，也能揭示用户采纳行为的关键影响因素。因此，对移动商务应用和接受行为的特点及影响因素的研究十分必要，且具有较强的现实意义。

2 研究述评

目前，国内外有很多学者提出了移动商务接受模型，但这些研究却得到了不一致的结论，如有的文献研究结果表明感知的易用性对用户采纳移动服务有显著的影响，而有的文献结果则表明其影响作用并不显著，且路径系数的大小也有差异。这些不一致的研究结论不仅造成了认识上的混乱，也给指导实践带来一些困惑。此外，这些文献大都是以具体的移动商务应用或者服务为对象，在某些用户群中进行数据收集实证分析后得到结论，研究结果难免具有限制性，很难推广到其他方面。基于此，本文将利用荟萃分析（meta analysis）方法对移动商务用户采纳的研究结论进行综合分析，提出一个综合框架模型。

荟萃分析是一种对众多的单个研究结果进行综合统计学分析的文献分析方法[1]。其主要目标是计算出"效应值"（effect size），即试验组均值和控制组均值间的差与控制组的标准差之间的比值，同类的众多个体文献可以通过效应值进行比较，因此非常适于综述。此方法被广泛应用于医学、心理学和教育学，也有学者将其应用于信息系统的研究中。King 和 He 以 88 篇研究文献对技术接受模型（TAM）进行了荟萃分析，结果表明 TAM 模型具有有效性和鲁棒性（robust），应用前景仍然较广。研究还证实了定量的荟萃分析方法比定性以及描述性的文献综述方法更加严密[2]。Ma 和 Liu 综合分析了感知的有用性和感知的易用性对信息技术采纳的预测能力。研究结果表明，感知的有用性和采纳的相关性以及有用性和易用性的相关性都比较强，而易用性和采纳之间的相关性则比较弱[3]。为了解释主观规范在 TAM 模型中的作用，Schepers 和 Wetzels 对 51 篇文献进行了荟萃分析，研究结果发现，主观规范对感知的有用性和行为意向有显著的影响作用，而三个调节变量的调节作用都比较显著[4]。刘跃文等综合分析了 42 篇文献，研究信用评价体系对网上拍卖的促进作用，荟萃分析的结果表明，信用评价系统提供了卖家信誉度的有效信号，能显著地影响拍卖结果，对网上拍卖有良好的促进作用[5]。

总的来说，行为学和社会学的研究规划中统计性分析还比较缺乏，移动商务的相关文献综述研究中则更少见。

3 研究方法

近年来移动商务用户采纳的研究非常广泛。笔者搜索了大量外文文献数据库，得到与移动商务用户采纳相关的文献会议论文、学术期刊论文、学位论文及工作论文共195篇，其中会议论文54篇，学术期刊论文113篇。由于荟萃分析的方法是针对给定关系的定量分析，因此须选择相关的变量。笔者在浏览了所有的文献以及综合前期研究成果的基础上发现，移动商务用户采纳的众多因素中，来自技术接受模型、理性行为理论、计划行为理论等理论的变量居多。因此，选择感知的有用性、感知的易用性、感知的乐趣、主观规范、个人创新性、信任、感知的移动性和感知的成本等8个变量研究对态度和行为意向的影响。

- 感知的有用性（perceived usefulness，PU）。指的是个体使用移动商务可增加其工作效能的程度。由于技术接受模型和创新扩散理论有很多相同之处，而相对优势和感知的有用性相似，因此，本文将这两个变量视为相同的测度。

- 感知的易用性（perceived ease of use，PEOU）。指的是个人感知移动商务容易使用的程度，创新扩散理论中的复杂性与感知的易用性相对。

- 感知的乐趣（perceived enjoyment，PE）。指的是移动商务给用户带来的愉悦之感，与 perceived playfulness、pleasure、emotional value 等均相似。

- 主观规范（subjective norm，SN）。指的是朋友、同事、同学等使用移动商务对个体的影响。同级影响以及社会影响都被纳入此变量中。

- 感知的移动性（perceived mobility，PM）。指的是用户感知到移动商务随时随地可以使用的特性，随时随地性与移动性相似。

- 个人创新性（personal innovativeness，PIN）。是个人的一种特质，指个人感知到一个新的想法、习惯或物体，只要该感知对个人本身是新的，对个人而言就是创新。

- 信任（trust）。指的是消费者考虑了多种因素后愿意使用移动因特网站点或移动服务的信念。在本文的研究中，感知的可靠性、安全等都是与信任相关的变量。

- 感知的成本（perceived cost，PC）。是用户感知到为采纳移动商务付出的金钱代价，而成本在信息系统的研究中往往都是用户采纳的一个重要影响因素。

按照荟萃分析的步骤，首先选择文献，文献须满足以下4个条件：①文献是实证研究，至少研究上述8个变量中的一个对态度或者行为意向的影响；②研究报告了样本大小；③研究报告了变量与态度或者行为意向的相关系数，或者报告了路径的显著性t值；④文献发表年限在2000年后。

4 研究结果

4.1 文献分析

搜集到的文献中一共有99篇实证研究的文献，剔除不包括上述8个变量的23篇，44篇没有报告相关系数或者路径系数的显著性，最后选出了32篇符合条件的文献，各文献的研究对象、数据调查对象、样本大小以及区域如表1所示：

由表1可知，各研究的对象包括移动商务、移动服务、移动数据服务、移动银行、移动营销、移动电视、移动订票、移动游戏、WAP服务等，研究出版的年限介于2003－2009年。调查对象中，大多数研究选择网上调查手机用户，样本更趋于随机性，研究结果也更能抓住主题。此外，研究的区域集中于韩国、中国香港、中国台湾、新加坡、中国大陆等亚洲区域。这表明，相对于电子商务，移动商务在亚洲地区的发展更加迅速，用户采纳研究也迅猛发展。

4.2 描述性分析

每篇文献报告的相关系数都不尽相同，因此在分析相关性之前，有必要将不同的统计值标准转化成可以比较的数值。由于本文的重点是研究各个变量对用户采纳移动商务的影响，因此不分析各自变量之间的关系，仅报告自变量与因变量的关系。用户采纳的因变量包括态度、行为意向和实际使用行为。因为研究实际行为的文献很少，即使有也仅标出了态度或者行为意向对实际使用行为的影响，而这些关系在所有的研究文献中都是显著的，因此本文仅列出各变量对态度和行为意向的影响。各个路径的描述性统计如表2所示：

由表2可知，感知的有用性对行为意向的研究最多，路径个数一共有31个，其中27个显著，4个不显著，显著率达到87.097%。有用性对态度的影响路径一共有14个，其中11个显著。感知的易用性对态度的影响路径中6个显著，2个不显著，易用性对行为意向的研究中14个显著，8个不显著。感知的乐趣对态度和行为意向的影响都是显著的。主观规范影响的显著性则不尽相同。此外，移动性、个人创新性和信任对态度及行为意向的影响也都是

表1 研究文献基本情况

文献	作者,年代	研究对象	数据调查对象	样本大小(个)	区域
文献[6]	Hong 和 Tam(2006)	移动数据服务	在门户网站的手机用户群中发放电子邮件,提供网上调查的链接	1 328	中国大陆
文献[7]	Wang 等(2006)	移动服务	向参加电子商务博览会和研讨会的参与者发放问卷	258	中国台湾
文献[8]	Luarn 和 Lin(2005)	移动银行	向参加电子商务博览会和研讨会的参与者发放问卷	180	中国台湾
文献[9]	Lu 等(2005)	移动无线互联网服务	MBA学生	357	美国
文献[10]	Ha 等(2007)	移动游戏	通过调查机构在网上发问卷	1 011	韩国
文献[11]	Lu 等(2008)	无线移动数据服务	在中国5个城市居住的居民,包括学生	1 432	中国大陆
文献[12]	Lee(2005)	移动商务	大学生、企业工作人员	384	韩国
文献[13]	Khalifa 和 Shen(2008)	B2C移动商务	随机调查移动服务定制用户	202	中国香港
文献[14]	Yang(2007)	移动营销	大学生	468	中国台湾
文献[15]	Yang(2005)	移动服务	大学生	866	新加坡
文献[16]	Shin(2007)	移动互联网	通过电脑随机数字拨号程序产生电话号码,然后拨打号码进行调查	986	韩国
文献[17]	Xu(2006)	移动营销	便利样本	135	中国大陆
文献[18]	Hong 等(2006)	移动互联网	网上调查	1 826	中国香港

续表

	作者、年代	研究对象	数据调查对象	样本大小（个）	区域
文献[19]	Cho(2007)	移动商务	大学本科学生	209	韩国
文献[20]	Cheong 和 Park(2005)	移动互联网	通过市场研究机构进行网上调查	1 279	韩国
文献[21]	Kim(2008)	移动无线技术	网上调查	286	韩国
文献[22]	Hsu 等(2007)	彩信(MMS)	网上调查，包括早期采纳、早期大众、晚期大众、滞后者	49,70, 70,18	中国台湾
文献[23]	Fung 等(2006)	一般任务、游戏任务、交易任务	工作人员、学生	101	美国
文献[24]	Mallat(2008)	移动订票服务	随机选择15-50岁市民	362	芬兰
文献[25]	Kim 和 Han(2008)	移动数据服务	中学生和大学生，包括使用过和未使用过移动服务的用户	149 393	韩国
文献[26]	Jung 等(2009)	移动电视	移动电视用户	208	韩国
文献[27]	Kim 和 Garrison(2008)	移动无线技术	网上调查	242	韩国
文献[28]	Kuo 和 Yen(2009)	3G 移动增值服务	大学本科生和研究生	269	中国台湾
文献[29]	Park 等(2007)	移动信息服务	高级中学的学生	221	中国大陆
文献[30]	Pederson(2006)	文本信息服务	高级中学的学生	658	挪威
		通信服务	网上调查	684	
		支付服务	网上或邮件调查	495	
		游戏服务	网上论坛调查	201	

续表

文献	作者,年代	研究对象	数据调查对象	样本大小(个)	区域
文献[31]	Hung 等(2003)	WAP 服务	通过电信公司联系手机用户,向其邮寄问卷	267	中国台湾
文献[32]	Muk(2007)	SMS 广告	美国学生	178	美国
文献[33]	Hong 等(2008)	移动数据服务	中国台湾学生	198	中国台湾
文献[34]	Kim 等(2008)	短信	便利样本,包括初中和高中学生、大学本科生和研究生、企业工作人员	811	中国香港
文献[35]	Zhang 和 Mao(2008)	SMS 广告	网上调查	195	韩国
文献[36]	Zulviwat 等(2007)	PDA	大学本科生	262	中国大陆
文献[37]	Tesveen 等(2005)	移动服务	网上调查	260	美国
				2 038	挪威

259

表 2 描述性统计

路径	路径个数	相关系数 最小	相关系数 最大	相关性 显著	相关性 不显著	显著率	样本量(个) 最小	样本量(个) 最大	累计样本(个)	平均样本(个)
PU-ATT	14	0.176	0.871	11	3	78.571	135	2 038	10 336	738
PU-INT	31	0.060	0.750	27	4	87.097	18	2 038	15 434	498
PEOU-ATT	8	-0.036	0.610	6	2	75	260	2 038	6 801	850
PEOU-INT	22	0.012	0.651	14	8	63.636	18	2 038	10 235	465
PEN-ATT	11	0.16	0.680	11	0	100	135	2 038	8 558	778
PEN-INT	13	0.146	0.700	13	0	100	101	2 038	8 975	690
SN-ATT	6	0.020	0.362	4	2	66.667	201	684	2 727	455
SN-INT	18	0.030	0.460	9	9	50	18	2 038	10 131	563
PM-ATT	1	-	-	1	0	100	-	-	-	-
PM-INT	5	0.134	0.460	5	0	100	242	1 328	3 127	625
PIN-ATT	3	0.128	0.521	3	0	100	135	468	870	190
PIN-INT	1	-	-	1	0	100	-	-	-	-
PTR-ATT	2	0.421	0.582	2	0	100	135	384	519	259
PTR-INT	8	0.170	0.623	8	0	100	101	1 432	3 188	398
PC-ATT	4	-0.317	-0.048	2	2	50	267	1 279	2 826	706
PC-INT	9	-0.416	-0.112	9	0	100	149	1 328	4 337	482

注：PU - 感知的有用性；ATT - 态度；INT - 行为意向；PEOU - 感知的易用性；PEN - 感知的乐趣；SN - 主观规范；PM - 感知的移动性；PIN - 个人创新性；PTR - 信任；PC - 感知的成本。

显著的。而感知的成本对态度的影响路径中一半显著，对行为意向的影响均显著。感知的移动性与态度的关系及感知的个人创新性与行为意向的关系均只有一个报告相关系数，因此后面的相关性分析中不再研究这两个关系。每项路径的平均样本都超过190个，而最大样本量达到2 826个，这表明移动商务研究中的样本量都比较大。

若文献报告了相关矩阵或者相关系数，那么效应值就是相关系数值；若使用回归的方法，则标准回归系数可以视作效应值；若文献没有直接报告相关系数，而给出了路径显著性的t值，则可以根据以下公式计算出效应值。

$$效应值\ r = \sqrt{\frac{t^2}{t^2+df}} \tag{1}$$

公式（1）中，t为路径的显著性t值，df是自由度。df可以根据结构方程模型数据点的数目减去自由参数得到。

4.3 信度分析

信度指的是测量结果的一致性和稳定性。一般采用Cronbach's α系数衡量各变量之间公因子的关联性。此外，复合信度（Composite Reliability，CR）也是信度测量的一种，这两个值的差异不大，若文献未报告Cronbach's α，就用CR值代替。各变量的测量信度见表3。

所有变量的信度均值都大于0.8，表明变量的可信度都比较高，这些变量的测度项已经广泛应用于移动商务用户采纳研究中。

表3 信度分析

变量	平均信度	最小值	最大值	方差	研究数量（个）
PU	0.876	0.720	0.970	0.004	30
PEOU	0.874	0.740	0.980	0.005	24
PE	0.906	0.710	0.970	0.005	17
SN	0.869	0.780	0.960	0.004	14
PM	0.903	0.830	0.960	0.003	6
PIN	0.885	0.830	0.960	0.003	4
PTR	0.850	0.730	0.940	0.007	8
PC	0.861	0.750	0.940	0.004	12
ATT	0.891	0.840	0.940	0.001	14
INT	0.869	0.700	0.980	0.005	28

4.4 相关性分析

相关性分析将报告各个研究结果的效应值简单均值（simple mean）、样本量调整均值和 Fisher r 到 z 转化均值。效应值简单均值通过计算各研究中变量关系的相关系数均值得到。样本量调整均值 r_+ 通过样本量加权平均后计算得到，计算公式如下：

$$r_+ = \frac{\sum N_i r_i}{\sum N_i} \tag{2}$$

公式（2）中，r 指的是第 i 个相关系数，N 指的是其对应的样本大小。Fisher r 到 z 的转换通过三步计算得到。首先，使用如下公式计算 z 值：

$$z = 0.5 * ln\left(\frac{1+r}{1-r}\right) \tag{3}$$

公式（3）中，r 指的是相关系数。

第二步，算出每个 r 对应的 z 值后，再根据样本量来加权：

$$z_+ = \frac{\sum N_i z_i}{\sum N_i} \tag{4}$$

第三步，将加权后的值换算出其对应的 r 值，计算公式如下：

$$r_z = \frac{EXP(2z_+) - 1}{EXP(2z_+) + 1} \tag{5}$$

Kreamer 和 Andrews 指出，作者们发表文章时，往往会报告出较好的结果，而一些显然成立的研究假设，若并没有得到统计支持，作者就会回避，不在其文章中指出[38]。这些问题往往会引起发表过的研究结果与其他未发表或者还未完成的研究结果的偏差，称为发表偏差。为了检验这些结果之间的差异，本文引入了 FSN（Fail Safe N）检验，即荟萃分析中其他可能彻底改变分析结果的研究。这个值越大，荟萃分析的结果越稳定，结果被推翻的可能性越小；如果是负值，则表明研究结果不稳定，发表偏差较大。

$$N_{fs.05} = \left(\frac{\sum z}{1.645}\right)^2 - N \tag{6}$$

公式（6）中，z 是 Fisher 的 r 转化而来，如公式（4）所示，N 指的是研究个数。各路径的相关性分析，如表 4 所示：

表4 相关性分析

路径	r+	r（均值）	r_z	S.D.	95% 置信区间 下限	95% 置信区间 上限	$N_{fs.05}$
PU-ATT	0.447	0.483	0.496	0.198	0.376	0.591	14.972
PU-INT	0.384	0.414	0.396	0.178	0.341	0.487	41.040
PEOU-ATT	0.349	0.352	0.275	0.205	0.152	0.552	−4.172
PEOU-INT	0.329	0.331	0.376	0.151	0.242	0.420	1.304
PEN-ATT	0.418	0.484	0.548	0.163	0.230	0.524	3.130
PEN-INT	0.384	0.389	0.387	0.109	0.329	0.449	6.644
SN-ATT	0.169	0.203	0.108	0.096	0.109	0.301	−5.208
SN-INT	0.286	0.355	0.209	0.205	0.191	0.361	−6.296
PM-INT	0.256	0.240	0.258	0.105	0.137	0.343	0.029
PIN-ATT	0.228	0.283	0.234	0.209	0.047	0.519	−2.695
PTR-ATT	0.463	0.502	0.466	0.114	0.343	0.659	−1.541
PTR-INT	0.474	0.378	0.491	0.172	0.249	0.505	1.066
PC-ATT	−0.074	−0.123	−0.144	0.105	−0.268	0.024	−3.991
PC-INT	−0.257	−0.277	−0.266	0.103	−0.349	−0.206	6.042

由表4可知，r+、r和r_z三个值中，大多数r_z最大。前人的研究中出现过这一研究结论。此外，Cohen认为，当效应值接近于0.1时，表明效应值的强度较小，0.3左右的时候居中，达到0.5左右则可认为效应值较大[39]。综合三个效应值，本文研究的效应值强度处于中等水平。PC到ATT的置信包含了0值，因此未通过整个检验。感知的有用性对态度和行为意向的关系中N值都为正，比较大，表明在移动商务用户采纳中，感知的有用性始终是一个重要的影响变量。易用性对态度的影响FSN为负，而对行为意向的影响FSN值为正。感知的乐趣对态度和行为意向的影响FSN值均为正，表明感知的乐趣对采纳正向影响的重要作用。主观规范对态度和行为意向的影响均没有通过FSN检验，这表明主观规范对用户采纳移动商务的影响不显著。个人创新性和信任对态度的影响也没有通过FSN检验，从表2可知，文献中的相关性都是显著的，这是由于研究的文献数量太少，分别是3篇和2篇，影响了最终的FSN值。因此，可以认为个人创新性和信任对态度的影响是显著的。根据以上分析，得到移动商务用户采纳框架，如图1所示（实线表示显著的关系，虚线表现不显著的关系）：

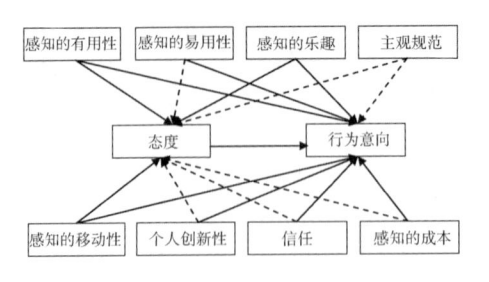

图1　移动商务用户采纳框架

5　结果讨论

本文运用荟萃分析方法检验了8个变量对用户态度和行为意向的影响。除了主观规范，其他的7个因素都显著影响用户行为意向，感知的有用性、感知的乐趣和感知的移动性对态度的影响作用显著。本文对信息系统以及移动商务研究领域的重要意义在于：

- 技术接受模型在移动商务研究领域仍然适用，且感知的有用性对用户采纳移动商务的作用最为显著，其次是感知的乐趣。因此，移动服务商或者电信运营商应该注重开发功能完善、有助于用户搜集信息和适用信息的移动商务应用或服务，并增加服务的乐趣，使用户更易于采纳并长期继续使用。
- 感知的易用性的作用也不可忽视。尽管信息系统的易用性的作用已经越来越弱，但由于易用性对有用性的显著影响作用几乎在所有的文章都得到了支持，而有用性对态度和行为意向的影响作用都是显著的，因此，感知的易用性对用户采纳移动商务有显著的间接影响作用。因此，移动服务商在开发移动服务或者应用时，也要考虑其是否容易使用。
- 感知的移动性对用户采纳移动商务作用显著。而这个变量也是移动商务不同于电子商务的主要所在。因此，移动服务商应该致力于开发出高质量的、能够在上班或上学途中、出差中等移动过程中仍然能够高效完成工作或任务的应用，以满足用户对移动性的需求，从而促进移动商务的广泛采纳。
- 个人创新性对态度的影响没有通过FSN检验。用户个人创新是个性化产品考虑的重要方面，因此服务商不能忽视这一点。
- 信任是电子商务中用户采纳的重要影响因素，在移动商务中的作用同样也很重要。

此外，成本因素是信息系统中用户考虑的一个必不可少的因素，在移动商务用户采纳中同样也很重要。因此，移动服务商应该致力于开发出高性价比且可靠适用、满足用户个性化需求的移动商务服务或应用，从而进一步扩大用户采纳范围。

6 结 论

传统的文献分析方法一般是选取少数几篇研究文献，按照文献的年代或研究对象进行排序，定性分析文献的特征，而不做统计分析，带有较强的主观性。本文的主要创新点在于：运用定量的荟萃分析方法，综合分析了移动商务用户采纳行为的主要影响因素，使得研究结果更具有科学性和系统性。

本文的研究无论是对研究人员还是移动商务服务商都具有重要的意义。对于研究者来说，可以拓宽研究的视角，抓住研究的重心；对服务商来说，可以参考上述研究结论，改进移动商务的实用功能，提高有用性和易用性，增强移动时的稳定性，促进消费者信任，从而提高用户采纳程度，吸引更多的用户成为移动商务的消费者，推动移动商务的健康发展。

本文的局限性在于，搜集到的研究数量还不够多，无法进一步分析年龄、性别等的调节作用。此外，可能还有其他的重要因素没有考虑到。移动商务用户采纳还在不断的研究中，未来的研究可以从其他角度来选择更多的变量，对各关系进行相关性分析、路径系数分析、结构方程分析和调节作用分析。

参考文献：

[1] Glass G. Primary, secondary, and meta-analysis of research [J]. Educational Research, 1976, 5(10): 3 – 8.

[2] King W R, He J. A meta-analysis of the technology acceptance model [J]. Information & Management, 2006, 43(6):740 – 755.

[3] Ma Qingxiong, Liu Liping. The technology acceptance model: A meta analysis of empirical findings [J]. Journal of Organizational and End User Computing, 2004, 16(1):59 – 72.

[4] Schepers J, Wetzels M. A meta-analysis of the technology acceptance model: Investigating subjective norm and moderating effects [J]. Information & Management, 2007, 44(1):90 – 103.

[5] 刘跃文,陈华平,魏国基,等. 荟萃分析:信用评价体系能促进网上拍卖吗？[J]. 信息系统学报,2007,1(1):16 – 33.

[6] Hong S J, Tam K Y. Understanding the adoption of multipurpose information appliances: The case of mobile data services[J]. Information Systems Research, 2006, 17(2): 162 – 179.

[7] Wang Yishun, Lin Hsinhui, Luarn Pin. Predicting consumer intention to use mobile service [J]. Information Systems Journal, 2006, 16(2): 157 – 179.

[8] Luarn Pin, Lin Hsinhui. Toward an understanding of the behavioral intention to use mobile banking[J]. Computers in Human Behavior, 2005, 21(6): 873 – 891.

[9] Lu J, Yao J E, Yu Chunsheng. Personal innovativeness, social influences and adoption of wireless Internet services via mobile technology[J]. Journal of Strategic Information Systems, 2005, 14(3): 245 – 268.

[10] Ha I, Yoon Y, Choi M. Determinants of adoption of mobile games under mobile broadband wireless access environment [J]. Information & Management, 2007, 44(3): 276 – 286.

[11] Lu J, Liu Chang, Yu Chunsheng, et al. Determinants of accepting wireless mobile data services in China[J]. Information & Management, 2008, 45 (1): 52 – 64.

[12] Lee T. The impact of perceptions of interactivity on customer trust and transactions in mobile commerce[J]. Journal of Electronic Commerce Research, 2005, 6(3): 165 – 180.

[13] Khalifa M, Shen K N. Drivers for transactional B2C M-commerce adoption: Extended theory of planned behavior[J]. Journal of Computer Information Systems, 2008, 48(3): 111 – 117.

[14] Yang K C C. Exploring factors affecting consumer intention to use mobile advertising in Taiwan [J]. Journal of International Consumer Marketing, 2007, 20(1): 33 – 49.

[15] Yang K C C. Exploring factors affecting the adoption of mobile commerce in Singapore[J]. Telematics and Informatics, 2005, 22(3): 257 – 277.

[16] Shin D H. User acceptance of mobile Internet: Implication for convergence technologies [J]. Interacting with Computers, 2007, 19 (4): 472 – 483.

[17] Xu G, Gutiérrez J A. An exploratory study of killer applications and critical success factors in m-commerce[J]. Journal of Electronic Commerce in Organizations, 2006, 4(3): 63 – 79.

[18] Hong S, Thong J Y L, Tam K Y. Understanding continued information technology usage behavior: A comparison of three models in the context of mobile Internet[J]. Decision Support Systems, 2006, 42(3): 1819 – 1834.

[19] Cho D Y, Kwon H J, Lee H Y. Analysis of trust in Internet and mobile commerce adoption [C]//Proceedings of the 40th Hawaii International Conference on System Sciences. Hawaii: IEEE, 2007.

[20] Cheong J H, Park M C. Mobile Internet acceptance in Korea[J]. Internet Research, 2005, 15(2):125 – 140.

[21] Kim S H. Moderating effects of job relevance and experience on mobile wireless technology acceptance: Adoption of a smart phone by individuals [J]. Information & Management, 2008, 45(6): 387 – 394.

[22] Hsu C L, Lu H P, Hsu H H. Adoption of the mobile Internet: An empirical study of multimedia message service (MMS) [J]. OMEGA: International Journal of Management Science, 2007, 35(6): 715 – 726.

[23] Fang Xiaowen, Chan S, Brzezinski J, et al. Moderating effects of task type on wireless technology acceptance[J]. Journal of Management Information Systems, 2006, 22(3):123-157.

[24] Mallat N, Rossi M, Oörni A. Virpi kristiina tuunainen. An empirical investigation of mobile ticketing service adoption in public transportation [J]. Personal and Ubiquitous Computing, 2008, 12(1): 57-65.

[25] Kim B, Han I. User behaviors toward mobile data service (MDS): The role of perceived fee and prior experience[J]. Expert Systems with Applications, 2009,36(4):8528-8536.

[26] Jung Y, Perez-Mira B, Wiley-Patton S. Consumer adoption of mobile TV: Examining psychological flow and media content[J]. Computers in Human Behavior, 2009, 25(1): 123-129.

[27] Kim S, Garrison G. Investigating mobile wireless technology adoption: An extension of the technology acceptance model[EB/OL]. [2012-01-12]. http://www.springerlink.com/content/hk041k452053v27m/.

[28] Kuo Y F, Yen S N. Towards an understanding of the behavioral intention to use 3G mobile value-added services[J]. Computers in Human Behavior, 2009, 25 (1):103-110.

[29] Park J, Yang S, Lehto X. Adoption of mobile technologies for Chinese consumers[EB/OL]. [2012-01-12]. http://www.csulb.edu/journals/jecr/issues/20073/Paper3.pdf.

[30] Pedersen P E, Nysveen H. Adoption of mobile services: Model development and cross-service study [D]. Bergen: Norwegian School of Economics and Business Administration, 2006.

[31] Hung S Y, Ku C Y, Chang C M. Critical factors of WAP services adoption: An empirical study [J]. Electronic Commerce Research and Applications, 2003, 2(1): 42-60.

[32] Muk A. Cultural influences on adoption of SMS advertising: A study of American and Taiwanese consumers [J]. Journal of Targeting, Measurement and Analysis for Marketing, 2007, 16(1):39-47.

[33] Hong S J, Thong J Y L, Moon J, et al. Understanding the behavior of mobile data services consumer [J]. Information System Frontier, 2008, 10(4):431-445.

[34] Kim G S, Park S B, Oh J. An examination of factors influencing consumer adoption of short message service (SMS) [J]. Psychology & Marketing, 2008, 25(8): 769-786.

[35] Zhang J, Mao E. Understanding the acceptance of mobile SMS advertising among young Chinese consumers [J]. Psychology & Marketing, 2008, 25(8): 787-805.

[36] Kulviwat S, Bruner II G C, Kumar A, et al. Toward a unified theory of consumer acceptance technology [J]. Psychology & Marketing, 2007, 24(12): 1059-1084.

[37] Nysveen H, Pedersen P E, Thorbjørnsen H. Intentions to use mobile services: Antecedents and cross-service comparisons [J]. Journal of the Academy of Marketing Science, 2005, 33(3): 330-346.

[38] Krarmer H C, Andrews G. A nonparametric technique for meta-analysis effect size calculation [J]. Psychological Bulletin, 1982, 91: 404-412.

[39] Cohen J. Statistical power analysis for the behavioral sciences [M]. New York: Academic Press, 1977.

作者简介

邓朝华,女,1981年生,讲师,博士,发表论文25篇;

张 亮,男,1961年生,教授,博士,发表论文百余篇;

张金隆,男,1952年生,教授,博士,发表论文百余篇。

物联网环境下的交易类移动商务用户接受模型

毕新华[1]　苏　婉[1]　齐晓云[2]

(1. 吉林大学管理学院　长春　130025；2. 中国民航大学安全科学与工程学院　天津　300300)

摘　要　以技术接受模型(TAM)为基础,引入网络外部性理论的感知用户数量,结合物联网环境下交易类移动商务的自身特征,分析用户接受的影响因素,提出一个扩展的 TAM 模型。利用 AMOS7.0 对数据进行信度、效度分析,并采用结构方程模型对研究模型和假设进行实证分析。结果表明,交易类移动商务的用户感知有用性、感知易用性、感知技术成熟度、感知用户数量、感知风险、感知成本影响用户态度和使用意向。该模型对解释和预测物联网环境下交易类移动商务用户接受问题具有较好的实际意义。

关键词　接受模型　移动商务　物联网　网络外部性
分类号　C931.6

1　引　言

物联网是指通过各种信息传感设备,与互联网结合形成的一个可实时采集任何需要监控、连接、互动的物体或过程的声、光、热、电、力学、化学、生物、位置等各种信息的巨大网络[1]。内嵌特殊通信模块的 SIM 卡手机在物联网环境下可进行广泛移动,用户终端通过接入移动运营商行业网关,可专线连接到银行、政府、行业协会等云计算数据中心[2]。大量研究表明,物联网对移动商务的改变尤为明显。H. Joseph Wen 按照信息获取的方式将移动商务应用分为内容传递类和交易类[3]。内容类移动商务主要是指用户通过终端获取相关内容;交易类移动商务的实现需要有复杂的网络环境、软硬件设施、安全协议等,物联网技术的不断成熟给交易类移动商务产业带来新的机遇和挑战,其用户接受成为各类企业日益关注的问题。

技术接受模型(technology acceptance model,TAM)是信息技术用户接受研

究中应用最为广泛的模型之一。现有的移动商务用户接受研究普遍将移动商务作为一个整体笼统地研究,缺乏对不同类别移动商务用户接受的针对性考虑。

当前崛起的一系列物联网技术为交易类移动商务的迅猛发展创造了诸多有利条件:物联网在互联网的基础上有了进一步的发展,物联网的用户端延伸和扩展到了任何物品和物品之间,进行信息交换和通讯。利用射频识别(RFID)、红外感应器、全球定位系统、激光扫描器等传感设备,通过各种无线或有线的长距离或短距离通讯网络实现互联互通(M2M),将任何物品与互联网相连接,进行信息交换和通讯,物联网的技术能够实现智能化识别、追踪、定位和管理。手机、平板电脑等移动终端设备经过一定的改造如加入"内在智能"的传感器或"外在使能"的 RFID 标签后成为了实现物联网功能的重要组成部分。一系列物联网环境下的交易类移动商务应运而生:电子不停车收费系统 ETC、高校校园一卡通、手机小额刷卡消费、公交手机刷票、手机实时查询煤气电费用量、手机实时跟踪物流详情、手机条码比价等越来越多的物联网交易类移动商务应用在我们身边产生。然而,目前国内外学者对在物联网环境下的交易类移动商务用户接受行为的针对性研究较少,无法揭示物联网环境下交易类移动商务用户接受行为的影响因素及其作用机理。因此,本文借鉴 TAM 模型,结合网络外部性理论及物联网环境的特点,提出一个整合模型,利用数据检验各因素对交易类移动商务用户接受的作用机理,为正确理解物联网环境下交易类移动商务用户接受行为提供科学依据。

2 研究理论与假设模型

TAM 模型由 Davis 于 1989 年提出,并广泛用于解释用户在各类移动商务中的使用意向。物联网技术的不断成熟给移动商务在物流方面带来实质性的变革,它将移动商务中的"物"纳入统一商务活动管理,支持物与人、物与物之间的直接通信,给交易类移动商务带来了巨大的变革和新的机遇和挑战。本研究认为,TAM 模型对于物联网环境下的交易类移动商务用户的使用行为仍然适用,感知有用性、感知易用性对交易类移动商务用户的态度和使用意向都有影响作用。在此基础上,提出如下假设:

假设1:用户的感知有用性与使用意向呈正相关。
假设2:用户的态度与使用意向呈正相关。
假设3:用户的感知易用性与态度呈正相关。
假设4:用户的感知有用性与态度呈正相关。
假设5:用户的感知易用性与感知有用性呈正相关。

物联网技术对传统的移动商务的形式和内容带来改变,用户在借助物联网开展移动商务时,会受到其感知风险和感知成本的影响。Pavlou 将感知风险定义为用户主观期望在追求理想时遭遇的损失,是用户选择交易类移动商务态度的一个决定性因素[4]。感知成本是用户在不同品牌、产品和服务之间进行更换时需要花费的成本和代价以及使用该应用所需的额外费用,主要有设备成本、访问成本和交易成本三个组成部分[5]。物联网的实现对移动终端设备有一定要求,需要加入传感器或 RFID 标签等必要的改造或更换设备,因此需要产生一定的成本和代价。Hung、Ku 和 Chang 将感知成本作为用户接受行为的影响因子[5],同时用户的感知成本也直接影响用户的感知风险。于是,提出以下假设:

假设 6:用户的感知风险与态度呈负相关。

假设 7:用户的感知成本与感知风险呈正相关。

感知技术成熟度是指个人用户对物联网环境下交易类移动商务技术性能成熟度的认知。目前物联网发展还存在着一系列的瓶颈和制约因素,包括某些核心关键技术有待突破,标准体系不够完善,安全问题关注不够等。物联网环境下的交易类移动商务尚处于初级阶段,云计算、泛在网络技术以及软硬件技术的研发还不够成熟,用户对其网络稳定性、终端稳定性等都存在一定质疑。用户对技术成熟度的认知会让用户对该服务是否容易使用和个人信息和账户的安全是否存在一定风险有所判断,进而影响到用户的接受态度。因此,提出以下假设:

假设 8:用户的感知技术成熟度与感知易用性呈正相关。

假设 9:用户的感知技术成熟度与感知风险呈负相关。

目前,借助物联网开展的移动商务活动属于新兴事物,其用户群体较少,但这种网络类的商务活动都存在网络外部性。网络外部性是由于消费者的规模效益所产生的,所以又称为需求方的规模经济。当一种产品对用户的价值随着采用相同产品或可兼容产品的用户增加而增大时,就出现了网络外部性。由于用户数量的增加,在网络外部性的作用下,原有的用户免费得到了产品中所蕴涵的新增价值而无需为这一部分的价值提供相应补偿[6-8]。Wang[9]等提出可以使用感知用户数量来代替实际用户数量,认为感知用户数量影响感知交易类移动商务服务的有用性。感知到使用交易类移动商务服务用户数量的多少也会影响到新用户学习系统功能的积极性。同时,新老用户对使用方法和经历交流得越多,新采纳者越容易对使用交易类移动商务服务持积极态度,认为交易类移动商务服务易使用。此外,网络外部性是由消费者的规模效益所产生的,感知用户数量可能影响用户的感知成本。另一方面,随着人们感知到的用户数量增加,用户对物联网下的交易类移动商务的技术成熟度认知也将得到提升。

因此,提出如下假设:

假设10:用户的感知用户数量与感知有用性呈正相关。
假设11:用户的感知用户数量与感知易用性呈正相关。
假设12:用户的感知用户数量与感知技术成熟度呈正相关。
假设13:用户的感知用户数量与感知成本呈负相关。

综上所述,物联网环境下交易类移动商务用户接受影响因素模型及其假设如图1所示:

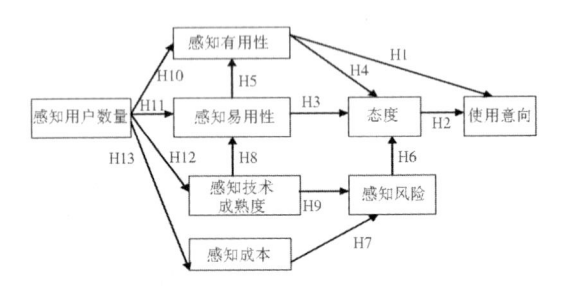

图1 研究模型及假设

3 模型变量的测度与数据收集

本文采用当面填写调查问卷和发 E-mail 调查问卷的方式进行数据收集。为确保指标的完善和调查问卷的科学有效性,问卷大部分变量的测度题项都依据现有文献进行适应性改进,加入了由于物联网的发展所带来的新的应用的提项,特别是一些交易类应用,如电子不停车收费系统 ETC、高校校园一卡通、手机小额刷卡消费、公交手机刷票、手机实时查询煤气电费用量、手机条码比价等,确保问卷是针对物联网环境下的交易类移动商务应用进行调研,从而确定其用户接受的影响因素指标体系。问卷采用李克特5级量表形式。为提高调查问卷效度,研究进行了小规模的用户预调查,并根据反馈意见修改和完善指标体系。问卷回答者主要为黑龙江、吉林两省部分大学的研究生、EMBA 学生以及黑龙江省移动公司和联通公司的用户。本次调研共发放问卷582份,由于有些发放对象未曾使用过移动商务,回收问卷288份,其中有效问卷234份,回收率为49.5%,有效反馈率为40.2%。回收样本的基本特征见表1。

表1 样本统计

项目	变量	频数	比例(%)	项目	变量	频数	比例(%)
性别	男	174	77.32	教育程度	高中	5	2.15
	女	60	22.68		专科	32	13.98
年龄	<24岁	108	46.15		本科	127	54.20
	25-30岁	68	29.05		硕士及以上	70	29.91
	31-34岁	41	17.52	月收入	<1000元	78	33.33
	35-40岁	10	4.28		1000-2000元	33	14.1
	>40岁	7	3.00		2000-3000元	87	37.18
使用时间	<半年	91	38.89		3000-4000元	29	12.39
	>半年	143	61.11		>4000元	7	2.99

4 数据分析

4.1 信度和效度分析

应用调查问卷研究的关键是确保测量工具的质量,本文使用信度和效度检验测量工具的质量[10]。本研究采用通常的Cronbach's α系数大于或等于0.7作为各观测变量间内部一致性信度可被接受的临界值标准,采用各潜在变量的平均抽取方差(AVE)大于0.5作为内敛效度可被接受的标准。研究表明,各变量均满足以上标准时具有良好的信度和效度[11]。

4.2 模型假设检验

本研究使用AMOS软件对模型及假设进行检验,并对经典TAM模型与整合模型进行差异对比,以下为两种模型的路径分析结果。

4.2.1 TAM模型检验

TAM模型预测交易类移动商务用户接受行为的路径分析结果如图2所示:

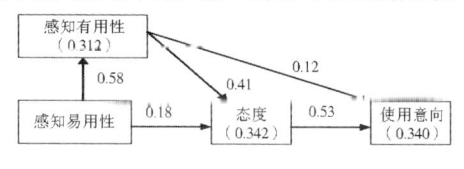

图2 TAM模型验证结果

相对于感知有用性,态度对交易类移动商务的使用意向影响较大。因变量感知有用性被解释的方差为31.2%,态度被解释的方差为34.2%,使用意向被解释的方差为34.0%。AMOS软件给出了模型拟合指标值,比较临界值和该模型的模拟值,可知TAM模型拟合度较好[12],如表2所示:

表2 TAM模型模拟指标

指标	$\frac{\chi^2}{df}$	RMSEA	GFI	AGFI	CFI	NFI	IFI
临界值	<3	<0.08	>0.90	>0.90	>0.90	>0.90	>0.90
研究值	1.71	0.053	0.966	0.916	0.949	0.937	0.950

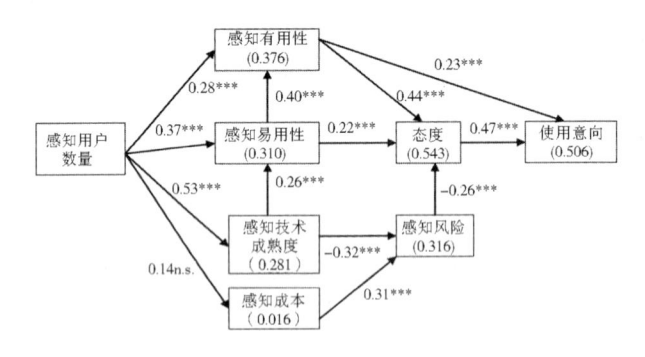

图3 研究模型及假设

注:* 表示显著性水平为0.01,** 表示显著性水平为0.05,*** 表示显著性水平为0.001,n.s.表示不显著。

4.2.2 整合模型检验

整合模型的检验结果见图3。感知有用性、感知易用性正向影响态度,感知风险负向影响态度;感知用户数量、感知易用性正向影响感知有用性;感知用户数量正向影响感知技术成熟度;感知技术成熟度正向影响感知易用性;感知成本正向影响感知风险,感知技术成熟度负向影响感知风险;感知有用性、态度正向影响使用意向,以上假设得到数据支持。

因变量感知有用性、感知易用性、态度、感知技术成熟度、感知风险、使用意向被解释的方差分别为37.6%、31%、54.3%、28.1%、31.6%、50.6%,表3为整合模型的拟合指标,其拟合度较好。

表3 整合模型的模拟指标

指标	$\dfrac{\chi^2}{df}$	RMSEA	GFI	AGFI	CFI	NFI	IFI
推荐值	<3	<0.08	>0.90	>0.90	>0.90	>0.90	>0.90
研究值	1.94	0.053	0.966	0.916	0.949	0.937	0.950

对比图2与图3可知,整合模型对交易类移动商务用户接受的解释能力更强,模型的解释力从34.0%增加到50.6%;感知用户数量对感知技术成熟的路径系数为0.53、对感知易用性的路径系数为0.37,而感知技术成熟对感知易用性和感知风险的路径系数分别为0.26和-0.32,感知成本对感知风险的路径系数为0.31。说明整合模型中各变量的交互作用不可忽视,整合模型比单独使用TAM模型更加有效。

5 结论与讨论

在数据基础上运行结构方程模型,除了假设13外,模型中其余假设都得到了数据支持。

- 影响用户感知有用性的因素按照路径系数大小依次为感知易用性、感知用户数量。其中感知易用性的影响作用最为显著,这与前人的研究结果相一致,即交易类移动商务用户的感知易用性程度越高,用户的感知有用性越高。感知用户数量对感知有用性的影响作用得到支持,表明用户认为使用该服务的人数越多,感知有用性程度越高,同时感知用户数量通过感知有用性的中介作用影响态度,进而影响使用意向。

- 影响态度的因素按照路径系数大小依次为感知有用性、感知易用性、感知风险。其中,感知有用性和感知易用性对态度的正向影响比较显著,感知有用性对态度的影响大于感知易用性的影响,这表明TAM模型对物联网环境下的交易类移动商务用户接受是适用的。感知风险与态度负相关,原因可能是由于交易类移动商务多涉及到个人隐私信息(如银行账号、手机话费等),出现意外会对个人信息及经济状况造成巨大损失。物联网技术正在发展初期,各类信息的安全措施需要不断完善,因此用户在交易类移动商务的感知风险会影响接受态度。

- 影响感知易用性的因素按照路径系数大小依次为感知用户数量、感知技术成熟度。感知用户数量对感知易用性的影响非常显著,表明用户认为使用该项应用的用户数量越大,该项应用的操作性越强、越容易使用,可能是因为用户数量规模达到一定的水平后,可实现的功能越来越多,各项技术指标随之改进,进而使用户感觉到使用起来更为方便和容易。感知技术成熟度对感知易用性的影响较为显著。随着物联网技术的不断发展,作为其中重要应用的交易类移动商务用户认为技术发展得越成熟,用户越容易使用该项应用,即感知易用性程度将得到提升。

● 影响感知风险的因素按照路径系数大小依次为感知技术成熟度、感知成本。感知技术成熟度负向影响感知风险得到支持。物联网环境下的交易类移动商务(如手机支付)对技术的安全性、稳定性、兼容性等有较高要求,用户认为现有技术的成熟程度越高,使用该应用时产生的各方面风险越低。感知成本对感知风险的正向影响显著,表明用户认为使用该项应用的成本越大,用户的感知风险越大。感知成本通过感知风险的中介作用来影响用户接受态度,可能是因为交易类移动商务多涉及用户的个人信息(如金融信息、隐私信息等),用户认为使用成本越高,感知风险也越高。如果用户的感知风险突破个人承受范围,用户就会产生放弃接受使用该应用的态度。

● 感知用户数量对感知技术成熟度的影响非常显著。用户认为使用该项应用的人数越多,应用技术越稳定安全、成熟度越高。感知用户数量对感知成本的影响没有得到支持,表明用户对用户数量的感觉没有对感知成本产生影响作用。

● 感知易用性对感知有用性和态度的影响较为显著,且对感知有用性的影响要大于对态度的影响。相对于感知有用性态度对使用意向的影响较大,且影响显著。

6 结 语

本研究以技术接受模型(TAM)为基础框架,引入网络外部性理论的感知用户数量,并结合物联网环境下交易类移动商务的自身特征,分析其用户接受的影响因素。在此基础上,提出一个扩展的 TAM 模型,并对模型进行实证分析。研究发现,经典 TAM 模型对于分析物联网环境下的交易类移动商务用户接受问题较有效,但本文的整合模型更有效,解释力度更强。因变量使用意向被解释的方差从 34.0% 增加到 50.6%。物联网环境下交易类移动商务用户感知有用性、感知易用性、感知技术成熟度、感知用户数量、感知风险、感知成本影响用户态度和使用意向。用户的感知技术成熟、感知用户数量影响用户的感知易用性,进而影响用户的使用意向,感知成本通过感知风险的中介作用影响态度,进而影响用户的使用意向。

本研究目标是为了提高用户感知技术成熟的程度,增加交易类移动商务用户的使用数量,降低使用成本,以增强用户接受的使用意向。对于物联网环境下交易类移动商务的服务商、运营商和设备提供商而言,随着物联网技术的不断发展、成熟和稳定,实现对物的"高效、节能、安全、环保"的"管、控、营"一体化将会慢慢成为现实,由于使用了人们普遍拥有的手机等移动终端,物联网环境下的交易类移动商务未来的发展空间极大。但是由于交易类应用多涉及到用户个人金融等隐私信息,用户在接受使用此类应用的时候存在多方面考虑,因此获得用户的使用意向是实现服务商和运营商目标的基础。

参考文献:

[1] 百度百科[EB/OL].[2011-07-13]. http://baike.baidu.com/view/1136308.htm#1.

[2] 李虹. 物联网生产力的变革[J]. 北京:人民邮电出版社,2010.

[3] Mahatanankoon P, Wen H J. Consumer-based m-commerce: Exploring consumer perception of mobile applications[J]. Computer Standards & Interfaces, 2005,27(4):347-357.

[4] Pavlou P A. Consumer acceptance of eommerce:Integrating trust and risk with the technology acceptance model[J]. Journal International Journd of Electronic Commerce, 2003,7(3):101-134.

[5] Hung Shin-Yuan, Ku Cheng-Yuan, Chang Chia-Ming. Critical factors of WAP services adoption:An empiricd study[J]. Electronic Commerce Research and Applications, 2003 (2):42-60.

[6] 谢伊. 网络产业经济学[M]. 张磊,译. 上海:上海财经大学出版社,2002.

[7] 夏皮罗,瓦里安. 信息规则:网络经济的策略指导[M]. 张帆,译. 北京:中国人民大学出版社,2000.

[8] Katz M L, Shapiro C. Network externalities, competition, and compatibility[J]. The American Economic Review, 1985, 75(3):424-440.

[9] Wang Chih-Chien, Hsu Ya-Hui, Fang Wen-Chang. Acceptance of technology with network eExternalities:An empirical study of Intenct instant messaging services[J]. Journal of Information Technology Theory and Application, 2004,6(4):15-28.

[10] Straub D. Validating instruments in MIS research[J]. MIS Quarterly, 1989,13(3):147-169.

[11] Churchill G A. A paradigm for developing better measures of marketing constructs[J]. Journal of Marketing Research,1979,16(3):64-73.

[12] 吴明隆. 结构方程模型——AMOS 的操作与应用[M]. 重庆:重庆大学出版社,2009:20-50.

作者简介

毕新华,男,1962 年生,教授,博士生导师,发表论文 60 余篇,著作 3 部;
苏婉,女,1983 年生,博士研究生,发表论文 3 篇;
齐晓云,女,1984 年生,博士,发表论文 7 篇。

近距离移动支付用户接受行为研究：基于消费者视角

杨永清[1,2] 张金隆[2] 李 楠[1] 杨 光[1]

(1. 山东工商学院管理学院 烟台 264005；2. 华中科技大学管理学院 武汉 430074)

摘 要 基于感知价值理论及网络外部性理论，对近距离移动支付的消费者用户接受行为进行研究。通过构建结构方程模型的方法证实影响消费者用户接受该服务的关键因素及作用机理，结果表明感知有用性、便利性、服务交互性和网络外部性对用户感知价值有积极影响，消费者需求程度、创新意识、感知价值对用户接受意向影响较大，感知风险则对用户感知价值和其接受意向具有显著的阻碍作用，而感知成本和服务兼容性对用户行为的影响均不显著。最后，对研究结果、创新点和研究价值进行讨论，提出促进近距离移动支付发展的若干建议。

关键词 近距离移动支付 感知价值 网络外部性 消费者用户接受行为

分类号 F713.55 F224.7

目前，我国的移动商务产业进入快速发展阶段，各种基于无线网络的应用相继出现，让人目不暇接，如移动互联网、移动即时通讯、移动银行以及移动支付等。据工业与信息化部统计，截至 2010 年 12 月末，全国移动电话用户为 8.59 亿，稳居世界第一，而各种增值服务业务给电信企业带来 1 947 亿元的年收入，同比增长 19.0%，占主营业务收入的 21.66%，其所占主营业务比例呈逐年上升趋势[1]。移动商务给移动网络运营商及相关企业带来了巨大的发展空间和利润空间。然而，移动商务的健康发展离不开安全、高效的支付业务的支撑，移动支付是顺利完成移动商务交易的关键。移动支付指交易双方为了买卖

---

* 本文系山东省自然科学青年基金项目"移动网络环境下消费者对增值服务的感知风险研究"(项目编号:ZR2011GQ010)和山东省科学技术发展计划(软科学部分)"基于近距离移动支付模式的商户接受行为研究(项目编号:2011RKGA2021)研究成果之一。

某种商品或服务而通过移动设备交换金融价值的过程,这里的移动设备可以是手机、PDA等终端设备,一般即指利用手机完成的支付活动。我国移动支付尚处于起步阶段,但发展迅速,各运营商、主要金融机构、第三方支付企业纷纷推出自己的移动支付方案,但标准尚未统一。如中国移动的"手机钱包"业务;中国联通与建设银行合作推出的手机支付、手机银行业务;中国电信与付费通合作的手机缴费业务;中国银联推出的CUPMobile支付业务;支付宝的移动支付服务等。移动通信技术和移动商务的快速发展给移动支付的应用带来难得的机遇,移动支付的市场潜力巨大。

移动支付根据支付的金额可以分为微支付、小额支付和大额支付;根据支付账户分为手机账户支付、手机绑定银行卡支付、第三方账户(如支付宝账户)支付等;根据支付用户所处的地理位置分为远程支付和近距离支付,远程支付不受地理位置限制,通过移动通信网络或者移动互联网进行传输信息进行支付,而近距离非接触移动支付指通过安全的近距离通信技术,使用移动通信终端,实现货币支付或资金转移功能的支付方式。消费者只需将内置近距离通信芯片的手机靠近专用终端,输入密码或者利用指纹识别技术授权即可完成支付,可以广泛用于商场、酒店、便利店、停车场等场所。这种支付模式对消费者而言相当便利、时尚,对商户而言则可以提高支付处理效率,增加交易额。随着终端技术的快速发展,这种近距离非接触移动支付将成为主要的移动支付手段。目前,移动网络运营商在国内部分地区已经发展该支付模式的试点,但用户接受情况却不容乐观。相比移动支付服务提供方的热情,消费者显得犹豫,这严重制约了移动支付的发展。因此,研究消费者对移动支付的接受行为迫在眉睫。

1 文献回顾

用户接受(acceptance)行为指用户对某新型的产品或服务从认识到使用的行为过程,也称为用户采纳(adoption)行为。用户接受理论主要涉及经济学、社会心理学和行为科学等,早期主要理论及模型有理性行为理论(theory of reasoned action, TRA)[2]、计划行为理论(theory of planned behavior, TPB)[3]、技术接受模型(technology acceptance model, TAM)[4]、创新扩散理论(innovation diffusion theory, IDT)[5]、网络外部性理论(network externality, NE)[6]等。上述模型中,应用最为广泛的还是Davis提出的TAM,其局限性在于仅对组织内部员工对信息系统的接受具有很好的解释作用,且仅涉及感知易用性与感知有用性两个外部变量。为了克服单一模型的弱点,近期研究多倾向于将上述模型整合,以解释不同环境下的用户对于新型技术、商务模式、产品或服务的接受行为。

例如,Taylor 和 Todd[7]将 TAM 与 TPB 的组合模型 decomposed theory of planned behavior(DTPB),用于解释信息技术的使用。Venkatesh、Morris 和 Davis[8]在对主流模型进行了比较和研究之后提出用户接受信息技术的统一模型(unified theory of acceptance and use of technology, UTAUT),并验证了其优越性。Nicolas、Castillo 和 Bouwman[9]将 TAM 与 IDT 结合用于解释移动服务的接受,其中验证了感知柔性(flexibility)对感知有用性的积极影响。Kuo 和 Yen[10]在 TAM 基础上增加个人创新意识作为感知易用性和感知有用性的前因变量,并同时考虑感知成本对态度和行为的影响,以此模型对移动增值服务的接受进行了研究。

Dahlberg、Mallat 和 Ondrus[11]指出移动支付的相关文献中,从消费者角度进行的定性研究较多,定量研究较少;移动支付用户接受的相关研究主要集中在个体消费者的行为上;实证研究主要基于 TAM 和 IDT 理论,影响其接受的主要积极因素有易用性、有用性、信任、便利性、兼容性、安全、社会影响、交易速度等,消极因素主要有成本、风险、对技术的忧虑等。Shin[12]在 TAM 基础上加入信任与感知安全等变量对手机钱包的消费者接受行为进行了研究。Kim、Mirusmonov 和 Lee[13]对 TAM 中感知有用性和感知易用性在移动支付环境下的前因变量进行了研究,证实创新意识、消费者知识、移动性、可接入性、便利性是显著的外生变量。Schierz、Schilke 和 Wirtz[14]基于 TAM,加入感知兼容性、移动性、主管规范等变量对移动支付消费者用户接受行为进行实证分析。曹媛媛、李琪[15]基于 UTAUT,加入成本因素对移动支付消费者用户使用行为进行了研究。TAM 最初用于解释组织内部员工对技术的接受行为,而利用 TAM 及其相关模型解释移动支付接受行为有许多不当之处。组织内员工对某项技术的采用是以工作为目的的,多数为强制使用,使用成本由组织承担,而消费者的接受行为则是以个人使用为目的,是自愿的,使用成本及一切可能的后果,包括不利的后果均由个人承担。因此从消费者角度,而不是从新技术使用者角度重新构建移动支付接受模型极为必要。

通过对国内外文献的研究,笔者发现在用户接受行为研究方面:①基于 TAM 及其相关模型的消费者接受行为研究较多,而基于感知价值理论的接受行为研究较少,然而,对个体消费者来讲,需求、价值、成本和风险等因素对其影响更为显著,因此基于这些理论的研究可能对解释消费者接受行为更有帮助;②对笼统的移动支付接受研究较多,而针对某一具体移动支付应用模式的用户接受行为研究几乎没有,由于不同移动支付应用模式之间有较大的差异,所以研究某具体支付模式的用户使用行为更具有现实意义。本研究基于感知价值理论及网络外部性理论,对近距离移动支付模式的消费者用户接受行为进行研究,旨在证实影响消费者用户接受近距离移动支付的关键因素及行为过程,从而提出促进消费者接受的策略,为我国移动支付业的快速发展作出贡献。

2 理论与假设

需求是引发消费者购买产品或服务的重要动机,而价值最大化则是进行决策的基本原则。营销大师科特勒认为,顾客通常不能客观或精确地判断产品的客观价值,而是基于感知价值进行购买决策[16]。本文基于感知价值理论和网络外部性理论,并考虑消费者需求程度、服务兼容性和消费者创新意识对接受意向的影响,构建了近距离移动支付的消费者用户接受模型,如图1所示:

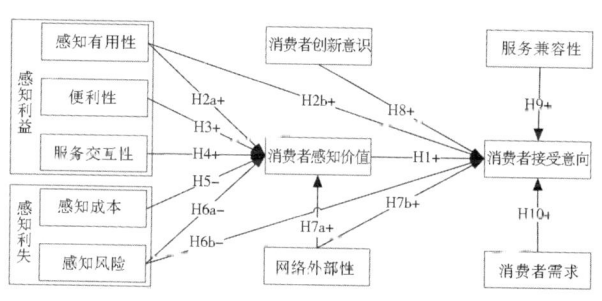

图1 理论模型

2.1 感知价值

感知价值与购买意愿的关系模型最先由 Dodds 和 Monroe[17] 提出,该模型将价格和感知质量作为感知价值的前因变量,后来,Wood 和 Scheer[18] 在此基础上加入感知风险变量,形成了基于感知价值消费者购买的基本模型。感知价值是顾客对某产品或服务所带来的收益和为获得该产品和服务所需的付出进行综合评价,是对得与失的平衡[19]。本研究中,消费者对近距离移动支付的感知利益主要包括实际用途、便利性、效率的提高等,而消费者所需的付出,即感知利失,则包括使用成本和相应的风险。由于消费者之间的个体差异,不同消费者对相同产品或服务的感知价值不尽相同,感知价值高的消费者其接受意向也相对较强,因此提出假设 H1。

H1:消费者对近距离移动支付的感知价值对其接受意向具有积极影响。

2.2 感知利益

感知利益既包括现实利益,如某实际用途或享受,也包括潜在利益,如便利、效率的提高等[17-18]。对于消费者来讲,近距离移动支付服务的主要功能在于安全高效地完成支付业务,因此提出感知有用性和便利性两个概念。

感知有用性是 TAM 的核心变量之一,指用户认为使用某技术可提高工作绩效的程度[4]。从消费者角度看,有用性是产品质量的外在表现,而产品质量是指产品在完成某项功能或实现某种用途方面的能力[20]。既有研究已经证明产品质量对感知价值具有积极的影响,因而感知有用性也可对感知价值有相似的作用。此外,大量研究已经证实感知有用性对技术接受或采纳意向有显著正相关关系[4,10,21],在对移动增值服务采纳方面的研究中也有类似的结果[9-10,22]。本研究中,近距离移动支付的有用性主要体现在方便快捷地完成支付功能,那么用户根据自己处理支付业务的实际情况,感知到该服务对其越是有用,其对该服务的感知价值和使用意向也就越强,因此,提出假设 H2a 和 H2b。

H2a:消费者对近距离移动支付的感知有用性对感知价值有积极影响。

H2b:消费者对近距离移动支付的感知有用性对接受意向有积极影响。

近距离移动支付相比传统支付方式,可以给用户提供更多的便利性,如节省时间、提高效率、不必携带现金及零钱等,用户只需将手机一刷就可以完成交易。便利性正是移动支付的独特优势之一,对追求时尚消费体验的顾客具有巨大的吸引力。有研究表明,便利性是用户对移动支付感知有用性和易用性的前因变量之一[13],笔者认为便利性的增加并不一定导致其有用性的增加,却可以加强用户对移动支付的价值感知。此外,有学者指出移动性(mobility)或无所不在性(ubiquity)对移动支付的用户感知有用性或使用意向有显著影响[13-14,23],而此特性正是移动支付的便利性所在。因此,提出假设 H3。

H3:近距离移动支付的便利性对用户感知价值有积极影响。

服务交互性是指用户与移动支付系统之间信息沟通的能力。近距离移动支付与银行卡支付的显著不同之处在于其强大的交互性,即用户随时可以进行查询交易信息、充值、转账等业务,而银行卡的即时交互性极为有限,须借助在线系统方可完成相关的业务。Dahlberg 和 öörni[24]认为,支付及交易信息的可得性是影响用户使用移动支付的重要因素,移动支付的这一特性即为服务交互性的具体体现。那么,移动支付的交互性越强,其功能也越大,感知价值也越大,因此,提出假设 H4。

H4:服务交互性对用户感知价值有积极影响。

2.3 感知成本和风险

为了得到近距离移动支付便捷的服务,用户也须承担相应的付出,主要由经济成本和非经济成本组成,前者如手机硬件升级和其他相关费用等,而后者主要指各种由此产生的风险。

经济成本是用户为了接受该服务而需考虑的必不可少的因素之一。不同的消费者对于使用成本的看法差异较大,有的认为难以承受,而有些为了享受高科技的服务则愿意承受较高的成本,为了检验不同消费者的成本承受力对感知价值的影响,提出感知成本这一变量。感知成本指相对于所得期望收益来讲,用户对货币支出的评判[18]。显然,用户对近距离移动支付的感知成本越高,感知价值则越低,因此,提出假设 H5。

H5:消费者感知成本对感知价值有消极影响。

非经济成本往往被用户所忽视,本研究中主要指因使用该服务而给用户带来的各种潜在的损失,即使用风险。只有当这些风险被用户所感知,形成感知风险,方可对其行为产生影响。Bauer 将消费者感知风险定义为被消费者感知到的由其行为引发的各种可能的负面结果[25]。相关研究表明感知风险是个多维变量,包括各种类别的风险,如可能的经济损失、产品功能可能的缺陷、可能的负面社会评价等[26]。为了便于研究,本文将感知风险作为一个组合型的变量,其测量指标分别由各个维度构成。一般认为感知风险对感知价值和消费者采纳或接受行为意向有负面影响[18,26-27],但是也有研究表明,在不同环境下,感知风险对其结果变量影响的作用并不相同[28]。为了检验感知风险在近距离移动支付环境下的作用,特提出假设 H6a、H6b。

H6a:消费者感知风险对感知价值有消极作用。

H6b:消费者感知风险对其接受意向有消极作用。

2.4 网络外部性

网络外部性指某种产品的价值随着使用该产品或兼容产品的用户增加而增大的特性[6]。相关文献已经证实在移动商务环境下网络外部性对感知有用性、用户使用行为的积极作用[29-30]。对于近距离移动支付的消费者用户来讲,只有当广泛的商户终端网络建立起来以及消费者用户的迅速增加才可能对广大的手机用户形成吸引力。据此,本研究提出假设 H7a 和 H7b。

H7a:网络外部性对消费者感知价值具有积极影响。

H7b:网络外部性对消费者接受意向具有积极影响。

2.5 消费者创新意识

消费者创新意识指消费者对创新性的产品或服务感兴趣的程度。由于消费者个性特征和生活环境的不同,其创新意识差别较大。现有研究认为个人创新意识直接影响其对新兴产品或服务的接受意向[31],创新意识越强的消费者,接受意向也越强。那么,对于移动支付来讲,创新意识强的用户对于试用这种高科技服务的意愿可能会很强烈,有时候甚至不会考虑其真正的实用价值,而是为了获得一种兴奋的体验。因此,提出假设 H8。

H8:消费者创新意识对其接受意向有积极影响。

2.6 服务兼容性

消费者使用近距离移动支付服务时,将会考虑该服务与已有的银行账户、移动通信账户、支付宝账户等的兼容性。如果移动支付系统与已有账户系统实现无缝对接,则会增加用户使用的可能性。本研究中的服务兼容性指该移动支付服务系统与消费者已有的金融账户系统整合的程度。移动支付系统较好的兼容性可以为消费者及时处理账户之间的现金流提供条件。据此,提出假设 H9。

H9:服务兼容性对移动支付接受意向具有积极影响。

2.7 消费者需求

需求是消费者行为的内在动机,消费者对近距离移动支付服务的需求是其接受行为的重要引发因素,因此本研究将消费者需求纳入模型中。在以往 TAM 相关模型中,着重从技术角度研究用户行为,并未考虑需求因素,而本文重点从个体消费者角度研究其接受行为,消费者对该服务的需求程度将是消费者进行决策的重要影响因素。消费者对该服务需求越强,其接受意愿也越强,因此,提出假设 H10。

H10:消费者对近距离移动支付的需求对其接受意向具有积极影响。

3 研究设计

3.1 变量测量

大部分变量的测量指标来自于现有文献,并稍作修改以适应本研究的环境。感知价值和感知经济成本的测量指标来自于文献[18],感知有用性、便利性和接受意向的测量指标来自于文献[4]和[13],消费者创新意识的测量变量来自于文献[32],服务兼容性的测量来自于参考文献[33],网络外部性的测量来自于文献[29]。此外,将感知风险作为组合型变量,其测度项来自于文献[34],服务交互性与消费者需求程度系新编变量。

3.2 数据收集

采用 Likert 7 级量表对变量进行测量。问卷编制后,先对 20 名本专业的部分专家学者、硕博士研究生进行了预测试,根据他们的建议对问卷进行了修正,使各问项更加清晰和便于理解。本问卷的样本主要选自参加工作的年轻人,采用网上与网下相结合的方式共发放问卷 400 份,收到有效问卷 312 份。样本信息统计显示,男性用户占54%,女性占46%;本科学历以上的用户占85%;52%的用户曾有过使用其他类型的移动支付服务的经历,但少有使用近距离移动支付经历的用户,这主要与该服务普及程度过低有关。统计信息表明该样本数据适合本研究。

3.3 数据分析

利用SPSS 13.0软件通过最大方差正交旋转对样本数据进行因子分析,结果如表1所示:

表1 因子分析结果

指标		AI	DN	PU	CV	NE	PV	SC	PC	IN	IR
接受意向(AI)	AI1	**.803**	.332	.120	.102	.277	.252	.189	-.108	.221	.217
	AI2	**.835**	.202	.087	.043	.273	.189	.185	-.088	.243	.106
	AI3	**.811**	.245	.088	.167	.254	.196	.195	-.063	.206	.143
需求程度(DN)	DN1	.231	**.769**	.306	.212	.123	263	.114	-.079	.254	.121
	DN2	.254	**.771**	.253	.105	.213	.337	.076	-.042	.231	.214
	DN3	.187	**.784**	.175	.271	.185	.302	.142	-.059	.165	.225
感知价值(PU)	PV1	.293	.326	.242	.104	.168	**.778**	.101	-.093	.146	.321
	PV2	.313	.367	.251	.120	.179	**.784**	.192	-.041	.132	.224
	PV3	.274	.219	.098	.138	.191	**.835**	.024	.001	.178	.217
	PV4	.431	.263	.204	.034	.141	**.740**	.114	-.056	.192	.106
感知成本(PC)	PC1	-.050	.003	-.059	.020	.151	-.010	.118	**.766**	.153	.005
	PC2	-.025	.023	-.015	.108	-.085	-.024	-.023	**.837**	.131	.020
	PC3	-.157	.102	.081	.117	-.042	-.031	019	**.861**	.094	.126
	PC4	-.052	.096	.162	.045	-.028	-.066	.016	**.886**	.016	.093
感知有用性(PV)	PU1	.200	.221	**.834**	.320	.174	.178	.190	.007	.216	.242
	PU2	.177	.101	**.895**	.431	.162	.155	.142	.014	.135	.265
	PU3	.121	.204	**.877**	.327	.144	.137	114	.064	.142	.197
	PU4	.216	.165	**.857**	.254	.090	.196	.036	.124	.176	.186
创新意识(IN)	IN1	.142	.167	.276	.005	.378	.007	.431	-.057	**.814**	.106
	IN2	.257	.095	.142	.043	.492	.197	.230	-.083	**.731**	.138
	IN3	.219	.132	.274	.076	.474	.086	.187	-.112	**.801**	.206

285

续表

指标		因子									
		AI	DN	PU	CV	NE	PV	SC	PC	IN	IR
网络外部性（NE）	NE1	.205	.106	.116	.064	**.864**	.173	.078	.037	.005	.154
	NE2	.283	.132	.202	.089	**.778**	.160	.113	.021	.065	.192
	NE3	.296	.073	.105	.101	**.834**	.201	.048	.029	.010	.074
兼容性（SC）	SC1	.235	.132	.095	.342	.119	.124	**.871**	.014	.107	.212
	SC2	.152	.183	.132	.286	.061	.104	**.916**	.067	.053	.249
	SC3	.143	.097	.124	.269	.097	.080	**.898**	.049	.076	.200
便利性（CV）	CV1	.310	.129	.321	**.865**	.106	.317	.176	.002	.043	.217
	CV2	.354	.165	.329	**.832**	.074	.202	.139	.054	.003	.243
	CV3	.219	.107	296	**.749**	.041	.216	.190	.076	.051	.295
交互性（IR）	IR1	.168	.048	.232	.095	.005	.321	.174	.043	.032	**.723**
	IR2	.143	.076	.276	.157	.076	.349	.231	.012	.056	**.775**
	IR3	.192	.083	.197	.182	.021	.287	.192	.004	.108	**.813**
特征根		8.154	3.231	2.767	1.996	1.578	1.350	1.260	1.214	1.202	1.003
方差解释率%		30.200	11.968	10.250	7.393	5.844	4.999	4.667	4.496	4.452	3.715
累计方差解释率%		30.200	42.168	52.418	59.811	65.654	70.653	75.319	79.816	84.268	87.982

首先,样本的适当性检验系数 KMO 的值为 0.902,Bartlett 球形检验的结果比较显著,表明本样本适合进行因子分析。其次,对除了感知风险这一组合型变量测量指标之外的其他指标进行因子分析。结果显示共析出 10 个特征值大于 1 的因子,方差解释率为 87.982%,结构清晰,各指标在其相关因子上的负载均大于 0.5,而交叉负载均小于 0.5。

采用 SmartPlS 2.0 对测量模型进行分析,通过 composite reliability（CR）和 Cronbach's α 的值检验量表信度,利用 average variance extracted（AVE）测量量表的聚合效度,通过比较 AVE 的平方根与因子间相关系数检验差别效度。检验结果显示各因子的 CR 值均大于 0.8,Cronbach's α 值大于 0.7,表明量表信度在可接受范围之内;AVE 均大于 0.5,其平方根均大于所在列的因子间相关系数,表明测量量表的聚合效度和差别效度均可接受,如表 2 所示：

表2 信度与效度检验结果

因子	AVE	CR	α	AI	CV	DN	IN	IR	NE	PC	PU	PV	SC
AI	.926	.974	.960	**.962**									
CV	.832	.943	.843	.453	**.912**								
DN	.901	.965	.945	.778	.214	**.949**							
IN	.699	.874	.786	.679	.153	.626	**.836**						
IR	.788	.923	.756	.321	.432	.167	.231	**.887**					
NE	.882	.957	.933	.407	.154	.367	.452	.043	**.939**				
PC	.707	.905	.865	-.180	.057	-.146	-.128	.047	.029	**.841**			
PU	.853	.959	.943	.386	.483	.486	.468	.252	.321	.079	**.924**		
PV	.809	.944	.922	.615	.479	.670	.531	.660	.321	-.110	.480	**.899**	
SC	.847	.943	.910	.561	.323	.541	.625	.342	.291	-.026	.392	.475	**.920**

最后,利用 SmartPLS 2.0 对结构模型进行检验,结果表明除 H5 和 H9 之外的其他假设均得到支持,消费者感知价值和接受意向的方差解释率分别达到 49.1% 和 69.8%,如图2所示:

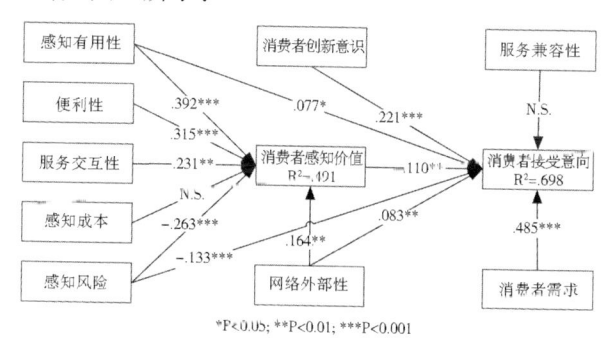

图2 假设检验结果

注: * 表示 $P<0.05$; ** 表示 $P<0.01$; *** 表示 $P<0.001$。

3.4 结果讨论

首先,模型中大部分假设得到支持,因变量的方差解释率也较高,表明模型可以有效解释消费者用户对近距离移动支付服务的接受行为。其次,从消费者感知价值的前因变量来看,感知利益中的有用性和便利性对其影响较大,其次是交互性,而消极的影响因素主要是风险,此外,网络外部性对感知价值的影响也较显著。消费者感知成本对感知价值影响并不显著,表明消费者对使用该服务的经济成本并不在意,而且似乎也在消费者可承受的范围内。再次,从消费者接受意向的影响因素来看,起决定性作用的应该是消费者对该服务的需求程度,其次是创新意识、感知风险、感知价值和网络外部性,而消费者对服务兼容性考虑得较少。这表明对于创新型服务来讲,需求绝对是引发消费者接受该服务的重要因素,而用户创新意识亦可直接影响其使用行为。可以发现,消费者用户之所以接受缓慢,主要因为缺乏对需求的引导和挖掘,另外用户对其中风险的担忧也阻碍了其接受意向。

4 结论与启示

本文以近距离非接触式移动支付模式为研究对象,基于对该支付模式的分析,对消费者用户的接受行为进行实证研究,揭示了影响其接受移动支付的关键因素及作用机理。结构模型检验结果表明感知有用性、便利性、服务交互性和网络外部性对用户感知价值有积极影响,而感知风险则对用户感知价值有显著的消极影响;消费者需求程度、创新意识、感知价值对用户接受意向影响较大,而感知风险则对用户接受意向具有显著的阻碍作用。本文的创新点体现在从近距离移动支付服务的消费者和技术使用者的双重视角对消费者用户的接受行为进行了研究,将消费者需求程度、网络外部性、消费者创新意识等变量与感知价值理论模型进行整合,充分体现了该服务的特点,有效解释了用户的行为过程。

基于本文的研究结论,近距离移动支付服务提供商可采取进一步发掘和引导用户需求,提升该服务的功能性、交互性、安全性,加大广告宣传力度和积极开展典型试点等措施,以促进消费者用户广泛接受并使用其服务。本文的理论价值在于丰富了消费者对创新型服务的接受行为研究,更好地解释了消费者对近距离移动支付服务的接受行为过程;其实际应用价值在于为移动支付服务链各成员破解用户接受难题提供决策参考,为移动支付的快速推广提供有力的理论支撑,对我国移动支付业的发展具有重要现实意义。

本文的局限性在于未对基于 TAM 类理论和基于感知价值理论移动服务消费者用户的接受模型进行比较,以证实基于感知价值理论模型的优越性,也未检验消费者的人口统计变量对其接受行为的影响等。未来,可以对这两方面以及商户对移动支付的接受行为进行研究,以进一步完善。

参考文献:

[1] 2010 年全国电信业统计公报[EB/OL].[2011-09-21]. http://www.miit.gov.cn/n112934/n1129383272/n11294132/n12858447/13578942.html.

[2] Fishbein M, Ajzen I. Belief, attitude, intention and behavior: An introduction to theory and research[M]. Massachusetts: Addison-Wesley Publishing Company, 1975.

[3] Ajzen I. From intention to actions: A theory of planned behavior[M]. Berlin: Springer, 1985.

[4] Davis F D. Perceived usefulness, perceived ease of use, and user acceptance of information technology[J]. MIS Quarterly, 1989, 13(3): 319-340.

[5] Rogers E M. Diffusion of Innovations (4th edition)[M]. New York: Free Press, 1995.

[6] Katz M L, Shapiro C. Network externalities, competition, and compatibility[J]. The American Economic Review, 1985, 75(3): 424-440.

[7] Taylor S, Todd P A. Understanding information technology usage: A test of competing models[J]. Information Systems Research, 1995, 6(2): 114-176.

[8] Venkatesh V, Morris M G, Davis G B, et al. User acceptance of information technology: Toward a unified view[J]. MIS Quarterly, 2003, 27(3): 425-478.

[9] Nicolas C L, Castillo F J M, Bouwman H. An assessment of advanced mobile services acceptance: Contributions from TAM and diffusion theory models[J]. Information & Management, 2008, 45(6): 359-364.

[10] Kuo Y, Yen S. Towards an understanding of the behavioral intention to use 3G mobile value-added services[J]. Computers in Human Behavior, 2009, 25(1): 103-110.

[11] Dahlberg T, Mallat N, Ondrus J, et al. Past, present and future of mobile payments research: A literature review[J]. Electronic Commerce Research and Applications, 2008, 7(2): 1-17.

[12] Shin D. Towards an understanding of the consumer acceptance of mobile wallet[J]. Computers in Human Behavior, 2009, 25(6): 1343-1354.

[13] Kim C, Mirusmonov M, Lee I. An empirical examination of factors influencing the intention to use mobile payment[J]. Computers in Human Behavior, 2010, 26(3): 310-322.

[14] Schierz PG, Schilke O, Wirtz B W. Understanding consumer acceptance of mobile payment services: An empirical analysis[J]. Electronic Commerce Research and Applications Special Issue: Nomadic and Mobile Computing, 2010, 9(3): 209-216.

[15] 曹媛媛,李琪. 移动支付使用者使用意向与使用行为模型及实证研究[J]. 统计与信息论坛, 2009(2): 72-77.

[16] Kotler P, Armstrong G. Principles of marketing(12th edition)[M]. 北京:清华大学出版社,2009.

[17] Dodds W B, Monroe K B. The effect of brand and price information on subjective product evaluations[J]. Advances in Consumer Research, 1985, 12(1): 85-90.

[18] Wood C M, Scheer L K. Incorporating perceived risk into models of consumer deal assessment and purchase intent[J]. Advances in Consumer Research, 1996, 23(1): 399-404.

[19] Zeithaml V A. Consumer perceptions of price quality, and value[J]. Journal of Marketing, 1988, 52(3): 2-22.

[20] Kim H, Chan H C, Gupta S. Value-based adoption of mobile internet: An empirical investigation[J]. Decision Support Systems, 2007, 43(1): 111-126.

[21] Moon J, Kim Y. Extending the TAM for a World-Wide-Web context[J]. Information & Management, 2001, 38(4): 217-230.

[22] Kim B, Choi M, Han I. User behaviors toward mobile data services: The role of perceived fee and prior experience[J]. Expert Systerms with Applications, 2009, 36(4): 8528-8536.

[23] Mallat N. Exploring consumer adoption of mobile payments – a qualitative study[J]. The Journal of Strategic Information Systems, 2007, 16(4): 413-432.

[24] Dahlberg T, öörni A. Understanding changes in consumer payment habits – do mobile payments attract consumers? [J]. Working Papers on Information Systems, 2006, 6(36): 1-13.

[25] Bauer R A. Consumer behavior and risk taking, in dynamic marketing for a changing world [M]. Chicago: American Marketing Association, 1960: 389-398.

[26] Featherman M S, Pavlou PA. Predicting e-services adoption: A perceived risk facts perceptive[J]. International Journal of Human-Computer Studies, 2003, 59(4): 451-474.

[27] Chen G, He F. Examination of brand knowledge, perceived risk and consumers' intention to atopt an online retailer[J]. TQM & Business Excellence, 2003, 14(6): 677-693.

[28] 周涛,鲁耀斌,张金隆. 基于感知价值与信任的移动商务用户接受行为研究[J]. 管理学报, 2009, 6(10): 1407-1412.

[29] 邓朝华,鲁耀斌,张金隆. 基于TAM和网络外部性的移动服务使用行为研究[J]. 管理学报, 2007, 4(2): 216-221.

[30] Zhou T, Lu Y. Examining mobile instant messaging user loyalty from the perspectives of network externalities and flow experience[J]. Computers in Human Behavior, 2011, 27(2): 883-889.

[31] Lu J, Yao J E, Yu C. Personal innovativeness, social influences and adoption of wireless internet services via mobile technology[J]. Journal of Strategic Information Systems, 2005, 14(3): 245-268.

[32] Jeong N, Yoo Y, Heo T. Moderating effect of personal innovativeness on mobile-RFID services: Based on warshaw's purchase intention model[J]. Technological Forecasting & Social Change, 2009, 76(1): 154-164.

[33] Kleijnen M, de Ruyter K, Wetzels M. An assessment of value creation in mobile service delivery and the moderating role of time consciousness[J]. Journal of Retailing, 2007, 83(1): 33-46.

[34] 杨永清,张金隆,满青珊. 消费者对移动增值服务的感知风险外向因素及其中的调节效应研究[J]. 经济管理, 2010(9): 147-155.

作者简介

杨永清,男,1979年生,博士研究生,发表论文10余篇。

张金隆,男,1952年生,教授,博士生导师,发表论文130余篇,出版教材及专著6部。

李　楠,女,1976年生,讲师,发表论文10余篇。

杨　光,男,1965年生,副研究员,发表论文30余篇。

IT 强制使用环境下员工象征接受模型研究

齐晓云

(中国民航大学安全科学与工程学院　天津　300300)

摘　要　基于 ECM 模型,提出一个分析信息技术强制使用环境下的员工象征接受综合模型。通过调查问卷收集数据,利用 SPSS 进行信度与效度分析,并采用 AMOS 对研究模型的假设进行检验。研究结果表明,该模型能够很好地预测和解释信息技术强制使用环境下的员工象征接受行为。

关键词　强制使用　ECM　象征接受　信息技术
分类号　C931.6

1　引　言

用户接受一直是信息技术(简称 IT)领域的热点话题,国内外很多学者纷纷从行为科学的角度,借助技术接受模型(technology acceptance mode, TAM)、期望确认模型(expectation confirmation model, ECM)、理性行为理论(theory of reasoned action, TRA)等来研究 IT 接受及持续使用行为[1],找出了影响用户接受的关键因素。

但这些模型都以用户自愿使用 IT 为前提,假设用户对技术具有选择权。而当前组织越来越依赖于 IT,员工被强制而非自愿使用 IT,因此很难从其使用行为判断员工是否真正接受 IT。Wang 认为只有当员工在意愿上接受 IT 时,创新使用行为才可能会出现[2]。同时员工的心理接受程度不同,其使用方式也存在差异[3],并产生不同的 IT 绩效。因此,在 IT 强制使用环境下,员工自愿接受非常重要。但当前大部分研究都以个体自愿使用 IT 为前提,只有少数学者关注强制使用环境下的员工接受行为。Karahanna 提出使用"象征接受"表示强制使用环境下员工对 IT 的心理接受程度[4],我国学者胡安安、黄丽华也从文化视角提出中国企业员工 ERP 象征接受概念模型[5],但至今仍缺乏对我国企业 IT 强制使用环境下员工象征接受的实证研究,无法揭示出各因素对员工象征接受的影响机理。

为了探索我国企业 IT 强制使用环境下,员工象征接受的影响因素及其作用机理,本文借鉴 ECM 模型,提出员工 IT 象征接受概念模型,并通过数据证明模型中各变量对象征接受的影响作用,为促进我国企业员工象征接受、改善员工 IT 绩效提供一定的理论依据。

2 理论模型与假设

对于强制使用环境下的 IT 绩效,员工心理接受比行为意向更加重要。Karahanna 利用"象征接受"代替"行为意向",测度员工对 IT 的渴望、兴奋及热情度,以此来研究其心理接受程度[4]。员工被企业强制使用 IT 后,在使用过程中通过对 IT 的判断和感知产生自愿使用意图,其心理接受过程实际上是一种采纳后行为,与用户采纳后的持续使用行为类似。因此,本文借鉴 IT 持续使用研究中的 ECM 模型[6],用"象征接受"代替"持续使用意向",并结合强制使用环境的特点,综合考虑影响象征接受的其他因素,研究强制使用环境下的员工心理接受行为。

ECM 模型是 Bhattacherjee 在 2001 年基于消费者行为学的期望确认理论和经典 TAM 模型,提出的一个解释 IT 用户持续使用意向的模型[6]。ECM 模型包含 4 个因素:期望确认度、感知有用性、满意度和持续使用意向,并指出期望确认度积极影响感知有用性和满意度,感知有用性和满意度积极影响用户持续使用意向,同时感知有用性又积极影响满意度。首先,本文基于 ECM 模型的内核,用"象征接受"代替"持续使用意向",提出如下假设:

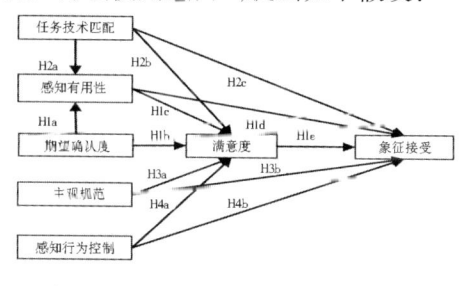

图 1 研究模型及相关假设

H1a:强制使用环境下员工的期望确认度将积极影响感知有用性;
H1b:强制使用环境下员工的期望确认度将积极影响满意度;
H1c:强制使用环境下员工的感知有用性将积极影响满意度;
H1d:强制使用环境下员工的感知有用性将积极影响象征接受;

H1e:强制使用环境下员工的满意度将积极影响象征接受。

任务技术匹配是指信息技术工具和员工工作的匹配度,反映了技术辅助完成工作的程度。Dishaw认为任务技术匹配影响个人的实际使用情况及个人对信息技术的态度[7]。IT实施后会对员工的工作方式和内容带来改变,引起员工的抵制情绪和恐惧,从而影响其心理接受程度。员工在使用过程中,会对信息技术进行判断,如果其任务技术匹配度高,能很好地与其工作相结合,员工就会认为IT对其工作有帮助,其感知有用性就会增强。同时,任务技术匹配度高,员工就可以利用IT更好地完成工作,其心理抵触行为会减少,满意度和心理接受程度也会越高。因此,本文提出如下假设:

H2a:强制使用环境下员工感知的任务技术匹配度将积极影响感知有用性;
H2b:强制使用环境下员工感知的任务技术匹配度将积极影响满意度;
H2c:强制使用环境下员工感知的任务技术匹配度将积极影响象征接受。

主观规范是指个人在考虑执行某一行为时,他认为和自己有重要关系的人是否同意他的行为,即预期从事某一行为会受到的社会压力[8]。Rawstome指出在强制使用环境下,主观规范对员工象征接受有重要影响作用[9]。对于企业员工来讲,他处于企业社会关系环境中,其态度、观点及行为受到企业中相关人员的影响。IT的实施过程涉及部门较广、人员较多,并具有较高的强制性,其基层员工受到企业内部环境的影响会更加明显。尤其在我国,从众心理普遍存在于各种社会环境之中,大多数人都会尽量跟随大众的想法,避免在团体中成为观点独特的"异类"。若企业内员工感知到周围领导和同事对IT抱有较高的热情,那么其也较容易认同IT,其满意度和心理接受程度也会得到提高。因此,本文提出如下假设:

H3a:强制使用环境下员工的主观规范感知将积极影响满意度;
H3b:强制使用环境下员工的主观规范感知将积极影响象征接受。

感知行为控制是指个人在采取某种行为时自身所感受到的可以控制的程度[8]。任何人在执行或试图执行某种行动时,都会受到一些条件的制约,例如时间、资源、知识、经验等。IT实施后,员工的心理接受程度也会受到感知行为控制的影响。如果员工觉得自身能够很好地按照IT的要求完成工作,例如拥有足够的能力和企业的支持来完成新的工作要求,那么员工就可以控制、掌握IT使用行为,其对IT的满意度和心理接受程度会比较高。反之,如果员工觉得IT使用行为要求过高,自己并不能很好地利用IT完成工作,那么它对IT的敌对心理就会加强,其满意度和心理接受程度就会较低。因此,本文提出如下假设:

H4a:强制使用环境下员工的感知行为控制将积极影响满意度;
H4b:强制使用环境下员工的感知行为控制将积极影响象征接受。

3 研究结果分析

3.1 数据收集

本文采用调查问卷收集数据,大部分变量的测度题项都依据现有文献进行适应性改进。为避免问卷内容存在语义方面的问题,导致使用者误解题目表达的意思而答错问卷,影响问卷效度,研究采用问卷前测的方式对问卷内容进行检查。前测对象是信息系统研究领域的9位老师和专家,请他们针对问卷项目意义与表达的语法提供意见,然后根据回复意见修正问卷。问卷主要通过访谈、电子邮件、邮寄等方式进行发放。问卷填答者为已开展信息化建设的企业内部员工,共发放问卷432份,回收有效问卷213份,有效反馈率为49.3%。

3.2 信度与效度分析

采用Cronbach α 模式进行可靠性分析,各潜变量的Cronbach α 值均大于0.7(见表1),表明各变量具有良好信度。采用SPSS软件进行主成分分析,样本适当性检验系数KMO值大于0.7,Bartlett球形检验的显著性概率为0.000,表明样本相关矩阵有公因子,适合进行因子分析。表2为样本旋转后因子载荷阵的结果,24个指标共析出特征值大于1的7个因子,方差解释率为70.29%,各个测度项在相应的单一因子上的负载值都大于0.5,在其他因子上负载值都小于0.5,各变量具有良好效度。

表1 信度与效度分析结果

因子	PBC	EC	SN	S	SA	TTF	PU
Cronbach's α 值	0.81	0.779	0.739	0.811	0.77	0.87	0.713
CR	0.823	0.804	0.797	0.797	0.777	0.873	0.76
AVE	0.542	0584	0.57	0 662	0.543	0.535	0.514

同时,采用验证性因子分析进行内部一致性信度检验和内敛效度的检验(见表1)。内部一致性信度由CR(组合信度)来测量,内敛效度由各潜变量的AVE(平均方差抽取量)来测量。所有潜变量的CR值均大于0.7,各变量的内部一致性信度较好[10],各AVE值均大于0.5,各变量的内敛效度较好[11]。

3.3 测量结果分析

利用AMOS软件验证研究模型及假设,运算路径结果见表3,模型拟合指标见表4。模型的拟合优度指数基本符合所建议的标准值,说明模型拟合度可以接受,但假设2c、3a未得到数据支持。

表2 因子分析结果

测度项		因子						
		1	2	3	4	5	6	7
感知行为控制（PBC）	PBC1		0.808					
	PBC2		0.717					
	PBC3		0.864					
	PBC4		0.665					
满意度（S）	S1				0.778			
	S2				0.797			
感知有用性（PU）	PU1						0.723	
	PU2						0.723	
	PU3						0.637	
期望确认度（EC）	EC1			0.787				
	EC2			0.779				
	EC3			0.745				
主观规范（SN）	SN1							0.786
	SN2							0.807
	SN3							0.57
象征接受（SA）	SA1					0.806		
	SA2					0.8		
	SA3					0.739		
任务技术匹配（TTF）	TTF1	0.576						
	TTF2	0.592						
	TTF3	0.806						
	TTF4	0.806						
	TTF5	0.743						
	TTF6	0.558						
特征值		3.338	2.739	2.295	2.266	2.244	2.016	1.972
方差解释率%		13.907	11.414	9.561	9.443	9.35	8.401	8.217
累积方差解释率%		13.907	25.321	34.881	44.325	53.675	62.075	70.292

表3 初始模型和修正模型的模拟结果

变量间关系			Estimate	P	Estimte	P
			初始模型		修正模型	
PU	<---	TTF	.299	***	.299	***
PU	<---	EC	.447	***	.447	***
S	<---	EC	.447	***	.372	***
S	<---	PU	.370	***	.294	***
S	<---	TTF	.277	.027	.122	.041
S	<---	SN	.131	.123		
S	<---	PBC	.083	***	.189	***
SA	<---	PU	.172	***	.303	***
SA	<---	TTF	.273	.078		
SA	<---	SN	.090	***	.181	***
SA	<---	PBC	.190	***	.195	***
SA	<---	S	.340	***	.358	***

表4 初始模型的模拟指标值

拟合指标	X^2/df	RMSEA	GFI	AGFI	CFI	NPI	CN	IFI
临界值	<3	<0.08	>0.90	>0.90	>0.90	>0.90	>200	>0.90
模拟值	1.93	0.053	0.971	0.944	0.919	0.902	563	0.921

为更准确地解释模型中各变量关系,本研究对模型进行修正,将未通过假设检验的两条路径从模型中去除,其运算路径结果见表3,模型拟合指标见表5。修正模型中各路径系数均通过假设检验,从模型拟合优度来看,修正模型与数据拟合度更好。同时修正模型可以解释象征接受变量方差的52.2%,比初始模型对于象征接受变量的解释力(48.4%)更强。因此,将修正模型作为最终的理论模型(见图2)。依据各路径系数的估计值计算各变量对象征接受和满意度的直接效应、间接效应和总效应,得到表6。

表5 修正模型的模拟指标值

拟合指标	X²/df	RMSEA	GFI	AGFI	CFI	NPI	CN	IFI
临界值	<3	<0.08	>0.90	>0.90	>0.90	>0.90	>200	>0.90
模拟值	1.89	0.049	0.976	0.947	0.921	0.905	589	0.929

表6 模型中各变量间效应

自变量\因变量	S 直接效应	S 间接效应	S 总效应	SA 直接效应	SA 间接效应	SA 总效应
TTF	0.122	0.088	0.210	–	0.166	0.166
EC	0.372	0.131	0.503	–	0.312	0.312
PU	0.294	–	0.294	0.303	0.105	0.408
SN	–	–	–	0.181	–	0.181
PBC	0.189	–	0.189	0.195	0.068	0.263
S	–	–	–	0.358	–	0.358

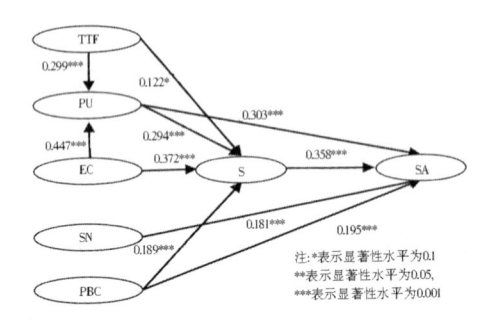

图2 修正模型的模拟结果

4 结果讨论与建议

4.1 对本文研究结果的讨论

● 本研究提出的第一组假设全部成立,ECM模型中的期望确认度、感知有用性均通过满意度的中介作用影响员工象征接受。从表6和图2可知,感知有用性对员工象征接受的总效应最大为0.408,其中直接效应为0.303,间接效应为 0.105,感知有用性主要通过其直接效应影响员工象征接受。期望确认度通过满意度和感知有用性对员工象征接受产生间接影响,其总效应为 0.312。满意度对员工象征接受的直接影响作用最大,为 0.358。即在 ECM 模型相关变量中,感知有用性对员工象征接受最重要,其次是满意度,最后是期望确认度。但对于满意度而言,期望确认度比感知有用性重要。

● 本研究提出的第二组假设中,除 2c 外,其余两个假设都成立,这表明任务技术匹配对员工象征接受的直接影响作用不显著,它通过感知有用性及满意度的中介作用来影响员工象征接受。任务技术匹配对感知有用性有显著的影响作用,路径系数为 0.299,对满意度的总效应为 0.210,对员工象征接受的总效应最小为 0.166。即任务技术匹配对员工象征接受的影响作用较小,但它对感知有用性和满意度却比较重要。

● 本研究提出的第三组假设中,假设 3a 不成立,假设 3b 成立,员工感知的主观规范对满意度影响不显著,对员工象征接受的直接影响作用显著,其路径系数为 0.181。这表明作为一种非强制的主观感知,主观规范对强制使用环境下的个体行为倾向具有重要影响作用,对员工象征接受很重要。

● 本研究提出的第四组假设全部成立,强制使用环境下员工的感知行为控制对员工满意度和象征接受的影响显著,其对员工满意度的总效应为 0.189,对员工象征接受的总效应为 0.263,其中直接效应为 0.195。这表明感知行为控制主要通过其直接作用影响员工象征接受,通过满意度中介而产生的间接影响作用较小。

总之,从图 2 和表 6 可知,对于员工象征接受而言,模型中各变量重要性从大到小依次为:感知有用性、满意度、期望确认度、感知行为控制、主观规范和任务技术匹配;对满意度而言,各变量重要性从大到小依次为:期望确认度、感知有用性、任务技术匹配和感知行为控制;对于感知有用性而言,期望确认度比任务技术匹配重要。

4.2 对实施 IT 之企业的建议

基于以上结论,本文对实施 IT 后,强制员工使用的企业提出如下几点建议:

● 对于企业员工而言,感知有用性非常重要,它通过影响员工满意度来影响员工象征接受,其总效应最大。因此,应设法提高员工对企业所实施 IT 的感知有用性。同时,期望确认度对满意度和员工象征接受也有显著的影响作用,且其对满意度影响作用最大。因此,企业在前期准备中要注意给予员工合理的预期,避免员工产生不合乎实际的 IT 预期,并在实施中密切关注员工对 IT 产品的评价,确保员工期望得到满足,提高员工的感知有用性,从而积极影响满意度,促进员工象征接受。

● 任务技术匹配对感知有用性有显著的影响作用,并进一步通过满意度来影响员工象征接受。这为企业指明了方向,即在选择产品时要对员工工作进行充分调研,选择与之匹配性高的 IT 产品,并在实施过程中,对员工工作或 IT 产品进行适应性调整,努力提高二者的匹配性,从而增加员工有用性感知,进一步促进员工满意度和象征接受。

● 主观规范对于员工象征接受具有显著的影响作用。因此,我国企业实施 IT 后,要在内部培育积极使用 IT 的良好环境。在企业中,员工感知的主观规范主要来自领导和同事两方面。由于领导身份的特殊性及其具备的权威性和影响力,其行为会给下属员工传递一种比较明确的反映企业高层意图的信号,并在很大程度上给下属员工树立一种榜样作用,所以领导要在公开场合积极地传达鼓励 IT 使用的信息,积极提高其对员工象征接受的影响力。同时,还可以通过内部交流会等方式让态度积极的员工广泛传播 IT 使用经验和体会,提高对同事的影响力。

● 员工的感知行为控制也影响其满意度和象征接受,因此企业实施 IT 时,要设法提高员工感知行为控制。企业可以通过培训、学习等方式提高员工 IT 技能,并可通过内部各种形式的活动交流 IT 使用经验,同时还应该给予员工充分的时间去适应 IT 对工作方式和内容的改变,对员工使用过程中的问题和困难给予及时的技术支持和帮助,提高员工的自信心和感知行为控制,最终促进员工象征接受。

5 结　语

本文以 ECM 模型为基础,构建强制使用环境下员工象征接受研究模型,并对模型进行了实证分析,结果表明强制使用环境下,感知有用性、期望确认度、满意度、感知行为控制、主观规范及任务技术匹配都直接或间接影响员工象征接受。

本文的研究结果为强制使用环境下 IT 员工使用的实践者和研究者做出了一定的贡献。对研究者而言,本文在员工象征接受研究中引入 ECM 模型,并首次对我国企业的员工象征接受行为进行实证研究,未来研究可进一步探索影响员工象征接受的其他因素;对于实施 IT 的企业而言,员工心理接受 IT 并积极使用才是实现其目标的基础,本文为其指出了促进员工象征接受的努力方向。

参考文献：

[1] 秦敏. 信息系统采纳后行为研究述评. 情报理论与实践,2009,32(11):125-128.

[2] Wang W, Hsieh J P. Beyond routine: Symbolic adoption, extended use and emergent use of complex information systems in the mandatory organizational context//Twenty-Seventh International Conference on Information Systems, Milwaukee, December 10-13, 2006:733-749.

[3] Moore G C, Benbasat I. Development of an Instrument to measure the perceptions of adopting an information technology innovation. Information Systems Research, 1991, 2(3):192-221.

[4] Karahanna E. Symbolic adoption of information technology. Proceedings from the International Decision Sciences Institute Conference, Athens, July 4-7, 1999.

[5] 胡安安,黄丽华. 基于文化视角的中国企业员工 ERP 系统接受模型. 科技进步与对策,2009,26(3):92-96.

[6] Bhattacherjee A. Understanding information systems continuance: An expectation-confirmation model. MIS Quarterly, 2001, 25(3):351-370.

[7] Dishaw M T, Strong D M. Extending the technology acceptance model with task-technology fit constructs. Information & Management, 1999, 36(3):9-21.

[8] 陈莹. 业务流程再造接受理论研究[学位论文]. 上海:复旦大学,2005.

[9] Rawstorne P, Jayasuriya R, Caputi P. An integrative model of information systems use in mandatory environments//Proceedings of the Twentieth International Conference on Information System, Atlanta,1999:325-330.

[10] Fornell C, Larcker D F. Evaluating structural equation models with unobservable variables and measurement error. Journal of Marketing Research, 1981, 18(1):39-50.

[11] 吴明隆. 结构方程模型——AMOS 的操作与应用. 重庆:重庆大学出版社,2009.

作者简介

齐晓云,女,1984年生,讲师,博士,发表论文6篇。

移动出版系统受众持续使用理论模型：技术承诺视角

刘鲁川　孙　凯

(山东财政学院计算机信息学院　济南　250001)

摘　要　针对受众对移动出版系统的持续使用意图，以期望确认持续模型(ECM-ISC)为基本架构，从技术承诺的视角，通过情感承诺、规范承诺、持续承诺等维度，探究其与受众的期望确认、满意度之间的相互作用，进而影响受众持续使用意图的微观机理，并通过实证对理论模型进行检验。研究模型突破既有 IS 持续使用研究的理性行为假设前提，透过用户的情感变化考察其持续行为，以期在移动出版这一非工作场合的享乐型系统的用户持续使用研究领域做出原创性的理论贡献。

关键词　移动出版系统　技术承诺　ECM-ISC　持续使用　影响因素
分类号　G350　C931.6

1　引　言

移动出版系统是基于移动互联网，通过特定信息系统(IS)，以手机、iPad、iPhone 及各种电子阅读器等手持终端向受众呈现的一种新媒体服务。其形态既有手机报、eBook、电子杂志等传统出版物的衍生读物，也包括影视、音乐、有声读物等数字化产品。从受众(用户)的角度，移动出版系统也常被简称为移动阅读或手机阅读系统。移动出版系统的推广普及将真正实现传统出版及阅读服务行业的"低碳"和"绿色"，是国家重点发展的文化产业之一[1]。

移动出版系统较之传统的工作场合的信息系统有很大的不同。前者是一种享乐型(hedonic)的系统[2]，后者属于功利型(utilitarian)[2]系统；移动出版系统也不同于 B2C/B2B、网络银行等传统电子商务应用，前者向用户提供可直接使用的信息以满足用户的精神需求，后者为用户的网上交易提供向导和媒介，以获取所需的商品和服务。因此，移动出版对于大多数人来说是一种全新体验，针对功利型系统得出的 IT/IS 采纳与持续使用理论模型已不足以准确概括用户对这一新媒体和新兴移动商务的认知态度、接受机制与持续使用等行为规律。必须从全新的视角出发,构建和发展新的理论体系。基于此,本文引入承诺理论,探究用户对移动出版这一特定信息系统的持续使用的行为模式和影响因素。

2 文献综述

2.1 IS持续使用理论发展脉络

Bhattacherjee 最早突破 IT/IS 采纳理论的研究框架,基于期望确认理论(expectation confirmation theory, ECT)构建全新的 IS 持续使用模型(expectation-confirmation model of IS continuance, ECM-ISC)[3]。ECM-ISC 对于研究采纳后持续使用行为规律具有以下突出理论贡献:①最大贡献就是真正关注采纳后行为,能够揭示 TAM 模型所无法解释的用户在初始采纳后未持续使用的前后不一致的深层原因;②基于 ECT 理论框架,通过引入系统满意度、期望确认程度等研究变量来丰富持续使用研究,用户满意度这一针对客体的态度和信念在 IS 持续使用研究中受到广泛重视[4-5];③弥补了 ECT 理论未注意到用户期望在采纳后会潜在改变的事实。

然而,ECM-ISC 以理性行为和计划行为理论为基础,没有考虑个体情感等心理因素与持续使用间的关系。为此,有学者从用户与科技产品之间的心理承诺视角关注信息技术的持续使用。Y. Ken Wang 和 Pratim Datta 运用承诺理论[6],将承诺定义为用户与科技产品之间的一种心理联系,这种心理联系使得用户不会主动地停止对某科技产品的使用[7]。之后,Patrick J. Bateman、Peter H. Gray、Brian S. Butler 使用承诺理论对网络社区的用户持续使用行为进行了研究,进一步验证了承诺理论在用户持续使用行为研究方面的可行性[8]。

2.2 移动商务用户持续使用研究进展

移动商务包含许多的交易和服务模式,如移动银行、移动购物、移动娱乐、移动广告、移动售票、移动 e-mail、移动搜索等[9]。Leida Chen 将 ECM-ISC 应用于移动商务的情境,并通过增加信息质量、系统质量、流程质量和愉悦价值等变量使之扩展[10]。周涛、鲁耀斌和张金隆以移动 IM、移动 E-mail、信息预定、手机游戏等移动商务应用客户为研究样本,从"使能因素"和"抑制因素"双重视角分析了影响移动商务用户采纳后行为的因素[11]。无疑,上述研究在移动商务用户持续使用方面做了有益的尝试,为我们提供了可资借鉴的思路。然而,其局限在于:①文献中所述的移动商务概念过于宽泛,事实上,面对不同类型的移动商务模式,用户的行为规律是不尽相同的[12],为此,有学者主张把移动商务分为内容(信息)服务和交易两类[13-14],应该针对不同的模式和应用领域分别进行深入的研究[12-14]。②仅以 ECM-ISC 为研究基础,没有从用户心理情感等内在动机去解释用户的持续行为。移动出版作为非工作场合的享乐型信息系统,用户的使用不会受到组织和任务压力等外部动机的驱使,因此从用户心理承诺等内在动机去揭示其持续行为就显得更为贴切,而相关文献鲜有所见。

3 理论基础与假设开发

本文以 ECM-ISC 为参考依据,结合移动出版信息系统的特点,通过引进承诺理论,构建如图 1 所示的研究模型:

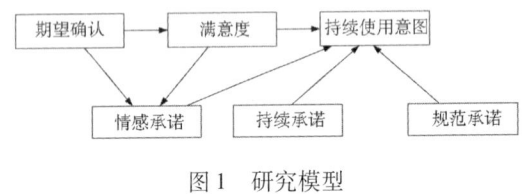

图 1 研究模型

承诺理论最早出现于 20 世纪 60 年代研究员工离职的文献中[6]。该理论描述了这样一种情景:当员工承认了企业的价值和愿景时,会对企业产生情感上的依赖,而这种依赖会增加员工继续在企业工作的意图[15]。承诺是个人与特定的行为之间的一种情感联系[16]。在信息系统领域,有学者从承诺理论的视角,研究在由用户、信息产品组成的特定系统中,用户持续使用的行为机理。目前最广泛使用的是 Meyer 和 Allen 定义的承诺模型,它将承诺分为情感承诺、持续承诺和规范承诺三个维度。

情感承诺是指个人由于对一个相关实体情感上的依附、认同、相互牵连而做出的一种承诺[17]。情感承诺可以使得个人保持与某一实体的联系[16],并且愿意为了组织的利益而付出努力[15]。

Bateman、Gray、Butler 使用承诺理论对网络社区进行了研究,通过分析情感、持续和规范承诺对网络社区使用行为的影响,发现在网络社区这类虚拟组织内,承诺理论可以很好地预测用户对网络社区的持续使用行为[8]。

Nov、Ye 同样使用承诺理论对网络照片分享社区进行了研究,发现用户情感承诺对用户使用网络社区进行信息分享有显著的正向影响[18]。

Wang 和 Datta 以即时通讯工具为研究对象,研究了承诺与即时通讯工具的持续使用之间的联系,发现用户对科技产品的情感承诺会影响持续使用的意图[7]。本文针对移动出版系统用户的持续使用意图,提出如下假设:

假设 1(H1):情感承诺对持续使用意图有正向影响。

将持续承诺引入信息系统领域,可以将其定义为:由于用户考虑到如果放弃使用某一特定信息系统所致的成本而与该系统之间产生的情感上的联系。这种成本包括在其他的组织内无法得到的社会和经济上的利益,出于维持这种利益的需要,个人会继续保持与该组织之间的联系[8]。

Dahui Li、Glenn Browne、Patrick Chau 在研究网站的用户使用时,使用计算承诺(calculative commitment)代替持续承诺,发现计算承诺对持续使用有正向的影响[16]。计算承诺是指用户因为认识到持续使用该网站所得到的利益,而与这一网站继续保持联系。Gordon Fullerton 在对产品品牌的研究中发现,之前付出的成本越大,持续承诺越强,用户就越可能持续购买该品牌的产品[19]。Y. Ken Wang、Pratim Datta 通过将承诺理论引入到信息系统领域中,发现用户的持续承诺越高,越可能持续使用该系统[7]。Bateman、Gray、Butler 在研究中发现,如果用户感觉到在转换到其他的类似产品时,所付出的成本越小,个人越容易转换,越可能去使用其他的类似产品[8]。据此,针对移动出版系统用户的持续使用意图,提出如下假设:

假设2(H2):持续承诺对持续使用意图有正向影响。

规范承诺是指因为员工考虑到对组织的责任而与组织产生的一种心理联系。Ken Wang、Pratim Datta 将信息系统、用户以及与该用户有关的能够对其产生影响的其他个体看作一个整体组织,引入社会规范,认为规范承诺是为保持与信息系统用户的身份一致性,而与信息系统之间产生的心理上的联系,并且通过研究发现,规范承诺越高的用户,越可能持续使用该信息系统[7]。Hwang 和 Kim 使用社会影响理论,认为承诺中应当包括认同(identification)因素,即用户通过采纳某一系统以保持与他人或组织间的关系[20]。本文定义规范承诺为用户为保持与其他可以影响其决策的用户的身份上的一致性以及相互之间的关系而产生的与信息系统之间的心理上的联系。针对移动出版系统用户的持续使用意图,提出如下假设:

假设3(H3):规范承诺对持续使用意图有正向影响。

在用户满意的行为过程中,用户会产生认同、依赖的情绪,而这些情绪是情感承诺的产生基础[19]。用户在使用过程中的满意度越高,越可能产生正向的情感因素,因而情感承诺就会越高[15-17,19-21]。在关于网络社区的文献中,Jin、Lee、Cheung 发现满意度对情感承诺有显著的正向影响[22]。针对移动出版系统的特定情境,提出如下假设:

假设4(H4):满意度对情感承诺有正向影响。

满意度是 ECM-ISC 的核心变量,它受期望确认的正向影响,并且正向影响于持续使用意图。期望确认为用户评价他们的满意度提供了基础。确认是使用前的期望与实际使用的差异。如果感知行为超过预期,则正向确认;如果感知行为和预期相符,则确认;如果感知行为不及预期,则负向确认。正向确认和确认会导致用户的满意度和继续使用的意图;负向确认会导致用户的不满意和不继续使用的意图。Jin、Lee 和 Chueng 对网络社区的研究发现,用户的期望确认除了会正向影响满意度,还会正向影响情感承诺,因此,当用户的感知高于预期时,他的情感承诺也会提高[22]。

享乐型系统与功利型系统的一大区别在于:用户的感知有用性不再是影响用户持续使用的关键因素,而更多的是受到使用体验的影响[2]。针对移动出版系统的特定情境,提出如下假设:

假设 5(H5):满意度对持续使用意图有正向影响。

假设 6(H6):期望确认对满意度有正向影响。

假设 7(H7):期望确认对情感承诺有正向影响。

4 研究设计与分析

4.1 数据收集与问卷设计

采用问卷法收集数据。问卷使用李克特(Likert)五级量表,要求填答者根据自己使用移动出版系统的实际经历,对问卷中的很不同意、不同意、一般、同意、非常同意 5 个选项做选择。为保证问卷质量,问卷设计时参考了相近研究的测量工具。根据 James Stevens 的观点[23],每个测量变量至少需要 15 个样本,本研究一共 22 个测量变量,需要 330 份样本。据《第八次全国国民阅读调查》数据显示,手机阅读群体 63.3% 集中在 18-29 周岁这一年龄段,27.7% 集中在 30-39 周岁这一年龄段,6.8% 集中在 40 周岁-49 周岁这一年龄段,2.3% 集中在 50 周岁以上年龄段,本次研究按照此比例分层抽样。

4.2 测量效度与信度检测

使用 SPSS 软件进行效度与信度检测。通过主成分分析的方法来判断问卷的效度。在使用主成分分析法进行效度检验之前,先考察矩阵的 KMO 值和 Bartlett 球体检验值,结果显示 KMO 值为 0.893,Bartlett 球体检验值在 0.001 的水平显著,表明进行主成分分析是合适的[24]。经过主成分分析取和最大方差旋转,析出特征值大于 1 的 6 个因子,累计方差解释率为 74.759%,因子结构清晰,各个项目在其相关联的变量上的因子负载值都大于 0.5,交叉变量的因子负载都小于 0.5。在旋转后的成分矩阵中,所有测量项目在对应因子中的负荷量均超过 0.5,这说明所有的变量都具有良好的效度,问卷有效,能够测量出所要测量的问题[24]。

问卷的结构信度通过信度值(Alpha)进行测量。Alpha 在 0.702 – 0.924 之间,全部都超过信度最低 0.7 的可接受值[25],所有变量都表现出良好的内部一致性,说明本次研究所使用的问卷可靠性可以接受。

4.3 结构模型与假设检验

使用 AMOS18 软件进行模型验证,结果显示:期望确认与满意度、满意度与情感承诺、持续承诺与持续使用意图、规范承诺与持续使用意图之间的路径系数在 $P<0.001$ 下显著。期望确认与情感承诺、满意度与持续使用意图、情感承诺与持续使用意图之间的路径系数在 $P<0.05$ 下显著。所有路径系数均在限定条件下显著。所有假设均不予以否定,假设得以确认。其中,由满意度、情感承诺、持续承诺和规范承诺共同可以解释 50.8% 的用户的持续使用意图。期望确认可以解释 42.4% 的满意度,期望确认和满意度可以共同解释 35.7% 的情感承诺。结构模型与路径系数如图 2 所示:

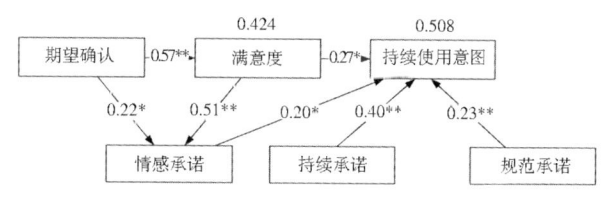

图 2 结构模型与路径系数

(* * :系数在 $P<0.001$ 下显著; * :系数在 $P<0.05$ 下显著)

AMOS 同时给出了模型的拟合指数。在常用指数中,CFI 的值为 0.903,大于判定标准值 0.90;RMSEA 的值为 0.08,不大于判定标准值 0.08;NFI 值为 0.889,略小于判定标准值 0.90,但是非常接近。总体上,模型的拟合程度尚可。

4.4 结果讨论

由模型分析结果可知,满意度、情感承诺、持续承诺、规范承诺作为自变量可以解释 50.8% 的持续使用意图。Bhattacherjee 提出满意度是影响持续使用意图的关键因素,这一点在实证中得以验证。本文的突出之处在于引入承诺理论刻画移动出版系统受众持续使用意图的影响机理,实证结果验证了承诺理论下的情感承诺、持续承诺和规范承诺变量对持续使用意图有正向的影响(路径系数分别为 0.20、0.40、0.23)。同时情感承诺也受到期望确认和满意度的正向影响(路径系数分别为 0.22、0.51),两者可以一起解释 35.7% 的情感承诺。

5 研究结论与理论贡献

针对移动出版系统用户持续使用意图,以 ECM-ISC 为基本架构,从技术承诺视角构建了移动出版系统受众持续使用理论模型,并通过实证对模型进行了检验。其理论贡献在于:移动出版系统是非工作场合的享乐型系统,受众的使用行为不像工作场合的功利型系统那样,会受到来自组织和任务压力的驱使,因此,个体心理和情感等因素对持续使用的影响就显得愈发突出。针对中国文化情境下的移动阅读受众,引入承诺理论模型,通过情感承诺、规范承诺、持续承诺等几个维度,探究其对期望确认、满意度、用户持续使用意图产生影响的微观机理,验证了 ECM-ISC 对移动出版系统受众持续使用研究的适用性并使之扩展,期望确认、用户满意度等是受众持续使用研究所必须考虑的关键影响因素。

对于持续使用行为来说,持续使用意图是必要非充分条件[11]。为解释移动出版用户持续行为,今后需要将研究变量从使用意图进一步扩展到使用行为,探寻影响移动出版用户持续行为的内在机理和影响因素。

参考文献:

[1] 国家新闻出版总署. 关于进一步推动新闻出版产业发展的指导意见[OL]. [2010-10-10]. http://www.cppinfo.com/.

[2] Heijden V D. User acceptance of hedonic information systems[J]. MIS Quarterly, 2004, 28(4): 695-704.

[3] Khalifa M, Liu V. Online consumer retention: contingent effects of online shopping habit and online shopping experience[J]. European Journal of Information Systems, 2007, 16(6): 780-792.

[4] Jasperson J, Carter PE, Zmud R W. A comprehensive conceptualization of post-adoptive behaviors associated with information technology enabled work systems[J]. MIS Quarterly, 2005, 29(3): 525-557.

[5] Limayem, M. How habit limits the predictive power of intention: The case of information systems continuance[J]. MIS Quarterly, 2007, 31(4): 705-737.

[6] Mowday R T, Porter L W, Steers R M. Employee-organization linkages: The psychology of commitment, absenteeism, and turnover[M]. New York: Academic Press, 1982.

[7] Wang K Y, Datta P. Understanding IS continuance: A technology commitment perspective[C]//Proceedings of Twenty-seventh International Conference on Information Systems. Milwaukee: IEEE Computer Society, 2006: 1261-1274.

[8] Bateman P J, Gray P H, Butler B S. The impact of community commitment on participation in online communities[J]. Information Systems Research, 2009, 20(3): 1-16.

[9] Kim D J, Steinfield C. Consumers mobile internet service satisfaction and their continuance Intentions[C]//Proceedings of the Tenth Americas Conference On Information Systems. New York: IEEE Computer Society, 2004:2776 – 2780

[10] 黎利,刘永梅. B2C 电子商务个体采纳意向影响因素综合模型研究[J]. 信息系统学报, 2008, 2(1):37 – 47.

[11] Bhattacherjee A, Perols J, Stanford C. Information technology continuance: A theoretical extension and empirical test[J]. Journal of Computer Information Systems, 2008,3(2):17 – 26.

[12] Limayem M, Cheung C, Chan G. Explaining information systems adoption and Post-adoption: Toward an integrative model[C]//Proceedings of the 24th International Conference on Information Systems. Washington:IEEE Computer Society, 2003: 720 – 731.

[13] Hong S J, Thong J, Tam K Y. Understanding continued information technology usage behavior: A comparison of three models in the context of mobile internet[J]. Decision Support Systems, 2006, 42(7):1819 – 1834.

[14] Merikivi M M J. Investigating the drivers of the continuous use of social virtual worlds [C]//Proceedings of the 43rd Hawaii international conference on system sciences. Washington:IEEE Computer Society, 2010:262 – 267.

[15] Fu F Q, Bolander W, Jones E. Managing the drivers of organizational commitment and salesperson effort: An application of Meyer and Allen's three-component model[J]. Journal of Marketing Theory and Practice, 2009,17(4):335 – 350.

[16] Li D, Browne G J, Patrick Y K, et al. An empirical investigation of web site use using a commitment-based model[J]. Decision Sciences, 2006,37(3):427 – 444.

[17] Meyer J P, Allen N J, Smith C A. Commitment to the organization and occupation: Extension and test of a three-component concept[J]. Journal of Applied Psychology, 1993, 78(5):538 – 551.

[18] Nov O, Ye C. Community photo sharing: Motivational and structural antecedents[C]// Twenty Ninth International Conference on Information Systems. Paris: IEEE Computer Society, 2008:1 – 10.

[19] Fullerton G. The impact of brand commitment on loyalty to retail service brands[J]. Canadian Journal of Administrative Sciences, 2005, 22(2):97 – 110.

[20] Hwang Y, Kim D J. Understanding affective commitment, collectivist culture, and social influence in relation to knowledge sharing in echnology mediated learning[J]. IEEE Transactions On Professional Communication, 2007,50(3):232 – 248.

[21] Meyer J P, Stanley D J, Herscovitch L. Affective, continuance, and normative commitment to the organization: A meta-analysis of antecedents, correlates, and consequences[J]. Journal of Vocational Behavior, 2002,61(6): 20 – 52:

[22] Jin X L, Lee M K, Cheung C M. Predicting continuance in online communities: Model de-

velopment and empirical test[J]. Behaviour & Information Technology, 2009, 21(1): 1-12.
[23] Stevens J. Applied multivariate statistics for the social sciences[M]. Mahwah: Lawrence Erlbaum, 2001.
[24] 刘军. 管理研究方法:原理与应用[M]. 北京:中国人民大学出版社,2004.
[25] 易丹辉. 结构方程模型方法与应用[M]. 北京:中国人民大学出版社,2008.

作者简介

刘鲁川,男,1959年生,教授,博士,硕士生导师,发表论文30余篇,出版专著(含教材)7部。

孙 凯,男,1988年生,硕士研究生,发表论文5篇。

基于互联网社区的消费者需求信息采集策略

徐颖 李倩

(吉林大学管理学院 长春 130022)

摘 要 从互联网社区参与者角色——社区建设者、主题发布者、话题讨论者出发,提出企业在互联网社区上采集消费者需求信息的基本方针,分析在互联网社区上消费者需求信息表现形式的转化过程,构建在互联网社区上采集消费者需求信息的具体路线,以此为企业制定在互联网社区上采集消费者需求信息策略提供借鉴。

关键词 互联网社区 消费者需求 信息采集

分类号 G312

1 引言

互联网社区是一种信息发布、传递与分享的网上交流平台,其主要形式包括论坛、讨论组、博客、SNS 社交网站。论坛是网民在公共电子白板上发布信息进行讨论与聊天的交流工具;讨论组是在线用户组以 QQ 聊天工具、邮件列表等通信方式相互交流;博客是网民在个人主页上发表主题进行相互交流;SNS 社交网站是网民在社区性的网络应用服务网站上发布信息进行交流,如国内比较流行的开心网、校内网等。

2010 年艾瑞咨询调研报告显示,几乎所有的调研对象都在使用互联网社区,其中 73.8% 的互联网社区用户经常使用论坛,51.8% 的互联网社区用户经常使用 2 个以上的博客,81.2% 的互联网社区用户经常使用 2 个以上的 SNS 社交网站,65.9% 的互联网社区用户喜欢在互联网社区上分享与评论信息[1],互联网社区已成为当下主要的网络应用。国外对互联网社区的研究在理论、技术到应用方面都比较领先,涉及的领域主要涵盖计算机科学、物理学、医学、心理学、社会学、信息管理等方面。我国对互联网社区的研究则呈现角度多样化的

---

* 本文系吉林大学"985 工程"资助项目研究成果之一。

趋势,研究散见于哲学、社会学、新闻学、传播学、计算机科学、经济学、管理学、教育学、图书情报学等领域[2]。通过搜索国家自然科学基金和国家社会科学基金的资助项目列表,不难发现此研究领域获得资助的项目大多集中于2007年之后,而研究角度多以网络舆情研究为主[3]。近两年,对互联网社区的研究开始趋向于对互联网社区与用户关系方面的探讨,业已取得了一定的研究成果,如邓胜利、胡吉明对网络社群中的信息行为与用户关系进行了探讨[4];王晓光、滕思琦借鉴社会网络分析思想,对微博社区中非正式交流的一般规律、数据挖掘进行了分析[5];朱国玮、杨玲运用扎根理论,通过分析虚拟品牌社区成员的网上评论帖子,构建口碑信息对社区成员的行为影响机制模型[6]。在消费者需求信息的采集研究方面,研究成果则趋向于技术方面而非系统性的研究,如薛艳敏[7]等对在网络上采集产品需求信息系统进行了设计;张炜等[8]以国家图书馆为例分析了对中国网络信息采集工作研究现状;冯根尧[9]提出了在制造业信息化管理中的客户需求获取与处理方法等,这些成果对进一步研究互联网社区、企业、消费者之间的关系起到了积极的作用,但是笔者也发现,针对互联网社区上消费者信息采集策略的研究却接近空白。随着互联网社区和Web2.0技术的发展,越来越多的消费者在互联网社区上表达需求的主题更为灵活多样,内容不受特定限制,具有很强的真实性。因此,企业通过利用互联网社区准确地识别消费者偏好,定位消费者需求,进而制定正确的营销战略显得尤为重要。本文将就此领域展开研究,从互联网社区上三类参与者角色出发,提出企业采集消费需求信息的基本方针,分析互联网社区上消费者需求信息表现形式的转化过程,构建企业在互联网社区上采集消费者需求信息的具体路线和策略。

2 互联网社区上消费者需求信息的采集方针

企业可从互联网社区上三类主要参与者即社区建设者、主题发布者、话题探讨者考虑,制定出相应的采集消费者需求信息的基本方针。

2.1 从社区建设者的角度

根据企业参与互联网社区建设的情况,企业可选用的采集方针分为:自主创建社区采集方针、联合创建社区采集方针。

2.1.1 自主创建社区采集方针

该采集方针是指企业根据自身实力,投入资源创建互联网社区,采用广告等营销推广手段提高与活跃互联网社区的人气,增加互联网社区的知名度,并在该互联网社区上进行信息采集。这种采集方针能使企业的信息采集人员随时采集与企业产品直接相关的消费者需求信息,增强对企业产品消费需求动态的把握，同时还有利于企业开展网络营销。企业采用此采集方针的前提是：企业的计算机编程人员、互联网社区维护人员能及时对互联网社区进行更新，使互联网社区结构与功能符合网民的使用需求。

2.1.2 联合创建社区采集方针

这种采集方针是指企业因自主创建社区的实力不足或受其他因素的影响而选择与其他企业合作，共同筹集资金或技术来创建互联网社区，运用双方企业的知名度等方式提高互联网社区的人气以达到共赢的目的，企业的信息采集人员则在联合创建的互联网社区上采集信息。这种采集方针除具有企业自主创建互联网社区采集方针的优点外，还能使企业节约大量的互联网社区建设与管理成本，同时也有很大的机会将合作企业的产品消费者吸纳、培养成为本企业产品的消费者。企业采用此采集方针的前提为：企业选择的合作企业要有一定的经济实力与社会影响力，同时企业与合作伙伴的产品应有较强的关联性，并且双方在共建互联网社区上的愿景要一致。

2.2 从主题发布者的角度

根据互联网社区上的主题是否由企业发布的情况，企业可选用主动采集方针或被动采集方针。

2.2.1 主动采集方针

此采集方针是指企业的信息采集人员在同行业类型的互联网社区上发布吸引力强的主题，并及时与互联网社区上对该主题予以关注和回应的消费者进行互动，引导他们主动表达出对企业产品的需求建议或观点，然后对这些建议或观点进行采集。这种采集方针能使企业的信息采集人员用最直接快速的方式获取企业当前最需要的消费者需求信息，便于企业做即时营销策略。企业采用此采集方针的前提为：企业的信息采集人员要选择在行业类型相近、知名度与活跃度高的互联网社区上，用消费者的语气发布能满足企业需要的主题，并且要时刻关注与回复消费者对主题的回应。

2.2.2 被动采集方针

该采集方针是指企业的信息采集人员在行业类型相近的互联网社区上搜索他人发布的主题，采集消费者对这些主题的探讨信息。这种采集方针的信息采集范围与内容极其广泛，能使企业的信息采集人员采集到整个互联网社区上消费者的需求动态，并且还很容易采集到一些意想不到的创新性需求信息，进而使企业及时抓住市场需求的新动态。企业采用此采集方针的前提为：企业的信息采集人员要在会员数量多、活跃度高的互联网社区上搜集主题，并且能对主题的侧重点进行准确的把握,分辨出具有采集价值的主题。

2.3 从话题探讨者的角度

根据互联网社区上网民对话题回复的内容与企业信息的关联度,企业可选用正面采集方针或侧面采集方针。

2.3.1 正面采集方针

该采集方针是指企业的信息采集人员在互联网社区上直接输入企业或产品名称等与企业相关的关键词进行搜查,采集消费者对企业产品使用的评价与态度等信息。这种采集方针能使企业及时掌握消费者对企业产品的需求信息,据此调整企业的营销组合策略,增加消费者的满意度。企业采用此采集方针的前提为:企业的信息采集人员要能以客观的态度对待互联网社区上的消费者可能对企业所做的负面评价,实事求是、客观地进行信息采集。

2.3.2 侧面采集方针

此采集方针是指企业的信息采集人员在了解同行业其他企业信息的前提下,在互联网社区上进行与这些企业及其产品相关的关键词搜索,采集这些企业的产品消费者特别是主要竞争对手的产品消费者对其评价与建议的信息。这种采集方针能使企业及时了解消费者对竞争对手产品的需求信息,然后针对这类需求信息来改进本企业产品以满足竞争对手消费者的需求,将这些消费者争夺过来,扩大市场份额。企业采用此采集方针的前提为:企业的信息采集人员在采集信息前要先进行市场调研,明确同行企业的数量、名称、主要的品牌等信息,特别是主要竞争对手的信息,以便在采集过程中不漏掉竞争对手消费者的需求信息。

3 互联网社区上消费者需求信息的表现形式

企业信息采集人员在选择合适的采集方针后,在进行信息采集行为前,必须了解消费者需求信息的表现形式,以便在采集过程中能准确地采集企业所需要的信息。在互联网社区上,消费者发表的未做任何加工处理的信息可称为原始信息,即为消费者需求信息在互联网社区上的初始表现形式。本文对互联网社区上消费者需求原始信息的表现形式归纳如图1所示:

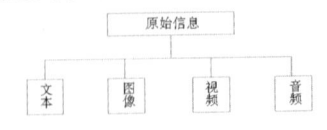

图1 原始信息的主要形式分类

文本,是以文字为载体的信息,它出现在互联网社区的各种平台上,倾向于体现消费者的功能性需求与情感性需求。图像,是以图片方式来表达观点、态度的信息,主要在论坛、讨论组、博客中出现,它倾向于体现消费者情感方面的需求。视频,是包含文本、图像、声音等技术的小容量的具有动态播放效果的信息形式,主要在论坛、博客、SNS社交网站上出现,它倾向于体现消费者情感性和社会性需求。音频,是以声音为载体的表达方式,主要出现在博客、SNS社交网站上,它倾向于体现消费者情感方面的需求。

互联网社区上消费者需求信息的初始表现形式即原始信息,在经过企业信息采集人员的筛选、加工与归类可称为效用信息,即为消费者需求信息在企业采集后的最终表现形式。效用信息为原始信息的浓缩精华,能被企业直接应用于决策参考。本文按着顾客价值的划分维度[10]与顾客价值构成因素的归纳技术[11],将企业所需要的效用信息划分为功能需求信息、情感需求信息及社会需求信息,具体的划分如图2所示:

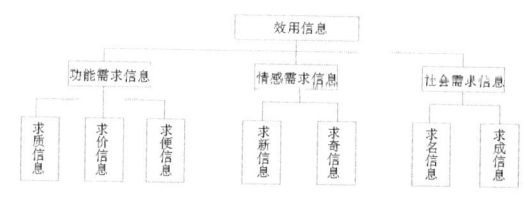

图2 效用信息的划分

图2中,功能需求信息可分为求质信息、求价信息和求便信息。求质信息为消费者对产品质量、技术含量以及对产品购后使用情况的咨询信息;求价信息为消费者探讨产品价格合理性等方面的信息;求便信息为消费者对购买产品地理位置便利性、产品使用方便性方面的探讨信息。情感需求信息可分为求新信息及求奇信息。求新信息是消费者对产品特性提出改进建议或对产品某个特色或功能提出新需求的信息;求奇信息是消费者对突出产品奇特性、新颖性或个性化方面提出需求的信息。社会需求信息可分为求名信息与求成信息。求名信息是指消费者对产品知名度能提升自身身份地位的需求信息;求成信息是指消费者追求产品能给自己带来成就感的需求信息。

4 互联网社区上消费者需求信息的采集路线与策略

企业如想将互联网社区上消费者需求的原始信息转变为企业决策所需要的效用信息,就必须通过一定的过程方法进行信息的转化。由于在论坛、讨论组、博客、SNS社交网站上,消费者对话题探讨形成的信息排列结构大致相似,

因此本文为企业归纳出统一的互联网社区上消费者需求信息的采集路线,如图3所示:

图3 消费者原始信息转化成企业效用信息的过程

4.1 采用订阅式智能采集与人工采集相结合策略

企业可在网络营销部门下设置信息采集小组。互联网社区上的信息庞大而繁杂,企业在信息采集过程中能否采集到决策所需要的效用信息,企业的信息采集小组肩负着主要责任。针对互联网社区数据源的特点,企业进行信息采集时,可以充分利用全球近百个 Web archive 项目实施网络数据采集。由于 Web archive 是一项系统工程,需要大量的人力、物力和财力投入,且实施过程中对技术要求比较高,企业限于技术能力和资金的限制,可以考虑采用订阅式智能采集策略为主,选择一定组织和企业提供的相关服务,如 Internet Archive 推出的 Archive-it 服务,企业根据信息采集的目的,确定信息采集的对象和频率,采集到的信息可以由企业直接管理。这种订阅式采集策略不需要企业建立自己的存储设备,而是由 Internet Archive 负责保存,免去了技术方面的顾虑,它比通用的收藏更加专深,能满足企业个性化的需要[12]。同时,互联网社区中各种数据信息增长迅速,海量数据中会存在大量的无效和冗余数据,为了增强信息采集的导向性和专题性,信息采集小组成员也可以在论坛、讨论组、博客、SNS 社交网站上实行人工采集信息为辅的策略,采集区域应互不冲突,最后将各组员采集到的效用信息及时反馈给企业决策部门。组员的职责是要对互联网社区上原始信息的分布特征和各表现形式体现的消费者需求倾向有清晰的认识,如论坛上的原始信息质量参差不齐,以文字、图像为主要表现形式;讨论组中的原始信息数量巨大,以文字、图像为主要表达形式;博客上的原始信息内容比较清晰统一,以文字、图像、音频为主要表达形式;SNS 社交网站上的原始信息主题真实性高,通常以文字、视频为主要表现形式。另外,各组员要能对互联网社区上的原始信息的时效性、完整性、可靠性进行判断,筛选出有价值的原始信息,从中提取效用信息。订阅式智能采集与人工采集相结合的信息采集策略,可以为企业在互联网社区上采集到具有时效性、针对性的有效数据资源。

4.2 采用基于主题的广度优先采集筛选策略

信息筛选是按照效用信息的划分形式,对互联网社区上的原始信息进行分析筛选,剔除那些与采集标准不符、不适用的、重复的、过时的、无价值以及价值甚微的冗余信息,保留与信息采集标准相符、有参考价值的信息加工过程。可采用智能化的采集器抓取法和人工的逐层筛选法[13]相结合的方法。采集器抓取法是运用信息采集技术,设定某些信息源的时限与内容点后,采集器就会自动地定期从这些信息源中取出企业所需的原始信息[14]。互联网社区的数据大多是个人的看法和主观评论,带有较强的倾向性,数据源更新频繁,对海量信息筛选可以首先采用广度优先的原则设计抓取网页,并采用多个数据采集器并行处理,可以极大地提高数据抓取的速度,适应互联网社区数据源的特点,并且采集到质量相对比较高的网页集[15]。同时,采用基于主题的信息采集和筛选策略,可以选择性地筛选出与预先定义好的主题相关的页面,有效地减少采集的数量,增加信息的规整度,通过初步的页面筛选,提高信息采集的利用率[16]。此外,可利用逐层筛选法将消费者需求原始信息逐层进行区分遴选,即先粗选出消费者对企业产品需求有关的原始信息,剔除虚假信息,接着在粗选的相关信息中精选出与企业产品需求直接紧密相关的原始信息。在人工的信息筛选过程中,企业的信息采集组员要通过深入的数据挖掘和细心分析,努力找到有意义和有价值的信息,避免隐含重要价值的信息被误剔除。

4.3 采用面向互联网社区的倾向性分析技术与策略

信息加工是指企业的信息采集组员对筛选出的原始信息进行仔细阅读、分析,由表及里,去粗取精,尤其是对那些隐含需求信息,要仔细斟酌提炼出有价值的消费者需求信息,并用清晰简洁的语言对核心需求进行表述,归纳出价值含量高的效用信息。此时的效用信息浓缩性、精简性强,具有决策指导意义,是企业所需的消费者需求信息。信息加工与归类的重要基础是对互联网社区的网络信息进行检索和聚类,提高倾向性检索的性能。互联网社区信息来源主要包括论坛、讨论组、博客、SNS社交网站,涉及到的文本形式主要是中文网络短文本,中文网络短文本具有关键词词频低、存在大量变形词等特点,利用适合的聚类方法不仅可以挖掘数据存在的共性,把数据集划分为具有不同倾向的类别,同时也可以帮助企业找到相关的信息。根据国际文本检索评测组织举办的 Blog Opinion Retrieve 评测比赛结果的经验,实现倾向性检索时,应主要考虑主题相关性和倾向性相关性两个因素,具体做法是:①利用文本检索方法检索出相关的信息内容,计算每个信息内容的主题相关性评分;②对上述信息内容进行倾向性分析,给出倾向性评分;③针对前两个步骤进行综合评价,得到最终的倾向性检索结果。倾向性检索可以实现从互联网社区信息数据中找出既与给定主题相关,又对给定主题表达了观点评论的信息内容,便于对数据进行进一步加工和归类[17]。值得注意的是,在信息加工过程中,要实事求是地对原始信息进行加工整理,切忌盲目判断或人为地将原始信息内涵加以夸大、缩小或在加工中使原始信息失真。在经过信息加工后,就可按照效用信息的分类对这些处理后的效用信息进行归类和存档。

5 结 论

由于信息采集呈现日益多元化的发展趋势,企业通过互联网社区采集消费者真实需求信息将成为重要的信息采集途径之一。企业信息采集小组通过区分社区建设者、主题发布者、话题探讨者的参与角色,甄别消费者需求信息的表现形式,可以有针对性地制定需求信息采集路线和策略。在互联网社区上获得企业所需要的效用信息,将为企业制定正确的营销战略与策略提供强大而有效的信息支持。

参考文献:

[1] 2010 中国网络社区研究报告简版. [2010 - 12 - 03]. http://news.iresearch.cn/Zt/128854.shtml.

[2] 陈远,倪超群,邹晶. 网络社区信息传播的相关理论述评. 图书情报知识,2008(3):70 - 75.

[3] 许鑫,章成志,李雯静. 国内网络舆情研究的回顾与展望. 情报理论与实践,2009(3):115 - 120.

[4] 邓胜利,胡吉明. Web 2.0 环境下网络社群理论研究综述. 中国图书馆学报,2010(9):90 - 95.

[5] 王晓光,滕思琦. 微博社区中非正式交流的实证研究——以"Myspace 9911 微博"为例. 图书情报工作,2011,55(4):39 - 43.

[6] 朱国玮,杨玲. 虚拟品牌社区、口碑信息与消费者行为——基于扎根理论的研究. 财经理论与实践,2010(5):117 - 120.

[7] 薛艳敏,邓彬烁,王磊等. 基于网络的产品需求信息采集系统设计. 机械科学与技术,2011(6):927 - 931.

[8] 张炜,张文静. 中国网络信息采集工作研究现状分析——以国家图书馆为例. 图书馆建设,2008(7):43 - 48.

[9] 冯根尧. 制造业信息化管理中的客户需求采集与响应. 绍兴文理学院学报,2005(7):80 - 84.

[10] Sweeney C, Soutar N. Consumer perceived value: The development of a multiple item scale. Journal of Retailing, 2001(2): 203 - 220.

[11] 马云峰,郭新有. 论顾客价值的推动要素. 武汉科技大学学报(社会科学版),2002(4):24 - 27.

[12] 刘兰,吴振新.网络存储信息采集方式研究.图书馆杂志,2009(8):28-31.
[13] 张安珍.信息采集、加工与服务(第一版).长沙:湖南科学技术出版社,2002:189-190.
[14] 林欢欢,庄福振,王文杰等.一种新型网络信息采集器的研究.计算机仿真,2009.26(5):129-134.
[15] Najork M, Wiener J. Breadth-first crawling yields high-quality pages. Proceedings of the 10th International Conference on World Wide Web. 2001:114-118.
[16] 丁宝琼.网络文本信息采集分析关键技术研究与实现[学位论文].郑州:解放军信息工程大学,2009:11-12.
[17] 贺涛.面向中文博客的信息采集与倾向性检索[学位论文].合肥:中国科学技术大学,2009:4-8.

作者简介

徐　颖,女,1972年生,副教授,博士,发表论文5篇。

李　倩,女,1989年生,硕士研究生,发表论文1篇。

B2C 电子商务中用户认知信息检索模型的分析
——以当当网和卓越网为例

李志义　容金凤

（华南师范大学经济与管理学院　广州　510006）

摘　要　结合 Kuhlthau 6 阶模型以及信息检索在认知上发生的重大变化和转折,以当当网和卓越网为例,分析用户认知信息检索的主要指标,在此基础上提出 B2C 电子商务的用户认知信息检索模型,并对其内在结构和工作原理进一步作认知分析,为我国 B2C 电子商务企业构造信息检索模型提供基本思路。

关键词　B2C 电子商务　认知信息检索　检索模型

分类号　G354

截至 2011 年底,国内从事 B2C 及其他电子商务模式的企业数量已高达 20 500 家[1]。随着日益激烈的竞争,为了用户能知晓并购买产品,B2C 电子商务企业利用各种各样的方式宣传产品信息。然而,面对纷繁复杂的信息,由于有限的认知能力和不成熟的信息查找行为,用户并不一定能够检索到自己需要的信息。因此,引导用户识别、完成信息检索的任务,成为了 B2C 电子商务必须考虑的首要问题。本文以当当网和卓越网为例,分析其用户认知信息检索的指标,提出 B2C 用户认知信息检索的模型,期望为我国 B2C 电子商务企业的信息检索提供借鉴。

1　认知信息检索的发展及模型

1.1　认知信息检索的发展

20 世纪 60 - 90 年代,信息检索领域出现了三大方向:系统导向的信息检索、用户导向的信息检索和认知导向的信息检索。认知导向的信息检索,即认知信息检索,是在分析信息用户的认知和行为表现的基础上,根据检索者的需要将信息按一定的方式组织起来的过程和技术[2]。

在最初的发展阶段,认知信息检索的主要特点是面向中介和用户。90年代,随着信息检索认知上发生的重大变化和转折(认知革命 – 相关性革命 – 交互式革命)[3],特别是交互式革命强调用户信息需求和行为会随着时间动态变化,这使得认知信息检索观点又有了新的发展与变化——从以往注重个体行动者的信息行为及情境的个体主义认知观,转变为关注信息传递过程中发生的所有交互过程的整体主义认知观[4],它侧重于系统认知、相关检索和用户交互。

1.2 认知信息检索模型

De Mey[5-6]认为,任何信息(包括感官、符号)的处理,都是以其中某种范畴式或概念体系为中介的,而这种范畴式或概念体系就是信息处理的认知模型。Kuhlthau 在 De Mey 的基础上,对学生和图书馆用户的学习任务与问题解决开展了长期研究,将任务检索的过程分为开始、选择、探索、焦点形成、收集、表现 6 个阶段,形成了 Kuhlthau 6 阶模型[7],如图 1 所示:

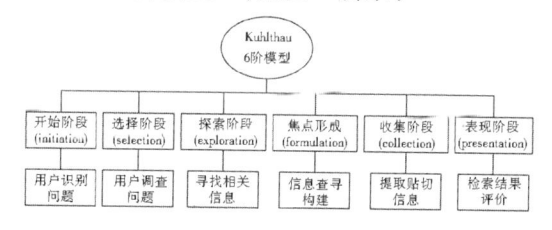

图 1 Kuhlthau 6 阶模型

Kuhlthau 6 阶模型表明人们检索与使用信息的差异取决于过程阶段,用户在 B2C 上查找信息的检索前、检索中、检索后三个阶段符合这一模型。

2 用户认知信息检索的应用分析

B2C 电子商务网站中最具代表性的是网上零售网站,而当当网和卓越网则是网上零售网站中比较有研究意义的电子商务网站[8]。因此,本文重点分析当当网、卓越网用户认知信息检索的"检索前"、"检索中"、"检索后"三个阶段的指标,以探索 B2C 电子商务模式下认知信息检索设置的评价指标,如图 2 所示:

从图 2 可见,"检索前"包括的指标有:网页布局和色彩运用;"检索中"包括的指标有:载入时间、关键词检索、情景检索和检索帮助;"检索后"包括的指标有:查全率、查准率和重新检索。

2.1 检索前的应用分析

当当网、卓越网通过页面布局和色彩运用,吸引消费者的眼球,重点突出网页的内容,消除用户信息检索的不确定性,帮助用户轻松地找到所需商品。

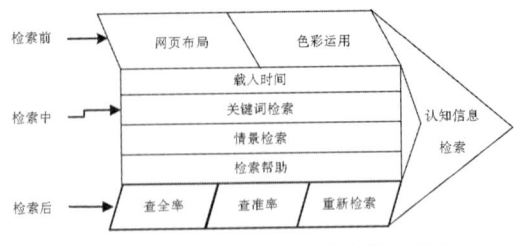

图2 当当网、卓越网认知信息检索指标

2.1.1 网页布局

当当网(http://www.dangdang.com/)由7大部分组成,分别是站点导航、特色服务、检索导航、商品分类、分类内容、免费注册和登录,整个页面规整、清晰。导航下方是特色服务,接下来是检索栏目,方便消费者输入商品名或关键词进行直接查找。卓越网(http://www.amazon.cn/)由5大部分组成,分别是主导航、检索导航、商品分类、分类内容、我的账户,整个页面划分比较简洁,便于浏览。与当当网页面相比,卓越网的页面设置下拉菜单将20种分类产品集中起来,并设置11个商品分类,当用户在下拉菜单中找不到满意商品时,可直接在分类栏目检索适合的产品。

2.1.2 色彩运用

当当网的主色调:绿色——金黄色标题栏,白底、灰色标题及渐变橙色的按钮。整体风格自然,给人浪漫温馨的感觉,所以当页面出现大量商品图片和灰色的文字时,页面色彩仍然可以进行有效匹配,效果不会突兀。卓越网的主色调:蓝白橙——蓝色标题栏,白底、蓝色的标题及渐变橙色的按钮。整体色彩搭配合理,给人亮丽清爽的感觉,能和色彩丰富的图片融合在一起。

2.2 检索中的应用分析

2.2.1 减少页面载入时间以确保用户需求

利用Pingdom测试当当网、卓越网[9],当当网的页面载入时间是3.7s,比37%的网站访问速度快;卓越网的页面载入时间是1.3s,比55%的网站访问速度快,如表1所示:

表1 当当网、卓越网 Pingdom 测试

页面载入时间(S)	网址	百分比(%)
3.7	http://www.dangdang.com	37
1.3	http://www.amazon.cn	55

当当网、卓越网通过减少用户等待的时间,满足用户省时的需求。用户对导航和浏览的认知负担越轻,离开网站页面去寻找其他替代品的可能性就越小,有利于B2C电子商务企业赢得用户的忠诚和依赖。

2.2.2 设置关键词检索以满足用户需求

当当网、卓越网通过设置关键词检索功能,使用户只要输入零星的信息,即能以一定的方式输出检索结果。例如,输入"手机"这个关键字,当当网搜到71 462个商品,会出现各种型号的手机,甚至会出现以手机命名的书籍;卓越网有10 481条记录,显示各种型号的手机,并且每条记录会显示该商品的存货情况、送货时间。同时,当当网和卓越网还设置了高级检索功能,用户可以以书名、著译者、出版社、ISBN号、出版时间和上架时间等子字段对书籍进行查找。根据用户认知信息的情况,当当网、卓越网设置关键词检索、高级检索,为用户提供检索帮助,满足用户查找信息的需求。特别是高级检索,引导消费者合理地使用字段,通过相关的设置扩大或缩小检索范围,进一步让用户明确检索的过程,使检索更加符合用户的要求。

2.2.3 借助情景检索以刺激用户需求

当当网的后台通过记录消费者平时浏览、购买和评价产品的信息来挖掘用户的需求。当用户再次登录,当当网即利用网络日志,根据系统记录的消费者购物兴趣和浏览、选择、检索等行为,通过"当当推荐"工具推送用户可能需要的产品或服务,个性化地帮助用户完成检索的需求。卓越网引进母公司——亚马逊的网络系统和先进的技术平台[10],对浏览、消费的用户进行分析以获得用户需求的信息,通过"购买组合"为消费者推荐与其相关度最高的产品,帮助用户完成检索任务。此外,当当网和卓越网还提供了"商品描述"、"商品评论"、"购买此商品的顾客也同时购买"等相关商品的信息供消费者参考,让消费者进行购买决策时知道其他顾客对该产品的意见,了解购买相同商品的顾客同时购买了哪些产品,这无形中让消费者获得对自己有用的信息,使用户的检索方案系统化,从而刺激用户进一步检索。

2.2.4 增设检索帮助以解决用户需求

当当网在页面最底端设有"新手入门"、"配送方式"、"支付方式"、"售后服务"、"特色服务"和"帮助信息"6个帮助栏目,每个栏目分别提及一系列常见的信息。卓越网在最顶端设有"新手上路"、"帮助"两个栏目,在"新手上路"栏目中通过图文结合的方式来解答检索商品、查看商品详情等13个子问题,让信息更加通俗易懂。针对用户页面查找、流程检索的信息认知情况,当当网、卓越网还通过设置相关帮助栏目、纠错服务,人性化地进行系统提示,提高用户的认知检索水平,达到用户检索的目的。

2.3 检索后的应用分析

当当网、卓越网为了让更多的用户最终能满意地检索到所需的结果,通过查全率、查准率和重新检索三个指标帮助用户完成检索任务。

2.3.1 查全率

以查找关键词"海贼王"为例,当当网搜索到 166 件商品,分布在图书(136)、玩具(18)、影视频道(9)、游戏/娱乐(3);卓越网找到 88 件商品,分布在图书(32)、音乐影视(11)、百货(45)。检索的结果囊括了海贼王所能出现的商品范围,从图书、玩具到影视。当当网和卓越网能帮助用户查找到符合需要的产品或服务的比率很高,即查全率高。

2.3.2 查准率

输入关键词"建国大业",当当网找到 5 件商品,按相关度排序时,准确结果实际分布在第 1、2、4 个;而卓越网找到 16 件商品,并且第 1、2、3、6、8、9、10、11、13、15 件商品是笔者想要的商品,检索结果反映了当当网和卓越网的查准率。可见,当当网和卓越网能更快、更准确地查找到符合用户需要的产品。

2.3.3 重新检索

当用户对检索结果不满意时,当当网对检索结果进行详细的层级分类,允许用户按商品销量、用户评分、商品价格和最新上架等字段进行重新检索,帮助用户完成检索任务。卓越网则提供"类别"在检索结果中重新查找,直到找到满意的结果为止。

3 B2C 电子商务用户认知信息检索的模型

在 De Mey、Kuhlthau 研究的基础上,结合当当网、卓越网认知信息检索的应用分析可得出,用户信息检索的任务导致了用户与范畴式或概念体系的交互,在交互的不同阶段,用户的检索任务会不断地向前推进并产生新的交互。因此,信息检索设置的主要任务是实现用户认知信息与系统存储信息的认知结构和认知聚合。在此基础上,本文针对不同时间和空间的用户,提出 B2C 用户认知信息检索模型,如图 3 所示:

3.1 B2C 电子商务用户认知信息检索的内在结构

B2C 用户认知信息检索是有机统一的整体,涉及两个部分的内容:①用户信息检索的任务,即把模型左侧的信息检索任务与用户抽取出来;②系统导向的检索,即检索界面、检索方式和检索结果形成的交互作用。用户检索任务与

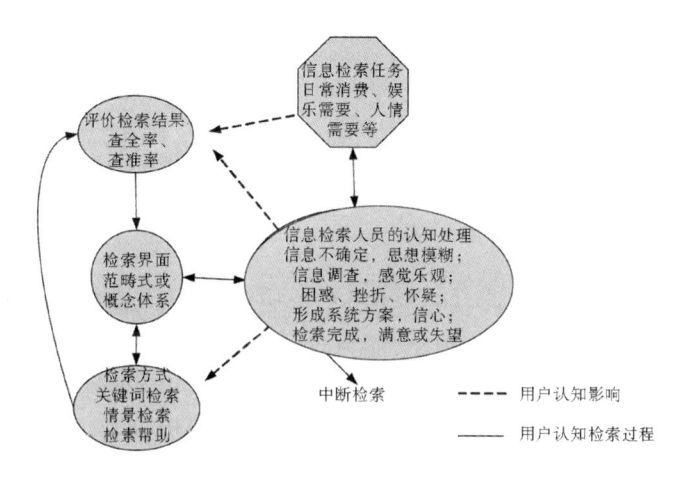

图3　B2C电子商务用户认知信息检索模型

系统导向整合,形成以用户为中心的认知信息检索。整个B2C用户认知信息检索模型以用户检索任务为起点,以检索结果评价作为认知检索完成的标志或重新开始下一轮检索,从而形成螺旋式前进的检索过程。

3.2　用户信息检索的任务

该部分涉及用户问题识别、需求表达,即用户根据当前认知状况、日常消费、娱乐需要以及人情需要确定消费需求,在B2C检索平台寻找初始目标。对于B2C信息检索系统或检索接口来说,识别用户问题、满足用户需求是其目标任务。除了用户认知能力(如思想模糊)外,用户的检索意图、动机、检索经验都是要考虑的因素。例如,通过网页设置下拉菜单、商品分类或页面色彩的合理搭配运用,充分实现用户的问题识别。

3.3　系统导向的检索

确定信息检索需求后,以检索界面为中介,通过检索引擎、数据挖掘、"网络爬虫"进行抓取,最终形成一定的检索结果。在系统导向的检索中,信息需求的演进促进检索策略的调整,从关键词检索、情景检索到检索帮助,促使信息被检索出来。Markcy和Artherton[11]研究系统导向的检索并提出珠形增长模型(pearl growing model),这有利于认知信息检索的进一步发展。

B2C电子商务的认知信息检索以用户为中心,明确用户检索目标或信息需求,通过系统导向式检索,生成检索结果。检索界面将检索结果反馈给用户,用户对检索结果与信息需求进行比较分析,以决定接受还是放弃检索结果。用户可能存在三个方面的选择:①检索结果符合信息需求,用户浏览结果;②检索结果不完全符合信息需求,用户调整检索策略,重新检索;③检索结果不符合信息需求,用户选择离开检索界面。通过认知信息检索,B2C 实现用户认知与系统信息之间的交互,完成用户信息检索的任务,提高用户检索的满意度,从而提高 B2C 企业的市场竞争力。

4 结 语

信息检索的本质是一种认知过程[12],以用户为中心,从用户认知的角度探讨 B2C 电子商务的信息检索模型,能为我国 B2C 电子商务企业构造信息检索模型提供基本的思路。本文结合 Kuhlthau 6 阶模型以及信息检索在认知上发生的重大变化,分析了用户认知信息检索的主要指标,并在此基础上构建了 B2C 电子商务的用户认知信息检索模型,期望能为 B2C 电子商务企业信息检索系统的设计提供参考,并使得其信息检索服务更加个性化和智能化。

参考文献:

[1] 韩磊,张波. 电子商务 B2C 企业众生相 2011 年终盘点[EB/OL]. [2011 – 12 – 16]. http://www.eguan.cn/eguancha/dianzishangwu_122086.html.

[2] Anatoliy G. New directions in cognitive information retrieval: Book Reviews[J]. Journal of the American Society for Information Science & Technology, 2007, 58(5):760 – 766.

[3] Järvelin K, Ingwersen P. User – oriented and cognitive models of information retrieval[C]// Bates M J, Maack M N. Encyclopedia of Library and Information Sciences (ELIS). London: Taylor & Francis, 2010:5521 – 5534.

[4] Ingwersen P, Järvelin K. The Turn: Integration of information seeking and retrieval in context[M]. Dordrecht: Springer, 2005:233 – 249.

[5] De Mey M. The cognitive viewpoint: Its development and scope: International workshop on the cognitive viewpoint[EB/OL]. [2011 – 12 – 11]. http://jis.sagepub.com/content/16/1/11.abstract.

[6] De Mey M. The relevance of the cognitive paradigm for information science[C]//Proceedings of the 2nd International Research Forum on Information Science. Copenhagen: Royal School of Librarianship, 1980:50 – 61.

[7] Kuhlthau C C. Inside the search process: Information seeking from the user's perspective [J]. Journal of the American Society for Information Science, 1991,42(5): 361 – 371.

[8] Yu Maggie. 当当与卓越角逐 B2C 电子商务竞技场[J]. 中国科技财富,2008(1):40 – 43.

[9] Test the load time of a Web page[EB/OL]. [2011 – 12 – 16]. http://tools.pingdom.com/fpt/.

[10] 王新业. 卓越网 PK 当当网:"知本"的较量[J]. 经营者,2006(10):43-44.
[11] Markey K, Atherton P. ONTAP: Online training and practice manual for ERIC data base searchers[M]. New York: Syracuse University Press,1978:407-482.
[12] Fang Qinghua. A cognitive model for information retrieval process[J]. Journal of Information,2007,26(1):54-56.

作者简介

李志义,男,1968 年生,副教授,硕士生导师,发表论文 30 余篇,出版专著(含教材)2 部;

容金凤,女,1989 年生,硕士研究生,发表论文 1 篇。

网购用户从众行为影响因素实证研究

刘 江　朱庆华　吴克文　赵宇翔

（南京大学信息管理学院　南京　210093）

摘　要　基于从众行为的基本概念和特征,通过分析国内外文献资料,借鉴社会心理学领域的相关研究理论和成果,构建网购用户从众行为影响因素模型并提出相关假设。通过问卷调查的方式进行数据收集,利用 SPSS 17.0 进行统计分析并使用 Lisrel 8.70 软件进行结构方程建模以验证本研究提出的假设,并计算模型中各变量对用户网购从众行为的影响程度。研究认为用户网购从众行为主要受网购态度和网购习惯的影响。研究结论可以为电子商务中的设计者、管理者以及政策制定者提供相关的参考依据和建议。

关键词　网购用户　从众行为　网购态度　网购习惯　社会认同　信息对称

分类号　G350

1　引　言

从众(conformity)是社会心理学中的一种普遍现象,最早对于从众的研究可追溯到社会心理学家 M·谢里夫在 1935 年所做的"游动错觉"实验——研究个人反应如何受其他多数人反应的影响[1]。此后,社会心理学家们从不同角度分别去研究了从众现象,并根据研究得出从众的本质是一种在群体压力之下发生行为改变的倾向[2],通俗地讲,就是我们常说的"人云亦云"、"随大流"的现象。而在虚拟网络环境和电子商务环境尤其是以 Web 2.0 为平台的社会化商务中,用户从众行为已经很常见:人们在选择网购商品时,人气越高、购买者越多的商品,被选中的概率就越大;反之很多网购用户会抱有犹豫的态度选择观望和等待。这个过程充分彰显了互联网经济中从众现象对于群体决策和协同的影响

---

* 本文系国家社会科学基金重点项目"互联网用户群体协作行为模式的理论与应用研究"(项目编号:10ATQ004)研究成果之一。

和作用。因此,把握网购用户的从众行为、了解网购用户从众行为的影响因素,对于电子商务商家来说具有重要的现实意义和指导意义,本文即对网购用户的从众行为相关影响因素进行探索和实证研究,以期引起研究者们对于网购用户从众行为研究的重视。

2 网络从众行为及其影响因素的研究综述

通过对国内外数据库中关于网购从众行为的文献检索和研究,可以发现国内有关网络从众行为的研究并不多。如宋官东从心理学的角度对从众进行了进一步的认识和阐释[3],王金凤则从心理效应的角度对网络从众进行了研究[4],吴光静等在《我国证券市场从众行为的实证分析》一文中采用实证的方法对于投资领域中从众进行了相关研究等[5]。纵观国内现有的对于从众行为的研究,笔者认为基本倾向于从社会心理学的角度来研究现实社会里从众心理、产生动机和影响分析以及在某些具体领域的研究。而从国外的相关文献来看,国外学者对从众行为(conformity behavior)的研究已经取得了不错的进展,提出了几个理论模型如信息类模型[6]、基于声誉的从众行为模型[7]、基于报酬结构[8]的从众行为理论等。针对时下新潮的网络从众行为,也有人做过相关研究,如英美研究人员日前针对著名社交网站"Facebook"用户的一项研究显示[9],网上行为容易跟风或从众,具有明显的"羊群效应"。

对于从众行为影响因素,自M·谢里夫的"游动错觉"实验和阿西的"线段判断"实验之后,各国学者都做了深入的研究,社会心理学家M·Deutsch和H·Gerard将从众行为的影响因素分成了两大类——信息性社会影响(informational social influence)和规范性社会影响(normative social influence)[10]。美国社会心理学家阿伦森等分别对这两大类影响因素做出了详尽的说明[11]。我国学者也做出了相应的研究,如时蓉华的《现代社会心理学》 书中将从众行为的影响因素分成了群体因素和个体因素两大类,邹海燕等人还提出了"伦理、政治等原则问题"对人们的从众行为也是有影响的。笔者认为,不管如何表述,普遍得到认可的从众行为影响因素大致有三类——群体、个体和情境。其中,群体因素主要是指"群体规模"、"群体凝聚力"、"个体在群体中的地位"、"群体意见的一致性"、"群体的权威性"等[12];个体因素主要是指"个性特征"、"知识经验"、"性别差异"、"文化差异"、"人格特征"、"地位"等[1];情境因素主要是指"信息的模糊性"、"从众行为的公开性"、"权威人士的影响力"[13]。

本文研究的网购从众行为是虚拟网络社会里的行为,所以它的影响因素既继承了传统社会环境中社会心理学家的研究结论,还具有一定的特殊性。比如可能受到网上购物态度和习惯的影响以及信息对称性、周围朋友等外在社会因素的影响[14],甚至网购用户的人口统计学等非结构化因素对网购从众行为也可能有一定的影响。但在本文中,笔者主要对于网购用户从众行为的影响因素进行探索性实证研究,基于此,笔者经过对从众行为影响因素的归纳,提出本研究在个体、群体和情境信息三个层面的三个结构化影响因子——网购用户的基本购物态度和习惯、群体规范或社会认同以及信息对称性。

基本购物态度和习惯是从个体层面提炼出的从众行为影响因素,也是从心理学的视角提炼出来的影响因素,其内涵包括个人的个性特征差异、人格特征差异、知识经验差异以及个体社会认知的差异所导致购物态度和习惯的不同从而产生的对于从众的不同影响。用户的基本购物态度和习惯在用户的网购交易中有着重要的导向作用,研究者 Li Na 和 Zhang Ping 研究认为消费者的态度和习惯将会影响到用户网购意愿,最终决定交易的成败[15]。所以可以推断,网络用户网购态度和习惯的一致性和聚集性,必然会导致某一类商品网购更聚集,从而产生显著的网购从众现象。

群体规范或社会认同是从群体层面抽取的从众行为影响因素,包含群体意见的一致性、群体的权威性、群体认同等群体行为与认知对于个体从众行为的影响。群体规范或社会认同从社会学的视角揭示了从众行为产生的外部群体因素,并且已有研究者研究得出群体的认同和参照价值显著影响着网络消费者的购买决策[16]。

信息对称性从传播学的视角揭示了信息对于网购从众行为的影响,是从情境信息层面提取的网购从众行为影响因素,包括权威人士的信息影响、外界情境信息的影响(广告宣传等)以及个体周围所信任人群的信息推荐影响等因素。同时,国外研究者 Mark Brown 等在研究中发现信息的对称性对于网络用户的购买决策有着显著的影响和消费诱导[17]。

3 研究假设和模型构建

由于网民们对于网购的态度和习惯有所不同,用户在网购时可能体现出一定的从众行为。如认为网购利大于弊,从而经常网购商品;普遍喜欢网购有积分返利的商品;普遍喜欢网购价格低廉的商品等,这些购买行为中都体现出了一定的从众,基于此提出以下假设:

H1:网络用户网购的态度和习惯影响用户在网络购物中的从众。

而在网购的过程之中,网购用户也有可能会受到朋友、大众的影响而选择购买符合大众习惯或者大众思维的物品,或者从社会认同理论的角度来看,个体由于认识到自己属于特定群体,渴望被群体所接纳并获得群体的认可而公开顺从于群体的规范、信仰和行为,从而产生从众行为。基于虚拟的网络社会里也是如此,网购用户们正是希望自己购买的商品能符合社会群体的规范、获得周围朋友等群体的社会认同而不经意间产生了从众、随大流的购买行为。基于此提出如下假设:

H2:社会认同(群体规范)影响用户在网络购物中的从众。

此外,在对商品的选择上,很多用户在面临自己并不了解的商品时可能会参阅相关的商品信息,用户在情景模糊的情况之下,可能会更倾向于购买商品信息全面或者朋友、亲人能提供信息的商品。并且,网络用户也有可能受到商家广告信息的影响,从而普遍选择广告宣传信息比较全面的商品,基于此提出如下假设:

H3:网络商品信息对称性影响用户在网络购物中的从众。

基于上述的研究假设,可以构建一个整合的概念模型,根据该模型来了解影响网络用户网购从众行为的各种因素,具体的模型构造如图1所示:

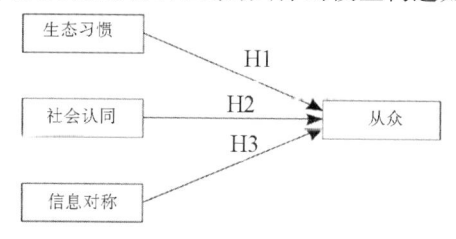

图1 网购用户从众行为影响因素模型

4 数据收集与分析

4.1 问卷设计

调查问卷主要由三个部分构成。第一部分为问卷说明,主要向调查对象说明调查内容、调查目的和用途,还包括问卷填写指导。第二部分为调查对象的基本信息,用于作为本次研究的调节变量。第三部分是问卷主体,主要依据国内外相关研究文献、书籍形成的量表,来了解网购用户从众行为的影响因素。

研究模型中涉及4个潜变量,包括网购的态度和习惯、社会认同、信息对称性以及从众行为。在问卷的主体部分,将通过各个问项来测度每个变量,并且所有的问项均采用李克特5级量表(5 - Point Likert Scale),以非常同意、同意、中立、反对、非常反对5个选项分别对应5、4、3、2、1分。在每个潜变量对应的具体问项的数量设计上,经过翻查相关文献并综合各位学者的研究观点,对每个潜变量设置至少3个问项进行测量。为了提高问卷的信度和效度,达到预期的数据收集目的,在大规模发放问卷之前对初始问卷进行了前测,再对数据进行因子分析以考察问卷的效度。经过问卷前测和信度、效度分析和最后的修改,初始问卷的32个问项删减为21个,形成了正式问卷。

4.2 数据处理和分析

4.2.1 人口统计学分析

根据中国互联网信息中心2011年发布的"2010年中国网络购物市场研究报告",目前网购用户主要集中在在校学生、企业公司人员等具有较高文化背景的网络人群[18]。所以本次样本数据的采集也主要来源于这两类人群。本次研究问卷主要采用邮件发放和通过QQ、MSN等聊天工具发放的形式。

虽然依据现有的对结构方程模型理论的研究,对于样本的数量要求还存在不同的看法,但是综合Anderson和Gerbing等多位专家学者的观点[19],认为100－150是结构方程模型分析的最低样本数目。本次调查研究共发放问卷200份,回收问卷165份,回收率为82.5%,经过仔细的剔除检查后,得到有效问卷150份,对调查对象所填写的问卷第一部分内容(基本信息)进行统计分析后,得到样本的基本分布情况如表1所示:

表1 调查样本的人口统计特征(N=150)

特 征	类 别	频 次	百分比(%)
性 别	男	74	49.3
	女	76	50.7
年 龄	20岁以下	42	28.0
	21岁-30岁	83	55.3
	31岁-40岁	18	12.0
	40岁以上	7	4.7
网购频率	每周一次以下	56	37.3
	每周一到三次	53	35.3
	每周三次以上	41	27.3

4.2.2 探索性因子分析

对问卷所得数据进行探索性因子分析的目的在于对测量项目进行净化。因此,在进行探索性因子分析之前,首先要进行相关性检验,只有相关性较高时才适合于因子分析。判断相关性所采用的方式是应用SPSS 17.0对样本数据进行KMO(Kaiser – Meger – Olkin)测度和Bartlett球体检验,结果如表2所示:

表2　KMO与Bartlett球体检验的结果

KMO 和 Bartlett 的检验		
取样足够度的 Kaiser-Meyer-Olkin 度量		.846
Bartlett 的球形度检验	近似卡方	.846
	df	2007.528
	Sig.	.000

从表2中可以看出KMO的值为0.846,Bartlett球体检验的值在0.000的水平上显著,这说明数据适合进行因子分析。于是采用主成份分析法(principal components analysis),按照特征根大于1的原则抽取因子,并使用因子旋转方法中的最大方差法(varimax)对因子进行正交旋转处理。旋转后因子负载矩阵见表3,总共解释了70%的方差,抽取了4个因子。从表3中可以发现问卷中各个问项的因子载荷都符合要求。

表3　旋转因子矩阵

因子 问题	1	2	3	4
问题1	.084	.880	.032	.056
问题2	.146	.807	.121	.098
问题3	.155	.880	.100	.043
问题4	.180	.846	.123	.048
问题5	.000	.798	.141	.241
问题6	.863	.016	−.075	.044
问题7	.664	−.068	.029	.161
问题8	.869	.117	.007	−.016
问题9	.755	.056	−.038	−.017
问题10	.790	.254	.061	−.028
问题11	.792	.186	.046	−.122
问题12	.631	.135	.108	.186
问题13	−.028	.087	.049	.856
问题14	.064	.093	−.002	.920
问题15	.078	.089	.026	.882
问题16	.057	.125	−.009	.772

续表

因子 问题	1	2	3	4
问题17	.079	.070	.778	-.126
问题18	.194	.096	.775	-.064
问题19	-.126	.126	.855	.047
问题20	.000	.091	.840	.104
问题21	-.044	.093	.843	.122

4.2.3 信度分析

信度是指测量结果的一致程度(consistency)或稳定程度(stability),对一份问卷信度的评估是以组成此问卷的各个问项(item)之间的相关系数为基础的。一份问卷的问项之间的相关性越高,则代表一致性越高,计算出的信度也越高[20]。在实际研究中,对李克特量表,一般最常使用 Cronbach's α 系数来衡量同一潜变量下各个问项之间的一致性。Cronbach's α 系数的范围是(0,1),现有的各类研究大多将 0.7 作为 Cronbach's α 系数的最低限度值。在信度分析中,还可以使用另一项指标——修正后项总相关系数(Corrected Item-Total Correlation,CITC,每个项目得分与剩余各项目得分的相关系数)来净化变量度量项目,代表量表内部的一致性[21],通常采用的标准是大于 0.40。

对抽取出来的 4 个因子进行信度分析后得到的结果见表 4。

从表 4 可以看出潜变量的 Cronbach's α 系数均在 0.88 以上,甚至达到了 0.9,远超过最低 0.7 的临界值;各个问项的修正后项总相关系数均大于 0.5,参照邓朝华[21]使用的 0.4 为最低标准,全部符合要求,并且删除任何一个问项均不会引起 Cronbach's α 系数的显著提升。以上结果表明此份问卷具有较高的信度。

表4 各因子信度分析

因子	问题	校正的项总计相关性	项已删除的 Cronbach's α 值	整个因子的 α 值
网购的基本态度和习惯	问题1	.804	.885	α=0.911
	问题2	.754	.897	
	问题3	.819	.881	
	问题4	.787	.889	
	问题5	.738	.903	

续表

因子	问题	校正的项总计相关性	项已删除的Cronbach's α 值	整个因子的α 值
网购的从众行为	问题 6	.779	.860	α = 0.889
	问题 7	.544	.890	
	问题 8	.803	.858	
	问题 9	.652	.877	
	问题 10	.745	.867	
	问题 11	.713	.869	
	问题 12	.580	.885	
社会认同	问题 13	.745	.863	α = 0.889
	问题 14	.863	.823	
	问题 15	.802	.838	
	问题 16	.639	.898	
信息对称	问题 17	.656	.870	α = 0.882
	问题 18	.667	.869	
	问题 19	.772	.843	
	问题 20	.751	.849	
	问题 21	.752	.849	

4.2.4 从众行为描述性分析

此分析的目的在于验证网络用户在网购时存在着从众行为,用潜在从众行为变量中的 7 个问项的选择得分情况来衡量。该潜在变量的 7 个问项如表 5 所示：

表 5　衡量从众行为的问项

编号	内容
6	您很喜欢和朋友一起网购或团购
7	您网购某类物品是因为看见周围朋友购买了
8	您觉得和朋友一起网购了同一类商品会让朋友之间话题更多
9	您曾听从朋友意见网购某类商品并感到满意
10	您总是会上访问量最多或大家都热评的网购(团购)网站网购商品
11	您在网购(团购)商品时只买评论多并且好评的商品
12	对于网站上购买者越多的商品,您会越想购买

对潜在变量进行均值分析的结果如表6所示：

表6 从众行为变量各问项均值

问题		问题6	问题7	问题8	问题9	问题10	问题11	问题12
N	有效	150	150	150	150	150	150	150
	缺失	0	0	0	0	0	0	0
均值		3.93	3.80	3.90	3.94	3.95	3.95	3.91

注：根据问卷设计情况，非常同意、同意、中立、反对、非常反对5个选项分别对应5、4、3、2、1分

从表6中可以发现各个问项回答的均值均在3.8以上，即调查用户基本同意各个问项所表述的内容，由此可以看出网购用户具有显著的从众行为。

4.2.5 模型的结构模式分析与假设检验

结构模式分析包括模型拟合度分析和模型路径系数分析两部分。模型拟合度指运用Lisrel软件计算得出的模型与问卷样本的观测值之间拟合的程度。而模型路径系数分析则是指通过Lisrel软件得出的模型中各个变量之间的相关系数，并验证这些系数的统计显著性。

本次研究使用Lisrel分析可以得到模型拟合度指标，如表7所示：

表7 模型拟合度指标

拟合指标	Chi-square/d.f.	RMESA	NNFI	CFI	NFI	GFI	AGFI
可接受值	<2	<0.08	>0.9	>0.9	>0.9	>0.9	>0.8
模型拟合值	1.707	0.069	0.95	0.96	0.90	0.93	0.79

根据Joreskog和Sorbom的建议，引用5个适配度指标予以辅证：GFI（拟合度指标）、NFI（基准拟合度指标）、NNFI（非基准拟合度指标）、CFI（比较拟合度指标）与RMSEA（渐进误差均方根）。如果GFI、NFI、NNFI、CFI都大于0.9，且RMSEA小于或等于0.08，那么模型具有非常高的拟合度[22]。在本研究中，AGFI非常接近0.8，其他指标均符合大多数学者的建议指标。所以，可以认为该模型的拟合度处在一个可以接受的水平。

通过结构方程模型求解，得出路径系数，如图2所示：

从图2中可以看出，网购的态度与习惯对于从众行为的路径系数达0.30（$p<0.01$，显著），社会认同对于从众行为的路径系数为0.02（$p>0.05$，不显著），

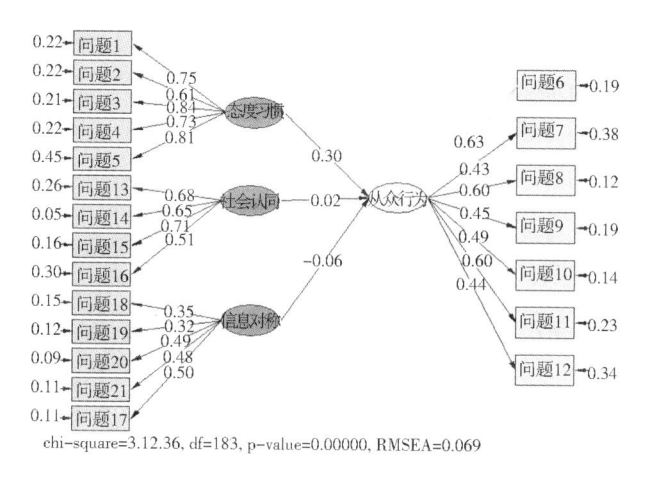

图2 结构方程模型分析结果

信息对称对于从众行为的路径系数为 -0.06（$p>0.05$，不显著），综上所述，本研究假设的验证情况如表8所示：

表8 研究假设的验证结果

序号	假设	结论
H1	网络用户网购的态度和习惯影响用户在网络购物中的从众	成立
H2	社会认同（群体规范）影响用户在网络购物中的从众	不成立
H3	网络商品的信息对称性影响用户在网络购物中的从众	不成立

对于 H2 和 H3 本文中并未得到支持的假设，可能的原因是：

● 样本方面。本次研究所选取的样本调查对象主要集中于年轻人群体，尤其是在校大学生，年龄段在20岁到30岁之间，文化背景较高。虽然该群体是现今网购群体的代表，并且网购频率也很频繁，但是不可否认的是该群体大部分是不能自给自足的网购群体，所以在选择网购商品时可能会有较多顾虑。此外，样本没有包含此年龄段的工作人群，可能这种有收入来源的群体在网购时由于顾及较少，网购时相对会表现一些与在校学生群体不一样的行为。所以样本的集中性可能会影响部分研究结果的得出，需要在更大的范围内，扩大样本群体的类型做进一步的研究分析。

● 信息对称性对于网购用户从众行为影响的假设没有得到支持，可能的原因是该类群体网络用户网购比较理性化。正如上面所述，由于样本群体文化教育背景较高,并且收入来源不多,故在网购选择商品时更加理性化,即要购买的商品是自己真正所需要的商品。该类群体在购买时并不盲从于商家对于网购用户的广告轰炸以及其他的宣传策略,而更加倾向于商品的现实用途。换言之,调查对象文化背景较高、收入来源分布不均衡等因素,导致普遍呈现出理性化网购的现象,即该类群体之从众为理性化的从众。

• 社会认同(群体规范)对于网购用户从众行为的影响没有得到支持,可能的原因如下:在网络虚拟环境中,社会心理学中各种行为理论的应用可能具有一定的局限性。因为现实社会是一个强调交际的社会,在人与人交际的过程中个体获得他人认同的欲望可能会更强烈一些,个体也会更注重于融入群体之中,这就致使在现实社会环境中群体成员之间的依恋性、意见的一致性、对群体规范的从众倾向就越强烈。而在虚拟网络环境中,由于匿名性和个体之间面对面交互较少,加上中国人普遍存在中庸特性,网购用户想获得他人或网络社会群体的认同的倾向并不强烈,反而更多地是体现出个人理性化的因素,在网购时并不会刻意在乎社会或者他人的看法,或迫于他人的压力而购买与大家一致的商品,反而更加注重自己真实所需。

• 网购行为是一种新兴的网络行为,虽然表面看上去似乎其从众性比现实环境中更凸显(因为网民们普遍会根据商品信息、商品热销榜单、广告宣传、大众评论等来选择商品),但其从众的影响因素与现实社会心理学中所提出来的从众的影响因素还具有一定的区别。现实社会心理学中的各种行为理论可能并不适用于网络虚拟社会,或者即便适用也具有一定的局限性,所以可能会导致上述一些相关假设的不成立。

5 结论与展望

5.1 研究结论

本次研究在总结社会心理学相关理论与群体行为理论相关研究成果的基础上,提出了网购用户影响因素模型,并运用实证研究对模型进行验证。得出以下主要结论:

5.1.1 网络用户在网购商品时存在着显著的从众行为

从对从众行为变量的描述性分析中可以看出受调查的对象对从众变量的各个问项的得分均值都在 3.8 以上,由此可以得出网购用户基本同意各个问项的内容,即网购用户在网购时表现出了较为显著的从众行为。

5.1.2 网购用户的网购态度和习惯对其从众有显著影响

国内外有关用户的基本网购态度和习惯研究并不多,大多数学者认为这是个体的主观因素,很难通过外部环境来进行改变,所以对于它对群体行为的影响的研究更是凤毛麟角。本次研究中增加了该因素,并发现该因素影响着网购用户的从众行为,而且还比较显著。由此可见,网购用户从众行为的产生依赖于用户网购的态度和网购的基本习惯,比如喜欢上某类热评的网购网站购物,总是喜欢购买积分返利的商品或总是喜欢购买某类商品等。

5.2　建议

从众行为在网购中的影响是非常大的,从消极面来看,它容易让人变得没有主见、盲目跟风;但从积极的角度看,从众行为却有助于我们学习他人的智慧与经验并扩展视野。无论是网络商家还是网购用户,了解影响网购用户从众行为的相关影响因素都具有很强的现实意义。以下根据本研究结果,分别针对网购用户和网络经销商提出相关建议:

5.2.1　网络经销商应提高产品的质量,完善相关服务,影响网购用户对于网购的基本态度

对于网络经销商来说,虽然网购用户的网购态度是个人主观因素,不能彻底改变,但是网络经销商可以通过提高产品服务的质量(包括售后服务等)来获得网购用户对于网购的肯定;也可正向引导网购用户的从众,从而影响用户的购买决策。

5.2.2　网络经销商应加强对网购用户的数据分析,定向推荐

对经销商来说,可以依据网购用户的相关购买信息构建数据库,然后对用户的购买习惯进行分析,分门别类。比如了解哪些用户总是喜欢购买带有积分返利的商品,哪些用户喜欢购买价格相对低廉的商品,根据用户习惯分析进行定向推荐。

5.2.3　网络用户应注重自我实际需要的引导

对于网购用户而言,应注重自我实际需要的引导,避免由于自我的态度和习惯因素而盲目从众。如在选购商品时,用户应更多地去考虑商品给自己带来的实际价值与意义,是否是自己生活的真正所需而购买后是否能为自己的生活品质带来一定的提高等。这种从实际生活的角度来自我引导,从而在一定程度上避免了盲目从众。

参考文献:

[1]　时蓉华. 社会心理学[M]. 上海:上海人民出版社,2002.
[2]　Myers D G. Exploring social psychology[M]. 5th ed. New York: McGraw–Hill,2009.

[3]　宋官东. 从众新论[J]. 心理科学,2005,28(5):1174-1178.

[4]　王金凤. 网络群体的心理分析[J]. 社会心理科学,2010,25(5):33-37.

[5]　吴光静,陆剑清,张俊宇. 我国证券市场从众行为的实证分析[J]. 郑州航空工业管理学院学报,2006,24(2):50-53.

[6]　Banerjee A. A simple model of herd behavior[J]. The Quarterly Journal of Economic, 1992, 107(3):797-817.

[7]　Scharfstein D, Stein J. Herd behavior and investment. American Economic Review,1990, 80(3):465-479.

[8]　Khanna N, Slezak S L. The effect of organizational form on information aggregation and project choice:The problem of informational cascades in teams[J]. Journal of Economics and Management Strategy,2000,9:115-156.

[9]　Facebook 启示:网上行为容易跟风或从众[EB/OL]. [2011-05-30]. http://news.163.com/10/1017/15/6J76EQ5900014JB5.html.

[10]　侯玉波. 社会心理学[M]. 北京:北京大学出版社,2002.

[11]　Aronson E,Wilson T D, Akert R M. Social psychology[M]. 6th ed. New Jersey:Prentice Hall, 2006.

[12]　Zhao Li, Yang Guang, Wang Wei,et al. Herd behavior in a complex adaptive system[J]. PNAS,2011,108(37):15058-15063.

[13]　Bikhchandani S, Sharma S. Herd behavior in financial markets[J]. IMF Staff Papers, 2001,47(3):279-310.

[14]　Jukka-Pekka Onnela, Felix Reed-Tsochas. Spontaneous emergence of social influence in online systems[J]. PNAS,2010,107(43):18375-18380.

[15]　Li Na, Zhang Ping. Consumer online shopping attitudes and behavior:An assessment of research[C]//Ramsower R, Windsor J. Proceedings of the 8th American Conference on Information Systems, Dallas, 2002:508-517.

[16]　秦晓敏. 网络参照群体对大学生群体购买决策的影响研究[D]. 上海:同济大学, 2009.

[17]　Brown M, Pope N, Voges K. Buying or browsing?:An exploration of shopping orientations and online purchase intention[J]. European Journal of Marketing, 2003, 37(11):1666-1684.

[18]　2010 年中国网络购物市场研究报告[EB/OL]. [2011-11-20]. http://www.pday.com.cn/Uploads/ReportAttach/20100921113817.pdf

[19]　Anderson J C, Gerbing D W. Structural equation modeling in practice:A review and recommended two-step approach[J]. Psychological Bulletin, 1988, 103(3):411-423.

[20]　张虎,田茂峰. 信度分析在调查问卷设计中的应用[J]. 统计与决策,2007,21:25-27.

[21]　邓朝华. 移动服务用户采纳模型及实证研究[D]. 武汉:华中师范大学, 2008.

[22] Jöreskog K G, Sörbom D, Lisrel 8 user's reference guide[M]. Lincolnwood: Scientific Software International,Inc. ,2001.

作者简介

刘　江,男,1987年生,硕士研究生;

朱庆华,男,1963年生,教授,博士生导师,发表论文100余篇;

吴克文,男,1985年生,博士研究生,发表论文20余篇;

赵宇翔,男,1983年生,博士研究生,发表论文50余篇。

基于人因角度的商务网站用户体验研究[*]

左文明[1]　黄静云[2]　黄秋萍[1]　樊偿[1]

(1. 华南理工大学经济与贸易学院　广州　510006；2. 广东南方周末新媒体有限公司　广州　510601)

摘　要　结合人因工程与用户体验理论，研究基于人因角度的商务网站用户体验。通过问卷调查，在商务网站品牌、页面设计、流程设计和功能设计等方面总结和分析出有利于提高用户满意度的要素。基于量化的用户体验要素，对新蛋网和凡客诚品网这两个典型的电子商务网站进行全面的对比分析，验证提出的基于人因工程的商务网站用户体验的满意度评价标准，并以南周商城为实际案例，从页面设计、流程设计和功能设计等方面分析提出用户体验优化方案。

关键词　人因工程　行为运作管理　电子商务　用户体验
分类号　F724.6

1　引　言

在电子商务发展迅速的今天，商务网站只有从用户角度出发，考虑用户的需求，才能设计和运营用户满意的商务网站，做出自己的品牌和特色。而用户满意度直接影响网站的盈利，因此迎合用户对系统各方面的需求，提高用户体验[1]，是电子商务网站努力的目标。

行为运作是结合认知和社会心理学理论来研究运作管理的新方法[2]。它研究人的行为和认知对运作系统的设计、管理与改进产生影响的相关属性，并研究这些属性与运作系统及进程的相互作用[3]。当前许多领域如经济学、金融学和市场营销的运作管理等都已开展对人的行为的研究，而运作管

---

[*] 本文系中央高校基本科研业务费重点项目"基于人因工程的电子商务服务质量管理研究"(项目编号：2009SZ0029)和广东省质量技术监督局科技重点项目"基于人因工程的B2C电子商务服务质量评价标准研究"(项目编号：x2jmN5101020)研究成果之一。

理的工具和技术是否成功,理论是否精确,在很大程度上取决于对人的行为的理解。

结合以上背景,本文提出基于人因角度进行商务网站的用户体验设计。人因工程是一个追求人－机－环境相互作用的管理科学[4],本文试图从这种新的角度去量化用户体验度,研究网站设计的各个因素对用户体验的影响。

2 文献回顾

2.1 国外有关用户体验的研究综述

用户体验对信息服务的作用已引起国内外学术界的关注,相关学者在理论研究方面进行了大量的探索,包括用户体验的定义、内容、特征、模型及评价等[5]。

James Garrett 认为用户体验包括用户对品牌特征、信息可用性、功能性、内容性等方面的体验[6];而 Norman 把用户体验扩展到用户与产品互动的各个方面的内容[7];Hassenzahl M 和 Tractinsky N 认为用户体验包括三个方面的内容:超出设备(整体的、美学的和享乐的)、情感与影响(主观的、积极的、前因与后果)、体验(动态的、复杂的、独特的和暂时有限的)[8];Sascha Mahlke 提出了基本的用户体验过程模型,如图 1 所示[9]:

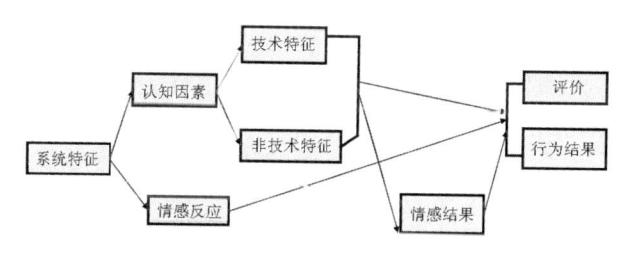

图 1 用户体验模型

2.2 国内关于用户体验的研究现状

国内关于用户体验的研究主要在产品设计层面上。在"产品服务"时代,为用户提供个性化的内容及体验服务是企业优化用户体验的最佳方式。用户对产品和服务的忠诚度,也更多地来自良好的体验带来的用户粘性。国内近年在互联网自主开发、设计产品的流程中,已经自觉地认识到产品"易用"、"好用"的重要性,但设计和实施这些因素的主导者却仍为工程师和产品经理,这令设计对人因的思考局限于可用性的基本层面。高层次的"融合"中包含人类复杂的"情感"因素,而情感因素需要通过"艺术"

而非"技术"的方式解决,因此,工程师注定不能成为用户体验设计师。当今,国内大多数设计师受限于对自身职业的认知和行业定位,并不能完成用户体验设计的职责。

以"用户体验"作为关键词,对中国期刊全文数据库(2003－2011年)进行精确的文献检索,得到248篇学术论文。这些论文涉及电信、印刷、装饰、信息技术和图书情报等领域,多数是介绍某一领域新推出的产品及解决方案,并没有对用户体验进行深入、细致的理论研究,只是抽象地利用概念。其中22篇文献是关于电子商务这一主题的,它们基本上是从国外的用户体验研究中得到启发,在网站设计、信息构建和信息资源整合中引入了用户体验的相关理论和技术方法,并进行了初步研究。

当前相关研究的不足之处表现在:①缺乏完整的用户体验的理论体系;②当经济从以工业为主导转向以服务尤其以信息服务为主导时,用户体验成为体验经济的重要构成要素,但我国缺乏对体验经济的深入研究;③信息服务领域对用户获取信息过程中的反馈、跟踪等后续行为缺乏研究,导致技术的提升并不能带来积极的用户体验。

3　理论基础

3.1　用户界面的人因工程学设计原则

网站页面的界面设计属于人机软件界面设计[10]中的一类。从人因学的角度去研究商务网站的用户体验,把人作为网站设计的出发点,能使网站的功能分布、色彩搭配等更好地适应和满足人类的生理和心理需要,从而使商务网站更加人性化,贴合用户的需求。用户界面的人因工程学设计应该基于一定的原则:

- 确定用户。用户对界面的使用情况会受到个体因素和背景的影响,如年龄、性别、受教育程度、知识和经验等[11],因此确定用户是进行系统分析和设计的第一步,即确定使用应用系统的用户,不同的用户会有不同的经验、能力和要求。
- 减少用户的负担[12]。在设计人机系统来完成一定的任务时,应该让计算机发挥更多的作用,更积极主动地完成更多的工作,让用户尽可能少做工作。
- 应用程序和用户界面分离。数据的存储组织、查询、管理由数据库管理系统完成,应用程序不处理与数据管理相关的工作,而集中实现应用功能。

● 一致性[13]。用户界面的一致性主要体现在输入、输出方面,即是在应用程序的不同部分,甚至不同应用程序之间,具有相似的界面外观、布局、人机交互方式以及信息显示格式等。

● 提供反馈。人机交互系统的反馈是指用户从计算机一方得到信息,表示计算机对用户的动作所做出的反应。

● 及时的纠错和帮助功能。系统设计应该能够对可能出现的错误进行检测和处理,出错信息应清楚、易理解,其内容应包含出错位置、出错原因及修改建议等方面的内容。

3.2 基于人因角度的商务网站用户体验评价

用户体验评价是一种用户感受的量化,这种量化需要一些因素作为评价参考指标。总结基于人因角度的用户体验文献,得出影响用户体验的因素有以下两项:①认知因素[14]。包括人机互动的技术因素和非技术因素,技术因素的标准如系统的有用性和易于使用性;非技术因素的标准,如享受性、视觉的美感性和内容的吸引性。②情感因素。一方面包括直接和间接的情感反应;另一方面包括由认知评价过程产生的更为复杂的情感结果。

在商务网站中量化用户体验还有 4 个互相关联的重要因素[15]:①品牌,体现在网站名、域名方面,是用户对网站品牌的认可;②可用性,体现在网站设计风格是否为用户所容易接受;③功能性,体现在网站的功能设计上,是否为用户提供方便齐全的功能;④内容,网站的内容也是影响用户体验度的重要因素,是用户对网站是否感兴趣的根本原因。

4 调查与结果分析

商务网站中,用户的购物过程包括吸引进入、决定购买、执行购买、等待 4 个阶段[16]。而在不同阶段,用户会与网站发生一系列的交互,为对商务网站的各个方面结合人因工程进行分析和研究,本文以网购次数较多的用户作为调查对象,抽取了 300 人进行问卷调查,以便更加清楚地了解用户需求和更客观地进行客户满意度对比分析。

本次调查对象中男性 183 人,占总数的 61%,女性 117 人,占总数的 39%;从年龄段来看,20 岁以下的占 7%,21 - 30 岁的占 81%,31 - 40 岁的占 8%,41 岁以上的占 4%。这个数据比较客观地反映了目前网民各年龄段的网购比例。

调查问卷涉及网站名长度及域名长度、页面设计、流程设计等问题,从而得到基于人因角度的用户体验度数据(调查数据网址:www. sojump. com / report /

745366.aspx）。网站名长度用户调查结果如图2所示：

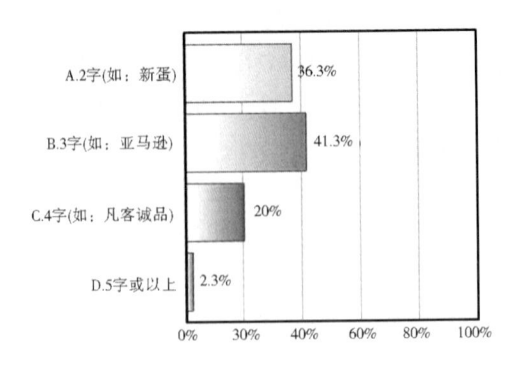

图2　网站名长度用户调查结果

对调查结果进行总结和分析，如表1所示：

表1　基于人因工程的商务网站用户体验内容及调查结果分析

范畴	题项内容	调查结果	结果分析	理论依据
网站品牌	网站中文名长度	2-3个字（如亚马逊、新蛋）	网站名长度在2字到3字之间更能让用户记住。	张海昕等，2007[16]
	网站域名长度	4字母（如ebay）	网站域名长度最好在4字母长，越长越难记住。	科特勒，2002[17]
网站页面设计	网页风格	色彩丰富，表现形式简洁	网页设计中色彩丰富，表现形式简洁的页面更易让用户感到舒服。	张凤荣等，2002[18]
	导航栏	商品分类简单而具概括性	导航栏的设计简单而具概括性更容易贴合用户的需求。	常广庶，2004[19]
	首页页面长度	最好控制在1页	根据不同的页面设置不同的网页长度是前提条件，在这个基础上，页面不能过长。	邓明明等，2009[20]
	商品页页面长度	最好不超过3页		斯科特等，2009[21]
	图片摆放位置	图片摆在显眼的地方，旁边有文字描述	图片摆放最重要的是充分展示商品，让用户有很直观的认识。	王巍，2007[22] 卡尔巴赫，2009[23]

续表

范畴	题项内容	调查结果	结果分析	理论依据
网站流程设计	注册的必要信息	"用户名"、"密码"、"电子邮箱"	用户在注册时更偏向于填写最基本的信息,即简化的注册流程。	杨达,2010[24]
	注册后发确认邮件到邮箱	必要,以增加安全性	注册流程同时要考虑到用户对于账户安全的需求。	
	理想的购物流程	放进购物车→去结算中心→确认地址、送货方式、付款方式→接收发货邮件→收货,评价	用户希望购物过程可以相对简单,但是购物车、配送及支付方式、完成订单并支付这三个步骤缺一不可。	
网站功能设计	页面跳转时间	3秒以内	用户在购物时页面跳转越快,用户感觉会越良好。	本文设计
	提示窗体和文字	弹出提示窗口,能纠正操作错误	在网站操作过程中,根据提示内容的重要性,相应设计提示窗口或者文字是非常必要的。	
	自动计算	商务网站应提供此功能	当用户进行商品数量修改或者商品移除时,系统会对商品的运费、总价等信息自动计算并更新,减少用户计算负担。	

5 调查结果验证与结论

根据基于人因工程的商务网站设计原则以及用户调查得到的结论,基本上可以得出一套评价商务网站用户体验的标准。为验证该标准,以新蛋网与凡客诚品网为例,进行基于人因工程的用户满意度的评价并作对比分析,见表2。评分标准为1-5分,分数越高,表明网站项目越符合人因角度的用户体验原则)。

通过以上评分,可以总结出新蛋网在用户体验方面的总得分为68,平均得分为4;凡客诚品网总得分为81,平均得分为4.8。凡客诚品网的客户体验满意度比新蛋网高出19.1%。

根据中国互联网信息中心(CNNIC)的《2010年中国网络购物市场研究报告》,在网络购物市场上,凡客诚品网的用户渗透率为1.5%,新蛋网的用户渗透

347

率仅为0.3%;凡客诚品网用户单一度为23.3%,新蛋网用户单一度仅为2.9%;凡客诚品网的品牌转化率达54.8%,新蛋网的品牌转化率为45.3%;购物网站新增用户中,10.9%的新增用户最近半年开始使用凡客诚品网,仅1.1%的新增用户最近半年开始使用新蛋网。可见,凡客诚品网的认知、情感、品牌、可用性、功能性、内容各方面指标均高于新蛋网,体现为凡客诚品网的整体用户满意度高于新蛋网。

表2 新蛋网和凡客诚品网用户体验评价结果对比

项目	新蛋网	凡客诚品网	结果分析
网站名	5	4	各具特色:新蛋中文名为2个字,域名为其英文翻译,易记;凡客诚品虽为4个汉字,但vancl是凡客的音译,也较容易记忆。
网站域名	4	5	
确定用户	3	5	在确定用户方面,新蛋网的用户定义不明确,进入网站时基本不能感受到网站是面对哪类用户,而凡客诚品网整个网站风格在初见时就能强烈地感受到主要用户群是年轻人。
减少用户的负担	4	5	在减少用户的负担方面,两个网站都能提供很好的用户操作,过程中基本上不存在疑问,可是凡客诚品网能比较直观地提供更详细的信息,让用户负担减到最小。
应用程序和用户界面分离	5	5	
一致性	5	5	在应用程序和用户界面分离、网站的一致性、及时提供反馈等方面,两个网站都做得很好。
提供反馈	5	5	
及时的纠错和帮助功能	4	5	在及时纠错和帮助功能方面,凡客诚品网更加注重从客户角度出发,帮助信息相对比较直观、详细。
页面整体风格	3	5	新蛋网页面的整体风格在颜色以及样式的搭配上都不如凡客诚品网,凡客诚品网基本上符合用户需求,色彩丰富,表现形式简洁。
导航栏设计	5	4	导航栏设计方面,新蛋网的导航从一级导航到二级导航分类相对明晰,而凡客诚品网的二级导航相对比较混乱。
页面长度	4	4	页面长度方面,两个商务网站因为要展示的东西比较多,所以都较长。
图片摆放	3	5	在图片摆放方面,新蛋网表现得有些杂乱无章,一眼望去容易产生眼花缭乱的感觉,三栏四栏图片随意跳跃,而凡客诚品网在图片摆放方面相对比较规律,用户体验很好。

续表

项目	新蛋网	凡客诚品网	结果分析
用户注册	5	4	都包括最基本信息填写,新蛋网完全符合用户对简单注册的要求,而凡客诚品网则需要输入验证码,如果从用户体验角度考虑,新蛋网的注册流程更为简单,用户体验更好。
注册确认	5	5	注册以后,两个商务网站都跳回原来的页面,然后邮件通知,因此在信息确认方面都比较符合用户满意的需求。
页面跳转速度	4	5	凡客诚品网的跳转速度比新蛋网速度快,而且时间相对稳定。
提示窗口和文字	5	5	弹窗都不多,都是在必须的时候才有弹窗提醒,基于人因的角度,两个网站在这个方面的设计都比较合理。
自动计算	5	5	两个网站都提供自动计算,并不需要手动更新。

总结以上分析与验证结果,可以得出基于人因工程的商务网站用户体验的用户满意度评价标准,如图 3 所示:

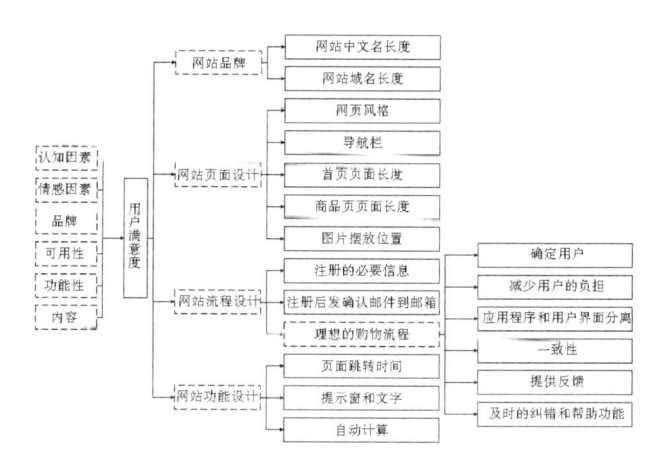

图 3 基于人因工程的商务网站用户体验的用户满意度评价标准

如图 3 所示,商务网站的认知因素、情感因素、品牌、可用性、功能性以及内容影响着用户满意度。根据以上 6 个因素,调查用户购物过程中影响用户满意

349

度的具体指标,归纳为网站品牌、网站页面设计、网站流程设计以及网站功能设计4个维度。根据基于人因工程的商务网站用户体验的评价用户满意度标准,可以分析得出商务网站当前的用户满意度水平,并为商务网站提出建议,提高用户满意度。

6 南周商城的网站用户体验方案

南周商城(shop.infzm.com)是南方周末新媒体有限公司依托南方报业的强大资源以及南方日报出版社的优质图书出版体系搭建的在线商城,提供南方周末报系一报两刊——《南方周末》、《南方人物周刊》和《magazine|名牌》的订阅、过刊零售服务,还提供图书网络首发、在线订购服务;同时是南方周末报系周边商品的唯一指定在线销售平台。

从以上评分中,可以知道南周商城的总得分为62,平均得分为4.1;根据建议改进可提高总得分至82,平均得分为4.8,与凡客诚品网接近。因此,根据基于人因工程的商务网站用户体验的评价用户满意度标准,对南周商城进行改进后,在认知、情感、品牌、可用性、功能性、内容等各方面指标均会得到提高,并最终体现为用户满意度的提高。南周商城的网站用户体验方案见表3。

表3 南周商城的网站用户体验方案

项目	现状	改进建议	建议分析
网站名	5	5	南周商城网站名为4字,"南周"凭借着"南方周末"报纸的高知名度,使得该网站容易被用户记住,而"商城"体现了网站的B2C性质,因此南周在网站名称上具有其优势。南周商城域名为shop.infzm.com,自定义域名为5个字母,和南方周末网www.infzm.com属于同一个体系,因此域名也是该商城网站的优势。
网站域名	4	4	
确定用户	0	4	在南周商城购物时不需要注册,所以不需要填写注册信息,导致网站无法对用户进行更进一步的了解,实施个性化的网络营销,建议南周商城提供注册登陆购物功能,也提供直接购物功能,这样更容易把握一些忠实用户的信息。
减少用户的负担	5	5	
应用程序和用户界面分离	5	5	
一致性	5	5	南周商城购物流程是最简单便捷的过程,只需要填写最必要的信息,没有冗余步骤,是用户体验较好的流程设计。
提供反馈	5	5	
及时的纠错和帮助功能	4	4	基于人因角度的网站设计,南周网站比较符合"及时的纠错和帮助功能"原则。

续表

项目	现状	改进建议	建议分析
页面整体风格	3	5	在整体风格方面，南周商城的页面色彩单一，表现形式简洁，称不上为用户体验良好的网站。建议南周商城，在页面风格设计上可以对颜色加以运用，丰满地用色彩把网站的层次感体现出来。
导航栏设计	4	5	在导航栏设计方面，南周商城的导航栏设计比较符合用户的需求。不过需要改进的是，一般用户习惯在网站顶部寻找导航栏，而南周商城的导航栏纵向排放，并且在最新公告的下面，建议南州商城将两者位置对调，突出导航栏。
页面长度	4	5	在页面长度方面，南周商城的首页长度在两页左右，商品页长度在3至4页左右。这些都较符合调查所得的结论，即用户期望首页长度在1页以内或者2到3页，商品页在2到3页并且能充分展示商品。
图片摆放	3	5	在图片摆放方面，南周商城首页较整齐地陈列了商品，但在商品页面没有更多的商品图。这样使用户对于商品信息的接受不全面，而且没有直观的图片展示商品，用户满意度会大大降低。商城应该放入更多商品图片，或者提供放大功能，让用户更加全面、直观地了解他们所有意购买的商品，优化用户体验。
用户注册	/	5	在南周商城购物时不需要注册，所以不需要填写注册信息。
注册确认	/	5	可是对于部分用户，还是会希望可以在网站注册，进行一些积分的累积或者有用信息的获取，建议南周商城在直接购物功能的基础上，增加注册登陆购物功能。
页面跳转速度	5	5	经测试，南周商城的页面跳转时间平均值约为1.24s，页面跳转较快，并且速度稳定，可以提供一个良好的用户体验。
提示窗口和文字	5	5	在提示窗口和文字方面，当将商品加入购物车，或者商品缺货提醒的时候会出现弹框提示，文字提示较少。
自动计算	5	5	南周商城购物车设计为提供自动计算，不需要手动更新，所以在这方面用户体验良好。

7 结 语

7.1 总结

Web2.0 时代的核心理念是真正以用户为中心和提供丰富的用户体验,这种新的理念直接促使业界采用新的网站设计方法。本文提出从人因角度来分析和评价商务网站的用户体验,提出从网站品牌、网站页面设计、网站流程设计和网站功能设计 4 个方面构建用户检验的具体要素,基于相关结论对新蛋网和凡客诚品网从用户体验角度进行较全面的比较,验证了本文提出的用户体验标准;并以南周商城为例,进行用户体验研究,总结出南周商城用户体验优化方案。本文从行为运作管理角度,提出商务网站的量化用户体验要素对于提高商务网站的用户满意度具有重要参考价值。

7.2 研究局限与展望

在提高用户满意度方面,永远不存在完美用户体验的终点。本文基于用户体验的调查数据,从人因的角度去研究商务网站的用户满意度,没有考虑整个 B2C 电子商务服务流程,而只着眼于网站的用户体验方面。另外,调查中个别题项设计得较为抽象,这些都是本文研究的局限所在。随着交互设计的重要性日益凸显,商务网站用户体验的研究将得到更多的重视,B2C 电子商务服务流程用户体验的评价体系也将会得到进一步的完善。

参考文献:

[1] Nielsen J,Loranger H. 网站优化:通过提高 Web 可用性构建用户满意的网站[M]. 张亮,译. 北京:电子工业出版社,2007.

[2] Gino F, Pisano G. Toward a theory of behavioral operations[J]. Manufacturing & Service Operations Management, 2008, 10(4): 676 – 691.

[3] 刘作仪,查勇. 行为运作管理:一个正在显现的研究领域[J]. 管理科学学报, 2009 (4): 64 – 74.

[4] 威肯斯. 人因工程学导论(第二版)[M]. 张侃,译. 武汉:华东师范大学出版社,2007.

[5] 邓胜利. 国外用户体验研究进展[J]. 图书情报工作, 2008,52(3):43 – 45.

[6] Garrett J. The elements of user experience: User-centered design for the web[M]. New York: New Riders Publishing, 2003.

[7] Norman D A. The invisible computer[M]. New York: MIT Press, 1999.

[8] Hassenzahl M, Tractinsky N. User experience-A research agenda[J]. Behaviour & Information Technology, 2006, 25(2): 91 – 97.

[9] Mahlke S. Cognitive components of emotion[M]. New York:Oxford University Press,2004.
[10] 孙林岩. 人因工程(修订版)[M]. 北京:中国科学技术出版社, 2005.
[11] 杨明朗,王红. 人机交互界面设计中的感性分析[J]. 包装工程, 2007, 28(11): 11-13.
[12] 孙林岩,李志孝,金天拾. 认知综合模型及其在人机界面设计中的应用[J]. 西安交通大学学报,1997(S1):74-81.
[13] 贾增岁. 数字图书馆用户界面设计探析[J]. 现代情报, 2007(2):92-94.
[14] 特里斯,阿伯特. 用户体验度量[M]. 周荣刚,译. 北京:机械工业出版社,2009.
[15] Rubinoff R. How to quantify the user experience[EB/OL]. [2011-03-20]. http://www.sitepoint.com/rint/quantify-user-experience.
[16] 张海昕,郭丹,刘正捷,等. 中国C2C电子商务网站的用户体验[J]. 大连海事大学学报(社会科学版),2007,6(3):71-75.
[17] 科特勒,阿姆斯特朗. 市场营销原理(第11版)[M]. 梅清豪,译. 北京:清华大学出版社,2002.
[18] 张凤荣,李清华. 人因工程学在互联网站用户界面设计中的应用[J]. 电大理工, 2002(4):33-34.
[19] 常广庶. 电子商务环境中的服务质量[J]. 世界标准化与质量管理,2004(1):28-30.
[20] 邓明明,张哲辉. 网站主页界面的人因设计[J]. 包装工程,2009(11):213-214.
[21] 斯科特,尼尔. Web界面设计[M]. 李松峰,译. 北京:电子工业出版社,2009.
[22] 王巍. 图形艺术在网页设计中的应用[J]. 电影评介, 2007(4):70-71.
[23] 卡尔巴赫. Web导航设计[M]. 李曦琳,译. 北京:电子工业出版社,2009.
[24] 杨达. 如何提高电子商务网站的用户体验[J]. 电子商务,2010(10):60-62.

作者简介

左文明,男,1970年生,副教授,系主任,博士,发表论文43篇,主编、参编教材4部;

黄静云,女,1989年生,本科,发表论文1篇;

黄秋萍,女,1988年生,硕士研究生,发表论文6篇;

樊偿,男,1990年生,硕士研究生,发表论文2篇。

基于消费者购买行为的电子商务网站特性研究综述

章 璇　景奉杰

(华中科技大学管理学院　武汉　430074)

摘　要　指出网站作为电子商务交易双方与商品接触的直接媒介,招致信息领域及营销领域对网站特性研究的共同关注。基于消费者行为的信息系统与营销综合视角的网站特性研究近年来渐成主流。以目的性行为与体验性行为为分类标准,从情境体验、行为表现与购买决策过程三个方面就近年相关文献进行梳理与总结。探讨这种研究视角的转变带来的研究热点的变化趋势,为学界和业界未来的发展方向提供启示。

关键词　电子零售　网站特性　目的性行为　体验性行为　电子商务

分类号　F713

20世纪90年代以来,电子商务网站特性的研究一直都是信息管理领域的重要研究内容,但大都是网站建设和使用质量评估方面的研究。B2C模式的兴起导致商家对其网站吸引及满足消费者的能力提出了更高的要求,营销领域的研究者将人机交互的网络界面作为传统零售的一种新环境来加以研究。因此新千年以后,学界和业界都在尝试将营销学与信息系统视角的研究相结合,将消费者对网站的行为反应研究与信息管理技术对网站质量的评价相结合,探索更多能影响消费者在线购买行为的网站特性。与网络发展状况有关,国内相关研究起步较晚,对于网站质量评估的研究从2000年以后才开始出现,近10年来得到较大的发展,但以行为学视角进行的与网站特性相结合的研究就更加少见。本文对国内外近年来基于消费者购买行为视角的网站特性研究进行梳理,希望对国内有关该主题的学术研究和网络零售商的销售实践起到一定的借鉴

---

* 本文系国家自然科学基金项目"消费者冲动性购买行为选择——理由与自我控制"(项目编号：70772055)研究成果之一。

作用。

1 行为学视角电子商务网站特性研究的发展及类型

Chiou等研究者筛选出了信息管理、商务以及管理领域内25个期刊,对其中83篇被引用过至少一次的研究网站特性或网站质量评估的论文进行了内容分析。结果发现,从1995年发表的最早涉及该研究主题的学术性文章开始到2006年止,以2000年网络泡沫破灭为分水岭,前后两阶段有关网站特性的研究的视角发生了巨大的扭转(见表1)。1995年到2001年(考虑到文章一年的发表周期)的研究文章中采用信息系统研究视角的占到59%,而2002年到2006年的文章中采用信息系统和营销的联合视角的占到了55%,而且后阶段该类主题的文章数量迅猛增长到几乎是前一阶段的3倍[1]。对这些文章的研究主题进行分析发现:一半以上以信息系统为视角的文章都关注到网站的易用性、信息质量、视觉外观、安全隐私性。而在2002年以后的文章中显著增加了关于响应性、交互性、信任和执行能力的研究内容。这表明研究视角转向信息系统和营销方法的联合化,电子商务网站建设越来越多地考虑到与购买行为能直接相关的营销因素,基于购买行为的网站特性研究逐渐增多。

表1 1995—2006年发表的采用不同研究方法的网站特性研究文章数量[1]

研究方法	1995—2001年 文章篇数	百分比(%)	2002—2006年 文章篇数	百分比(%)	文章总篇数
IS方法	13	59	21	34	34
营销方法	3	14	7	11	10
IS与营销联合的方法	6	27	33	55	39
总数量	22	100	61	100	83

注:IS为information system的缩写。

无论是对在线下传统购买行为的研究,还是对在线环境的购买行为研究,基于消费者体验的视角将购买行为分为目的性行为和体验性行为是非常广泛而重要的研究角度。因为这两类行为的差异贯穿了从购买动机、信息搜索、方案评估和选择到购后满意的整个购买行为的过程,同时在消费者卷入、沟通以及态度形成等影响购买行为的重要过程中也有明显的差异。Hoffman和Novak的一系列研究也显示了这两类行为的差异对于在线购买环境购买行为研究的重要性,并以此为基础强调了在线购买行为中消费者在电脑媒介环境中的体验过程的重要性[2-4]。根据他们的总结以及近年来基于购买行为的电子商务网站特性研究的新发现,笔者将在线购买环境中的目标性行为和体验性行为间的行为差异点列表说明(见表2),并在后文中根据这些差异点来梳理基于购买行为的电子商务网站特性研究成果。

表2 在线的目的性和体验性购买行为差异[4]

在线购买行为	目的性行为	体验性行为
情境体验	任务相关氛围线索	情感相关氛围线索
行为表现	计划性购买;重复购买	强迫性购买;冲动性购买
购买决策过程	认知过程(五阶段)	情感过程(启发式)
需求确认(购买动机)	实用性利益寻求	享乐性利益寻求
信息搜寻	直接搜索(购买前搜索)	浏览(购买时搜索)
方案评估	实用性利益评估标准与衡量	享乐性利益感知,较少评估衡量过程
购买选择	目的导向的评估最优结果选择	启发式的导航性选择
购后评估	购后评估与满意影响忠诚度和重复购买	购后的体验对下次购买影响不大

2 与情境体验有关的电子商务网站特性研究

2.1 网站质量评估维度的不断改进

Koufaris 首次尝试将流理论中用户在人机环境中体验到的愉悦感以及环境心理学中购买环境带来的购物的愉悦感与技术接受模型中的用户感知有用性和感知易用性相结合,探讨其对在线消费者行为的影响[5]。自此以后,感知的愉悦性被补充到技术接受模型中,作为影响用户对新技术接受态度的变量维度。由此,在线环境的情境体验以及氛围营造引起了单纯技术视角研究网站特性的学者的注意,因为这些环境刺激能增加用户的感知愉悦性从而影响用户的在线行为。关于网站质量及评估的研究曾被归类为技术导向的研究视角,网站属性的构建和评估更多考虑的是实用性和高效率,从信息内容组织功能的角度进行网站建设和评价,对网站属性的组织结构、信息内容、导航与检索系统设计、标识系统这些方面更加关注及强调[6]。在零售网站的质量测量和评估方面,考虑到增加消费者的购买愉悦性需要以后,Loiacono 以服务营销中的服务质量以及信息系统中的信息质量的测量为依据开发了 WebQual™ 量表,用于对网站的服务质量进行测量评估。该量表将网站特性划分为 5 个维度:有用性、娱乐性、易用性、反应时间和信任[7]。Barnes 和 Vidgen 从网站的信息能力、服务能力和交互能力着眼,对网站质量测量不断调整,最终开发了网站质量的测量量表 WebQual(UK),其包含三个维度:信息性、有用性和交互性[8]。考虑到消费者对在线交易的个人隐私信息的担忧,Ranganathan 和 Ganapathy 将在线零售网站质量应该包含的网站属性归纳为信息内容、网站设计、安全性和隐私性 4 个方面[9]。Kim 和 Stoel 结合前人的这些研究和一般网站的质量属性研究,将 WebQual™重新划分为 6 个维度并得到了实证验证,分别是信息性、交易性、娱乐性、形象一致性、易用性和信任[10]。左文明等系统总结了现有的网站服务质量的测量工具,认为现有的量表都没有提供足够的信息来彻底地区分服务属性,并且不能构造一个面向客户的完整的商务服务质量模型[11]。Chen 等的研究就将能增强消费者在线购买意愿的网站属性总结为技术、购买与产品三方面的因素,其中技术因素包括安全性、隐私性、有用性,购买因素包括便利性、信任、配送,产品因素包括产品提供给消费者的价值和产品在卖场中的分类、陈列、规划等呈现出的特性,这是目前来看较为全面的概括[12]。

2.2 作为购买环境刺激因素的网站特性

除了在网站质量及其评估这些传统的技术导向研究方面更加重视消费者在网站上的体验因素之外,基于环境心理学的纯粹的网站氛围因素的影响研究也引起了业界重视。Eroglu 等基于传统的店内氛围研究以及 S-O-R 模型,重新界定了在线零售环境中的刺激因素为"对在线购买者呈现的基于计算机界面的所有视听线索的总和"。他们还开创性地把这种虚拟商店内的环境特性依据是否直接有助于购买目标的完成分为两类:高任务相关环境和低任务相关环境。高任务相关的网站特性包括有关商品描述的文字和图片说明、价格、配送、退换货政策、如何得到产品样品以及网站的导航帮助等信息;低任务相关的网站特性包括网页背景以及信息呈现的设计因素,比如背景或信息表述的字体、颜色、字号、空白空间以及整体设计的统一性等,除此之外网站设计的活泼性、访问量和交易量的展示、网站加盟专业机构或受到专业机构的评级或奖励信息的展示等也都是低任务相关线索。作者还提出,消费者对网站氛围环境刺激的感知通过影响其情感和认知状态来改变消费者重返该网站的意愿以及在该店内的耗费时间、消费金额及浏览行为[13]。Parboteeah 等则进一步将这两种氛围环境类别表述为网站环境刺激的任务相关线索和情感相关性线索,即前者更有利于消费者达成购买目标,而后者更有利于增加享乐性价值以刺激用户的情感。该文中列举的任务相关线索有网站的安全性设计、下载速度、导航能力以及网站信息与购买任务即时匹配的能力;情感相关性线索有网站设计的愉悦性、网站外观的视觉吸引力以及图片、字体设计等视觉表现元素[14]。Mazaheri

等则比较了代表个人主义文化的加拿大在线用户和代表集体主义文化的中国在线用户的在线消费行为在高－低任务相关属性的网站特性刺激下的差异[15]。Venkatapparao验证了网站的设计特性和氛围特性通过消费者体验到的愉悦和唤起的情感状态对消费者在线购买行为的作用[16]。Kim等从人－机交互与人－人系统的网站属性差别出发,验证了在线网站环境中邮件系统、旅游预订系统、菜单及下拉式工具栏及超链接等网站导航特性对消费者产生的交互性感知和实际的交互性使用等效果的不同影响[17]。

3　与行为表现有关的电子商务网站特性研究

3.1　影响计划性购买与重复购买的网站特性

Novak等根据购买行为的动机、卷入程度、决策的利益追求以及心理反应类型,把计划性购买、重复购买作为目的性购买行为的表现,把强迫性购买、冲动性购买作为体验性购买行为的表现(见表2)[4]。Koufaris的研究将在线消费者再次访问网站的意愿和非计划购买行为作为两类在线消费者行为的研究对象,认为网络环境刺激对顾客再次访问网站意愿的影响是通过顾客认知和情感的心理反应来达到的,而网络环境刺激对顾客非计划购买行为的影响则主要通过顾客的情感反应而非认知反应来达到,即流体验带来的愉悦感比技术接受模型中的感知有用性和感知易用性对非计划购买行为的影响更大[18]。但是在文章的实证检验部分,只有流体验中的购买愉悦感和技术接受模型中的感知有用性对消费者的再访问意愿的中介作用得到了验证,其他路径都没有得到验证,这一结果与传统线下的研究结论是不符合的。赵金楼等把网站评价领域中对网站服务质量评价的指标维度总结为网站特性与网站内容两类,网购消费者通过与这两类网站服务质量的交互来影响其对网站及品牌的忠诚(形象认知、首选程度、口碑、重复购买及推荐行为等)。用户与网站特性的交互包含网站美工、网站安全性及个性化,与网站内容的交互包含易导航性、快速响应性、客户关怀及信息可靠性[19]。常亚平等验证了在线店铺的资源便利、交易可靠、邮件促销与便利服务这几个功能特性对顾客的在线购买意愿有显著影响[20]。Hausman和Siekpe将网站环境因素分为与提供功能有关的计算机因素和以提供享乐性元素增加顾客满意为目的的人的因素,并用实证验证了计算机因素通过感知有用性、信息性和网站混乱导致的用户感知的愤怒影响了消费者的购买意愿和再访问意愿,而人的因素则通过感知有用性、信息性和娱乐性来影响购买意愿与再访问意愿[21]。这进一步说明了不同的网站环境特性通过认知与情感反应的路径对目的性购买行为有显著的影响,但是哪些网站特性以及通过怎样的路径来影响在线的体验性购买行为(比如冲动性购买),却依然不清晰,因而又有一些学者专门对在线冲动性购买行为的环境刺激及影响机制进行了研究。

3.2 影响冲动性购买的网站特性

Madhavaram 和 Laverie 对在线的冲动性购买的定性研究发现,在线冲动购买者会同时有信息性、娱乐性的浏览及不太确定的情绪状态,而产品形象、网页广告的类型、价格和特殊赠品等因素会刺激冲动购买行为产生,因此消费者的情感状态以及浏览对在线冲动性购买的作用仍不明朗[22]。Parboteeah 在其博士论文中发现网站设计的易用性和便利性能大大减少消费者对在线冲动性购买行为的负面认知反应,而网站的创新性(趣味性)和交互性能加强消费者的情感反应[23]。Jeffrey 和 Hodge 通过对消费者在网站上实际购买行为的测量发现,随着计划购买金额的增加,消费者对研究者在网站中设置的冲动购买产品的购买可能性也在增加;此外,当对冲动购买产品采用捐赠的促销方式(例如,购买或消费本产品即向灾区捐赠 1 元钱)时,由于提供了购买的理由,冲动购买频率也会增加[24]。这一研究结果与线下的冲动购买研究结果是一致的,说明某些线下冲动购买的机制在线上环境中也仍然有效。Chen 的研究发现,线上环境中的电脑外设类产品消费者的冲动购买倾向和产品卷入能较好预测冲动购买行为,但对于服装等类别的产品这种影响不明显[25]。De Kervenoael 等跳出个体认知与情感反应的路径,从文化传统的社会网络理论、战略管理和技术接受模型的视角,思辨性地以网络社会文化来解构了有助于刺激在线冲动购买的电子商务氛围环境,这种氛围环境中应该有三类相互关联的因素:①包含网站使用和交互的技术功能、美学与营销手段的内容功能以及消费者心理及个人特性生活背景因素的动态社会资本耦合系统;②能够将这些系统整合到计算机媒介沟通系统中的系统性的技术运用;③适应当地文化环境的本地化的语言体系,即电子商务网站应该区别于过去千篇一律的数字化的技术性平台[26]。Parboteeah 等发现诸如导航性能这种网站任务相关线索和诸如视觉吸引力这类情绪相关性线索分别主要通过感知有用性和感知愉悦感影响在线冲动行为发生的可能性和强度[14]。Dawson 和 Kim 通过对在线消费者的座谈会访问以及对比成功和失败的服装零售网站发现,减价、免运费或运费折扣这些促销手段是消费者认可的在线服装网站最能刺激冲动性购买的外部因素,而网站的创新性的特性设计及产品、礼品供应等创意因素和客服因素的重要性也较高,该研究同时对比了服装类 B2C 网站排行榜中的前 20 名和末 20 名,发现成功和失败的网站在退换货政策、店内商品供应充足、商品有特性、有配套赠品及客服建议这些特性上存在差别,但是其研究并没有对这些特性如何在网站中实现做更细致的探讨[27]。Park 等专门针对服饰类产品网站进行问卷调查,多样化选择和网站呈现的产品感官属性对服饰产品的在线冲动性购买有直接作用,同时产品多样化选择的网站属性对实用性浏览有正向作用,产品价格对享乐性浏览有正向作用,实用性浏览对冲动性够买有负向作用,享乐性的浏览对冲动性购买有正向作用[28]。

4 与决策过程有关的电子商务网站特性研究

国内学者董琳总结了 B2C 网站在消费者购买决策的需求确认、信息搜寻、方案评估、购买决策和购后评估 5 个阶段提供的不同信息服务类型,是国内较早从决策过程角度关注电子商务网站的特性的文章,但是仅止于思辨性探讨,未作科学性的研究[29]。Novak 等的研究中认为目的性行为追求的是实用性价值,而体验性行为追求的是享乐性动机[4]。结合两类行为的表现以及计划性购买(或重复购买)和冲动性购买行为的行为决策过程,本文认为这两类行为在决策过程中也存在差异。首先,计划性行为的决策过程是以阶段性的认知过程为主导的,消费决策的选择结果建立在认知系统对备选方案进行评估的基础上,重复购买决策也是建立在对以前购买的经历评估为满意的基础上的。而冲动性购买行为的决策是发生在购物过程中的即时性决策,消费者的决策选择主要是建立在当时的某些情境刺激触发了消费者情感冲动的基础上的,属于启发式的决策过程,因此消费者对自身的需求、其他的备选方案以及评估各方案带来的后果这些认知的阶段性决策过程经历的较少。本文对在线购买行为决策过程的不同阶段有关的网站特性研究也进行了考察。

4.1 需求确认与信息搜寻阶段

认知性决策过程的开始就是识别自身的需求,那么消费者在决策制定前持有的实用性或享乐性的动机就决定了消费者对自身需求的界定及其后购买决策的偏重。Childers 等的研究就认为如果网站的导航系统自由选择空间更大,商品搜索范围更广且更节省搜索时间,对商品的描述更能让浏览者感同身受,那么实用性动机的消费者就能感知到更多的有用性和易用性。而享乐性动机的消费者从上述三个网站的特性中感受到的是新媒体更多导航方式可选择性的愉悦,购买过程消耗更少的体力和心理成本(如堵车、排队、搜索等)带来的愉悦感以及借助于新媒体方式来感知产品带来的愉悦感[30]。因此这三种同样的网站特性因素对不同消费动机的消费者带来的搜索和购买的意向是通过不同的路径来影响的。事实上,Janiszewski 在 1998 年就说明了消费者在网站的搜索行为有目的性和探索性两类,当网站信息以更易于搜寻的方式展现时,对于要直接搜索特定产品信息的消费者而言,收集信息耗费时间更少且会感到更多的有效性,当网站上呈现更多与搜索目的有关的更发散的可视化信息时,持探索性搜索任务的消费者会耗费更多时间收集信息并感到更悠闲[31]。Moe 在 Janiszewski 的基础上结合最终做决策的时间长短,将这两类搜索行为划分为 4 类——直接搜索购买的消费者着重点击浏览产品页面;搜索并做精细化信息加工的消费者着重点击网站的产品分类页面和产品页面;享乐性浏览的消费者着重点击产品分类页面;浏览以做未来知识建构的消费者着重点击公司及购买政策这些信息页面。这种研究发现对于网站有针对性地进行页面设计很有意义[32]。

4.2 方案评估与购买决策阶段

在购买过程的第三阶段——方案评估阶段,依然有些网站特性会影响消费者对购买的备选方案的评估,Wells 等验证了网站的安全性、下载速度、导航性和视觉吸引力特性作会为消费者对网站销售产品质量的外部信号,影响消费者对产品质量的感知评估从而影响其购买意愿[33]。但是对于体验性的行为来说,这种评估过程是较少被考虑的,或者是在做选择的当时一闪而过的。购买过程的第四阶段是消费者通过第三步的方案评估选取带给自己最大价值的产品方案。对于目的性行为来说,这一阶段受到的主要影响来自于消费者的感知风险、消费者对决策过程的卷入程度及消费者的决策风格。在线环境中由于缺乏对新的网上交易手段以及商品的客观认识,对于消费者的感知风险和卷入度,学者们较早便了以了关注,因为这些因素也直接关系到用户对在线购买方式的技术接受的态度。网站特性研究中对于网站安全性和隐私性的注重即代表了对这些因素的关注。对于体验性的冲动性购买行为来说,购买决策是与前几个阶段几乎同时发生的,即产品或环境中的某些线索触动了消费者的情感使消费者产生要购买的冲动,同时简单的认知评估过程会与这种冲动进行斗争,斗争的结果决定了冲动购买行为是否会发生[34]。这些内外部因素混杂在一起同时发生作用,导致了冲动性购买行为的复杂性与随机性,在线环境中的研究很多也只能聚焦于有哪些在线网站特性的因素能激发购买冲动的产生[14]。Dawson 和 Kim 调查结果表明,能够刺激消费者冲动的线索更多集中在打折、赠品、免运费等促销活动中[27]。这说明现有的相关研究还需要更深入挖掘网络界面的应用以实现更丰富的营销功能。总而言之,现有的有关研究很难深入到冲动购买行为的最终发生程度,而对于在线环境因素是否有区别于传统环境的影响机制来影响冲动性购买行为,则还没有开拓性的发现。

4.3 购后评估阶段

消费决策过程的最后一个阶段是做出购买决策后以及使用以后的再评估过程,这个过程通过对产品的使用体验得出对此次购买决策新的评估结果,并通过满意以及后悔等情感反应将修正后的结果深化到记忆中或形成更为坚定的态度,为下一次决策的评估提供经验的参考。前文提到,在线环境研究较早就已经关注到影响消费者再次访问网站以及再次购买意愿的网站特性因素,此处不再赘述。而信任的建立作为网站环境研究较早关注的行为因素也是与这一决策阶段相关的。如何增加消费者的满意感与对网店或品牌的忠诚度也是这一决策阶段研究的重要内容,因为这可以与消费者建立长期的关系,从而大大增加他们再访问与再购买的意愿。与这些行为学和营销学变量相关的网站特性多集中在网站的安全性、隐私性、沟通特性以及客户服务功能的提升上。Wang 和 Head 实证发现网站让消费者感知到的控制感、对建立关系的投入、互动性和购买风险的有关特性能通过影响消费者感知的关系转换成本、满意水平和信任来影响消费者与商店的网站建立关系的意愿[35]。Chiou 等也建议从 4P(product 产品、price 价格、place 渠道和 promotion 促销)营销策略的角度来重新建立评估网站特性的框架,他们认为网站特性的评估需要从 6 种营销策略入手:①作为营销渠道手段的特性,如导航的易用性、内容有用性、界面友好、安全性等传统因素;②作为产品展示平台必需的产品品类丰富性及产品信息的详细性、产品搜索与比较的功能,合理的分类方式等特性设计;③作为定价策略的价格细节及在线比价系统的设置及应用;④作为促销策略的促销活动、网站声誉、广告设置等网站特性设计;⑤作为带来在线交易愉悦感的营销策略,如网站便利的支付手段与订单跟踪更改操作等特性;⑥建立顾客关系的营销策略,如网站的交互沟通性、定制化客服系统、隐私政策、快速回应、服务支持系统等[1]。国内学者胡丽娟和王学东则基于网站形象、网站内容、网站服务与网站安全 4 方面的影响因素对客户满意度的影响提出了 B2C 网站的客户保持模型,但是也仅止于思辨推断而未进行实证验证[36]。Natalia 和 Kuster 将成功的网站设计归纳为 4 个维度:系统有用性、信息内容、消费者服务和安全性,其中消费者服务包含在线的售前、售中和售后环节的网站特性,结果证明在这些特性上设计得好的网站能增加消费者对该网店的信心、满意、积极的态度以及购买意愿而同时会减少消费者的感知风险[37]。Verhagen 等则检验了网络的虚拟世界中能提供给消费者的经济价值以及感知有用性能通过影响消费者的感知到的娱乐价值和逃避现实世界倾向来影响其在虚拟环境中的满意水平[38]。冲动性购买行为购后评估的决策环节较少被考虑,因为冲动性购买行为的发生具有强烈的情境性,对于针对上一次冲动性购买行为的认可或后悔的评估后果对于下一次的冲动性购买行为影响甚微。

5 结论与趋势展望

综上所述,随着在线购物成为主流的零售方式之一,电子商务网站的设计也面临着新的挑战。网络商家已经不满足于网站仅具备实用交易功能的简陋设计,他们需要通过网络商店的平台完成众多的营销与销售任务。2000年以来,一些理论研究逐渐被充实到网站特性研究的内容中来,如调查消费者上网消费的动机和刺激因素;了解区别于传统环境的在线环境氛围因素对消费者的购买行为有哪些新的影响;在线商家可以采用怎样的营销策略来推动在线销售等。信息领域的学者也开始越来越关注如何将信息技术与营销实践相结合,通过技术设计,在一个更丰富立体、更吸引人的网站氛围中实现这些营销策略。网站特性研究中对直接影响购买行为特别是冲动性购买行为的因素及机制的关注反映了这一趋势,因为这直接决定着商家的利润。已有基于购买行为的电子商务网站特性研究的文献在各时期关注的重点、评价及未来研究趋势如表3所示:

表3说明,从目前的研究成果来看,这些基于购买行为的研究已经取得了初步进展,但是仍然比较凌乱而不够系统化。同时采用的研究方法也多以问卷形式测量消费者感知的属性特性来实证或实验验证为主,或以定性调查的方式采集有影响的网站属性因素。由于缺乏将这些提炼出的网站属性技术性地转化为网站具体功能并加以检验效果的研究设计,因此很多网站特性只能停留在概念阶段而不能应用于网络商务实践。未来,该领域的研究重点会集中在:①对现阶段的研究发现进行系统化梳理并提炼出有别于线下环境的在线行为理论及其具体的网站特性内容;②深入了解消费者在线情感体验对非计划购买及其有关网站特性的作用机制;③从目前仅对在线购买行为的关注扩展到购后行为的客户关系管理和在线品牌管理有关的网站特性研究;④真正将营销和信息系统两个领域的研究设计相结合,进行方法创新;⑤对移动商务环境进行研究。本文收集的文献并未涉及正在兴起的移动商务领域有关的特性研究,这将是未来更为广阔的研究领域。

表 3 基于购买行为的电子商务网站特性研究总结及发展趋势

研究发展阶段	1995—2002 年 技术导向时期	2001—2011 年营销/行为与信息系统导向综合时期	
		侧重目的性行为	侧重体验性行为
影响购买行为的内容	消费者对电子商务新技术方式的接受程度	在线的计划性购买、重复性购买;消费者的有用性及易用性感知以及其在网站后的满意度水平;消费者对在线商品的质量感知和评估	在线的冲动性购买行为、非计划购买行为;消费者的享乐性动机与其在网站的浏览行为和消费金额;消费者的互动性、愉悦性感知
关注的主要网站特性	主要关注与网站建设及质量评估有关的网站特性,且重点在相对于传统零售模式的实用性和高效率方面,如:组织结构、信息内容、导航与检索系统设计、标识系统、安全性设置等	关注能给消费者的购买目的带来直接作用的网站特性(任务相关线索),包括:1.产品展示与销售渠道的网站功能特性,如:产品信息搜索与产品的替代性、广品详细信息的展示和感官体验、产品的合理分类、导航设计等;2.营销沟通与客户关系管理的网站特性,如运输及退换货政策的明确展示、快速回应系统及购买评价系统、网站声誉展示系统等	1.关注能给消费者带来愉悦感的网站特性(情感相关线索),如网站视听氛围特性的呈现、网站设计风格和互动性、趣味性等属性的呈现,网站作为载体的客户服务及促销相关的有关特性设计,如产品的多样化客户服务、促销品等促销及其广告形式的合理设计等。2.关注网站作为载体的多样化客户服务及促销相关的有关特性设计,如产品的多样化客户服务、打折、免运费、赠品等促销及其广告形式的合理设计等
行为理论的视角	信息系统视角,但也运用了技术接受模型探讨用户对电子商务接受模式的态度及行为意向的影响	侧重消费者行为的认知及决策过程,以传统线下购买行为的研究以决策理论为依据	侧重消费者行为的情感过程,以流理论及环境心理学为一反应模式为依据
研究贡献	1.从技术接受模型角度提炼出对增强消费者感知有用性和易用性的有关网站属性,网站特性研究成为日后评估电子商务服务质量的可操作性基础;2.开发了评估电子商务服务质量的可操作性工具 WebQual™	1.从消费者在线购买行为表现、决策过程以及影响因素等方面对网站特性进行了较为全面系统的研究,能从购买行为角度深入了解网站特性的作用,极大地改善了网站界面与功能的用户友好性,使电子商务网站功能日趋成熟,在线购买成为被普遍接受的模式	1.从流体验模型和电子商务网站特性研究引入到技术接受模型和电子商务网站的享乐性动机中;2.引起了本领域研究更贴近真实消费行为的研究关注,使本领域研究更贴近真实消费行为,对实践者更有指导意义,是未来的研究趋势

364

续表

研究发展阶段	1995—2000年 技术导向时期	2001—2011年 营销/行为与信息系统导向综合时期	
		侧重目的性行为	侧重体验性行为
研究不足	缺少对人机互动环境中用户体验的关注	1. 缺少对电子商务网站特性在营销和促销方面更深入的行为学考虑；2. 研究方法多以问卷测量特性转化为网站属性的方法未实证或实验验证，缺乏将网站属性转化为网站具体功能特性并加以检验效果的研究，因此很多网站特性只能等在概念阶段而不能应用于网络商务实践	1. 关于网站情感相关线索与消费者在线情感体验对购买行为作用的路径还有待厘清；2. 除了极少部分的网站情感相关线索通过实证检验其作用，大部分文献总结的各类情感相关线索是通过定性方法或调查得出的，其作用还无法验证
研究趋势	1. 更强调用户体验与感受，关注网站互动性等特量；2. 从用户感知的角度不断完善WebQual的维度；3. 对网站宣传设计的关注点逐渐从技术视角的用户接受转移到行为与产品视角的用户购买上	1. 对现有网站特性的研究结论还需系统化、理论化，以提炼出有别于线下环境下的在线行为理论；2. 具体的网站特性将更多月实验或实证技术方法来未验证；3. 未来可扩展至购后行为的在线客户关系管理和品牌忠诚有关的网站特性研究；4. 未来对移动商务环境	1. 更多结合行为学及心理学的最新进展，厘清在线环境中消费者情感相关线索对购买行为的作用；2. 能将繁杂的情感相关线索进行分类，便于更进一步的研究；3. 用更严谨的方法进行有关结论的验证；4. 未来对移动商务环境的研究

365

参考文献:

[1] Chiou Wen Chih, Lin Chin – Chao, Perng Chyuan. A strategic framework for website evaluation based on a review of the literature from 1995 – 2006[J]. Information & Management, 2010,47(5 – 6): 282 – 290.

[2] Hoffman D L, Novak T P. Marketing in hypermedia computer-mediated environments: Conceptual foundations[J]. The Journal of Marketing, 1996,60(July): 50 – 68.

[3] Novak T P, Hoffman D L, Yung Yiu Fai. Measuring the customer experience in online environments: A structural modeling approach[J]. Marketing Science, 2000,19(1): 22 – 42.

[4] Novak T P, Hoffman D L, Duhachek A. The influence of goal-directed and experiential activities on online flow experiences[J]. Journal of Consumer Psychology, 2003,13(1):3 – 16.

[5] Koufaris M, Kambil A, LaBarbera P A. Consumer behavior in web – based commerce: An empirical study[J]. International Journal of Electronic Commerce, 2001,6(2): 115 – 138.

[6] 张小栓,高明,张健,等. 电子商务网站评价方法研究综述[J]. 情报杂志,2007,26(6): 2 – 5.

[7] Loiacono E T, Watson R T, Goodhue D L. WebQual: A measure of website quality[J]. Marketing Theory and Applications, 2002,13(December): 37 – 64.

[8] Barnes S J, Vidgen R. An evaluation of cyber-bookshops: The WebQual method[J]. International Journal of Electronic Commerce, 2001,6(1): 11 – 30.

[9] Ranganathan C, Ganapathy S. Key dimensions of business-to-consumer web sites[J]. Information & Management, 2002,39(6): 457 – 465.

[10] Kim S, Stoel L. Dimensional hierarchy of retail website quality[J]. Information & Management, 2004,41(5): 619 – 633.

[11] 左文明,吴应良,王飞雁,等. B2C 商务网站服务质量评价研究[J]. 情报杂志,2010,2(3):62 – 65.

[12] Chen Yin – Hueih, Hsu I – Chieh, Lin Chia – Chen. Website attributes that increase consumer purchase intention: A conjoint analysis[J]. Journal of Business Research, 2010,63(9 – 10):1007 – 1014.

[13] Eroglu S A, Machleit K A, Davis L M. Atmospheric qualities of online retailing: A conceptual model and implications[J]. Journal of Business Research, 2001,54(2):177 – 184.

[14] Parboteeah D V, Valacich J S, Wells J D. The influence of website characteristics on a consumer's urge to buy impulsively[J]. Information Systems Research, 2009,20(1):60 – 78.

[15] Mazaheri E, Richard M O, Laroche M. Online consumer behavior: Comparing Canadian and Chinese website visitors[J]. Journal of Business Research, 2011,64(6):958-965.

[16] Mummalaneni V. An empirical investigation of web site characteristics, consumer emotional states and on-line shopping behaviors[J]. Journal of Business Research, 2005, 58(4): 526-532.

[17] Kim J, Spielmann N, McMillan S J. Experience effects on interactivity: Functions, processes, and perceptions[EB/OL]. [2011-09-01]. http://linkinghub.elsevier.com/retrieve/pii/S0148296311000713.

[18] Koufaris M. Applying the technology acceptance model and flow theory to online consumer behavior[J]. Information Systems Research, 2002,13(2): 205-223.

[19] 赵金楼,王英照,刘家国. 电子服务质量对客户忠诚影响的实证研究[J]. 图书与情报,2009(6):93-96.

[20] 常亚平,韩丹,姚慧平,等. 在线店铺设计对消费者购买意愿的影响研究[J]. 管理学报, 2011,8(6): 879-884.

[21] Hausman A V, Siekpe J S. The effect of web interface features on consumer online purchase intentions[J]. Journal of Business Research, 2009,62(1): 5-13.

[22] Madhavaram S R, Laverie D A. Exploring impulse purchasing on the Internet[J]. Advances in Consumer Research, 2004,31:59-66.

[23] Parboteeah D V. Model of online impulse buying: An empirical study[D]. Pullman: Washington State University, 2005.

[24] Jeffrey S A, Hodge R. Factors influencing impulse buying during an online purchase[J]. Electronic Commerce Research, 2007,7(3):367-379

[25] Chen Tsai. Online impulse buying and product involvement[J]. Innovation and Knowledge Management in Business Globalization Theory Practice, 2008,1(2): 936-943.

[26] De Kervenoael, Aykac R, Palmer M. Online social capital: Understanding e-impulse buying in practice[J]. Journal of Retailing and Consumer Services, 2009,16(4):320 328.

[27] Dawson S, Kim M. Cues on apparel web sites that trigger impulse purchases[J]. Journal of Fashion Marketing and Management, 2010,14(2): 230-246.

[28] Park E J, Kim E Y, Funches V M, et al. Apparel product attributes, web browsing, and e-impulse buying on shopping websites[EB/OL]. [2011-09-01]. http://www.sciencedirect.com/Science/article/pii/So148296311000762.

[29] 董琳. 从消费者购买决策模型看 B2C 电子商务的客户信息服务[J]. 情报杂志,2004(8):27-28.

[30] Childers T L, Carr C L, Peck J, et al. Hedonic and utilitarian motivations for online retail shopping behavior[J]. Journal of Retailing, 2001,77(4):511-535.

[31] Janiszewski C. The influence of display characteristics on visual exploratory search behavior[J]. Journal of Consumer Research, 1998, 25(3):290-301.

[32] Moe W W. Buying, searching or browsing: Differentiating between online shoppers using in-store navigational clickstream[J]. Journal of Consumer Phychology, 2003, 13(1&2): 29-39.

[33] Wells J D, Valacich J S, Hess T J. What signals are you sending? How website quality influences perceptions of product quality and purchase intentions[J]. Management Information Systems Quarterly, 2011, 35(2): 373-396.

[34] Dholakia U M. Temptation and resistance: An integrated model of consumption impulse formation and enactment[J]. Psychology & Marketing, 2000, 17(11): 955-982.

[35] Wang Fang, Head M. How can the web help build customer relationships? An empirical study on e-tailing[J]. Information & Management, 2007, 44(2): 115-129.

[36] 胡丽娟,王学东. 满意度视角下的B2C网站客户保持模型研究[J]. 情报科学,2010,28(6):801-806.

[37] Vila N, Kuster I. Consumer feelings and behaviors towards well designed websites[J]. Information & Management, 2011, 48(4-5): 166-177.

[38] Verhagen T, Feldberg F, Vanden Hooff B, et al. Satisfaction with virtual worlds: An integrated model of experiential value[J]. Information & Management, 2011,, 48(6): 201-207.

作者简介

章　璇,女,1979年生,博士研究生,发表论文3篇。

景奉杰,男,1957年生,教授,博士,博士生导师,发表论文50余篇。